Bankinformatik-Studien

Herausgegeben von Professor Dr. DIETER BARTMANN
Institut für Bankinformatik an der Universität Regensburg

Band 10

Titel der bisher erschienenen Bände

Band 1: B.A. KERSCHER
Telekommunikation
im Bankgeschäft
1998. ISBN 3-7908-1067-3

Band 2: M. KREUZER
Elektronische Bankvertriebswege
1998. ISBN 3-7908-1068-1

Band 3: C. STOCKMANN
Elektronische Bankfilialen
und virtuelle Banken
1998. ISBN 3-7908-1069-X

Band 4: CH. FOTSCHKI
Kooperationen an der elektronischen
Bank-Kunde-Schnittstelle
1998. ISBN 3-7908-1085-1

Band 5: M. GREBE
Das elektronische Firmenkunden-
geschäft der Kreditinstitute mit
dem industriellen Mittelstand
1998. ISBN 3-7908-1086-X

Band 6: G. WÖRNER
Wirtschaftlichkeitsanalyse
elektronischer Bankvertriebswege
1998. ISBN 3-7908-1087-8

Band 7: CH. GEHRKE
Informationsagenten im Data Warehousing
2000. ISBN 3-7908-1301-X

Band 8: G.R. RIEDL
Der bankbetriebliche Zahlungsverkehr
2002. ISBN 3-7908-1452-0

Band 9: F. SEIFERT
Die Wettbewerbspotenziale
von Bankmergern
2002. ISBN 3-7908-1473-3

Philip Tauschek

Trust-Service-Infrastrukturen

Technische und strategische Aspekte des Trustcenter-Geschäfts

Mit 60 Abbildungen und 58 Tabellen

Springer-Verlag Berlin Heidelberg GmbH

Dr. Philip Tauschek
Universität Regensburg
Institut für Bankinformatik
und Bankstrategie
philip@tauschek.com

Dissertation zur Erlangung des Grades eines Doktors
der Wirtschaftswissenschaft, eingereicht an der
Wirtschaftswissenschaftlichen Fakultät der Universität Regensburg,
Berichterstatter: Prof. Dr. Dieter Bartmann und Prof. Dr. Peter Lory,
Tag der Disputation: 26.07.2001

ISBN 978-3-7908-1489-7

Die Deutsche Bibliothek – CIP-Einheitsaufnahme
Tauschek, Philip: Trust-Service-Infrastrukturen: technische und strategische Aspekte des Trustcenter-Geschäfts / Philip Tauschek. – Heidelberg: Physica-Verl., 2002
(Bankinformatik-Studien; Bd. 10)
ISBN 978-3-7908-1489-7 ISBN 978-3-642-57493-1 (eBook)
DOI 10.1007/978-3-642-57493-1

Umschlaggestaltung: Claudia Binder, Graphikdesign, Erding
SPIN 10875009 88/2202-5 4 3 2 1 0 – Gedruckt auf säurefreiem Papier

Geleitwort des Herausgebers

So erstaunlich es beim ersten Blick auch sein mag: Trust-Services sind ein hochgradig strategisches Thema. Wie so oft bei Technologiesprüngen wurde mit der Einführung der Public-Key-Infrastruktur (PKI) gleichzeitig ein Potenzial für neuartige Leistungen, den Trust-Services, geschaffen, die ihrerseits einen wesentlichen Mehrwert stiften, z.B. Treuhänder- und Auskunftsleistungen. Man spricht deshalb künftig nicht mehr von PKI sondern von Trust-Service-Infrastrukturen (TSI).

Die darauf basierenden Anwendungen besitzen einen Netzguteffekt. Deshalb ist es gerade hier sehr wichtig, dass das erste Wegstück beim Betreten dieses Neulandes nicht mit Misserfolgen gepflastert ist. Was die Sache schwierig macht, ist die große Variationsbreite der TSI, die sich hinsichtlich Leistungsumfang, Einsatzzweck, Reichweite im E-Business sowie soziokultureller, ökonomischer, technischer, rechtlicher, politischer und organisatorischer Eigenschaften stark unterscheiden. Da die TSI-Anwendungen auf den TSI aufsetzten und hier die Auswahl groß ist, besteht die Gefahr eines Fehlgriffs.

Was zu beachten gilt, um es richtig zu machen, beschreibt der Autor in diesem Buch. Er liefert einen Leitfaden für die erfolgreiche Etablierung von Trust-Service-Leistungen. Dazu gehören die strategischen Erfolgsfaktoren, die Branchenstrukturanalyse sowie diverse Strategieoptionen. Dass dazu eine Vorarbeit in Form einer intensiven Auseinandersetzung mit den funktionalen Aspekten der Materie notwendig ist, erscheint selbstverständlich. Der Autor nimmt auch diesbezüglich den Leser an die Hand und führt ihn über viele Seiten hinweg durch das Werk.

Dieses Buch ist ein gelungenes Beispiel für den Brückenschlag von angewandter Forschung zur Praxis. Die wissenschaftlich fundierten Ergebnisse greifen bis in die zentralen Entscheidungsprozesse des strategischen Managements hinein. So kann ich dem Autor nur eine zahlreiche Leserschaft wünschen.

Regensburg, im Dezember 2001 Dieter Bartmann

Vorwort

Die vorliegende Dissertation entstand in der Zeit von 1997 bis 2001 am Institut für Bankinformatik und Bankstrategie an der Universität Regensburg (ibi). Sicher stellt sich einigen die Frage, warum das Thema „Trustcenter" gerade für Banken so interessant ist. Damit Banken in den durch den elektronischen Handel entstehenden Geschäftsfeldern erfolgreich sein können, muss es ihnen gelingen, in den Wertschöpfungsketten der dort ablaufenden Transaktionen eine bedeutende Rolle zu spielen. Nur dann entstehen wichtige Cross-Selling-Potenziale, die genutzt werden können, um sich gegenüber den Wettbewerbern aus anderen Branchen zu behaupten. Aus diesem Grund besitzt das Thema „Trustcenter" für Banken eine enorme strategische Relevanz.

Mein besonderer Dank gilt dem Institutsleiter Herrn Prof. Dr. Dieter Bartmann für die wissenschaftliche Betreuung der Arbeit und für die Schaffung der in seiner Verbindung zwischen Wissenschaft und Praxis sicher einzigartigen Forschungsumgebung am ibi. Für die Übernahme des Zweitgutachtens möchte ich Herrn Prof. Dr. Peter Lory danken.

Weiterhin bedanke ich mich bei meinen Kolleginnen und Kollegen am Institut für Bankinformatik und Bankstrategie sowie am Lehrstuhl für Wirtschaftsinformatik für die konstruktiven Diskussionen und die produktive Zusammenarbeit. Großer Dank richtet sich auch an Frau Gabriele Matzinger, die souverän die vielfältigen Aktivitäten am ibi und am Lehrstuhl koordiniert und mit ihrer stets freundlichen Art ein angenehmes Arbeitsklima schafft.

Nicht zuletzt danke ich meiner Familie und meiner Freundin Stefanie für die liebevolle Unterstützung. Ihnen widme ich dieses Buch.

Regensburg, im September 2001 Philip Tauschek

Inhaltsverzeichnis

Teil I: Grundlagen

1 Die Herausforderung der Auswahl und Erstellung erfolgreicher Anwendungen für Trust-Service-Infrastrukturen 3

1.1 Ausgangslage: Zunehmende Bedeutung von Trustcenter-Leistungen 3

1.1.1 Potenzial zur Erfüllung der Sicherheitsanforderungen elektronischer Märkte 3

1.1.2 Potenzial zur Steigerung der Effizienz und Effektivität von Prozessabläufen 10

1.1.3 Erfolgreiche TSI-Anwendungen 12

1.1.4 Strategische Relevanz des Themas für die Banken 12

1.2 Probleme bei der Auswahl und Erstellung erfolgreicher TSI-Anwendungen 13

1.3 Ziel und Aufbau der Arbeit 15

2 Situationsanalyse des allgemeinen Trustcenter-Umfelds 19

2.1 Am Markt tätige Trustcenter 19

2.2 Ziele, Erwartungen und Bedenken der Akteure 21

2.2.1 Privatpersonen in der Rolle als Bürger und Konsumenten 22

2.2.2 Unternehmen 24

2.2.3 Staatliche Einrichtungen 25

2.3 Soziokulturelle Rahmenbedingungen 27

2.4 Ökonomische Rahmenbedingungen 28

2.4.1 Kosten für Aufbau und Betrieb eines Trustcenters 28

2.4.2 Preise für Trustcenter-Leistungen 29

2.4.3 Investitions- und Zahlungsbereitschaft der Akteure 34

2.5 Technische Rahmenbedingungen 35
2.5.1 Basistechnologien 35
2.5.2 Technische Ausstattung der Akteure 39
2.6 Rechtliche und politische Rahmenbedingungen 41
2.6.1 Aufgaben des Staates 41
2.6.2 Gesetze und Vereinbarungen zur digitalen Signatur 42
2.6.3 Kryptodebatte 45
2.7 Forschungs- und Pilotprojekte 47

Teil II: Behandlung des Problems der Komplexität und Heterogenität von Trust-Service-Infrastrukturen

3 Systematisierung von Trustcenter-Funktionen und -Leistungen 51
3.1 Abgrenzung der Begriffe „Modell", „Referenzmodell" und „Metamodell" 51
3.2 Metamodell für TC-Funktionen und -Leistungen 52
3.3 Referenzmodell für Basisfunktionen 54
3.3.1 Beglaubigungsträger-Management 55
3.3.2 Schlüssel-Management 56
3.3.3 PSE-Management 57
3.3.4 ID-Management 58
3.3.5 Überprüfung 59
3.3.6 Auskunftsdienst-Management 60
3.3.7 Daten- und Datenträger-Management 61
3.3.8 Ablauf-Management 62
3.4 Referenzmodell für Basisleistungen 63
3.4.1 Beglaubigungsleistungen 63
3.4.2 Schlüsselbereitstellungsleistungen 70
3.4.3 Statusänderungsleistungen 70
3.4.4 Auskunftsleistungen 72
3.5 Referenzmodell für Zusatzleistungen 76
3.5.1 Zusätzliche Beglaubigungsleistungen 76
3.5.2 Zusätzliche Auskunftsleistungen 86
3.5.3 Treuhänderleistungen 90
3.5.4 Versicherungsleistungen 92

3.5.5 Gültigkeitsüberwachungs- und Gültigkeitsverlängerungsleistungen ... 93
3.5.6 Sonstige Zusatzleistungen ... 96

4 Eigenschaften von Trust-Service-Infrastrukturen ... 99
4.1 Kriterien zur Bestimmung des Charakters einer TSI ... 99
4.2 Dynamik des Charakters einer TSI ... 107
4.3 Policies ... 108
4.4 Akkreditierung von Trustcentern ... 109
4.5 Koexistenz verschiedener TSI ... 111
4.5.1 Unterschiedliche Rechtssysteme und politische Interessen ... 111
4.5.2 Normungsprozesse überdauern die Aktualität der Technik ... 111
4.5.3 Integrierbarkeit der TC-Leistungen in die Anwendungen ... 112
4.5.4 Verwendung unterschiedlicher Sicherheitsstufen ... 112
4.5.5 Probleme bei der Modifikation des Leistungsangebots ... 113

5 Interoperabilitätsprobleme zwischen Trust-Service-Infrastrukturen und Lösungsansätze zu deren Überwindung ... 115
5.1 Begriff und Bedeutung der Interoperabilität ... 115
5.2 Generelle Entstehungsursachen von Interoperabilitätsproblemen und Lösungsansätze ... 116
5.3 Normungsgruppen und Normen ... 120
5.3.1 Begriff, Bedeutung und Klassifikation von Normen ... 120
5.3.2 Für die Untersuchung relevante Normungsgruppen und Normen ... 121
5.4 Konkrete Entstehungsursachen von Interoperabilitätsproblemen und Lösungsansätze ... 125
5.4.1 Interpretation von Beglaubigungsträgern ... 126
5.4.2 Interpretation von signierten Nachrichten ... 169
5.4.3 Verifikation der Gültigkeit ... 175
5.4.4 Verwendung von Auskunftsdiensten ... 183
5.4.5 Erstellung von verschlüsselten Nachrichten ... 184
5.5 Zusammenfassende Beurteilung ... 190

Teil III: Behandlung des Problems des Fehlens eines Vorgehensmodells für die systematische Auswahl und Erstellung von TSI-Anwendungen

6 Vorgehensmodell zur Auswahl und Erstellung komplexer TSI-Anwendungen ... 195

6.1 Bestimmung der Phasen des Vorgehensmodells ... 196

6.2 Vorbereitung ... 197

6.2.1 Durchführung einer Situationsanalyse ... 197

6.2.2 Aufbau der notwendigen Infrastruktur ... 199

6.2.3 Festlegung eines grundsätzlichen Zielsystems ... 200

6.3 Auswahl geeigneter TSI-Anwendungen (im engeren Sinne) ... 202

6.3.1 Ermittlung möglicher TSI-Anwendungen ... 202

6.3.2 Auswahl eines Anwendungssegments ... 206

6.3.3 Auswahl der zu realisierenden TSI-Anwendung ... 210

6.4 Erstellung einer TSI-Anwendung (im engeren Sinne) ... 211

6.4.1 Zusammenstellung von Reengineering- und Aufgabenteams ... 211

6.4.2 Analyse des Ist-Prozesses ... 213

6.4.3 Ermittlung möglicher alternativer Prozessabläufe ... 217

6.4.4 Durchführung detaillierter Kosten-Nutzen-Analysen ... 223

6.4.5 Auswahl des Soll-Prozesses ... 225

6.4.6 Festlegung des Migrationspfads ... 226

6.4.7 Umsetzung des Migrationspfads ... 228

6.5 Betrieb der TSI-Anwendung ... 229

6.5.1 Aufrechterhaltung der Leistungsfähigkeit ... 229

6.5.2 Kontinuierliche Weiterentwicklung ... 229

Teil IV: Behandlung des Problems der sich durch ungeeignete Trustcenter bzw. durch die Wahl ungeeigneter Strategien ergebenden Gefahren bzgl. des langfristigen Erfolgs der TSI-Anwendung

7 Strategien und Erfolgsfaktoren für Trustcenter ... 233

7.1 Erfolgsrelevante Einflussfaktoren ... 234

7.2 Einsatz der strategischen Planung ... 235

7.3 Durchführung einer Branchenstrukturanalyse ... 236

7.3.1 Ziel der Erhebung ... 236

7.3.2 Erläuterungen zur Delphi-Expertenbefragung ... 237

7.3.3 Durchführung der Erhebung ... 239
7.3.4 Ergebnisse der Erhebung ... 241
7.4 Ermittlung geeigneter Strategieoptionen ... 258
7.4.1 Definition des strategischen Geschäftsfelds „TC-Leistungen“ ... 259
7.4.2 Wettbewerbsstrategien zum Aufbau von Wettbewerbsvorteilen ... 260
7.4.3 Marktfeldstrategien zur systematischen Markterschließung ... 266
7.4.4 Markteintritt-Strategien ... 273
7.4.5 Strategien zum Verhalten gegenüber Mitbewerbern ... 275
7.5 Bestimmung von Erfolgsfaktoren für Anbieter komplexer TSI-Anwendungen ... 277
7.5.1 Modell der Einfluss- und Erfolgsfaktoren ... 277
7.5.2 Externe Erfolgsfaktoren ... 279
7.5.3 Interne Erfolgsfaktoren ... 281

8 Zusammenfassung und Ausblick ... 285

Abkürzungsverzeichnis ... 291

Abbildungsverzeichnis ... 299

Tabellenverzeichnis ... 303

Literaturverzeichnis ... 307

Teil I:
Grundlagen

1 Die Herausforderung der Auswahl und Erstellung erfolgreicher Anwendungen für Trust-Service-Infrastrukturen

*„Die Menschheit ist zu weit vorwärts gegangen,
um sich zurückzuwenden und bewegt sich zu rasch,
um anzuhalten."*
Sir Winston Churchill

1.1 Ausgangslage: Zunehmende Bedeutung von Trustcenter-Leistungen

Die zunehmende Bedeutung von TC(Trustcenter)-Leistungen resultiert aus den durch sie gegebenen Potenzialen zur Erfüllung der Sicherheitsforderungen elektronischer Märkte und zur Steigerung der Effizienz und Effektivität von Prozessabläufen. Um diese zu erschließen, sind erfolgreiche TSI(Trust-Service-Infrastruktur)-Anwendungen zu erstellen. Für Banken ist das Thema insbesondere aus strategischen Gesichtspunkten wichtig.

1.1.1 Potenzial zur Erfüllung der Sicherheitsanforderungen elektronischer Märkte

1.1.1.1 Notwendigkeit einer Sicherheitsinfrastruktur

Zunehmende Technisierung und die exponentiell wachsenden Möglichkeiten der Informations- und Kommunikations-Technologie haben einen kontinuierlichen Strukturwandel internationaler Märkte zur Folge. In der Zukunft werden Kommunikationen „immer häufiger in einer ‚Fremder-zu-Fremder' Beziehung geführt werden, in der die persönliche Bekanntheit nicht vorhanden ist" [Welsch 1999,

S. (3.2-6)]. Entfernungen, die jahrhundertelang zu lokalen und regionalen Marktablegern führten, verlieren durch eine weltweite offene Computervernetzung an Bedeutung. Hier rückt die Frage nach der Sicherheit in den Betrachtungsfokus:

> *„With the expanding use of publicly available infrastructures [...], securing transactions [...] becomes of paramount importance." [ICC-GUIDEC 1997, Abschn. (III/1)]*

Technische Sicherheit lässt sich als die Eigenschaft eines Systems beschreiben, die sich dadurch auszeichnet, dass als relevant angesehene, gegen schützenswerte Güter gerichtete Bedrohungen durch besondere Maßnahmen ausgeschlossen werden [vgl. Beer/Hohl/Sabitzer 2000, S. 444; Büllingen/Hillebrand 1999, S. 204].

Neben der grundlegenden Forderung nach der Verfügbarkeit der verwendeten Netze sind als klassische Schutzziele bzgl. der Kommunikation zwischen Akteuren zu nennen [vgl. Thiel 2000, S. 77; Federrath/Pfitzmann 2000, S. 705]:

- *Authentizität*: Die Herkunft bzw. Urheberschaft von Daten muss eindeutig festgestellt werden können.
- *Integrität*: Daten sind so zu schützen, dass sie nicht unbemerkt verändert werden können.
- *Vertraulichkeit*: Daten sind so zu schützen, dass sie nicht durch Unbefugte eingesehen werden können.

Das Erreichen dieser Schutzziele ist jedoch häufig gefährdet, wie folgende Fakten belegen:

- Der US-Geheimdienst NSA (National Security Agency) hört europaweit E-Mails ab und betreibt ein Abhörnetz, das in erster Linie gegen nichtmilitärische Ziele wie Regierungen, Unternehmen und Privatpersonen gerichtet ist [vgl. Ebeling 1998; Wobst 1998, S. 345].
- 12,6% der 1000 führenden Unternehmen in den USA haben Eingriffe in ihr E-Mail-System entdeckt. Es wird davon ausgegangen, dass wenigstens jede zehnte Nachricht unbefugt abgefangen oder mitgelesen wird. [vgl. CZ 1998, S. 20][1]
- Die Zahl der Virenangriffe hat in den letzten Jahren deutlich zugenommen. Zu diesem Ergebnis kommt eine Studie der Zeitschrift für Netzsicherheit „KES" und des Unternehmens Utimaco. 81% von 176 befragten großen Unternehmen und Behörden in Deutschland, Österreich und der Schweiz sind 1999 mindestens einmal Ziel von Viren-Attacken gewesen. Dabei gelangen die Viren immer häufiger über das Internet in die Unternehmen. [vgl. Hunnius 2000, S. 24]

---

1 Anmerkung zu den angewandten wissenschaftlichen Konventionen für Literaturverweise: Steht der Literaturverweis nach dem Punkt des letzten Satzes eines Absatzes, so bezieht sich der Verweis nicht nur auf den Inhalt des letzten Satzes, sondern auf den Inhalt des gesamten Absatzes.

Die Motive für die Angriffe sind vielfältig. Sie erstrecken sich von Wirtschaftsspionage bis hin zur Sabotage aus Spiellust [vgl. Büllingen/Hillebrand/Stamm 2000, S. 6].

Es ist zu erwarten, dass das Angriffsrisiko künftig weiter steigen wird. Gründe hierfür sind [vgl. Schnell/Brinz 1999, S. 6ff.]:

- Die allgemeine Verfügbarkeit von Wissen über Technologien nimmt zu.
- Die Einstiegskosten für technische Ausstattungen werden immer geringer.
- Die eingesetzten Hard- und Softwareplattformen werden zunehmend homogener.
- Die Bereitschaft zu „Kavaliersdelikten" steigt.
- Mit zunehmenden Transaktionsvolumen werden elektronische Kommunikationsnetze für die organisierte Kriminalität immer interessanter.

Neben der technischen Sicherheit spielt bei der Nutzung elektronischer Kommunikationskanäle auch die rechtliche Sicherheit eine bedeutende Rolle. Daher rückt ein weiterer Aspekt in den Vordergrund, nämlich die Gewährleistung der Rechtsverbindlichkeit. Um dieser Anforderung zu genügen wird ein elektronisches Äquivalent zur handschriftlichen Unterschrift, die sogenannte rechtsverbindliche digitale Signatur, benötigt.

Wegen der fehlenden Erfüllung der oben genannten Anforderungen stehen viele Privatpersonen, Unternehmen und staatliche Einrichtungen der Verwendung offener Netze skeptisch gegenüber, was die weitere Entwicklung des elektronischen Geschäftsverkehrs derzeit erheblich behindert [vgl. Thiel 2000, S. 77]. Mit dem bekannt werden von Schadensfällen und der damit verbundenen Wahrnehmung eines Verlustrisikos bei den Akteuren, kann es passieren, dass sich diese von der Teilnahme am elektronischen Handel distanzieren. Die Wachstumsprognosen für den „Electronic Commerce", das „Electronic Business" und das „Electronic Government"[2] könnten dann wie Seifenblasen zerplatzen. Unternehmen im In- und Ausland messen daher der Lösung der Sicherheitsprobleme für die Ausweitung des Internet-Handels die höchste Bedeutung bei [vgl. Müller/Schoder 1999, S. 27]. Die zeitnahe Etablierung einer Sicherheitsinfrastruktur ist also dringend geboten. Sie kann im globalen Wettbewerb entscheidend sein. Dies unterstreicht die folgende Aussage des BMI (Bundesministerium des Innern) in einem Rundschreiben an die obersten Bundesbehörden:

> *„Die unverzügliche Ermöglichung eines sicheren elektronischen Rechts- und Geschäftsverkehrs bietet zweifellos auch erhebliche Standortvorteile für einen Staat."* *[Deutscher Städtetag 1999, S. 78]*

Ein weiterer Grund für den Aufbau einer Sicherheitsinfrastruktur, die insbesondere rechtsverbindliche digitale Signaturen ermöglicht, ist der Umstand der abneh-

2 Vgl. Abschn. 2.2.

menden Sicherheit von handschriftlichen Unterschriften, auch wenn dieser von der Gesellschaft größtenteils noch nicht wahrgenommen wird:

> *„Durch jahrhundertelange Rechtssprechung hat sich eine Privilegierung von manuellen Unterschriften ergeben. Manuelle Unterschriften werden automatisch als authentisch angenommen. [...] Manche Juristen denken aber bereits schon über die Sinnhaftigkeit einer solchen Privilegierung nach, da manuelle Unterschriften mit den heutzutage vorhandenen technischen Mitteln wesentlich leichter fälschbar sind als noch vor wenigen Jahren." [Welsch 1999, S. (3.2-11)]*

Es kann also die These aufgestellt werden, dass sich der Beweiswert der handschriftlichen Unterschrift in Zukunft verringert, während sich der Beweiswert der digitalen Signatur erhöht (vgl. Abb. 1.1).

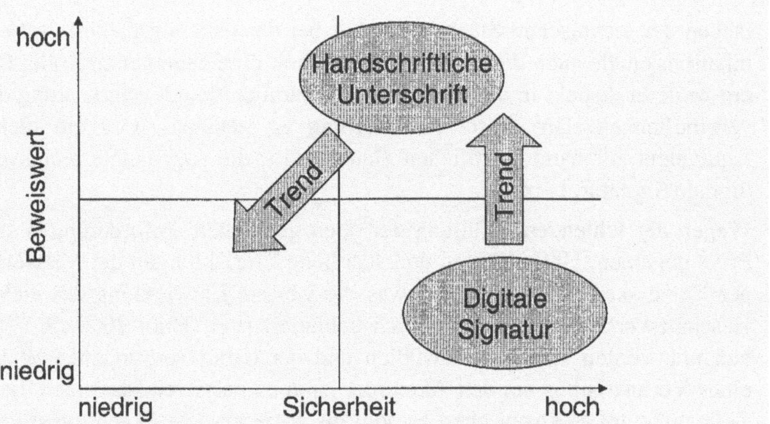

Abb. 1.1: Trends hinsichtlich Beweiswert und Sicherheit der handschriftlichen Unterschrift und der digitalen Signatur

1.1.1.2 Möglichkeiten kryptographischer Verfahren

Um die Sicherheitsanforderungen zu erfüllen, können kryptographische Verfahren zum Einsatz kommen. Während die Algorithmen dieser Verfahren öffentlich bekannt gemacht werden dürfen, ist stets ein bestimmter Parameter bzw. Schlüssel geheim zu halten. Grundsätzlich ist zwischen symmetrischen und asymmetrischen kryptographischen Verfahren zu unterscheiden.

Bei symmetrischen Verfahren wird für die Ver- und Entschlüsselung von Daten der gleiche Schlüssel verwendet. Sie sind einfach zu implementieren und ermöglichen eine hohe Performance. Diesen Vorteilen stehen einige Nachteile gegenüber. So müssen sich die Kommunikationspartner zunächst über einen sicheren Kanal auf den zu verwendenden Schlüssel einigen. Weiterhin kann bei Vorliegen einer verschlüsselten Nachricht nicht sicher festgestellt werden, welcher der Kommunikationspartner diese erzeugt hat. [vgl. von Faber 1999, S. (2.1-3)]

Im Gegensatz zu symmetrischen Verfahren werden bei asymmetrischen Verfahren für die Ver- und Entschlüsselung jeweils unterschiedliche Parameter bzw. Schlüssel verwendet, d.h. es wird stets ein Schlüsselpaar benutzt. Ein solches besteht aus einem öffentlichen und einem privaten Schlüssel, wobei die beiden Schlüssel voneinander mathematisch abhängen. Trotz dieser Abhängigkeit kann der eine Schlüssel aus dem anderen ab einer gewissen Schlüssellänge praktisch nicht abgeleitet werden. Ver- bzw. Entschlüsselungsoperationen können sowohl mit dem öffentlichen als auch mit dem privaten Schlüssel erfolgen. Werden beide Schlüssel in beliebiger Reihenfolge nacheinander auf eine Nachricht angewendet, so ergibt sich wieder der ursprüngliche Inhalt. Der private Schlüssel muss vom Besitzer geheim gehalten werden, während der öffentliche Schlüssel frei zugänglich ist. [vgl. von Faber 1999, S. (2.1-3)]

Sicherstellung der Authentizität und Integrität von Daten auf Grundlage asymmetrischer Kryptographie

Ein Protokoll zur Sicherstellung der Authentizität und Integrität von Daten auf Basis asymmetrischer Kryptographie kann wie folgt beschrieben werden. Teilnehmer A ist Autor einer Nachricht n. Er erstellt mit Hilfe eines Hashalgorithmus[3] $h(\ )$ eine Kurzschrift seiner Daten und erhält somit $h(n)$. Auf diesen Wert wendet er seinen privaten Schlüssel p_A an und bekommt die digitale Signatur $p_A(h(n))$. Diese kann nur von Teilnehmer A erzeugt werden, da nur er in Besitz des privaten Schlüssels ist. Die Nachricht wird zusammen mit der Signatur an den Kommunikationspartner verschickt. Dieser kann den dem Teilnehmer A gehörenden öffentlichen Schlüssel $ö_A$ zur Verifikation der digitalen Signatur verwenden. Hierzu bildet er $ö_A(p_A(h(n)))$ und vergleicht diesen Wert mit dem ebenfalls von ihm erzeugten Hashwert $h(n)$. Sind die beiden Ergebnisse identisch, so steht fest, dass der Teilnehmer A die Nachricht n erzeugt hat. Da jede Änderung in der Nachricht dazu führt, dass die Überprüfung der digitalen Signatur fehlschlägt, wird zugleich ihre Integrität gewährleistet. [vgl. Schneier 1996, S. 45f.]

Sicherstellung der Vertraulichkeit auf Grundlage asymmetrischer Kryptographie

Ein Protokoll zur Sicherstellung der Vertraulichkeit auf Basis asymmetrischer Kryptographie kann wie folgt beschrieben werden. Teilnehmer A möchte eine Nachricht n derart verschlüsseln, dass sie nur von Teilnehmer B wieder entschlüsselt werden kann. Zu diesem Zweck wendet er auf die Nachricht den Teilnehmer B gehörenden öffentlichen Schlüssel $ö_B$ an und erhält somit die ver-

3 Ein Hashalgorithmus erzeugt aus einer Eingabe variabler Länge eine Ausgabe fester Länge (Hashwert). Er muss die Eigenschaft besitzen, kollisionsresistent zu sein. Das bedeutet, dass es mit realistischem Aufwand nicht möglich sein darf, zwei verschiedene Eingabedaten zu finden, die auf denselben Hashwert abgebildet werden. [vgl. Schneier 1996, S. 35f.]

schlüsselte Nachricht $ö_B(n)$. Teilnehmer B kann durch Anwendung seines privaten Schlüssels p_B auf die verschlüsselte Nachricht diese wieder entschlüsseln, da gilt $p_B(ö_B(n))=n$. [vgl. Schneier 1996, S. 37f.]

Die Verschlüsselung von Daten auf Grundlage asymmetrischer Verfahren ist sehr zeitaufwendig. Daher kann bei größeren Nachrichten eine Kombination von asymmetrischen und symmetrischen Verfahren sinnvoll sein. Zu diesem Zweck ist zunächst ein symmetrischer Schlüssel zu erzeugen, der anschließend auf Grundlage asymmetrischer Kryptographie signiert und vertraulich an den Kommunikationspartner geschickt wird. Die Verschlüsselung der eigentlichen Nachricht erfolgt anschließend durch Anwendung des symmetrischen Schlüssels. Ein solches Protokoll wird wegen des Einsatzes von sowohl symmetrischer als auch asymmetrischer Kryptographie als Hybrid-Verfahren bezeichnet. [vgl. Schneier 1996, S. 38ff.]

1.1.1.3 Notwendigkeit von Trustcentern

Wird bei der Verifikation einer digitalen Signatur nicht der unverfälschte öffentliche Schlüssel des Signierenden verwendet, so führt dies zu einem falschen Prüfergebnis. Wird zur Sicherstellung der Vertraulichkeit eine Nachricht nicht mit dem unverfälschten öffentlichen Schlüssel des gewünschten Empfängers verschlüsselt, so kann dieser die Nachricht nicht entschlüsseln (dafür jedoch u.U. jemand anders).

Daher ist eine wesentliche Voraussetzung für die Effektivität der asymmetrischen Kryptographieverfahren, dass ein öffentlicher Schlüssel zweifelsfrei einem bestimmten Teilnehmer zugeordnet werden kann und die Integrität der öffentlichen Schlüssel gewährleistet ist. Aus diesem Grund bedarf es in „Fremder-zu-Fremder"-Kommunikationsbeziehungen eines vertrauenswürdigen Dritten:

> *„Without a trusted third party certifying that a given individual is in fact the holder of a public key, it is impossible for other transacting parties on the network to know for certain that the holder of the public key is not an impostor." [ICC-GUIDEC 1997, Abschn. (III/4)]*

Der vertrauenswürdige Dritte, das sogenannte Trustcenter, beglaubigt die Zugehörigkeit eines öffentlichen Schlüssels zu einem Teilnehmer durch seine digitale Signatur, wodurch auch die Integrität des Schlüssels nachprüfbar wird. Eine solche Beglaubigung wird Public-Key-Zertifikat (PKZ[4]) genannt [vgl. Meister 1998, S. 171].

Bevor ein Teilnehmer den öffentlichen Schlüssel eines anderen Teilnehmers aus einem Public-Key-Zertifikat extrahiert, ist die digitale Signatur des Trustcenters zu überprüfen. Zu diesem Zweck muss der öffentliche Schlüssel des Trustcenters verfügbar sein. Auch bei diesem ist die Authentizität und Integrität sicherzustel-

4 Die Abkürzung wird in der vorliegenden Arbeit nur bei zusammengesetzten Wörtern verwendet.

len. Hierfür kann ein weiteres Public-Key-Zertifikat zum Einsatz kommen, das von einem anderen Trustcenter ausgestellt worden ist, dessen öffentlicher Schlüssel wieder von einem anderen Trustcenter beglaubigt wurde usw. Eine derart ohne Zyklen gebildete Kette wird Zertifizierungspfad genannt. Da dieser stets endlich ist, muss trotz Einschaltung von Trustcentern immer an irgendeiner Stelle die Sicherstellung der Authentizität und Integrität eines öffentlichen Schlüssels über einen sicheren Kanal, z.B. durch persönliche Übergabe auf einem Datenträger, erfolgen[5]. Die Anzahl der auf diese umständliche Art zu übermittelnden Schlüssel kann durch den Einsatz von Trustcentern jedoch auf ein praktisch akzeptables Maß reduziert werden.

Daher stellt der Deutsche Städtetag [1999, S. 13] fest:

> *„Der elektronische Geschäftsverkehr ist künftig ohne Trustcenter-Dienste nicht mehr denkbar."*

Anstelle des Begriffs „Trustcenter" werden in der Literatur zur Bezeichnung des vertrauenswürdigen Dritten eine Reihe anderer Begriffe verwendet. Viele Autoren verwenden die Begriffe synonym. Teilweise werden aber auch leichte Differenzierungen vorgenommen [vgl. Camphausen et al. 2000, S. 72f.]:

- Der Begriff „Trustcenter" wird häufig benutzt, wenn es sich bei dem vertrauenswürdigen Dritten um eine hochsichere Einrichtung handelt, die sich durch besondere organisatorische und bauliche Maßnahmen auszeichnet.
- Der Begriff „Trusted Third Party" taucht oft in Dokumenten der Europäischen Union auf. Er wird insbesondere dann benutzt, wenn deutlich gemacht werden soll, dass von staatlich akkreditierten und kontrollierten Einrichtungen gesprochen wird, denen der Zugriff auf die privaten Teilnehmerschlüssel gestattet ist.
- Der Begriff „Certification Authority" wird bevorzugt verwendet, wenn die Hinterlegung von privaten Teilnehmerschlüsseln bei dem vertrauenswürdigen Dritten ausdrücklich verboten ist.

In dieser Arbeit wird grundsätzlich die Bezeichnung „Trustcenter" verwendet, wobei jedoch an die Eigenschaften des vertrauenswürdigen Dritten keine der oben genannten einschränkenden Anforderungen gestellt werden. Der Spielraum bzgl. des Charakters und Leistungsspektrums eines Trustcenters wird somit sehr weit gefasst.

Als TC-Leistungen werden generell Produkte und Dienstleistungen verstanden, die dem Aufbau von auf asymmetrischer Kryptographie basierenden Sicherheitsinfrastrukturen in offenen Netzen für geschlossene und/oder offene Gruppen dienen. Im Wesentlichen handelt es sich hierbei um die Bereitstellung von Schlüsseln und zugehörigen Public-Key-Zertifikaten sowie Auskünften bzgl. ihrer Gültigkeit [vgl. Fox/Horster/Kraaibeek 1995, S. 3ff.]. Derartige Leistungen werden in dieser Arbeit als Basisleistungen bezeichnet. Bei der hier verwendeten, weit gefassten

---

5 Das Trustcenter, welches das letzte Glied des Zertifizierungspfads bildet, wird i.d.R. als Root-Trustcenter bezeichnet.

Definition von TC-Leistungen umfassen diese auch die im folgenden Abschnitt erwähnten sicherheitsinfrastrukturbezogenen Zusatzleistungen (z.B. weitere Beglaubigungsleistungen) sowie die Erstellung, Installation und den Betrieb von Anwendungen, die auf Sicherheitsinfrastrukturen basieren.

1.1.2 Potenzial zur Steigerung der Effizienz und Effektivität von Prozessabläufen

1.1.2.1 Sicherheitsinfrastrukturen als Basis für Anwendungen

Die durch die Versorgung von Unternehmen, Privatpersonen und staatlichen Einrichtungen mit Basisleistungen entstehenden Sicherheitsinfrastrukturen werden als PKI (Public-Key-Infrastrukturen) bezeichnet [vgl. Kügler/Maurer/Paulus 1999, S. 201f.]. Auf ihrer Grundlage können die Forderungen nach Authentizität, Integrität, Vertraulichkeit und Rechtsverbindlichkeit bei der elektronischen Kommunikation erfüllt werden. Diesen PKI kann durch die Bereitstellung von Zusatzleistungen ein Mehrwert hinzugefügt werden. PKI, bei denen eventuell, nicht jedoch zwingend, eine Anreicherung durch solche Zusatzleistungen erfolgt, werden in dieser Arbeit als TSI (Trust-Service-Infrastrukturen)[6] bezeichnet. Eine TSI definiert sich durch ihre Teilnehmer, durch die in ihr angebotenen Leistungen und durch die in ihr geltenden Regeln. Ein Teilnehmer einer TSI ist eine Identität[7],

- bei der durch geeignete Maßnahmen die technischen und organisatorischen Voraussetzungen für den Bezug oder die Bereitstellung[8] von innerhalb der TSI angebotenen Basis- und Zusatzleistungen geschaffen worden sind;
- die innerhalb der TSI registriert worden ist, d.h. dass ihr eine Kennung zugeteilt wurde, über die sie innerhalb der TSI eindeutig identifiziert werden kann;
- und die über ein Schlüsselpaar verfügt, dessen öffentlicher Schlüssel mit der Kennung der Identität mittels eines Public-Key-Zertifikats verknüpft wurde, das gemäß den in der TSI geltenden Regeln erzeugt wurde.

TSI bieten ihren Teilnehmern für sich alleine genommen noch keinen Nutzen, sondern stellen lediglich ein Nutzenpotenzial bereit [vgl. Grimm 1997, S. 217]. Um dieses zu erschließen, müssen Anwendungen erzeugt werden, die auf diesen TSI aufsetzen. Für die Erstellung solcher TSI-Anwendungen sind die in der realen Welt ablaufenden Prozesse in die elektronische Welt abzubilden. Derartige An-

---

6 Die Bezeichnung PKI wird in den weiteren Ausführungen dieser Arbeit nur verwendet, wenn explizit deutlich gemacht werden soll, dass es sich um eine TSI handelt, bei der keine Anreicherung durch Zusatzleistungen erfolgt.

7 Unter einer Identität wird in diesem Zusammenhang eine Person, eine Organisation oder eine andere zur Durchführung von Aktionen befähigte Einheit (z.B. Rechner) verstanden.

8 Zu den Teilnehmern einer TSI gehört immer wenigstens ein Trustcenter.

wendungen werden jedoch derzeit so gut wie gar nicht angeboten [vgl. Reimer 2000, S. 32]. In diesem Zusammenhang stellt die Bundesregierung fest:

> *„Einsatz und Nutzung der digitalen Signaturen in Deutschland und auch weltweit stehen erst am Anfang." [Bundesregierung 1999]*

1.1.2.2 Horizontale und vertikale Integration von Prozessen

Die Informationstechnologie ermöglicht nicht nur die Elektrifizierung bzw. Automatisierung, sondern auch die grundsätzliche Neugestaltung bestehender Abläufe [vgl. Brenner 1995, S. 57]. Daher wird sie häufig auch als „Enabler" oder „Katalysator" für die Verbesserung von Prozessabläufen bezeichnet [vgl. Davenport 1993, S. 49; Hammer/Champy 1994, S. 112f.]. Dies trifft insbesondere im Hinblick auf TSI zu. Bei der Übertragung der in der realen Welt ablaufenden Prozesse in die elektronische Welt offenbart sich ein enormes Potenzial zur Steigerung der Effizienz und Effektivität der Abläufe durch die Möglichkeit zur horizontalen und vertikalen Prozessintegration. Unter horizontaler Integration wird die Zusammenführung von Teilprozessen, die in mehreren ursprünglichen Prozessen auftreten, verstanden (vgl. Abb. 1.2) [vgl. Kubicek 1998, Abschn. (2.3)]. Bei der vertikalen Integration wird die Anzahl der notwendigen Teilprozessschritte innerhalb eines Gesamtprozesses reduziert, was i.d.R. durch die Vermeidung von Medienbrüchen geschieht (vgl. Abb. 1.3) [vgl. Kubicek 1998, Abschn. (2.4)].

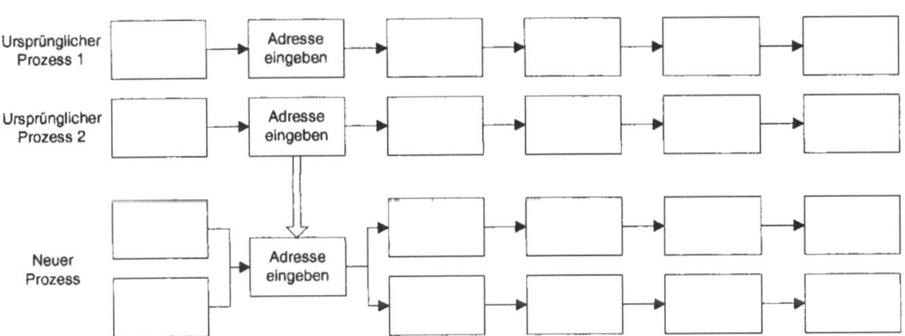

Abb. 1.2: Beispiel für horizontale Prozessintegration

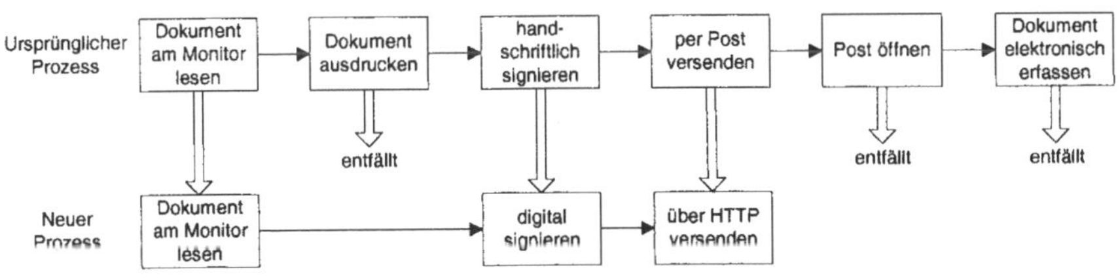

Abb. 1.3: Beispiel für vertikale Prozessintegration

1.1.3 Erfolgreiche TSI-Anwendungen

Im Brockhaus [1968, S. 655] wird Erfolg allgemein als das „positive Ergebnis zweckvollen Handelns" definiert. Je nach Art dieses zweckvollen Handelns kann sich Erfolg bspw. als materieller Gewinn, Anerkennung durch Mitmenschen oder Erfahrung der eigenen Leistungsfähigkeit äußern. Es wird deutlich, dass Erfolg häufig mehrere Dimensionen aufweist, situationsabhängig und oft auch subjektiv bestimmt ist.

Bei der in dieser Arbeit verwendeten langfristigen, strategischen Betrachtungsweise bestimmt sich der Erfolg einer TSI-Anwendung durch ihre dauerhafte Einsatzfähigkeit unter sich ständig verändernden Bedingungen des Umfelds. Zu letzteren gehören insbesondere soziokulturelle, ökonomische, technische, rechtliche und politische Rahmenbedingungen.

Zur Erschließung der durch TC-Technologien gegebenen Potenziale sind derartige erfolgreiche TSI-Anwendungen zu erstellen.

1.1.4 Strategische Relevanz des Themas für die Banken

Notwendigkeit des Erschließens neuer Geschäftsfelder

Die Margen im Standardgeschäft der Banken werden zunehmend kleiner. Die Ursachen hierfür sind vielfältig [vgl. Moormann 1999, S. 5f.]:

- Die hohe Transparenz der Bankleistungen sowie die zunehmende Erfahrung der Bankkunden führen zu höheren Qualitäts- und Serviceansprüchen.
- Im Standardgeschäft sind Differenzierungen im Wettbewerb häufig nur über den Preis möglich.
- Es treten verstärkt auch Non- und Near-Banks (z.B. Telekommunikationsunternehmen oder Versicherungen) in den Wettbewerb mit den Banken, da durch die Möglichkeiten des Internets das Filialnetz als Eintrittsbarriere an Bedeutung verloren hat.
- Es treten zunehmend Finanzintermediäre in den Markt ein. Diese suchen für ihre Kunden die Bank mit dem jeweils günstigsten Angebot.
- Die Gewinnung neuer Kunden ist schwierig, da die Märkte weitgehend verteilt sind. Mit ihren Standardprodukten haben Banken bereits eine hohe Marktdurchdringung erreicht.

Daraus resultiert für die Banken zunehmend die Notwendigkeit, nach neuen Geschäftsfeldern zu suchen. Als besonders geeignet wird hier der Bereich des elektronischen Handels angesehen [vgl. BdB 2000].

Verankerung in den Wertschöpfungsketten des elektronischen Handels

Damit Banken in den durch den elektronischen Handel entstehenden Geschäftsfeldern erfolgreich sein können, muss es ihnen gelingen, in den Wertschöpfungsketten der dort ablaufenden Transaktionen eine wesentliche Rolle zu spielen. Nur dann entstehen wichtige Cross-Selling-Potenziale, die genutzt werden können, um sich gegenüber den Wettbewerbern aus anderen Branchen zu behaupten. Ein geeigneter Weg zum Erreichen dieses Ziels ist das Anbieten von TC-Leistungen. Somit erhält das Thema „Trustcenter" für Banken eine strategische Bedeutung. [vgl. Walch 1999, S. 144]

Banken als Trustcenter

Eine 1997 durchgeführte Delphi-Expertenbefragung „TechnoTrends und ihre Auswirkungen auf den Electronic Commerce"[9] hat ergeben, dass den Banken vergleichsweise gute Chancen eingeräumt werden, sich erfolgreich im TC-Markt zu etablieren (vgl. Tab. 1.1) [vgl. Wings 1999, S. 62f., 142f.].

Möglicher Betreiber eines Trustcenters	Jahr 2000		Jahr 2005		Jahr 2010	
	Median	Quartilsspanne	Median	Quartilsspanne	Median	Quartilsspanne
Banken und sonstige Finanzdienstleister	5	3 / 6	5	4 / 7	5	3 / 7
Neugründungen mit alleinigem Geschäftszweck „Trustcenter"	4	2 / 4,25	4	4 / 5	5	2,75 / 6
Kreditkartengesellschaften	4	3 / 5	4	3 / 5	4	2 / 6
Staatliche Institutionen	1	0 / 2	1	0 / 3	1	0 / 3

(0 = geringe Chancen, 10 = sehr hohe Chancen)

Tab. 1.1: Einschätzung der Chancen unterschiedlicher Institutionen, sich erfolgreich im TC-Markt zu etablieren [vgl. Wings 1999, S. 143] (eigene Darstellung)

1.2 Probleme bei der Auswahl und Erstellung erfolgreicher TSI-Anwendungen

Problem 1: Aus der Komplexität und Heterogenität von TSI resultieren eine Reihe von Schwierigkeiten, insbesondere technische Interoperabilitätsprobleme.

Die Akteure, für welche die Anwendung vorgesehen ist, nehmen bis auf wenige Ausnahmen an ihrem Erstellungsprozess nicht teil. Oft sind die Teilnehmer der Anwendung nicht einmal direkt erreichbar bzw. namentlich bekannt. Entspre-

9 An der Befragung haben 35 Experten (erste Runde) bzw. 30 Experten (zweite Runde) teilgenommen. Diese kamen überwiegend aus Unternehmensberatungen sowie Hard- und Softwareunternehmen [vgl. Wings 1999, S. 47f.].

chend kann bei der Erstellung von TSI-Anwendungen grundsätzlich nicht davon ausgegangen werden, dass ein bestimmter Akteur an einer bestimmten TSI teilnimmt, d.h. die beim jeweiligen potenziellen Anwender gegebenen Voraussetzungen sind häufig nicht konkret bekannt. Das ist gerade deswegen problematisch, weil sich TSI durch eine enorme Komplexität und Heterogenität auszeichnen. Sie unterscheiden sich nicht nur hinsichtlich ihres konkreten Leistungsspektrums, sondern bspw. auch bzgl. ihrer soziokulturellen, ökonomischen, technischen, rechtlichen, politischen und organisatorischen Eigenschaften. Um erfolgreiche Anwendungen für TSI zu erstellen, bedarf es eines tieferen Verständnisses hinsichtlich dieser Charakteristika und der sich durch sie möglicherweise ergebenden Schwierigkeiten. Dies gilt insbesondere für die aus unterschiedlichen technischen Eigenschaften einzelner TSI resultierenden Interoperabilitätsprobleme. Deren Existenz wird sowohl im wissenschaftlichen Umfeld als auch in der Praxis häufig beklagt [vgl. DIN 1999]. Sie stellen ein wesentliches Hindernis für die breite Verwendung von TSI-Anwendungen dar. Eine umfassende systematische Untersuchung des Bereichs der Interoperabilitätsprobleme sowie Lösungsvorschläge sind jedoch derzeit nicht vorhanden.

Problem 2: Es fehlt ein Vorgehensmodell für die systematische Auswahl und Erstellung von TSI-Anwendungen.

Wegen der Komplexität der Thematik wird ein Vorgehensmodell benötigt, dass die systematische Auswahl und Erstellung von TSI-Anwendungen erlaubt. Für die Neugestaltung von Prozessen in Unternehmen stellt die betriebswirtschaftliche Wissenschaft unter der Bezeichnung „BPR" (Business Process Reengineering) eine Reihe von Methoden bereit [vgl. Hess/Brecht 1996; Schnetzer 1999]. Während bei diesen Methoden jedoch lediglich die Abkehr von der funktionsorientierten zur prozessorientierten Sichtweise innerhalb eines Unternehmens im Vordergrund steht, muss die Perspektive bei der Erstellung von TSI-Anwendungen auf eine Vielzahl von Beteiligten ausgedehnt werden. Zu diesen gehören neben dem Trustcenter selbst die Akteure der Anwendungen, d.h. Privatpersonen in der Rolle als Bürger und Konsumenten, Unternehmen und staatliche Einrichtungen. Der Fokus verschiebt sich also von einer einfachen „cross-functional"-Betrachtung zu einer „cross-organisational"-Betrachtung [vgl. Schad 2000, S. 217]. Jeder der Beteiligten verfügt über unterschiedliche Eigenschaften und verfolgt unterschiedliche Ziele. Während die Machtstrukturen bei einem einzelnen Beteiligten i.d.R. klar definiert sind und die für eine Prozess-Umgestaltung notwendigen Schritte von oben angeordnet und durchgesetzt werden können, stellt sich die Situation bei einem (u.U. sogar offenen) Netz von Teilnehmern ungleich schwieriger dar. Hier entstehen Interessenskonflikte zwischen rechtlich voneinander unabhängigen Parteien, für deren Lösung keine mächtige übergeordnete Instanz bereitsteht. In diesem Zusammenhang stellt Bleicher [1989, S. 79] fest:

> *„Mit der partnerschaftlichen Kooperation gleich welcher Art, wachsen [...] die Probleme, die sich dem Management stellen. Galten bislang in der eigenen Unternehmung die Direktionsrechte der Leitung, so verlagern sich*

nunmehr die Probleme auf das Finden eines Konsens unter Partnern, die sich unterschiedlichen Bedingungen und Situationen gegenübersehen".

Ein Vorgehensmodell für die Auswahl und Erstellung von TSI-Anwendungen, das diese im interorganisatorischen Umfeld entstehenden Probleme berücksichtigt, existiert nicht.

Problem 3: Ungeeignete Trustcenter bzw. die Wahl ungeeigneter Trustcenter-Strategien stellen eine Gefahr für den langfristigen Erfolg der TSI-Anwendung dar.

Bei TSI-Anwendungen handelt es sich nicht um Produkte, die einmal erzeugt und anschließend ohne weiteres Zutun des Trustcenters verwendet werden können. TSI-Anwendungen müssen permanent an sich ändernde Umweltbedingungen, z.B. im rechtlichen Bereich, angepasst werden. Zu diesem Zweck und u.U. auch für das Fortbestehen bestimmter TSI, auf welche die Anwendung aufsetzt, muss die Leistungsbereitschaft des Trustcenters aufrechterhalten werden. Das gilt insbesondere dann, wenn das Trustcenter alleiniger Anbieter bestimmter Leistungen ist, die von der Anwendung benötigt werden. Somit sind nicht nur die Akteure bedeutende Beteiligte der TSI-Anwendung, sondern vor allem das Trustcenter selbst. Die Sicherung seiner Existenz ist zwingend notwendig, um einen dauerhaften Betrieb der TSI-Anwendung zu erreichen. Daher ist der Erfolg des Trustcenters bzw. die Aufrechterhaltung seiner Leistungsfähigkeit Voraussetzung für den Erfolg der TSI-Anwendung. Wegen fehlender Erfahrungen in der noch jungen TC-Branche hinsichtlich der Eignung bestimmter Unternehmen als Trustcenter und bzgl. der Eignung bestimmter TC-Strategien ist die Erfüllung dieser Voraussetzung jedoch sehr unsicher.

1.3 Ziel und Aufbau der Arbeit

Ziel der Arbeit ist das Aufzeigen von Lösungsansätzen für die oben genannten, bei der Auswahl und Erstellung von TSI-Anwendungen entstehenden Probleme. Den Aufbau der Arbeit zeigt Abb. 1.4.

Grundlegend wird in Kapitel 2 eine Situationsanalyse des TC-Umfelds durchgeführt. Hier wird u.a. auf die Ziele und Eigenschaften der Akteure, auf das soziokulturelle, ökonomische und technische Umfeld sowie auf rechtliche und politische Rahmenbedingungen eingegangen.

Mit dem **Problem der Komplexität und Heterogenität von TSI** befassen sich die Kapitel 3 bis 5. In Kapitel 3 erfolgt eine Systematisierung der Funktionen und Leistungen eines Trustcenters in Form von Referenz- und Metamodellen. Neben bereits existierenden Angeboten werden dort auch eine Reihe neu definierter Leistungen berücksichtigt. In Kapitel 4 werden Dimensionen bestimmt, die den Charakter einer TSI festlegen. Dort wird weiterhin begründet, warum auch in Zukunft eine Vielzahl heterogener TSI nebeneinander existieren werden. Gegenstand von Kapitel 5 sind die sich aus der technischen Heterogenität ergebenden Interoperabi-

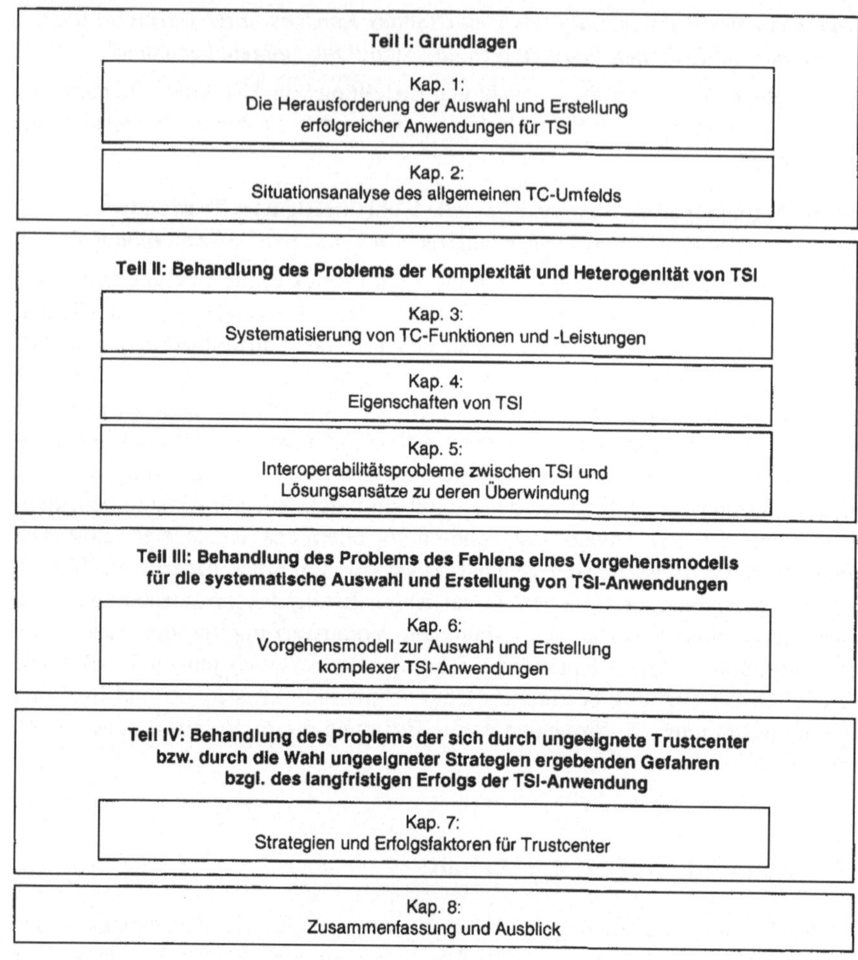

Abb. 1.4: Aufbau der Arbeit

litätsprobleme. Dort wird systematisch untersucht, an welchen Stellen derartige Schwierigkeiten entstehen können und es werden Lösungsansätze aufgezeigt.

Mit dem **Problem des Fehlens eines Vorgehensmodells für die systematische Auswahl und Erstellung von TSI-Anwendungen** befasst sich Kapitel 6. Dort wird ein solches Modell entwickelt. Ausgangsbasis hierfür bilden die bestehenden Methoden des intraorganisatorischen BPR. Diese werden im Hinblick auf die sich speziell bei der Erstellung von TSI-Anwendungen ergebenden Probleme angepasst bzw. erweitert. Insbesondere wird berücksichtigt, dass es sich bei der Erstellung von TSI-Anwendungen nicht um eine Neugestaltung von intraorganisatorischen, sondern von interorganisatorischen Prozessen handelt.

Mit dem Problem der sich durch ungeeignete Trustcenter bzw. durch die Wahl ungeeigneter TC-Strategien ergebenden Gefahren bzgl. des langfristigen Erfolgs der TSI-Anwendung befasst sich Kapitel 7. Dort werden verschiedene Strategieoptionen hinsichtlich ihrer grundsätzlichen Eignung für das TC-Geschäft untersucht. Weiterhin werden wesentliche Erfolgsfaktoren genannt, die von Trustcentern erfüllt werden sollten, die TSI-Anwendungen anbieten möchten. Die hierfür verwendete Datenbasis wird zum einen durch die in den vorherigen Kapiteln gewonnenen Erkenntnisse gebildet. Zum anderen wird sie ergänzt durch eine Branchenstrukturanalyse, die mittels einer Delphi-Expertenbefragung durchgeführt worden ist.

2 Situationsanalyse des allgemeinen Trustcenter-Umfelds

„Wer zusieht, sieht mehr
als wer mitspielt"
Wilhelm Busch

Grundlegend für die Behandlung der in Abschn. 1.2 genannten Probleme bei der Auswahl und Erstellung erfolgreicher TSI-Anwendungen wird in diesem Kapitel eine systematische Situationsanalyse des TC-Umfelds durchgeführt.

Zunächst erfolgt eine Betrachtung der derzeit am Markt tätigen Trustcenter sowie der generellen Ziele, Erwartungen und Bedenken von Privatpersonen, Unternehmen und staatlichen Einrichtungen im Hinblick auf TSI-Anwendungen. Im Anschluss daran stehen die für die Aufgabenstellung relevanten allgemeinen soziokulturellen, ökonomischen, technischen, rechtlichen und politischen Rahmenbedingungen im Untersuchungsfokus. Schließlich werden Forschungs- und Pilotprojekte genannt, die sich ebenfalls mit dem Einsatz von TC-Technolgien beschäftigen.

2.1 Am Markt tätige Trustcenter

In den vergangenen Jahren haben eine Vielzahl von Trustcentern den operativen Betrieb aufgenommen[10]. Als Betreiber, (Mit-)Eigentümer oder Kooperationspartner treten Organisationen und Unternehmen aus verschiedenen Bereichen bzw. Branchen in Erscheinung (vgl. Tab. 2.1). Die IT(Information Technology)-Beratungs- und Dienstleistungsunternehmen gehörten zusammen mit den Softwareherstellern zu den ersten professionellen Anbietern von TC-Leistungen. Man-

[10] Eine Liste mit Anbietern von TC-Leistungen kann unter der vom DFN (Deutsches Forschungsnetz) betriebenen Webseite http://www.pki-page.org abgerufen werden. Ende 2000 sind dort über 70 Unternehmen aufgeführt.

Name des Trustcenters	Telekommunikation	IT-Beratung und -Dienstleistung	Softwarehersteller	Banken	Industrie	Forschung	Kammern und Verbände	Provider	Post
TC TrustCenter			K	E				K	
TeleSec	E								
Signtrust									E
DFN						E			
IKS		U						U	
CCI		U			E				
BWS		U		E					
D-Trust					E		K		
Swisskey	E			E					
A-Sign	E								K
GlobalSign			E	E			K		
VeriSign	K	U	E					K	
GTE Cybertrust	U		U	K					
Identrus				E					
ABAecom				E					
ValiCert		U	U						
Surety			U						
Thawte		U						K	
Netrust				E					
128i		E							
E: Eigentümer, K: Kooperation, U: Branche gehört zu den Geschäftsfeldern, in denen das genannte Unternehmen tätig ist									

Tab. 2.1: An ausgewählten Trustcentern beteiligte Branchen (Stand 1999)

che Firmen, die zunächst Sicherheitssoftware angeboten haben, gingen dazu über, TC-Leistungen anzubieten (z.B. GTE Cybertrust). Umgekehrt werden Trustcenter der ersten Stunde zunehmend zu Herstellern von Sicherheitssoftware (z.B. VeriSign). Interesse am TC-Markt zeigen insbesondere auch Banken (Identrus), Telekommunikationsunternehmen (z.B. A-Sign) und das Postwesen (z.B. Signtrust).

Wie in Abschn. 1.1.1.3 erwähnt, umfasst das mögliche Leistungsspektrum eines Trustcenters sowohl Basis- und Zusatzleistungen zum Aufbau von TSI als auch die Erstellung, Installation und den Betrieb von auf diesen basierenden Anwendungen. Bei den derzeit operativ tätigen Trustcentern geht das Angebotsspektrum jedoch nur selten über die Bereitstellung von einfachen Basisleistungen hinaus. Die Absatzzahlen dieser Leistungen sind wegen der fehlenden Anwendungen sehr gering:

> *„Das Produktzentrum TeleSec der Deutschen Telekom AG schätzte die Anzahl der Kunden für das Signatur-Produktpaket auf 30.000 im ersten Jahr [1999]. Die Zahlen bleiben jedoch weit hinter den Erwartungen zurück. Ende Oktober [1999] fanden sich weniger als 300 Nutzer im Online-Verzeichnis der Zertifizierungsinstanz." [Hillebrand/Büllingen 2000, S. 80]*

Die meisten Trustcenter beschränken sich vor allem aus verfahrenstechnischen Gründen auf den nationalen Markt. Sofern Public-Key-Zertifikate auch international angeboten werden, genügen diese oft nur einem niedrigen Sicherheitsniveau, da die intensive Prüfung der Identität eines Kunden im Ausland schwierig ist. Public-Key-Zertifikate werden i.d.R. für Privatpersonen, Unternehmen, staatliche Einrichtungen (Benutzerzertifikate) und Rechner (Serverzertifikate) ausgestellt [vgl. Koppmann/Tauschek 1999].

Ein genauerer Überblick über das derzeitige Angebot und die hierfür verlangten Preise wird bei der Betrachtung der ökonomischen Rahmenbedingungen in Abschn. 2.4.2 gegeben.

2.2 Ziele, Erwartungen und Bedenken der Akteure

Um den Nutzen bestimmter TSI-Anwendungen für einen Akteur beurteilen zu können, ist die Kenntnis seiner generellen Ziele, Erwartungen und Bedenken im Hinblick auf den Einsatz dieser Anwendungen relevant. Die bei der elektronischen Abwicklung von Prozessen beteiligten Akteure werden üblicherweise unterteilt in die Akteurssegmente „Privatpersonen", „Unternehmen" und „staatliche Einrichtungen" [vgl. Müller/Schoder 1999, S. 5]. Zur Differenzierung der Anwendungen werden die Begriffe „Electronic Commerce", „Electronic Business", „Electronic Government" und „User-to-User" verwendet. Sie bezeichnen jeweils eine Anwendungsmenge, die sich insbesondere dadurch auszeichnet, dass an den in ihr enthaltenen Anwendungen bestimmte Akteurssegmente beteiligt sind. In der Literatur werden diese Begriffe zwar häufig verwendet, jedoch oft mit uneinheitlichen Bedeutungen [vgl. Müller/Schoder 1999, S. 2ff.]. Unterschiede bestehen insbesondere hinsichtlich der jeweils einzubeziehenden Akteure und der Berücksichtigung akteursinterner Abläufe.

In dieser Arbeit werden die Bezeichnungen so verwendet, dass

- der Begriff „Electronic Commerce" Anwendungen umfasst, bei denen akteursübergreifende Prozesse zwischen Privatpersonen und Unternehmen elektronisch abgewickelt werden;
- der Begriff „Electronic Business" Anwendungen umfasst, bei denen akteursübergreifende Prozesse zwischen Unternehmen elektronisch abgewickelt werden;
- der Begriff „Electronic Government" Anwendungen umfasst, bei denen akteursübergreifende Prozesse zwischen staatlichen Einrichtungen untereinander bzw. staatlichen Einrichtungen mit Privatpersonen und Unternehmen elektronisch abgewickelt werden;
- der Begriff „User-to-User" Anwendungen umfasst, bei denen akteursübergreifende Prozesse zwischen Privatpersonen elektronisch abgewickelt werden.

Dabei können in die Anwendungen auch akteursinterne Abläufe einbezogen werden, sofern sie in einem mittelbaren oder unmittelbaren Zusammenhang zu den akteursübergreifenden Prozessen stehen.

2.2.1 Privatpersonen in der Rolle als Bürger und Konsumenten

Privatpersonen nehmen unterschiedliche Rollen ein: die Rolle als Bürger, die Rolle als Konsument und die Rolle als Arbeitskraft in einem Unternehmen oder in einer staatlichen Einrichtung. In diesem Abschnitt steht die Rolle als Bürger und Konsument im Betrachtungsfokus.

In der **Rolle als Bürger** möchten Privatpersonen Informations- und Verwaltungsdienstleistungen staatlicher Einrichtungen möglichst bequem in hoher Qualität beziehen.

Eine zusammenfassende Einschätzung auf Grundlage der Ergebnisse diverser Untersuchungen kommt zu dem Schluss, dass Privatpersonen den Anwendungsbereich des „Electronic Government" für besonders attraktiv halten, da dort die Möglichkeiten zu enormen Zeit- und Aufwandsersparnissen gesehen werden [vgl. Kubicek et al. 1998, S. 15]. Als konkrete Erwartungen an das „Electronic Government" können genannt werden [vgl. Kubicek et al. 1998, S. 11ff.]:

- leichter Zugriff auf Informationen;
- höhere Transparenz der Vorgänge;
- Beschleunigung der Vorgänge;
- Ersparnis von Wegen;
- verbesserte Erreichbarkeit der Sachbearbeiter;
- erhöhte Kompetenz und höhere Qualität bei der Bearbeitung, auch bei Abwesenheit oder Urlaub des eigentlichen Sachbearbeiters.

Eine 1999 durchgeführte, repräsentative Untersuchung des BAT(British American Tobacco)-Freizeitforschungsinstituts, bei der 3000 Personen ab 14 Jahren aus Deutschland befragt worden sind, hat ergeben, dass 48% der Befragten in Zukunft gerne Behördengänge am Computer erledigen würden [vgl. Opaschowski 1999, S. 122, 204].

Der Wunsch nach dem zeitlich ungebundenen Zugang zu Dienstleistungen der öffentlichen Verwaltung wird insbesondere verstärkt durch die zunehmende Flexibilisierung im Arbeitsleben, die eine Orientierung an fixen Öffnungszeiten der Ämter schwierig macht [vgl. Schwabe 1997, S. 77].

In der **Rolle als Konsument** möchten Privatperson qualitativ hochwertige Leistungen zu einem möglichst geringen Preis mit einem hohen Einkaufserlebnis beziehen.

Im Anwendungssegment des „Electronic Commerce" besteht bereits in vielen Bereichen die Möglichkeit der elektronischen Abwicklung von Transaktionen, jedoch ohne den Einsatz von TC-Leistungen. Diese vorhandenen Möglichkeiten zum Kauf von Waren über das Internet werden nur von einem sehr geringen Teil der Internetanwender genutzt:

- Im Jahr 1999 verwendeten in Westeuropa 63,5 Mio. Personen das WWW (World Wide Web), von denen jedoch lediglich 9,4 Mio. Personen von der Möglichkeit Gebrauch machten, Einkäufe über dieses Medium zu tätigen [vgl. EITO 2000, S. 30].
- Die oben bereits erwähnte repräsentative Untersuchung des BAT-Freizeit-Forschungsinstituts hat ergeben, dass zwar 35% der in Deutschland Befragten dem „Electronic Commerce" grundsätzlich positiv gegenüber stehen, jedoch nur 4% an diesem tatsächlich schon einmal teilgenommen haben [vgl. Opaschowski 1999, S. 124, 205].

Als Ursache hierfür werden häufig Sicherheitsbedenken angeführt. Nach einer Erhebung des US-amerikanischen Instituts GVU (Graphics, Visualization & Usability Center), bei der weltweit mehr als 5000 Internetnutzer einbezogen worden sind, haben 60% der Internet-Einsteiger ein hohes Unsicherheitsempfinden, bei den erfahrenen Nutzern sind es immerhin noch 50% [vgl. GVU 1998]. Als konkrete Bedrohungen aus Sicht der Konsumenten beim Kauf von Waren über das Internet sind zu nennen [vgl. Lacoste/Weber 1999, S. 148]:

- die Gefahr, dass die Leistung nicht in der Qualität erbracht wird, wie sie angeboten worden ist;
- die Gefahr, dass kein Beleg über die Bezahlung ausgestellt wird;
- die Gefahr, dass nach erfolgter Zahlung die Leistung nicht erbracht wird;
- die Gefahr, dass der Verkäufer eine falsche Identität vorgetäuscht hat;
- die Gefahr, dass personenbezogene Daten ohne Erlaubnis gespeichert werden bzw. die Privatsphäre des Konsumenten verletzt wird.

2.2.2 Unternehmen

Wesentliche Ziele von Unternehmen sind die Erhaltung der Wettbewerbsfähigkeit und die Maximierung des Gewinns. In diesem Zusammenhang haben sie folgende Erwartungen hinsichtlich des Einsatzes von Internet-Technologien zur Abwicklung von Prozessen [vgl. EITO 2000, S. 51; EITO 1999, S. 173, 199]:

1) Kostenreduktion, z.B. durch
   - die Vermeidung von sich durch Medienbrüche ergebenden Arbeitsschritten;
   - die Verringerung der Telefon-, Fax- und Portokosten, indem bspw. Informationen für Geschäftspartner und Kunden im Internet bereitgestellt werden;
   - die Verbesserung der Verhandlungsposition gegenüber Lieferanten durch die Verwendung des Internets zum Einholen von Angeboten anderer Anbieter.
2) Qualitätsverbesserung, z.B. durch
   - kürzere Reaktionszeiten;
   - eine gezieltere Kundenansprache;
   - die Verbesserung des Supports durch Einsatz des Internets als Kommunikationsmedium.
3) Ausweitung der Geschäftstätigkeit (insbesondere für KMU[11] relevant), z.B. durch
   - die Verwendung des Internets als Zugangskanal zu neuen Kundengruppen;
   - die Verbesserung des Markenimages.

Unternehmen haben große Hoffnungen im Hinblick auf die durch den Einsatz von TC-Leistungen gegebenen Möglichkeiten. Sie wünschen, dass der Gesetzgeber möglichst günstige Rahmenbedingungen schafft. Insbesondere warnen Unternehmensverbände vor überzogenen Schriftformerfordernissen, die den Einsatz der digitalen Signatur verhindern und somit unnötigen Verwaltungsaufwand bzw. Kosten verursachen würden. [vgl. Büllingen/Hillebrand 1999, S. 209]

Einige Unternehmen, insbesondere KMU, stehen der Revolution durch das Internet jedoch auch skeptisch gegenüber. Wesentlicher Grund hierfür ist, dass sie fürchten, in der Wertschöpfungskette nicht mehr benötigt zu werden:

> *„Inhibitors to Internet deployment [in small and medium enterprises] include [...] the fear of online disintermediation." [EITO 2000, S. 49]*

Wie bei Privatpersonen, werden auch bei Unternehmen Sicherheitsbedenken bzgl. des Internets geäußert. Die konkreten Bedrohungen aus ihrer Sicht beim Vertrieb von Leistungen über dieses Medium sind [vgl. Lacoste/Weber 1999, S. 148]:

---

11 Abk. für „kleinere und mittlere Unternehmen".

- die Gefahr, dass nach erbrachter Leistung keine Zahlung erfolgt;
- die Gefahr, wegen fehlender Beweise die Erteilung eines Auftrags nicht nachweisen zu können;
- die Gefahr, einen gefälschten Auftrag zu erhalten;
- die Gefahr, wegen fehlender Belege die Erbringung der Leistung nicht nachweisen zu können;
- die Gefahr, dass der Käufer eine falsche Identität vorgetäuscht hat (z.B. Bestellung unter Angabe eines falschen Namens);
- die Gefahr, dass unternehmensbezogene Daten in die Hände von Mitbewerbern gelangen (z.B. Abhören der Kundennamen oder teurer Information);
- die Gefahr, dass in elektronischer Form gelieferte Informationen beliebig oft kopiert werden;
- die Gefahr, dass wegen Sicherheitslücken bestimmte Kundenstatus-Informationen geändert werden (z.B. Eintragung von Sonderkonditionen oder Erteilung von Zugriffsrechten auf bestimmte Preislisten).

2.2.3 Staatliche Einrichtungen

Hinsichtlich der Ziele staatlicher Einrichtungen stehen volkswirtschaftliche Aspekte im Vordergrund. Staatliche Einrichtungen möchten zum einen die Angebotsbedingungen für den Wirtschaftsstandtort verbessern, zum anderen möchten sie durch möglichst niedrige Kostenverursachung den Staatshaushalt entlasten. [Büllingen/Hillebrand/Stamm 2000, S. 22]

Eine im Rahmen des Projekts „European Digital Cities" durchgeführte Untersuchung gibt konkretere Hinweise auf die Erwartungen staatlicher Einrichtungen bzgl. des sich aus dem „Electronic Government" auf der Kommunalebene ergebenden Nutzens [vgl. Rupprecht 1998, S. 44]. Am bedeutendsten werden ein besserer Zugang für den Bürger sowie eine höhere Dienstleistungsqualität eingeschätzt (vgl. Abb. 2.1).

Die Verbesserung öffentlicher Dienstleistungen ist auch bei einer kontinentübergreifenden Befragung unter 16 Ländern als wesentlicher Grund für die Bereitstellung einer Internetseite genannt worden [vgl. Bird/Honeywood/Mantz 1997, S. 8]. Weitere bedeutende Gründe sind die stärkere Verbreitung von Informationen sowie die Erhöhung der Transparenz der Verwaltungsvorgänge (vgl. Abb. 2.2).

Staatliche Einrichtungen stellen traditionell sehr hohe Sicherheitsanforderungen, da bei ihnen besonders oft sensible, die innere und äußere Sicherheit sowie den Datenschutz tangierende Informationen ausgetauscht werden [vgl. Büllingen/Hillebrand/Stamm 2000, S. 22].

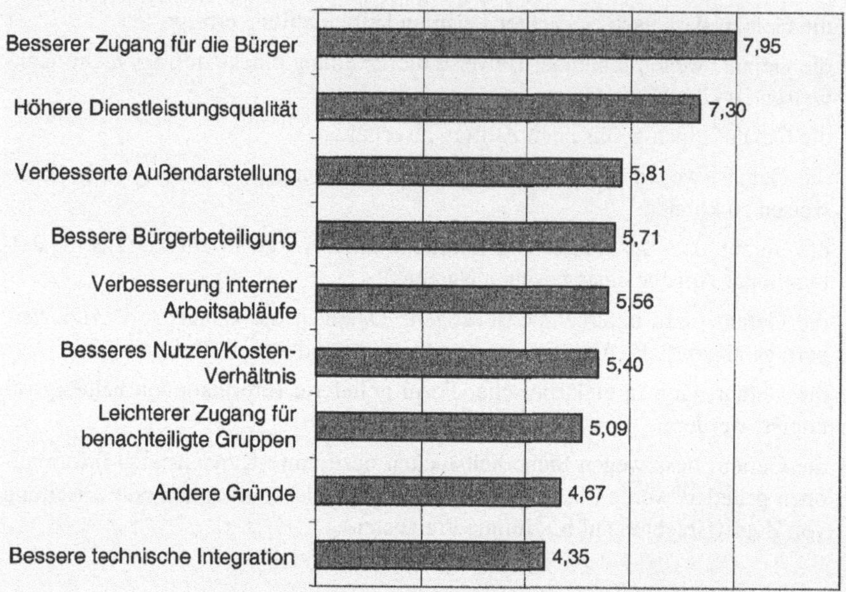

Abb. 2.1: Erwartungen an den Telematikeinsatz auf der Kommunalebene [vgl. Rupprecht 1998, S. 44] (eigene Darstellung)

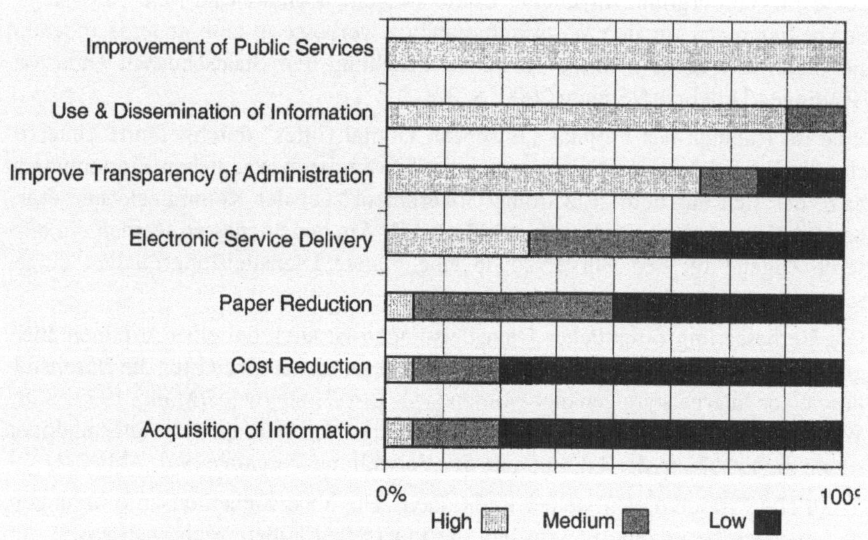

Abb. 2.2: Gründe staatlicher Einrichtungen für die Bereitstellung einer Internetseite [vgl. Bird/Honeywood/Mantz 1997, S. 8] (eigene Darstellung)

2.3 Soziokulturelle Rahmenbedingungen

Die soziokulturellen Rahmenbedingungen ergeben sich aus den Einflussfaktoren, die aus der gesellschaftlichen Umgebung im weiteren Sinne auf die Akteure einwirken[12]. [vgl. Kreikebaum 1997, S. 45].

Es lässt sich ein Trend hin zur privaten Nutzung moderner Informations- und Kommunikationstechnologien von allen Bevölkerungsgruppen feststellen. So wird in der ARD/ZDF-Online-Studie 1999 festgestellt, dass sich das Internet auf dem Weg zum Massenmedium befindet [van Eimeren et al. 1999, S. 402]. Insbesondere in jüngeren Altersgruppen der Bevölkerung kann das WWW bereits als Alltagsmedium bezeichnet werden, das keineswegs nur von Technikbegeisterten verwendet wird [vgl. GfK 2000].

Jedoch bestehen im privaten wie auch im beruflichen Umfeld erhebliche Probleme im Umgang mit den neuen Technologien. Häufig werden die Anwender von den Hard- und Softwareherstellern überfordert:

- Studien der US-Psychologen Michelle Weil und Larry Rosen haben ergeben, dass sich in den USA jeder zweite Verbraucher von der modernen Technik überfordert fühlt [vgl. Mummert+Partner 2000].
- Untersuchungen des Computerherstellers Compaq besagen, dass die meisten der Menschen, die am Computer arbeiten, regelmäßig frustriert sind, weil etwas nicht funktioniert [vgl. Mummert+Partner 2000].
- Beim „Sphinx"-Pilotversuch[13] für Ende-zu-Ende-Sicherheit haben viele Anwender[14] Kritik hinsichtlich einer unzureichenden Benutzerfreundlichkeit bei der Verwendung von Verfahren zur Datenverschlüsselung bzw. zur Erstellung von digitalen Signaturen geäußert. Mehr als ein Drittel der Teilnehmer geben an, nicht oder nur teilweise das Gefühl zu haben, mit den Sicherheitsprodukten umgehen zu können. [vgl. Faltin/Schneider/Viebeg 1999, S. 47f.].

Erhebliche Defizite gibt es auch im Hinblick auf den verantwortungsbewussten Umgang mit der Möglichkeit zur digitalen Signatur. Simulationsstudien zeigen, dass das Verhalten der Anwender zu erheblichen Risiken führt. So lassen diese z.B. ihre Chipkarte zu Hause liegen und können daher keine digitale Signatur erstellen. In der Not leihen sie sich die Karte von einem Kollegen aus. Sofern dieser wegen der prekären Lage seine für die Verwendung der Karte benötigte

---

12 In dieser Arbeit werden diesbezüglich auch Einflussfaktoren subsumiert, welche die Bildung bzw. die Qualifikation der Akteure betreffen.

13 Vgl. Abschn. 2.7.

14 An der ersten Phase des Pilotversuchs (April 1998 bis September 1998) haben 182 Personen partizipiert. Die Zahl der Teilnehmer wurde bis zum Ende der zweiten Phase (März 1999) auf 268 ausgeweitet. An Sphinx beteiligen sich der Deutsche Bundestag, zahlreiche Bundesministerien und -behörden, Einrichtungen der Bundesländer und Unternehmen aus der Privatwirtschaft.

PIN (Personal Identification Number) preisgibt, kann zwar signiert werden, so dass der Geschäftsvorgang nicht liegen bleibt, doch es wird unter einem anderen Namen agiert. Weiterhin verlieren Anwender ihre Chipkarte oder lassen sie in dem Lesegerät liegen. Wegen Unachtsamkeit der Benutzer besteht auch die Möglichkeit, dass sie gezielt z.B. aus der Aktentasche entwendet wird. Auch das Erraten bzw. Ausspähen der PIN machen viele Benutzer ihren Mitmenschen leicht. Gerne wird einfach das Geburtsdatum verwendet oder sie wird auf einem Zettel notiert und zusammen mit der Chipkarte aufbewahrt. [vgl. Kumbruck 1997, S. 37ff.; Dembeck 2000, S. 33]

Als weiteres Problem ist anzuführen, dass der digitalen Signatur nicht das gleiche Vertrauen entgegengebracht wird wie der handschriftlichen Unterschrift. Gerade dieses Vertrauen ist jedoch für den breiten Einsatz digitaler Signaturen notwendig [vgl. Ratnasingham 1998]. Die wesentliche Ursache für das mangelnde Vertrauen ist die rechtliche Ungewissheit. Zum einen ändern sich die rechtlichen Grundlagen häufig, zum anderen liegen noch keine Präzedenzfälle vor.

Unternehmen haben jedoch über geeignete Mitarbeiter-Fortbildungsprogramme recht gute Möglichkeiten, diesen Problemen gezielt zu begegnen. Während große Unternehmen den Internet-Technologien verhältnismäßig aufgeschlossen gegenüberstehen, wagen sich oft kleinere und mittlere Unternehmen wegen fehlender technischer Kenntnisse nicht an ihren umfassenden Einsatz heran:

> *„Inhibitors to Internet deployment [in small and medium enterprises] include [...] [that] there is always a ‚scary place' feeling associated with the Internet, as it is ‚something for technical people', with many tricky areas, such as security, ongoing maintenance, promotions." [EITO 2000, S. 49]*

Bei Verwaltungsbehörden liegen wegen der häufig dort vorherrschenden technik- bzw. innovationsfeindlichen Grundhaltung des Personals ungünstige soziokulturelle Voraussetzungen für den Einsatz von TC-Technologien vor [vgl. Reinermann 1999, S. 16]. In jüngerer Zeit ist jedoch zu beobachten, dass sich, insbesondere von höherer Ebene ausgehend, auch staatliche Einrichtungen dem Einsatz innovativer Technologien zunehmend öffnen. Dies zeigt insbesondere das Interesse vieler Städte an dem Wettbewerb „Media@Komm"[15].

2.4 Ökonomische Rahmenbedingungen

2.4.1 Kosten für Aufbau und Betrieb eines Trustcenters

Die Höhe der Kosten für den Aufbau und Betrieb eines Trustcenters ist in erster Linie davon abhängig, welche Qualität die erbrachten Leistungen haben sollen und ob diesbezüglich eine externe Akkreditierung erfolgen soll. Insbesondere ist

---

15 Vgl. Abschn. 2.7.

die Frage nach der Form der Identitätsfeststellung bzw. Registrierung relevant, da es sich bei dieser um einen wesentlichen Kostentreiber handelt.

Im Rahmen der in Kapitel 7 zur Branchenstrukturanalyse nach Porter durchgeführten Delphi-Expertenbefragung ist nach dem Kapitalbedarf für den Aufbau eines Trustcenters zum Anbieten von Basisleistungen nach der EU(Europäische Union)-Signaturrichtlinie[16] (qualifizierte Zertifikate) gefragt worden. Die Experten schätzen die Kosten auf 10 bis 15 Mio. Euro[17].

Auch der erforderliche Zeiteinsatz ist zu berücksichtigen. Ein Trustcenter, das zum deutschen Signaturgesetz von 1997 [SigG 1997] konforme Leistungen anbieten möchte, muss für die Evaluation der technischen Komponenten und die Überprüfung des Gesamtsystems durch die RegTP (Regulierungsbehörde für Post und Telekommunikation)[18] laut TeleSec und Signtrust bis zu anderthalb Jahre einkalkulieren[19] [vgl. CW 1998, S. 26; Belke 2000, S. 74].

2.4.2 Preise für Trustcenter-Leistungen

Wie in Abschn. 2.1 erwähnt, besteht derzeit das Angebotsspektrum von Trustcentern im Wesentlichen aus Basisleistungen. Das dem Kunden in Rechnung gestellte Produkt ist das Public-Key-Zertifikat. Auskunftsleistungen und ggf. die Schlüsselgenerierung werden i.d.R. nicht explizit berechnet. In diesem Abschnitt erfolgt eine nähere Untersuchung der Preise für Benutzer- und Serverzertifikate. Es ist zu beachten, dass dem Kunden zur Verwendung der Leistungen u.U. noch weitere Kosten entstehen. Wird der private Schlüssel bspw. auf einer Chipkarte abgelegt, so muss auch das benötigte Chipkartenlesegerät beschafft werden.

2.4.2.1 Benutzerzertifikate

Definition von Sicherheitsstufen als Vergleichsbasis

Um die Preise der Benutzerzertifikate der einzelnen Anbieter vergleichen zu können, werden an dieser Stelle vier Sicherheitsstufen definiert. Einer der wichtigsten Einflussfaktoren für die Sicherheitsstufe ist die Güte der Identitätsprüfung. In der höchsten Stufe werden auch hohe Anforderungen an das Speichermedium und die

---

16 Vgl. Abschn. 2.6.2.1.

17 Vgl. Abschn. 7.3.4.1.3.

18 Die RegTP fungiert hier als Root-Trustcenter. Sie stellt Public-Key-Zertifikate für Trustcenter aus, die wiederum Public-Key-Zertifikate für Teilnehmer erzeugen.

19 Durch geeignete Vorarbeiten, wie z.B. die Bereitstellung geeigneter und bereits vorevaluierter Sicherheits-Profile, ließe sich jedoch eine erhebliche Reduzierung des Zeitaufwands für die Prüfung und Bestätigung erzielen [vgl. Keus 2000, S. 78]. Weiterhin ist anzumerken, dass das deutsche Signaturgesetz von 2001 [SigG 2001] anders als das deutsche Signaturgesetz von 1997 [SigG 1997] die externe Akkreditierung nicht zwingend vorschreibt (vgl. Abschn. 2.6.2.2).

Schlüssellänge gestellt. Nicht berücksichtigt worden ist, welches Sicherheitsniveau aufgrund von baulichen Maßnahmen (z.B. abstrahlsichere Räume), klar definierten Abläufen und Zuständigkeiten, Zutrittsschutz, evaluiertes Fachpersonal etc. gewährleistet wird. Die Sicherheitsstufen werden wie folgt festgelegt:

- *Stufe 1*: Bei Public-Key-Zertifikaten der Stufe 1 ist lediglich zu überprüfen, ob der Inhaber über eine bestimmte E-Mail-Adresse erreichbar ist. Diese E-Mail Adresse ist als Inhaberkennung in das Zertifikat einzutragen. Ein u.U. vom Antragsteller zusätzlich angegebener und in das Zertifikat eingetragener Name muss nicht validiert werden. Die Mindestlänge des zu beglaubigenden Schlüssels beträgt 512 Bit.
- *Stufe 2*: In dieser Klasse ist der Name des Zertifikatinhabers durch die Zusendung von identifizierenden Dokumentenkopien (Personalausweis, Reisepass, Führerschein etc.) nachzuweisen. Die Kopien müssen nicht von einer externen Stelle beglaubigt worden sein. Zertifikate dieser Stufe bestätigen also nur, dass der Inhalt eines Zertifikats mit vom Antragsteller vorgelegten Dokumentenkopien übereinstimmt. Wie bei Stufe 1 ist auch hier die E-Mail-Adresse zu überprüfen und der zu beglaubigende Schlüssel muss eine Mindestlänge von 512 Bit besitzen. Ist das Benutzerzertifikat für die geschäftliche Verwendung in einer Organisation gedacht, muss die Existenz der Organisation und die Zugehörigkeit des Zertifikatinhabers anhand geeigneter Dokumentenkopien (z.B. Handelsregisterauszug) kontrolliert werden.
- *Stufe 3*: Bei Public-Key-Zertifikaten der Stufe 3 muss eine Person durch persönliches Erscheinen bei dem Trustcenter oder einer anderen autorisierten Stelle (z.B. Post oder Notar) identifiziert werden. Somit wird sichergestellt, dass die Person, für die das Zertifikat erstellt werden soll, auch wirklich existiert und das Zertifikat tatsächlich beantragt hat. Der zu beglaubigende Schlüssel muss eine Mindestlänge von 512 Bit besitzen. Ist das Benutzerzertifikat für eine geschäftliche Verwendung in einer Organisation gedacht, so muss die Existenz der Organisation und die Zugehörigkeit des Zertifikatinhabers anhand geeigneter Originaldokumente sichergestellt werden.
- *Stufe 4*: Bei Public-Key-Zertifikaten dieser Klasse gelten für die Identitätsprüfung die gleichen Anforderungen wie bei Klasse 3. Hier werden jedoch wesentlich höhere technische Sicherheitsmaßstäbe zugrunde gelegt. Als Speicherumgebung für den privaten Schlüssel muss ein sicheres Hardware-Medium, z.B. eine Chipkarte verwendet werden. Die Generierung der Schlüssel muss in einer sicheren Umgebung erfolgen, d.h. beim Trustcenter oder innerhalb des Hardware-Mediums. Weiterhin wird für den zu beglaubigenden Schlüssel eine Mindestlänge von 1024 Bit vorgeschrieben, welche nach dem heutigen Stand der Kryptographie ein hohes Sicherheitsniveau bietet. Ist das Benutzerzertifikat für eine geschäftliche Verwendung in einer Organisation gedacht, muss wie bei Stufe 3 die Existenz der Organisation und die Zugehörigkeit des Zertifikatinhabers anhand geeigneter Originaldokumente sichergestellt werden.

Preise für Privatkunden

Abb. 2.3 zeigt die Preisspannen und Durchschnittspreise von Benutzerzertifikaten für Privatkunden in den einzelnen Sicherheitsstufen. Da sich die Zertifikate hinsichtlich ihrer jeweiligen Gültigkeitsdauer unterscheiden und verschiedene Erstausstattungspreise verlangt werden, ist für die Preisuntersuchung eine Nutzungsdauer von drei Jahren zugrunde gelegt worden. Angegeben wird der Jahresdurchschnittspreis. Wegen der vergleichsweise hohen Erstausstattungspreise können die durchschnittlichen jährlichen Kosten bei einer längeren Nutzungsdauer als drei Jahre niedriger sein. Die Preisspannen sind teilweise erheblich. Die Durchschnittspreise geben guten Aufschluss darüber, dass mit zunehmender Sicherheit auch ein deutlich höherer Preis verlangt wird. Public-Key-Zertifikate der Stufe 4 sind, insbesondere bedingt durch das Hardware-Medium, am teuersten. Auffällig ist, dass bis zur Sicherheitsstufe 3 die Zertifikate von einigen Anbietern kostenfrei angeboten werden.

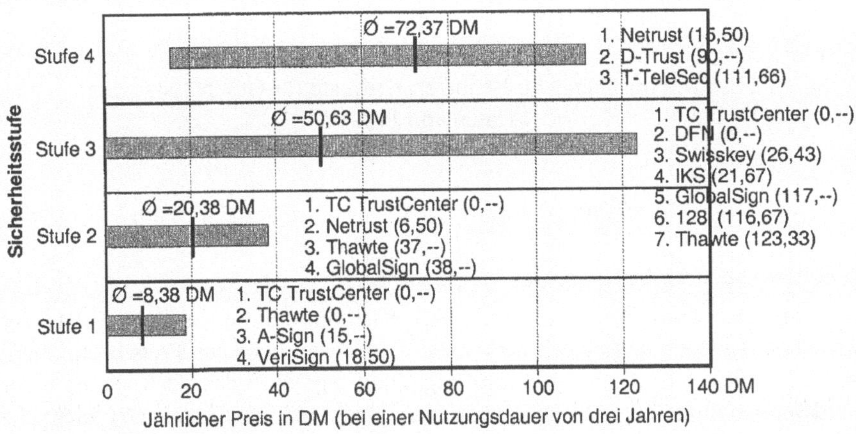

Abb. 2.3: Preisübersicht: Benutzerzertifikate für Privatkunden (Daten von 1999)

Preise für Geschäftskunden

Die Preise von Benutzerzertifikaten für Geschäftskunden (Unternehmen und staatliche Einrichtungen) werden analog wie bei den Privatkunden berechnet und beinhalten die Mehrwertsteuer. Die Sicherheitsstufen entsprechen denen von Privatkunden, wobei hier die zusätzliche Prüfung auf Organisationszugehörigkeit und Firmenidentität bei den Stufen zwei, drei und vier anfällt.

Abb. 2.4 zeigt die Preisspannen und Durchschnittspreise von Benutzerzertifikaten für Geschäftskunden in den einzelnen Sicherheitsstufen. Der Vergleich mit den Preisen für die Privatkunden zeigt, dass von Geschäftskunden deutlich mehr Geld verlangt wird. Allerdings ist zu erwähnen, dass bei höheren Abnahmemengen die

Zertifikate häufig zu einem günstigeren Preis angeboten werden. Auffällig ist, dass der Durchschnittspreis für Public-Key-Zertifikate der Stufe 4 geringer ist als der für Zertifikate der Klasse 3. Dies ist möglich, weil die beiden Sicherheitssegmente von unterschiedlichen Trustcentern bedient werden.

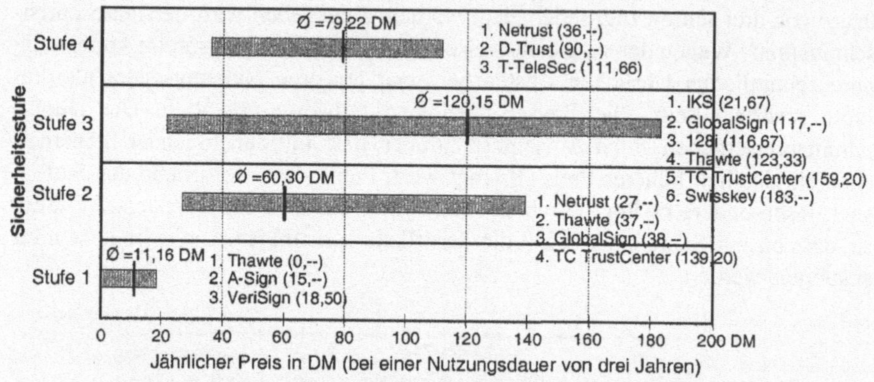

Abb. 2.4: Preisübersicht: Benutzerzertifikate für Geschäftskunden (Daten von 1999)

2.4.2.2 *Serverzertifikate*

Definition von Sicherheitsstufen als Vergleichsbasis

Auch für Serverzertifikate werden Sicherheitsstufen definiert, um die Preise der einzelnen Anbieter vergleichen zu können. Der wesentliche den Preis bestimmende Einflussfaktor ist die Identitätsprüfung. Die Frage nach der Verwendung eines Hardwaremediums zur Ablage des privaten Schlüssels stellt sich hier nicht, da dieser stets auf dem Server gespeichert wird. Aus diesem Grund ist auch die Länge des Schlüssels kein preisbestimmender Faktor. Die Schlüssellänge wird in erster Linie aus Gesichtspunkten der Performance bzw. auf Grundlage rechtlicher Rahmenbedingungen festgelegt. Die Sicherheitsstufen werden wie folgt definiert:

- *Stufe 1*: Die Unternehmensidentität muss anhand von zugesandten Registrierungsdokumenten wie z.B. einem Handelsregisterauszug oder Gewerbeschein überprüft werden. Alternativ zur Zusendung von Dokumenten können auch Daten bei einer anerkannten Wirtschaftsdatenbank[20] abgefragt werden. Der Antrag für das Serverzertifikat muss schriftlich von einer hierzu von der Ge-

---

[20] Häufig werden die Wirtschaftsinformationen von Dun & Bradstreet (http://www.dnb.com/dnbhome.htm) verwendet. Von Bedeutung sind insbesondere die von Dun & Bradstreet seit 1962 zur eindeutigen Identifikation von Unternehmen vergebenen, international anerkannten D-U-N-S (Data Universal Numbering System)-Nummern.

schäftsführung bevollmächtigten Person gestellt worden sein, wobei diese jedoch nicht persönlich erscheinen muss. Weiterhin ist die Überprüfung der Domain-Adresse obligatorisch, d.h. es muss anhand von Dokumenten bzw. beim zuständigen NIC (Network Information Center)[21] festgestellt werden, ob die Adresse tatsächlich für das antragstellende Unternehmen registriert worden ist.

- *Stufe 2*: Die Anforderungen der Stufe 2 entsprechen denen der Stufe 1, wobei jedoch der Antragsteller durch persönliches Erscheinen bei dem Trustcenter oder bei einer anderen autorisierten Stelle identifiziert werden muss.

Abb. 2.5 zeigt die Preisspannen und Durchschnittspreise von Serverzertifikaten. Es zeigen sich erhebliche Preisunterschiede innerhalb der einzelnen Sicherheitsstufen. Diese sind damit zu begründen, dass Serverzertifikate bekannter Trustcenter, deren eigene Zertifikate bereits in den gängigen WWW-Browsern integriert sind, deutliche Akzeptanzvorteile bieten. Ist nämlich das TC-Zertifikat bei der Installation des Browsers durch den Benutzer bereits installiert worden, so erhält dieser beim Besuch der gesicherten Internetseite nicht die Warnung, dass das vom Server der Seite präsentierte Serverzertifikat von einem dem Browser unbekannten Trustcenter stammt. Diesen Vorteil lassen sich die Trustcenter ggf. bezahlen.

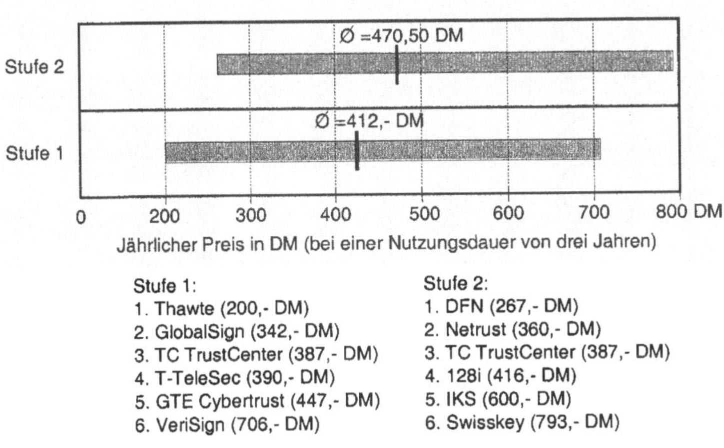

Abb. 2.5: Preisübersicht: Serverzertifikate (Daten von 1999)

[21] Bspw. ist für Domains unterhalb der deutschen Top-Level Domain „DE" die DENIC zuständig (http://www.denic.de).

2.4.3 Investitions- und Zahlungsbereitschaft der Akteure

Da Basis- und Zusatzleistungen für sich alleine genommen dem Kunden keinen Nutzen bringen, ergibt sich seine Zahlungsbereitschaft für diese Leistungen nur mittelbar über seine Zahlungsbereitschaft für TSI-Anwendungen.

2.4.3.1 Privatpersonen in der Rolle als Bürger und Konsumenten

Auch wenn bei den Akteuren das Interesse an Anwendungen vorhanden ist, so ist doch die Bereitschaft, für diese und die für ihre Nutzung notwendige Infrastruktur zu zahlen, gering:

- In Abb. 2.6 werden die Ergebnisse einer 1997 in den EU-Ländern im Rahmen des Eurobarometer 47 durchgeführten Sonderuntersuchung [vgl. ISAC 1997] dargestellt[22]. Danach sind lediglich 11,8% der EU-Bevölkerung und 12,1% der deutschen Bevölkerung dazu bereit, 10,- Ecu pro Monat für die Bereitstellung der Möglichkeit zur Nutzung von Anwendungen im Bereich „Electronic Government" zu zahlen. Ein ähnliches Bild zeigt sich für die Anwendungen in den Bereichen „Electronic Commerce" (7,5% bzw. 7,4%) und „Electronic Banking" (9,5% bzw. 6,8%). Lediglich beim „Electronic Learning" fällt die Zahlungsbereitschaft etwas höher aus (19,7% bzw. 18,8%).

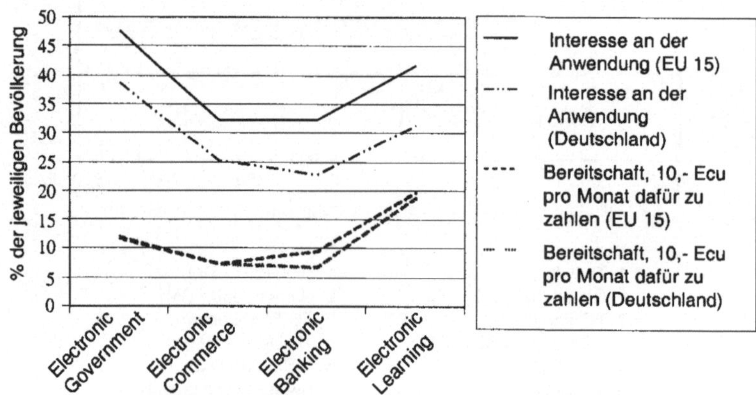

Abb. 2.6: Interesse an IT-Anwendungen und Bereitschaft, dafür zu zahlen [vgl. ISAC 1997] (eigene Darstellung)

- Nach der ARD/ZDF-Online-Studie 1999 sind 34% der Onlinenutzer ab 14 Jahren in Deutschland nicht dazu bereit, Geld für Onlineangebote zu zahlen. Bei den anderen liegt eine deutliche Barriere bei 50,- DM monatlich. Mehr würden lediglich 2% der Befragten ausgeben. Die monatliche Grundgebühr für

[22] Beim Eurobarometer handelt es sich um eine im Auftrag der Europäischen Kommission halbjährlich durchgeführte Umfrage.

die Onlinenutzung wird von 50% der Onlinenutzer als zu teuer empfunden. [vgl. van Eimeren et al. 1999]

2.4.3.2 Unternehmen

Die EITO (European Information Technology Observatory)[23] hat auf Grundlage von Ende 1998 in über 700 europäischen Unternehmen durchgeführten Interviews ermittelt, dass deren Bereitschaft zur Investition in den Aufbau von Anwendungen für „Electronic Commerce" und „Electronic Business" extrem steigt. Es wird erwartet, dass im Jahr 2003 die Unternehmen diesbezüglich etwa zweieinhalb mal soviel Geld investieren wie noch 1998. [vgl. EITO 2000, S. 230]

Insbesondere kleinere Unternehmen legen jedoch sehr hohen Wert auf einen schnellen „Return on Investment" [vgl. EITO 2000, S. 49].

2.4.3.3 Staatliche Einrichtungen

Förderinitiativen und Pilotprojekte wie „Media@Komm" und „Sphinx" zeigen, dass der Staat dazu bereit ist, die Forschung hinsichtlich des Aufbaus von Anwendungen im Bereich „Electronic Government" zu fördern. Jedoch klagen bereits am Markt tätige Trustcenter, dass sich die öffentliche Hand zu sehr mit öffentlichen Ausschreibungen bzgl. TC-Leistungen zurückhält [vgl. Belke 2000, S. 74].

2.5 Technische Rahmenbedingungen

2.5.1 Basistechnologien

Zu den wichtigsten Basistechnologien für die Bereitstellung und den Einsatz von TC-Leistungen gehören kryptographische Algorithmen und Chipkarten. Auf diese wird wegen ihrer Schlüsselrolle im Folgenden kurz eingegangen. Für den Betrieb eines Trustcenters sind eine Vielzahl weiterer Technologien relevant wie z.B. Zufallsgeneratoren oder Verfahren zum Schutz vor elektromagnetischer Abstrahlung [vgl. Camphausen et al. 2000, S. 93ff.; Schindler 2000, S. 57ff.]. Da der Aufbau eines Trustcenters aus technischer Perspektive jedoch nicht Gegenstand dieser Arbeit ist, werden derartige Technologien hier nicht behandelt.

2.5.1.1 Kryptographische Algorithmen

Wie in Abschn. 1.1.1.2 beschrieben, bilden kryptographische Algorithmen die Grundlage für die durch TSI bereitgestellten Möglichkeiten zur Erfüllung der Sicherheitsanforderungen in Kommunikationsbeziehungen über offene Netze.

---

23 Vgl. http://www.eito.com.

Der bekannteste und am weitesten verbreitete asymmetrische Algorithmus ist das 1978 veröffentlichte RSA(Rivest, Shamir, Adleman)-Verfahren. Es beruht auf dem mathematischen Problem, sehr große natürliche Zahlen in ihre Primfaktoren zu zerlegen. Das ausschließlich für die USA geltende Patent für RSA ist im Jahr 2000 abgelaufen. Für ausführliche Informationen zu RSA wird verwiesen auf [Schneier 1996, S. 531ff.].

Ein weiteres bedeutendes asymmetrisches Kryptierverfahren ist der 1985 veröffentlichte ElGamal-Algorithmus. Er beruht auf der Schwierigkeit, diskrete Logarithmen zu berechnen, d.h. bei gegebenen Basis a, Modul n und Restwert y aus $y = a^x \bmod n$ den Wert x zu bestimmen. Der Algorithmus ist nicht patentiert. Für ausführliche Informationen zu ElGamal wird verwiesen auf [Schneier 1996, S. 543ff.].

Mit dem ElGamal verwandt ist DSA (Digital Signature Algorithm). Dieses 1991 vom NIST (National Institute of Standards and Technology)[24] vorgeschlagene und zwei Jahre später als Standard verabschiedete Verfahren kann nicht für die Verschlüsselung von Daten zur Sicherstellung der Vertraulichkeit, sondern lediglich für die Bildung von digitalen Signaturen verwendet werden. Für ausführliche Informationen zu DSA wird verwiesen auf [Schneier 1996, S. 553ff.].

Derzeit entwickeln sich asymmetrische Kryptierverfahren auf Basis elliptischer Kurven zu einer attraktiven Alternative. Diese erreichen ein ähnliches Sicherheitsniveau wie die klassischen Verfahren bei wesentlich kleineren Schlüssellängen und sind daher bei der Ausführung von Rechenoperationen wesentlich schneller [vgl. Krieger 2000, S. 26f.]. Verfahren auf Basis elliptischer Kurven sind erst seit einigen Jahren bekannt. Wenn bei ihnen in den kommenden Jahren keine wesentlichen Schwächen gefunden werden, so ist damit zu rechnen, dass sie auf breiter Ebene eingesetzt werden [vgl. Büllingen/Hillebrand/Stamm 2000, S. 196f.]. Kritische Stimmen merken jedoch an, dass die Gefahr von Interoperabilitätsproblemen bei der Verwendung von elliptischen Kurven wegen ihrer Komplexität wesentlich höher ist als bei herkömmlichen Verfahren [vgl. Olbrich 2000, S. 31].

Es existiert eine Vielzahl weiterer, weniger bedeutender asymmetrischer Algorithmen. Diesbezüglich wird auf [Schneier 1996, S. 525ff.] verwiesen.

Zu den bedeutendsten symmetrischen Algorithmen gehören:

- DES (Data Encryption Standard) mit einer Schlüssellänge von 64 Bit (56 Bit signifikant);
- Triple-DES mit einer Schlüssellänge von bis zu 168 Bit;
- CAST (C. Adams, S. Tavares) bzw. CAST 128 mit einer Schlüssellänge von 64 bzw. 168 Bit;
- IDEA (International Data Encryption Algorithm) mit einer Schlüssellänge von 128 Bit;

24 Vgl. Unterpunkt „NIST/MISPC“ in Abschn. 5.3.2.

- RC4 (Ron's Code Number 4) und RC5 (Ron's Code Number 5), die variable Schlüssellängen zulassen.

Für ausführliche Informationen zu diesen und weiteren symmetrischen Algorithmen wird verwiesen auf [Schneier 1996, S. 309ff.] und [Wobst 1998, S. 124ff., 191ff.].

Grundsätzlich steigt die Sicherheit eines Verfahrens mit der Länge des verwendeten Schlüssels. Praktisch wird das Spektrum der geeigneten Schlüssellängen nach oben und unten durch die Leistung der verfügbaren Rechner beschränkt. Am oberen Ende reicht die Rechenleistung nicht mehr aus, um die Ver- oder Entschlüsselung in vertretbarer Zeit durchzuführen, am unteren Ende ist die Verschlüsselung zu schwach, als dass sie einen wirksamen Schutz gegen Angreifer darstellen könnte. Aus Tab. 2.2 und Tab. 2.3 lässt sich entnehmen, welche Auswirkungen die verwendete Schlüssellänge auf die erzielbare Sicherheit hat[25].

Schlüssellänge in Bit (symmetrische Verfahren)	40	56	64	80	128
Schlüssellänge in Bit (Faktorisierungsproblem, diskretes Logarithmusproblem)	274	384	512	768	2304
Schlüssellänge in Bit (Elliptische Kurven)	57	80	106	132	237
Einzelner Angreifer	Wochen	Jahrhunderte	Jahrtausende	unerreichbar	unerreichbar
Kleine Gruppe	Tage	Jahrzehnte	Jahrhunderte	unerreichbar	unerreichbar
Akademisches Netzwerk	Stunden	Jahre	Jahrzehnte	unerreich bar	unerreich bar
Großes Unternehmen	Millisekunden	Stunden	Tage	Jahrhunderte	unerreichbar
Militärischer Nachrichtendienst	Mikrosekunden	Sekunden	Minuten	Jahrhunderte	Jahrtausende

Tab. 2.2: Durchschnittlich benötigte Zeit zum Brechen der Verschlüsselung auf Grundlage von 1997er Technologie [vgl. Feghhi/Feghhi/Williams 1997, S. 51f.] (eigene Darstellung)

---

25 Als offiziell sehr sicher gelten Algorithmen bzw. Schlüssellängen, die für zu dem deutschen Signaturgesetz konforme Trustcenter zugelassen sind. Diese werden im Bundesanzeiger veröffentlicht [vgl. SigV 1997, §17, Abschn. 2]. Bis Ende 2003 werden bspw. RSA-Schlüssel mit 1024 Bit als geeignet angesehen [vgl. Bundesanzeiger 1998].

Angreifer	Rechnerausstattung	Schlüssel pro Sekunde
Einzelner Angreifer	Ein High-End Desktop-Rechner und Software	2 hoch 17 bis 2 hoch 24
Kleine Gruppe	16 High-End Rechner und Software	2 hoch 21 bis 2 hoch 24
Akademisches Netzwerk	256 High-End Rechner und Software	2 hoch 25 bis 2 hoch 28
Großes Unternehmen	1 Mio. Dollar Hardware-Budget	2 hoch 43
Militärischer Nachrichtendienst	1 Mio. Dollar Hardware-Budget und zusätzliche fortschrittliche Technologie	2 hoch 55

Tab. 2.3: Rechenleistung der Angreifergruppen auf Grundlage von 1997er Technologie [vgl. Feghhi/Feghhi/Williams 1997, S. 51] (eigene Darstellung)

Zu den bedeutendsten Hashalgorithmen gehören SHA-1 (Secure Hash Algorithm-1) und RIPE-MD-160 (RACE Integrity Primitives Evaluation-Message Digest-160). Sie zählen zu den wenigen Hashalgorithmen, gegen die gegenwärtig keine Erfolg versprechenden Angriffe bekannt sind [vgl. Wobst 1998, S. 260]. Ausführliche Informationen zu diesen und weiteren Hashalgorithmen finden sich in [Schneier 1996, S. 491ff.].

2.5.1.2 Chipkarten

Bei einer Chipkarte handelt es sich um eine Plastikkarte, die einen Mikroprozessor mit Speicher[26] sowie eine kontaktbasierte oder kontaktlose Systemschnittstelle nach außen enthält. Der Speicher und der Mikroprozessor sind aus Sicherheitsgründen in einem einzigen Chip integriert. Chipkarten besitzen ein eigenes Betriebssystem. [vgl. Mertens et al. 1997, S. 79]

Eine Chipkarte kann also als kleiner Rechner aufgefasst werden. Dieser muss über einen Chipkarten-Leser mit der notwendigen Betriebsspannung versorgt werden. Auch die Ein- und Ausgabegeräte müssen extern zur Verfügung gestellt werden, da eine Chipkarte i.d.R. keine Anzeige oder Tastatur besitzt.

Chipkarten spielen eine bedeutende Rolle im Bereich der TSI, da sie als portable vertrauenswürdige Hardware dienen können, die gegenüber Manipulationen weitgehend resistent ist. Auf Chipkarten ist die Ablage privater Schlüssel derart möglich, dass diese nur von ihrem Besitzer verwendet werden können. Die Generierung eines Schlüsselpaares kann auf der Karte erfolgen. Der private Schlüssel muss die Karte nicht mehr verlassen, da diese selbst in der Lage ist, die kryptographischen Basisfunktionen durchzuführen. Damit ein Benutzer seinen Schlüssel bzw. die kryptographischen Funktionen verwenden kann, muss er sich gegenüber der Karte authentifizieren. Dies kann bspw. durch das Vorweisen von Wissen in Form einer PIN geschehen. In der Entwicklung und im Testbetrieb befinden

26 ROM (Read Only Memory), RAM (Random Access Memory) und EEPROM (Electrically Eraseable Programmable Read Only Memory).

sich jedoch auch auf Biometrie[27] basierende Methoden. Allen diesen Verfahren gemeinsam ist, dass zur sicheren Anwendung der Authentifizierung auch die Geräte, über die die Authentifizierungsdaten an die Chipkarten übermittelt werden, vertrauenswürdig sein müssen. So ist bspw. die Eingabe einer PIN über die Tastatur eines PC (Personal Computer) sehr unsicher, da die Eingabe durch ein Programm abgehört und z.B. über das Internet an eine bestimmte Adresse übertragen werden kann.

Die Leistungsfähigkeit von Chipkarten steigert sich zunehmend. Moderne Karten verfügen über einen Prozessor mit 16 oder 32 Bit, der mit einer Taktfrequenz von 25-30 MHz getaktet wird [vgl. EITO 2000, S. 142]. Betrug die übliche Speicherkapazität der Karten im Jahr 1999 noch 16K, so waren es im Jahr 2000 schon 32K und für 2001 werden 64K erwartet [vgl. NIK 1999, S. 23].

2.5.2 Technische Ausstattung der Akteure

2.5.2.1 Privatpersonen in der Rolle als Bürger und Konsumenten

Zunehmend mehr Privatpersonen haben von zu Hause oder vom Arbeitsplatz aus Zugriff zum Internet:

- Im Rahmen des im Auftrag der Europäischen Kommission erstellten „Eurobarometer Nr. 51" sind von März bis April 1999 16179 EU-Bürger im Alter von mindestens 15 Jahren befragt worden. 14% der Befragten hatten Zugang zum Internet und 35% konnten einen PC nutzen. Vergleichsweise niedrig war der Anteil der in Deutschland befragten Personen mit Internet-Zugang. Dieser lag mit 9% deutlich unter dem EU-Durchschnitt. [vgl. Europäische Kommission 1999]
- Nach einer im August 1999 durchgeführten Schätzung der EITO sind im Jahr 2001 etwa 21,8% der westeuropäischen Haushalte und 22,8% der westeuropäischen Arbeitsplätze mit einem Internet-Zugang ausgestattet. Die Schätzungen für das Jahr 2002 belaufen sich auf 28,4% bzw. 27%. [vgl. EITO 2000, S. 229]
- Die EITO geht davon aus, dass weltweit die Anzahl der Personen mit Internet-Zugang von 176 Mio. im Jahr 1999 auf 352 Mio. im Jahr 2003 ansteigen wird. Datamonitor und IDC (International Data Corporation) schätzen die weltweite Anzahl der Personen mit Internet-Zugang im Jahr 2003 sogar auf 545 Mio. bzw. 500 Mio. [vgl. EITO 2000, S. 325]

---

27 Biometrische Methoden verwenden physiologische Merkmale oder Verhaltensmerkmale von Personen, um diese zu authentifizieren. Die Ausprägung des Merkmals sollte bei jeder Person anders, zeitlich invariant und quantitativ erfassbar sein. Weiterhin sollte bei den Individuen die Bereitschaft bestehen, das Merkmal zur biometrischen Identifikation einzusetzen. Mögliche Merkmale sind bspw. der Fingerabdruck, die Stimme oder das Tippverhalten. [vgl. Behrens/Roth 2000, S. 327f.]

- Nach der ARD/ZDF-Online-Studie 1999 liegt der Anteil der Onlinenutzer in der deutschen Bevölkerung bei 17,7% [vgl. van Eimeren et al. 1999, S. 401]. In der 1997er Version der Studie lag dieser Anteil lediglich bei 6,5% [vgl. AG ARD-Multimedia 1997, S. 7].
- Die Gesellschaft für Konsumforschung (GfK) hat bei einer von November 1999 bis Januar 2000 durchgeführten Erhebung ermittelt, dass 30% (15,9 Mio.) der deutschen Bevölkerung im Alter zwischen 14 und 69 Jahren Zugang zum Internet haben. Grundlage der Untersuchung war eine Befragung von 8019 Personen. [vgl. GfK 2000]

Voraussetzung für den Internet-Zugriff sind internetfähige Endgeräte. Die wichtigsten sind neben PCs fortschrittliche Mobiltelefone, PDA (Personal Digital Assistants), modern ausgestattete Fernseher (z.B. mit Set-top-box) und Kiosksysteme an öffentlichen Plätzen. Auch in der Zukunft wird der PC das mit Abstand bedeutendste Zugangsgerät sein. Die anderen Geräte, insbesondere Mobiltelefone, gewinnen jedoch an Relevanz. [vgl. EITO 2000, S. 127, S. 329ff.]

Wie oben geschildert spielen zur Ablage von privaten Schlüsseln in einer hochsicheren Umgebung Chipkarten eine entscheidende Rolle. Es wird erwartet, dass deren Verbreitung rasch voranschreitet. Das Marktforschungsunternehmen Forrester prognostiziert Chipkartenherstellern ein jährliches Marktwachstum von 20% und einen Umlauf von 295 Mio. Chipkarten in Europa im Jahr 2004 [vgl. Schulzki-Haddouti 2000, S. 278].

2.5.2.2 *Unternehmen*

In großen Unternehmen hat die Ausstattung mit modernen Technologien und deren Nutzung ein verhältnismäßig hohes Niveau erreicht. Wie in Abb. 2.7 dargestellt, zeigt sich für KMU ein anderes Bild. Lediglich 45% der 15,7 Mio. KMU in Europa verfügen über einen PC, 24% haben Web-Zugang, 10% stellen eine eigene Homepage bereit. Die Durchführung von Web-Transaktionen ermöglichen gerade einmal 3% der europäischen KMU. [vgl. EITO 2000, S. 48]

2.5.2.3 *Staatliche Einrichtungen*

In staatlichen Einrichtungen werden PCs auf breiter Basis eingesetzt. Die oben erwähnte im Rahmen des European Digital Cities Projekts durchgeführte Untersuchung hat ergeben, dass 83% der Angestellten (zumindest eingeschränkt) E-Mail-Anwendungen nutzen können oder Zugang zum Internet haben. Es wird weiterhin festgestellt, dass die interne E-Mail-Kommunikation innerhalb der staatlichen Einrichtungen massiv zunimmt. [vgl. Rupprecht 1998, S. 23]

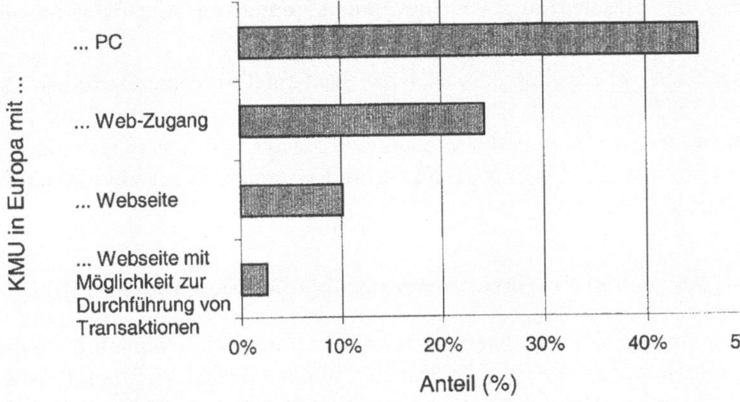

Abb. 2.7: Technologieausstattung und Webangebot europäischer KMU [vgl. EITO 2000, S. 48] (eigene Darstellung)

2.6 Rechtliche und politische Rahmenbedingungen

2.6.1 Aufgaben des Staates

Als Aufgaben des Staates hinsichtlich des Aufbaus von TSI und der Bereitstellung von TSI-Anwendungen lassen sich nennen: [vgl. PWC 1999, S. 18ff.; Keus 2000, S. 84]

- Schaffen eines rechtlichen Rahmenwerks;
- Bereitstellung von Schiedsinstanzen im Falle eines Rechtsstreits;
- Förderung der Forschung im Bereich der TC-Technologien;
- Förderung der Bildung von Standards zur Vermeidung von Interoperabilitätsproblemen;
- Ausbildung und Aufklärung von Privatpersonen und Unternehmen;
- Qualitätskontrolle von Trustcentern.

In Deutschland haben das BMWi (Bundesministerium für Wirtschaft und Technologie) und das BMI (Bundesministerium des Innern) in Abstimmung mit anderen Ressorts, insbesondere dem Bundeskanzleramt und dem Bundesministerium der Justiz sich darauf verständigt, die Anwendung digitaler Signaturen gemäß dem deutschen Signaturgesetz sowie die Bereitstellung und Nutzung der erforderlichen Sicherheitsinfrastruktur für einen wirksamen Informationsschutz beim Einsatz von Informationstechnik mit Nachdruck zu fördern. Dabei sollen sich die staatlichen Aktionen auf die Gesetzgebung sowie auf eine aktivierende und moderierende

Rolle bzgl. des Einsatzes digitaler Signaturen beschränken. Alles weitere soll sich im freien Wettbewerb entwickeln. [vgl. Keus 2000, S. 83]

An dieser Stelle sei erwähnt, dass auch der Staat ein Trustcenter betreiben könnte. Da jedoch im Falle eines Rechtsstreits i.d.R. staatliche Stellen die Schiedsinstanzen sein werden, würde dann beim Staat eine Macht- und Kompetenzkonzentration vorliegen, was der Vertrauensbildung in TSI erheblich schaden könnte. [vgl. Federrath et al. 1995, S. 121]

2.6.2 Gesetze und Vereinbarungen zur digitalen Signatur

Es ist zu unterscheiden zwischen digitalen Signaturen, die lediglich dazu dienen, die Authentizität und Integrität von Daten in offenen Netzen zu gewährleisten und zwischen digitalen Signaturen, die als rechtlich gleichwertig zu handschriftlichen Unterschriften anerkannt werden sollen. Für letztere sind völlig neue rechtliche Grundlagen zu schaffen. Hierbei müssen die Funktionen beachtet werden, welche die handschriftliche Unterschrift erfüllt [vgl. Bizer 1992, S. 171]:

- Die *Abschlussfunktion* bringt zum Ausdruck, dass die Willenserklärung abgeschlossen, d.h. vollendet und nicht mehr im Entwurfsstadium ist.
- Die *Echtheitsfunktion* bietet Gewähr für das Herrühren der Erklärung vom Unterzeichner.
- Die *Warnfunktion* schützt den Unterzeichner vor übereilter Unterschriftsgabe.
- Die *Identifikationsfunktion* macht die Identität des Ausstellers kenntlich.
- Die *Beweisfunktion* erleichtert dem später Beweispflichtigen die Beweisführung bzgl. dem, was vereinbart worden ist.

Eine digitale Signatur, die als rechtlich gleichwertiger Ersatz für die handschriftliche Unterschrift gelten soll, muss ebenfalls diese Funktionen erfüllen.

Die Klärung, unter welchen Umständen dies der Fall ist, stellt eine schwierige Aufgabe dar und wird von Juristen kontrovers diskutiert [vgl. ICC-GUIDEC 1997, Abschn. (IV/3)]. Die Verabschiedung von entsprechenden Gesetzestexten ist daher ein langwieriger Prozess und das Ergebnis ist oft umstritten.

Sollen Verträge in elektronischer Form abgeschlossen werden, so ist zur Sicherstellung der Rechtswirksamkeit stets die Frage nach der Schriftformerfordernis zu stellen. Grundsätzlich gilt für alle rechtsgeschäftlichen Verträge Formfreiheit. Allerdings bestehen in Deutschland und auch in anderen Ländern eine Vielzahl von Ausnahmen. Dies betrifft bspw. Grundstückskaufverträge oder Bürgschaften. In solchen Fällen kann die digitale Signatur nicht verwendet werden. [vgl. Bielfeldt/Brisch 1998, S. 21]

Ist die Formfreiheit gegeben, so sind Transaktionen auf Basis der digitalen Signatur i.d.R. auch ohne Anwendung einer expliziten Signaturgesetzgebung gültig. Sie unterliegen in diesem Fall der freien Beweiswürdigung. Dies bedeutet jedoch, dass es bei einer gerichtlichen Auseinandersetzung u.U. zu einer aufwendigen Beweisführung kommen kann.

Im Folgenden wird ein Überblick über wichtige Gesetze und Vereinbarungen zur digitalen Signatur gegeben.

2.6.2.1 Signaturrichtlinie der Europäischen Union

Die Europäische Kommission hat erstmals im Juni 1998 einen Vorschlag für eine Richtlinie für elektronische Signaturen vorgelegt. Wegen einer Vielzahl von Uneinigkeiten zwischen den Mitgliedsländern ist diese erst Ende 1999 inhaltlich im Detail festgelegt worden. Das Ergebnis ist die sogenannte Richtlinie „99/92/EG" des Europäischen Parlaments und des Rates vom 13.12.1999 über gemeinschaftliche Rahmenbedingungen für elektronische Signaturen [EU 1999]. Diese am 19.01.2000 in Kraft getretene Richtlinie ist für alle Mitgliedsstaaten der EU bindend und muss von ihnen bis zum 19.07.2001 in nationales Recht umgesetzt werden.

Die wesentlichen Ziele dieser EU-Signaturrichtlinie sind die Schaffung harmonisierter Gesetzgebungen in Europa sowie die Bildung von Rechtssicherheit bei der Verwendung von digitalen Signaturen.

Die EU-Signaturrichtlinie unterscheidet zwischen einfachen und qualifizierten Zertifikaten. Im Gegensatz zu einfachen Zertifikaten müssen qualifizierte Zertifikate bzw. deren Aussteller zusätzliche in den Anhängen I und II der Richtlinie genannte Anforderungen erfüllen. Auf einem qualifizierten Zertifikat basierende digitale Signaturen sollen nach Art. 5, Abs. 1 der Richtlinie

- rechtliche Anforderungen an eine Unterschrift in Bezug auf in elektronischer Form vorliegende Daten in gleicher Weise erfüllen wie handschriftliche Unterschriften in Bezug auf Daten, die auf Papier vorliegen;
- in Gerichtsverfahren als Beweismittel zugelassen sein.

In der EU-Signaturrichtlinie wird es ausdrücklich verboten, die Zulassung von Trustcentern von einer vorhergehenden Genehmigung abhängig zu machen (Art. 3, Abs. 1). Dennoch unterliegen Trustcenter, die qualifizierte Zertifikate ausstellen, einem in jedem Mitgliedsstaat einzurichtenden Überwachungssystem. Dieses kann entweder öffentlich oder privat organisiert werden. Die Mitgliedsstaaten dürfen weiterhin ein Akkreditierungssystem mit dem Ziel der Gewährleistung einer höheren Sicherheit etablieren, wobei die tatsächliche Prüfung auf freiwilliger Basis erfolgt. Es ist also zu erwarten, dass es akkreditierte und nicht akkreditierte Trustcenter geben wird, die qualifizierte Zertifikate nach der EU-Signaturrichtlinie ausstellen. Zum jetzigen Zeitpunkt sieht es so aus, dass sehr unterschiedliche Akkreditierungssysteme in den einzelnen Mitgliedsstaaten entstehen könnten [vgl. Welsch/Bremer 2000, S. 85].

Eine weitere Besonderheit der EU-Signaturrichtlinie ist, dass Trustcenter u.U. für den einem Akteur entstandenen Schaden haften müssen. Dies ist der Fall, wenn der Schaden dadurch aufgetreten ist, dass der Akteur auf die Angaben in einem qualifizierten Zertifikat vertraut hat, diese jedoch wegen Verletzung der Anforderungen des Gesetzes oder durch Versagen der technischen Sicherheitseinrichtungen fehlerhaft gewesen sind. Die Höhe der Deckungsvorsorge für die jeweiligen Haftungsfälle wird vorgeschrieben (bis zu 500.000 Euro).

2.6.2.2 *Das deutsche Signaturgesetz*

Die erste Fassung des deutschen Signaturgesetzes [SigG 1997] ist im Jahr 1997 als Teil des IuKDG (Informations- und Kommunikationsdienstegesetz) verabschiedet worden. Zu diesem Zeitpunkt war es weltweit eine der ersten gesetzlichen Regelungen, die sich der Thematik „Digitale Signatur“ angenommen hat [vgl. Büllingen/Hillebrand/Stamm 2000, S. 188]. Zweck des Gesetzes ist gewesen, „Rahmenbedingungen für digitale Signaturen zu schaffen, unter denen diese als sicher gelten und Fälschungen digitaler Signaturen oder Verfälschungen von signierten Daten zuverlässig festgestellt werden können.“ [SigG 1997, §1, Abschn. 1]

Das Signaturgesetz von 1997 forderte keine rechtliche Gleichstellung von handschriftlicher und digitaler Signatur, sondern es wurde lediglich eine Sicherheitsvermutung aufgestellt, die an eine Kontrolle des Trustcenters vor Aufnahme seines Betriebs gekoppelt war. Aus dieser resultierte eine erhebliche Beweiskraft vor Gericht.

Das Signaturgesetz hat zwei wesentliche Entwicklungen ausgelöst [vgl. Büllingen/Hillebrand/Stamm 2000, S. 188]:

- Die potenziellen Marktteilnehmer mussten sich mit der im Signaturgesetz nun konkret beschriebenen Zertifizierungsinfrastruktur und den spezifizierten Sicherheitsanforderungen auseinandersetzen.
- Andere Länder – insbesondere in der EU – wurden durch den deutschen Vorstoß zu ähnlichen legislativen Entwicklungen animiert.

Eine breite Verwendung von digitalen Signaturen ist durch das Gesetz jedoch nicht erreicht worden. Kritische Stimmen sagen sogar, dass die nur mit hohem Geld- und Zeiteinsatz erfüllbaren hohen Anforderungen des Signaturgesetzes zu einer Behinderung der Entwicklung der Branche geführt haben. Tatsächlich sind signaturgesetzkonforme Produkte nur spärlich zu finden [vgl. Reimer 2000, S. 32]. Bei der Konzeption von Anwendungen ist häufig nach der Notwendigkeit der Signaturgesetzkonformität gefragt worden, da diese für die meisten Transaktionen gar nicht erforderlich ist.

Die Pflicht zur Erfüllung der Anforderungen der im vorherigen Abschnitt genannten EU-Signaturrichtlinie hat eine Überarbeitung des deutschen Signaturgesetzes von 1997 erforderlich gemacht. Das neue Signaturgesetz [SigG 2001] ist Anfang 2001 vom Deutschen Bundestag verabschiedet worden. In ihm ist insbesondere das in der ursprünglichen Fassung des Gesetzes geforderte Genehmigungsverfahren vor Aufnahme des TC-Betriebs abgeschafft worden. Somit besteht die an die Vorabkontrolle gekoppelte Sicherheitsvermutung nicht mehr, wodurch der Beweiswert signaturgesetzkonformer digitaler Signaturen sinkt[28]. Weiterhin ist die Haftungsforderung der EU-Signaturrichtlinie umgesetzt worden. Um die rechtliche Gleichstellung von Signaturen mit der handschriftlichen Unterschrift sowie die weitreichende Zulassung der elektronischen Signatur als Beweismittel in Gerichtsverfahren zu erreichen, ist zusätzlich ein Entwurf für das „Gesetz zur Anpassung der Formvorschriften des Privatrechts und anderer Vorschriften an den modernen Rechtsgeschäftsverkehr" [AnpassungsG 2000] erstellt worden. Danach kann die schriftliche Form grundsätzlich durch die elektronische Form ersetzt werden, wobei jedoch weiterhin eine Reihe von Ausnahmefällen bestehen bleibt.

2.6.2.3 Kontinentübergreifende Regelungen

Durch die Einbeziehung von Akteuren aus beliebigen Ländern in den elektronischen Geschäftsverkehr wird die Forderung nach kontinentübergreifenden Regelungen laut:

> *„As electronic transactions become commonplace and involve ever more numerous potential parties, the need for a more generally applicable legal approach increases." [ICC-GUIDEC 1997, Abschn. (III/1)]*

Jedoch können wegen der nur schwer zu vereinbarenden unterschiedlichen politischen Interessen verschiedener Länder, wenn überhaupt, nur sehr allgemein gehaltene Regelungen kontinentübergreifend verabschiedet werden. Das bedeutendste Werk ist hier das von der UN-Kommission für internationales Handelsrecht[29] im Februar 1997 beschlossene „Model Law on Electronic Commerce" [UNICTRAL 1996] [vgl. ICC-GUIDEC 1997, Abschn. (V/1)]. Dort wird zwar festgelegt, dass digitalen Signaturen grundsätzlich ein Beweiswert zugesprochen wird, strittig ist jedoch, wie hoch dieser unter welchen Umständen ist [vgl. Bitzer/Brisch 1999, S. 152ff.].

Auch andere internationale Organisationen wie bspw. die WTO (World Trade Organization) und die OECD (Organisation for Economic Co-operation and Development) haben sich dem Thema angenommen [vgl. Bielfeldt/Brisch 1998, S. 26].

2.6.3 Kryptodebatte

> *„Bei der sogenannten Kryptodebatte[30] wird die Zulässigkeit der ungehinderten Verwendung von Kryptographietechnik zum Schutz der Vertraulichkeit von Daten und in der Folge das Recht des Staates auf Entschlüsselung*

---

28 Es ist jedoch möglich, dass sich ein Trustcenter freiwillig der Kontrolle unterzieht. Auf diesem Wege akkreditierte Trustcenter dürfen mit einem von der RegTP vergebenen Gütezeichen werben.

29 UNCITRAL (United Nations Commission on International Trade Law).

30 Anstelle des Begriffs „Krypotdebatte" wird häufig auch der Begriff „Kryptokontroverse" verwendet.

von (privaten) Nachrichten im öffentlichen Interesse sowie Exportbeschränkungen von Verschlüsselungstechnologien diskutiert". [Albrecht 1999, S. 7]

Den Interessen des Staates nach der Unterbindung der Nutzung von Kryptographie durch kriminelle Organisationen stehen die Interessen der Unternehmen und Privatpersonen hinsichtlich vertraulicher Kommunikation und Datenschutz gegenüber. Die Problematik wird auf politischer Ebene national und international seit einigen Jahren intensiv diskutiert. Die vorgeschlagenen Regelungsansätze umfassen Nutzungsverbote, Nutzungsbeschränkungen (z.B. hinsichtlich der verwendeten Verfahren, Schlüssellängen und Produkte), die Hinterlegung von Schlüsseln (Key Escrow) und die Möglichkeit zur Rekonstruktion von Schlüsseln (Key Recovery) [vgl. Büllingen/Hillebrand/Stamm 2000, S. 31]. Bzgl. der Exportbeschränkungen für Kryptoprodukte sind insbesondere das Wassenaar Abkommen von 1996[31] und die Dual-Use Verordnung [EU 2000] relevant.

Die Entwicklungen bei der Kryptodebatte sind von entscheidender Bedeutung für die Verbreitung von TSI-Anwendungen und daher sehr genau zu beobachten. Es ist festzustellen, dass in jüngerer Zeit die Forderungen nach Kontrolle seitens des Staates zunehmend zurückgenommen werden. Dies gilt sowohl national als auch international:

- Die deutsche Bundesregierung hat im Juli 1999 in den sogenannten „Eckpunkten der deutschen Kryptopolitik" ihre liberale Haltung zur Kryptographie betont [vgl. BMWi/BMI 1999]. Insbesondere wird bekräftigt, dass die freie Verfügbarkeit von Verschlüsselungsprodukten gefördert und die Verbreitung sicherer Verschlüsselungsverfahren in Deutschland aktiv unterstützt werden soll. In Folge dieser Positionierung sind z.B. im September 1999 die Exportauflagen für Kryptoprodukte wesentlich gelockert worden [vgl. BMWi/BAFA 1999].
- Die Europäische Kommission hat in einer im Oktober 1997 verabschiedeten Mitteilung zu digitalen Signaturen und Verschlüsselung bekannt gegeben:

  "Um sicherzustellen, dass die Entwicklung des elektronischen Handels auf dem Binnenmarkt nicht behindert wird, und um die freie Verbreitung und den freien Gebrauch von Verschlüsselungsprodukten und -diensten zu erleichtern, fordert die Kommission die Mitgliedstaaten auf, unverhältnismäßige Beschränkungen zu vermeiden." [Europäische Kommission 1997, S. III].
- In den von der OECD im März 1997 verabschiedeten Richtlinien „Guidelines for cryptography policy" [OECD 1997] wird klargestellt, dass dem Anwender grundsätzlich das Recht auf Schutz und Vertraulichkeit seiner Kommunikation

---

31 Eine Reihe von Veröffentlichungen zu dem Wassenaar Abkommen „The Wassenaar Arrangement on Export Controls for Conventional Arms and Dual-Use Goods and Technologies" finden sich unter http://www.wassenaar.org.

über offene Netze zusteht. Diesbezüglich sind zwei grundsätzliche Prinzipien zu berücksichtigen:

- *Vertrauen in kryptographische Methoden*: Die verfügbaren kryptographischen Methoden müssen vertrauenswürdig sein;
- *Freie Wahl der kryptographischen Methode*: Der Nutzer sollte die kryptographische Methode frei wählen können.

Es wird jedoch auch das Interesse des Staates nach Kontrolle von verschlüsselten Kommunikationsvorgängen für nachvollziehbar gehalten. Entsprechend wird insgesamt eine verhältnismäßige Regelung befürwortet:

„Government controls on cryptographic methods should be no more than are essential to the discharge of government responsibilities and should respect user choice to the greatest extent possible." [vgl. OECD 1997, Abschn. (5.2)]

2.7 Forschungs- und Pilotprojekte

Das Thema IT-Sicherheit hat seit 1999 in der Forschungslandschaft deutlich an Bedeutung gewonnen [vgl. Büllingen/Hillebrand/Stamm 2000, S. 119]. Dies spiegelt sich insbesondere in einer zunehmenden Anzahl von Forschungs- und Pilotprojekten zu TSI und darauf aufbauenden Anwendungen wieder. Exemplarisch werden im Folgenden einige Projekte genannt[32]:

- Bei dem zwischen den Jahren 1998 und 2000 durchgeführten Pilotversuch „Sphinx"[33] sind in der Bundesverwaltung mit insgesamt positivem Ergebnis Verfahren zur Datenverschlüsselung und zur Verwendung digitaler Signaturen getestet worden, um beim Dokumentenaustausch eine Ende-zu-Ende-Sicherheit zu erreichen.
- Im Rahmen des „Media@Komm"-Städtewettbewerbs[34] werden die Städte Bremen, Esslingen und Nürnberg in den Jahren 1999 bis 2002 mit insgesamt 60 Mio. DM vom BMWi gefördert. Ziel ist die Erstellung von Anwendungen der digitalen Signatur mit Schwerpunkt auf dem Bereich „Electronic Government".
- An der Universität Hamburg ist von 1996 bis Ende 2000 das Projekt „PCA" (Policy Certification Authority)[35] des DFN (Deutsches Forschungsnetz) be-

32 Weitere Projekte werden beschrieben in [Büllingen/Hillebrand/Stamm 2000, S. 120ff.; Camphausen et al. 2000, S. 25ff.; Albrecht 1999, S. 20f.].

33 Vgl. http://www.bsi.de/aufgaben/projekte/sphinx/index.htm.

34 Vgl. http://www.mediakomm.org.

35 Vgl. http://www.cert.dfn.de/dfnpca.

trieben worden. Im Rahmen des Projekts sind die Voraussetzungen für den Aufbau einer DFN-weiten PKI geschaffen worden.

- Bei dem seit 1999 laufenden Projekt ICE-CAR[36] (Interworking Public Key Certification for Commerce, Administration and Research) handelt es sich um ein Element des Telematics Applications[37] Programms der EU. Ziel des Projekts ist die Weiterentwicklung europäischer Sicherheitstechnologien, um die Sicherheit von über offene Netzwerke abgewickelten Anwendungen zu erhöhen.
- Das im Jahr 2000 abgeschlossene Projekt SEMPER[38] (Secure Electronic Marketplace for Europe) war Teil des EU-Programms ACTS[39] (Advanced Communications, Technologies & Services). Das Projekt beschäftigte sich mit Sicherheitsarchitekturen für den Electronic Commerce und der Bereitstellung von Sicherheitsprodukten für Geschäftsanwendungen.

---

36 Vgl. http://ice-car.darmstadt.gmd.de.
37 Vgl. http://www.echo.lu/telematics.
38 Vgl. http://www.semper.org.
39 Vgl. http://www.infowin.org/ACTS.

Teil II:
Behandlung des Problems der Komplexität und Heterogenität von Trust-Service-Infrastrukturen

3 Systematisierung von Trustcenter-Funktionen und -Leistungen

„Ordnung ist die Tochter der Überlegung“
Georg Christoph Lichtenberg

Die in der Literatur existierenden Systematisierungen für TC-Funktionen und -Leistungen[40] decken nur ein sehr begrenztes Spektrum ab und weisen oft nur eine wenig klare Struktur auf. Insbesondere Zusatzleistungen werden nicht oder nur unzureichend berücksichtigt. Häufig findet keine deutliche Differenzierung zwischen den an externe Kunden abgegebenen Leistungen und den zu ihrer Erstellung benötigten Funktionen statt. Ziel dieses Kapitels ist die Erstellung einer diese Mängel beseitigenden Systematisierung. In ihr sollen sowohl neue als auch im Rahmen umfassender Literaturrecherchen identifizierte und durch eigene Ideen ergänzte TC-Funktionen und -Leistungen Berücksichtigung finden. Darüber hinaus sollen an geeigneten Stellen die Eigenschaften bzw. Vor- und Nachteile bestimmter Funktionen und Leistungen diskutiert werden.

3.1 Abgrenzung der Begriffe „Modell“, „Referenzmodell“ und „Metamodell“

Die Systematisierung von bestehenden und neu definierten TC-Funktionen und -Leistungen erfolgt in dieser Arbeit anhand von Modellen. Bei Modellen handelt es sich um vereinfachte Abbilder der Realität [vgl. Diesterer/Fels/Hausotter 2000, S. 154]. Durch die Beschränkung auf das Wesentliche sind sie dazu geeignet, komplexe Begebenheiten zu veranschaulichen.

Der Begriff „Referenz“ steht im Kontext zu Empfehlung oder Bezugspunkt, auf den man sich berufen kann bzw. bei dem Auskünfte eingeholt werden können

---

40 Z.B. [ABA 1996], [BMI-Sphinx 1999, S. 8ff.], [Feghhi/Feghhi/Williams 1997, S. 79ff.], [Nehl 1995, S. 261ff.].

[vgl. Kluge 1989, S. 588]. Besitzt ein Modell den Charakter einer Referenz, so spricht man von einem Referenzmodell [vgl. Hars 1994, S. 15]. Ein solches dient als Vorlage für unterschiedliche spezifische Modelle und muss daher von individuellen Besonderheiten und Ausprägungen freigehalten werden [vgl. Nonnenmacher 1994, S. 24]. Es ist so zu gestalten, dass sich neue Modellinhalte einfach und konsistent zu den bestehenden Inhalten integrieren lassen [vgl. Hildebrand 1992, S. 9]. Grundsätzlich sollte sich also ein Referenzmodell durch Anwendbarkeit, Allgemeingültigkeit und Anpassungsfähigkeit auszeichnen [vgl. Hars 1994, S. 15].

Ein Metamodell legt die Struktur von spezifischen Modellen fest und besitzt daher ein höheres Abstraktionsniveau als diese. Ein Referenzmodell besitzt selbst ein Metamodell und kann als ein spezifisches Modell, das auf diesem basiert, aufgefasst werden [vgl. Ohlendorf 1998, S. 47].

Anders als bei einem Metamodell wird von einem Referenzmodell nicht gefordert, dass die Abbildung vollständig ist. Sie muss vielmehr als Vorlage zur Ableitung von in der Praxis konkret anwendbaren, auf dem Metamodell basierenden, spezifischen Modellen geeignet sein [vgl. Hars 1994, S. 15].

3.2 Metamodell für TC-Funktionen und -Leistungen

In Abb. 3.1 wird ein Metamodell für TC-Funktionen und TC-Leistungen vorgeschlagen. Es enthält die im Folgenden beschriebenen Elemente.

TC-Funktionen zur Erbringung von TC-Leistungen

Eine Funktion hat den Charakter eines organisatorischen Basiselements und beschreibt eine Vorschrift oder Aufforderung, durch bestimmte Operationen von einem Anfangszustand ausgehend einen Endzustand zu erreichen. Hierbei stellt eine Funktion eine nicht mehr in weitere Einzeltätigkeiten unterteilbare Einheit dar. Der Begriff der Funktion hat also relativen Charakter, d.h. ob es sich bei einer Einzeltätigkeit um eine Funktion handelt, hängt von dem bei der Betrachtung angewandten Abstraktionsniveau ab. [vgl. Heinrich/Roithmayr 1998, S. 65, 225]

In dieser Arbeit werden unter TC-Funktionen elementare Einzeltätigkeiten zur Erbringung von TC-Leistungen verstanden. Die Durchführung von TC-Funktionen kann von externen Kunden lediglich mittelbar über den Bezug von TC-Leistungen in Auftrag gegeben werden. TC-Funktionen werden in drei Gruppen unterteilt:

- Basisfunktionen, die zur Erbringung von Basisleistungen benötigt werden;
- Zusatzleistungsspezifische Funktionen, die neben den Basisfunktionen zur Erbringung von Zusatzleistungen benötigt werden;
- Anwendungserstellungsfunktionen, die neben den Basisfunktionen und zusatzleistungsspezifischen Funktionen zur Erstellung von TSI-Anwendungen benötigt werden.

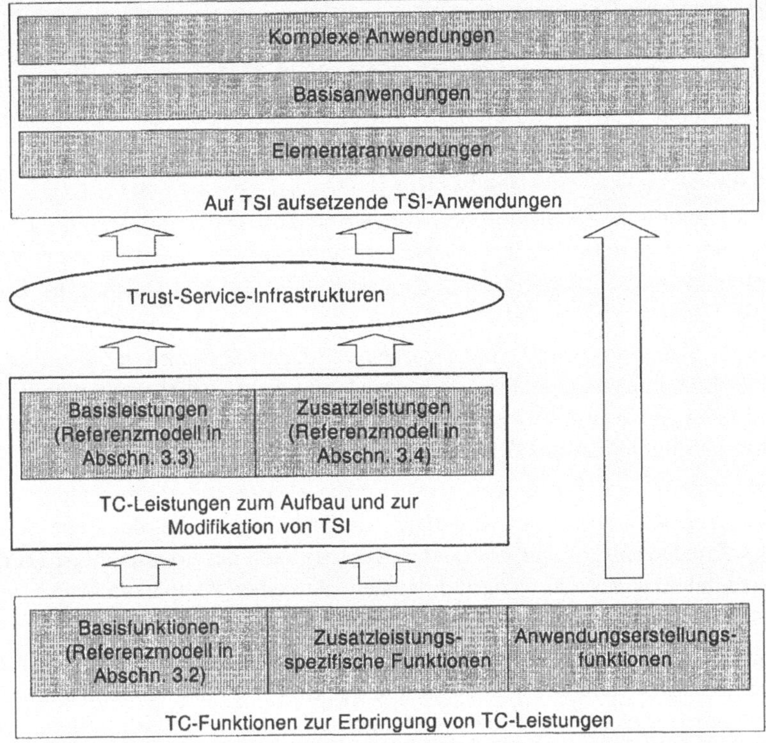

Abb. 3.1: Metamodell für TC-Funktionen und -Leistungen

TC-Leistungen zum Aufbau und zur Modifikation von TSI

TC-Leistungen zum Aufbau und zur Modifikation von TSI werden unmittelbar an externe Kunden abgegeben. Es wird unterschieden zwischen Basis- und Zusatzleistungen:

- Unter *Basisleistungen* werden die für den Aufbau einer PKI minimal notwendigen TC-Leistungen verstanden. Hierzu gehören z.B. die Ausstattung von Identitäten mit Schlüsselpaaren, die Erstellung von Public-Key-Zertifikaten sowie das Angebot von zugehörigen Statusänderungs- und Auskunftsleistungen.
- Unter *Zusatzleistungen* werden TC-Leistungen verstanden, die eine durch Basisleistungen aufgebaute TSI um zusätzliche Leistungen ergänzt.

Ein von einem Trustcenter angebotenes Paket von Basis- und Zusatzleistungen, dass dem Aufbau oder der Modifikation einer bestimmten TSI dient, wird in dieser Arbeit als TSI-Bündel bezeichnet.

Auf TSI aufsetzende TSI-Anwendungen

Im Rahmen einer TSI-Anwendung erfolgt die elektronische Abwicklung eines Prozesses auf Grundlage von TSI. Erst mit solchen Anwendungen entsteht für die Teilnehmer einer TSI ein Nutzen durch die bereitgestellten Basis- und Zusatzleistungen. Es wird unterschieden zwischen Elementaranwendungen, Basisanwendungen und komplexen Anwendungen:

- Es existieren vier *Elementaranwendungen* für TSI. Diese umfassen die Erstellung bzw. die Verarbeitung von Beglaubigungsträgern und signierten Nachrichten sowie das Verschlüsseln[41] bzw. Entschlüsseln von Daten. [vgl. Rueppel/Wildhaber 1995, S. 197]
- Die auf Elementaranwendungen zurückgreifenden *Basisanwendungen* zeichnen sich dadurch aus, dass sie als Bestandteil einer Vielzahl von anderen TSI-Anwendungen verwendbar sind. Als Basisanwendungen sind bspw. die sichere E-Mail-Kommunikation oder Zahlverfahren aufzufassen.
- Unter einer *komplexen Anwendung* wird die elektronische Abwicklung eines umfassenden Prozesses auf Grundlage von TSI mit dem Ziel der Befriedigung eines Kundenbedürfnisses verstanden. Hierbei kann der ursprüngliche Prozess horizontal und vertikal integriert werden. An einer komplexen Anwendung sind i.d.R. eine Vielzahl von Akteuren beteiligt.

Auf Grundlage des beschriebenen Metamodells werden in den folgenden Abschnitten zunächst Referenzmodelle für die zur Bereitstellung von einfachen PKI notwendigen Basisfunktionen und -leistungen erstellt. Im Anschluss daran wird ein Referenzmodell für Zusatzleistungen vorgestellt, mit dem diese PKI zu umfassenden TSI ergänzt werden können. Zusatzleistungsspezifische Funktionen und die Anwendungserstellungsfunktionen werden in dieser Arbeit nicht weiter detailliert. Eine nähere Betrachtung des Bereichs der Anwendungen erfolgt im Rahmen der Abhandlungen von Kapitel 6.

3.3 Referenzmodell für Basisfunktionen

Ein Referenzmodell für Basisfunktionen wird in Abb. 3.2 vorgeschlagen. Dort erfolgt eine Kategorisierung der Basisfunktionen in die Gruppen „Beglaubigungsträger-Management", „Schlüssel-Management", „PSE(Personal Security Environment)-Management", „ID(technische Identifikationskennung)-Management", „Überprüfung" , „Auskunftsdienst-Management", „Daten- und Datenträger-Management" und „Ablauf-Management". Diese Gruppen bzw. die in ihnen enthaltenen Funktionen werden im Folgenden näher erläutert.

---

[41] Auch bei der Erstellung einer Signatur werden Daten verschlüsselt (vgl. Abschn. 1.1.1.2). In diesem und den folgenden Kapiteln indiziert die Verwendung des Begriffs „Verschlüsseln" jedoch stets die Absicht der Sicherstellung der Vertraulichkeit.

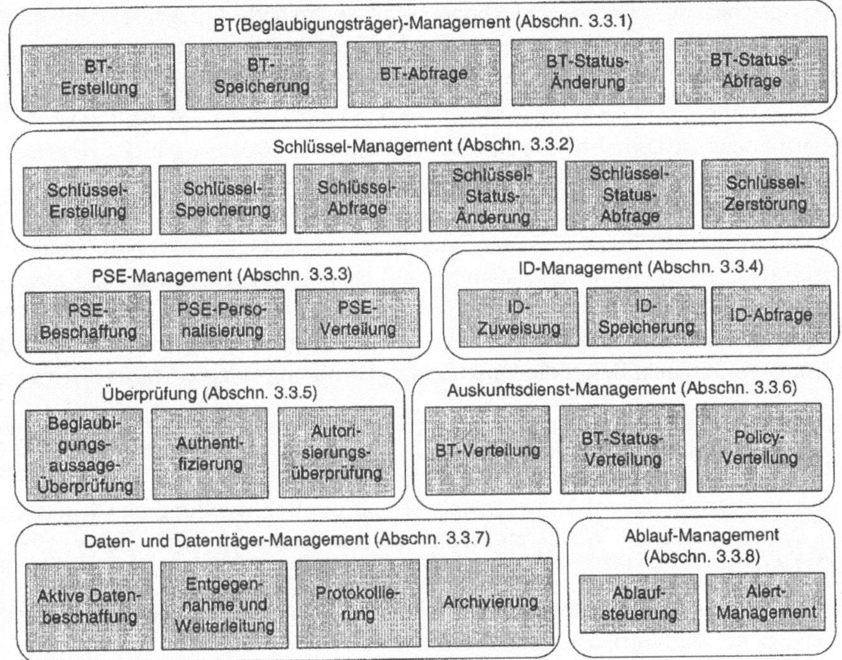

Abb. 3.2: Referenzmodell für Basisfunktionen

3.3.1 Beglaubigungsträger-Management

Eine Beglaubigungsaussage ist ein von einem Trustcenter zu prüfender Tatbestand. Im Rahmen einer Beglaubigungsleistung wird wenigstens eine Beglaubigungsaussage von einem Trustcenter auf ihren Wahrheitsgehalt überprüft und zusammen mit Verwaltungs- bzw. Rahmenangaben signiert. Das so entstandene Dokument wird in dieser Arbeit als Beglaubigungsträger, die zugrundeliegende Dokumentenstruktur als Beglaubigungsträgerformat bezeichnet. Damit der Beglaubigungsträger korrekt interpretiert werden kann, müssen diesbezüglich neben syntaktischen Regeln auch semantische Regeln festgelegt werden.

Für das vorgeschlagene Referenzmodell sind als Elemente der Gruppe „Beglaubigungsträger-Management" die folgenden fünf Funktionen definiert worden.

Input der Funktion **Beglaubigungsträger-Erstellung** sind überprüfte Beglaubigungsaussagen, Informationen zu den in den Beglaubigungsträger aufzunehmenden Rahmenangaben und Informationen bzgl. des zu verwendenden Beglaubigungsträgerformats. Auf Grundlage dieser Daten wird der Beglaubigungsträger erzeugt und als Output zur Verfügung gestellt. Die Funktion **Beglaubigungsträger-Speicherung** erlaubt die Ablage eines erzeugten Beglaubigungsträgers in einer Speicherumgebung, die ein hohes Maß an Sicherheit gegen Datenverlust vorweist. Die Wiedergewinnung eines Beglaubigungsträgers aus der Speicherumgebung ist mit der Funktion **Beglaubigungsträger-Abfrage** möglich.

Ein Beglaubigungsträger kann zu einem Zeitpunkt den Status „gültig", „temporär gesperrt" oder „widerrufen" annehmen. Die temporäre Sperrung eines Beglaubigungsträgers ist reversibel, d.h. der Status kann zu einem späteren Zeitpunkt wieder auf „gültig" zurückgesetzt werden. Der Widerruf eines Beglaubigungsträgers ist dahingegen endgültig, d.h. ist der Status eines Beglaubigungsträgers einmal auf „widerrufen" gesetzt worden, so kann er nicht mehr geändert werden. Die Einrichtung und Modifikation der Statusinformation ermöglicht die Funktion **Beglaubigungsträger-Status-Änderung**. Den Status eines Beglaubigungsträgers zu einem bestimmten Zeitpunkt liefert die Funktion **Beglaubigungsträger-Status-Abfrage**.

3.3.2 Schlüssel-Management

Im Rahmen des Schlüssel-Managements erfolgt die Bereitstellung und Kontrolle von Schlüsselmaterial für kryptographische Mechanismen [vgl. Fumy 1999, S. (2.3-6)].

Für das vorgeschlagene Referenzmodell sind als Elemente der Gruppe „Schlüssel-Management" die folgenden sechs Funktionen definiert worden.

Die Funktion **Schlüssel-Erstellung** liefert ein asymmetrisches Schlüsselpaar. Es handelt sich hierbei um einen besonders sensiblen Vorgang, da die Kenntnis privater Schlüssel die Signierung bzw. Entschlüsselung von Daten ermöglicht. Grundsätzlich müssen die Sicherheitsanforderungen an diese Funktion so gestellt werden, dass eine Kenntnisnahme des privaten Schlüssels durch unberechtigte Dritte ausgeschlossen ist.

Die Schlüsselgenerierung muss nicht unbedingt beim Trustcenter erfolgen. Auch die dezentrale Erstellung beim Teilnehmer ist möglich. Die Frage bezüglich des Orts der Schlüsselerzeugung ist in der Literatur lange kontrovers diskutiert worden [vgl. Federrath et al. 1995, S. 119ff.; Nehl 1995, S. 263]. Zusammenfassend kann gesagt werden, dass die staatlichen Regulierer von Sicherheit und Kryptographie oft die Auffassung vertreten haben, dass die Schlüssel beim Trustcenter generiert werden sollten [vgl. Federrath et al. 1995, S. 119]. Als Argument hierfür ist angeführt worden, dass Trustcenter über eine sicherere Umgebung für die Schlüsselerzeugung, d.h. über abstrahlsichere und zutrittsgeschützte Räume, virenfreie und nicht vernetzte Rechner, gute Zufallsgeneratoren etc. verfügen. Das Argument kann jedoch heute weitgehend entkräftet werden, da die Schlüssel nicht nur im WWW-Browser bzw. von einer Software auf dem PC, sondern auch auf modernen, eine sichere Umgebung bietenden Chipkarten erzeugt werden können. Für die dezentrale Schlüsselgenerierung spricht das Recht auf individuelle Selbstbestimmung und Selbstverantwortung sowie das der Privatautonomie des Menschen. Aus diesem folgt, dass ein Teilnehmer die Schlüsselgenerierung unter persönlicher und individueller Kontrolle durchführen können sollte [vgl. Federrath et al. 1995, S. 119].

Grundsätzlich ist auch eine verteilte Schlüsselgenerierung möglich. In diesem Fall werden verschiedene Teilschlüssel an unterschiedlichen Orten erstellt [vgl. Federrath et al. 1995, S. 125]. Hier können ein oder mehrere Trustcenter sowie der Teilnehmer, für den der Schlüssel erzeugt werden soll, einbezogen werden. Der hierdurch gewonnenen Sicherheit steht jedoch ein hoher Koordinationsaufwand gegenüber.

Die Funktion **Schlüssel-Speicherung** ermöglicht die Ablage eines privaten Schlüssels in einer Speicherumgebung im Trustcenter, die ein hohes Maß an Sicherheit gegen unberechtigten Zugriff und Datenverlust vorweist. Mit der Funktion **Schlüssel-Abfrage** kann ein privater Schlüssel aus der Schlüssel-Speicherumgebung wiedergewonnen werden. Die Ablage von privaten Schlüsseln außerhalb der PSE wird i.A. als kritisch beurteilt. In diesem Zusammenhang ist insbesondere die Kryptodebatte[42] von Bedeutung. Es gibt Fälle, bei denen die Hinterlegung von Schlüsseln durchaus als sinnvoll angesehen werden kann[43]. Zur Reduzierung des Risikos der unerlaubten Beschaffung des privaten Schlüssels durch einen Dritten, ist auch eine verteilte Schlüssel-Speicherung bei unterschiedlichen Institutionen möglich[43] [vgl. Beutelspacher/Kersten 1995, S. 101ff.].

Wie ein Beglaubigungsträger auch, kann ein Schlüssel zu einem Zeitpunkt den Status „gültig", „temporär gesperrt" oder „widerrufen" annehmen. Die Funktion **Schlüssel-Status-Änderung** erlaubt die erstmalige Einrichtung bzw. die Änderung eines Schlüssel-Status. Den Status eines Schlüssels zu einem bestimmten Zeitpunkt liefert die Funktion **Schlüssel-Status-Abfrage**. Wird ein Schlüssel nicht mehr benötigt, so erlaubt die Funktion **Schlüssel-Zerstörung** seine Vernichtung in einer Form, die gewährleistet, dass er nicht wiederhergestellt werden kann.

3.3.3 PSE-Management

Ein privater Schlüssel muss derart auf einem Trägermedium abgelegt werden, dass nur die Identität auf diesen Zugriff hat, die dazu berechtigt ist. Dieser Vorgang wird Personalisierung genannt [vgl. Fox/Horster/Kraaibeek 1995, S. 7]. Das Trägermedium wird als PSE (Personal Security Environment) bezeichnet [vgl. Meister 1998, S. 172]. Es ist zwischen Software- und Hardware-PSE zu unterscheiden. Bei einer Software-PSE wird der private Schlüssel als symmetrisch verschlüsselte Datei abgelegt. Die Realisierung des Zugriffsschutzes erfolgt durch ein Passwort bzw. eine sogenannte Passphrase zur Generierung des symmetrischen Schlüssels zur Entschlüsselung des privaten Schlüssels. Bei einer Hardware-PSE kommt ein dem Rechnersystem entnehmbares Hardware-Medium zum Einsatz. Möglich sind

---

42 Vgl. Abschn. 2.6.3.

43 Vgl. Abschn. 3.5.3.1.

bspw. eine Chipkarte, eine PCMCIA(Personal Computer Memory Card International Association Standard)-Karte[44] oder ein Dongle[45]. Das Medium muss über ein dediziertes Authentifikationsverfahren verfügen. Manche Hardware-PSE sind mit einer eigenen Kryptoeinheit ausgestattet und können selbst Schlüssel erzeugen bzw. kryptographische Operationen durchführen[46].

Für das vorgeschlagene Referenzmodell sind als Elemente der Gruppe „PSE-Management“ die folgenden drei Funktionen definiert worden.

Über die Funktion **PSE-Beschaffung** werden noch nicht personalisierte PSE bezogen und zur Verfügung gestellt. Die Personalisierung wird durch die Funktion **PSE-Personalisierung** ermöglicht. Sofern das Schlüsselpaar beim Teilnehmer erzeugt wird, kann die Personalisierung auch vollständig oder teilweise beim Teilnehmer erfolgen [vgl. Meister 1998, S. 175ff.]. Über die Funktion **PSE-Verteilung** wird die PSE einem Teilnehmer auf sichere Weise zugänglich gemacht.

3.3.4 ID-Management

Technische Identitätskennungen (ID[47]) werden innerhalb von TSI an verschiedenen Stellen benötigt, z.B. zur eindeutigen Bezeichnung eines Trustcenters oder eines Teilnehmers. Zur Herstellung des Bezugs zwischen der technischen Identitätskennung und der Identität ist die Festlegung von Zuweisungskonventionen notwendig:

> *„Procedures and legislation issues need to be defined to unambiguously identify a signer. A naming scheme for electronic signatures should be defined. [...] The identification shall finally allow to point unambiguously to a person (or entity) that can be held responsible for its electronic signature, easily recognised (e.g. by looking at its public or private attributes) and located (e.g. by obtaining its private address or the name of its company).“ [ETSI 1998, S. 20]*

Während eine bestimmte technische Identitätskennung innerhalb einer TSI nur genau einer Identität zugeordnet werden darf[48], ist es möglich, dass die Zuwei-

---

44 Bei PCMCIA handelt es sich um eine Norm für eine systemunabhängige miniaturisierte Peripherieschnittstelle, die überwiegend in tragbaren Rechnern eingesetzt wird.

45 Ein Dongle ist eine Hardwareeinheit, die an der seriellen oder parallelen Schnittstelle eines Rechners aufgesteckt werden kann.

46 Vgl. Abschn. 2.5.1.2.

47 Diese Abkürzung wird in der vorliegenden Arbeit nur bei zusammengesetzten Wörtern verwendet.

48 D.h. die Entstehung von Homonymen ist zu verhindern. Diesbezüglich ist bspw. eine Gefahr vorhanden, wenn zwei Personen desselben Namens bei der gleichen Firma arbeiten. Als problematisch kann sich auch die Verwendung einer E-Mail-Adresse als technische Identitätskennung erweisen, da eine derartige Adresse zu unterschiedlichen Zeitpunkten zu unterschiedlichen Personen gehören kann.

sungskonventionen es erlauben, dass eine Identität über mehrere technische Identitätskennungen verfügt[49]. Zwischen den für die Identität charakteristischen Eigenschaften und der Kennung besteht über die Identität ein mittelbarer Zusammenhang. Dieser muss jedoch nicht zwingend für Dritte ersichtlich sein, d.h. es ist möglich, dass aus den Eigenschaften der Identität keine offensichtlichen Rückschlüsse auf die Kennung gezogen werden können und umgekehrt.

Die Überprüfung der Zugehörigkeit einer Identität zu einer technischen Identitätskennung erfolgt über Prüfmerkmale. Welche Merkmale hier in Frage kommen, hängt von der Art der zu authentifizierenden Identität (z.B. Person, Organisation oder Maschine) ab.

Für das vorgeschlagene Referenzmodell sind als Elemente der Gruppe „ID-Management“ die folgenden drei Funktionen definiert worden.

Im Rahmen der Funktion **ID-Zuweisung** sind neben der Festlegung der Kennung die Ausprägungen der Prüfmerkmale bei der Identität zu ermitteln[50]. Evtl. können auch noch weitere Eigenschaften der Identität erhoben werden. Die Funktion **ID-Speicherung** ermöglicht die Ablage, die Funktion **ID-Abfrage** die Wiedergewinnung dieser Informationen und der Kennung.

Der Zusammenhang zwischen einer Identität, ihren Eigenschaften, ihren Prüfmerkmalen und ihrer technischen Identitätskennung wird in Abb. 3.3 veranschaulicht.

Beispiele für mögliche ID-Formate sind Distinguished Names nach [ITU-T-X.501 1997], E-Mail-Adressen nach [IETF-RFC822 1982], Domänennamen im Internet nach [IETF-RFC1035 1987], X.400-Adressen nach [ITU-T-X.411 1995], URI (Universal Ressource Identifier) zur Bezeichnung von Betriebsmitteln im Internet nach [IETF-RFC2396 1998] und IP-Adressen nach [IETF-RFC791 1981].

3.3.5 Überprüfung

Im Rahmen der Überprüfung werden bestimmte Tatbestände auf Grundlage der von den Trägern der in Abschn. 3.3.7 beschriebenen Datenbeschaffungsfunktion bzw. vom Auftraggeber einer Leistung zur Verfügung gestellten Informationen verifiziert.

Für das vorgeschlagene Referenzmodell sind als Elemente der Gruppe „Überprüfung“ die folgenden drei Funktionen definiert worden.

---

49 D.h. in diesem Fall werden Synonyme zugelassen. Diese sollten möglichst nicht unkontrolliert auftreten, was jedoch leicht möglich ist. Bspw. könnte bei der Angabe des Namens einer bestimmten Institution die Bezeichnung „Universität Regensburg“ oder auch „Uni Regensburg“ verwendet werden.

50 Die Ausprägungen der Prüfmerkmale werden ggf. bei der Registrierung erst geschaffen (z.B. Vereinbarung einer PIN).

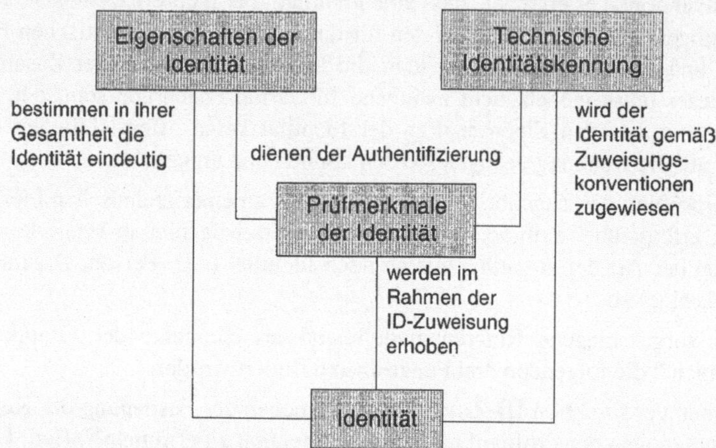

Abb. 3.3: Zusammenhang zwischen einer Identität, ihren Eigenschaften, ihren Prüfmerkmalen und ihrer technischen Identitätskennung

Die Funktion **Beglaubigungsaussage-Überprüfung** erlaubt die Feststellung des Wahrheitsgehalts einer bestimmten Beglaubigungsaussage. Bei der **Authentifizierung** wird ermittelt, ob eine Identität einer bestimmten technischen Identitätskennung zugeordnet ist. Hierfür sind die entsprechenden Prüfmerkmale zu verifizieren. Die Funktion **Autorisierungsüberprüfung** dient der Feststellung, ob eine Identität dazu legitimiert ist, eine bestimmte Leistung in Auftrag zu geben. Hierfür müssen Informationen bzgl. der Rechte einzelner Identitäten an geeigneter Stelle abgelegt werden.

3.3.6 Auskunftsdienst-Management

Damit Auskunftsleistungen erbracht werden können, müssen die entsprechenden Einrichtungen stets mit aktuellen Daten versorgt werden. Zur Erbringung der im Rahmen der Basisleistungen anzubietenden Auskunftsleistungen sind diesbezüglich Beglaubigungsträger, Beglaubigungsträger-Status-Informationen und Policies[51] relevant. Die entsprechenden Funktionen werden in dem Referenzmodell mit **Beglaubigungsträger-Verteilung**, **Beglaubigungsträger-Status-Verteilung** und **Policy-Verteilung** bezeichnet. Die Daten müssen nicht zwingend über ein Netzwerk übermittelt werden, sondern können auch auf Datenträgern geliefert werden.

[51] Bedeutende, insbesondere technische, rechtliche und organisatorische Merkmale von TSI werden in Policies festgeschrieben (vgl. Abschn. 4.3).

3.3.7 Daten- und Datenträger-Management

Das Daten- und Datenträger-Management stellt Funktionen bereit, die den Austausch von nicht zwingend in elektronischer Form vorliegenden Daten bzw. die Kommunikation zwischen den organisatorischen Einheiten des Trustcenters sowohl untereinander als auch mit externen Identitäten betreffen. Weiterhin werden Aufgaben in Bezug auf die Protokollierung von Vorgängen und die Archivierung von Daten bzw. Datenträgern erfüllt.

Für das vorgeschlagene Referenzmodell sind als Elemente der Gruppe „Daten- und Datenträger-Management" die folgenden vier Funktionen definiert worden.

Die Funktion **Aktive Datenbeschaffung** dient der aktiven Beschaffung von für die Erbringung von TC-Leistungen notwendigen Daten. Diese Funktion wird insbesondere zur Überprüfung von Beglaubigungsaussagen benötigt. Es ist z.B. denkbar, dass für die Beglaubigung der Zugehörigkeit einer Person zu einer bestimmten Berufsgruppe Auskünfte von der entsprechenden Berufskammer eingeholt werden müssen. Wichtige individuelle Merkmale dieser Funktion sind Angaben darüber, welche Daten in welcher Qualität in welchem Zeitrahmen zu welchem Preis über welchen Weg beschafft werden können.

Als weitere Funktion ist die **Daten-Entgegennahme und -Weiterleitung** zu nennen. Absender und Empfänger der Daten können sowohl organisatorische Einheiten des Trustcenters als auch externe Identitäten sein. Diese Funktion ermöglicht insbesondere die Auftragsannahme, d.h. sie stellt Verfahren bereit, über die eine Identität den Auftrag zur Erbringung einer TC-Leistung stellen kann. Die Auftragsannahme liefert die eindeutige Identifikation der zu erbringenden Leistung und optional eine Identitätskennung sowie Daten zur Authentifikation der auftraggebenden Identität. Die Auftragsannahme kann auf verschiedene Arten erfolgen, z.B.:

- per E-Mail (Authentifikation z.B. mit Signatur);
- per Java-Programm (Authentifikation z.B. mit Signatur oder Tippverhalten);
- per Telefon (Authentifikation z.B. mit PIN oder Stimme);
- per Fax (Authentifikation z.B. mit Unterschrift oder TAN[52]);
- per Brief (Authentifikation z.B. mit Unterschrift);
- mit persönlichem Erscheinen (Authentifikation z.B. mit Erscheinungsbild).

Eventuell sind die bei der Auftragsannahme überlieferten Daten zur Authentifikation „flüchtig", d.h. sofern sie nicht aufgezeichnet werden können oder dürfen, müssen sie in dem Moment ausgewertet werden, in dem sie überbracht werden. In diesem Fall muss die Auftragsannahme zeitgleich mit der in Abschn. 3.3.5 genannten Überprüfungsfunktion „Authentifizierung" ablaufen.

---

[52] Abk. für „Transaktionsnummer".

Die Funktion **Protokollierung** ermöglicht die Aufzeichnung der Vorgänge innerhalb des Trustcenters. Sie kann aus rechtlichen Gründen vorgeschrieben sein oder auch optional erfolgen. Bzgl. der in die Protokollierung einzubeziehenden Aktivitäten besteht ein großer Entscheidungsspielraum. Von besonderer Bedeutung ist eine Protokollierung hinsichtlich der erstellten Beglaubigungsträger bzw. der durchgeführten Statusänderungen. D.h. es sollte festgestellt werden können, wann ein bestimmter Beglaubigungsträger von dem Trustcenter herausgegeben worden ist und welche Statusänderungen dieser zu welchen Zeitpunkten erfahren hat. Bspw. müssen nach der EU-Signaturrichtlinie[53] alle wesentlichen Informationen bzgl. eines qualifizierten Zertifikats über einen „angemessenen Zeitraum" aufgezeichnet werden, um die Daten für etwaige Gerichtsverfahren verwenden zu können [vgl. EU 1999, Anhang II].

Die Funktion **Archivierung** erlaubt die Ablage von Daten bzw. Datenträgern. Insbesondere können z.B. abgelaufene oder gesperrte Beglaubigungsträger oder die für die Teilnehmer-Authentifizierung vorgelegten Dokumente im Original oder in kopierter Form archiviert werden. Die Festlegung einer angemessenen Archivierungsdauer ist nicht immer leicht:

> *„The duration of the record retention period is difficult to pinpoint, and requires weighing the need for reference to the records against the burden of keeping them. The records could be needed at least as long as a transaction relying on a valid certificate can be questioned. For most transactions, statutes of limitation will eventually place a transaction beyond dispute. However, for some transactions such as real property conveyances, legal repose may not be realised until after a lengthy time elapses, if ever."* [ICC-GUIDEC 1997, Abschn. (VIII/6)]

Weiterhin ist festzulegen, wer auf die archivierten Daten unter welchen Umständen zugreifen darf, wobei rechtliche Rahmenbedingungen, insbesondere Datenschutzbelange, zu beachten sind [vgl. Nehl 1995, S. 266].

3.3.8 Ablauf-Management

Für das vorgeschlagene Referenzmodell sind als Elemente der Gruppe „Ablauf-Management" die folgenden zwei Funktionen definiert worden.

Über die Funktion **Ablaufsteuerung** erfolgt die Steuerung der die organisatorischen Einheiten des Trustcenters übergreifenden Prozesse zur Erbringung der TC-Leistungen.

Um eine hohe Sicherheit zu erzielen, müssen nicht nur Schadenswahrscheinlichkeiten und -potenziale begrenzt, sondern auch Handlungsoptionen für Störfälle bereitgestellt werden [vgl. Nehl 1995, S. 266]. Es muss eine Infrastruktur aufgebaut und aufrechterhalten werden, mit der bei kritischen Ereignissen alle Beteilig-

[53] Vgl. Abschn. 2.6.2.1.

ten der bedienten TSI informiert und geschützt werden können. Dies betrifft bspw. den Fall der Kompromittierung eines TC-Schlüssels oder die Einstellung der Tätigkeit des Trustcenters [vgl. ICC-GUIDEC 1997, Abschn. (VIII/4), (VIII/6)]. Die Funktion **Alert-Management** dient der Ermöglichung zur Durchführung von geeigneten Handlungsoptionen bei derartigen kritischen Ereignissen.

3.4 Referenzmodell für Basisleistungen

Ein Referenzmodell für Basisleistungen wird in Abb. 3.4 vorgeschlagen. Dort erfolgt eine Kategorisierung der Basisleistungen in die Gruppen „Beglaubigungsleistungen", „Schlüsselbereitstellungsleistungen", „Statusänderungsleistungen" und „Auskunftsleistungen". Diese Gruppen bzw. die in ihnen enthaltenen Leistungen werden im Folgenden näher erläutert.

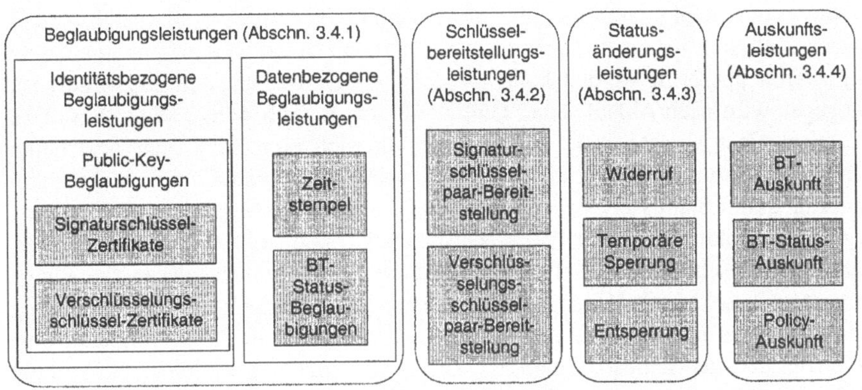

Abb. 3.4: Referenzmodell für Basisleistungen

3.4.1 Beglaubigungsleistungen

Im Rahmen einer Beglaubigungsleistung wird ein Beglaubigungsträger[54] erstellt. In dieser Arbeit wird eine Differenzierung zwischen identitätsbezogenen und datenbezogenen Beglaubigungsleistungen vorgeschlagen.

3.4.1.1 Identitätsbezogene Beglaubigungsleistungen

Identitätsbezogene Beglaubigungsleistungen zeichnen sich dadurch aus, dass Sachverhalte bezeugt werden, die sich unmittelbar auf eine Identität beziehen.

---

[54] Vgl. Abschn. 3.3.1.

Zu diesen identitätsbezogenen Beglaubigungsleistungen gehören die im Rahmen der Basisleistungen in Form von Public-Key-Zertifikaten zu erbringenden Public-Key-Beglaubigungen. Sie verknüpfen einen öffentlichen Schlüssel mit einer Identität bzw. ihrer technischen Identitätskennung. Die Beglaubigungsaussage hat die Form „Die Identität mit der technischen Identitätskennung *id* besitzt den privaten Schlüssel zu dem öffentlichen Schlüssel *ö*“. Die Aussage beinhaltet implizit den Zusatz „Der private Schlüssel ist nicht kompromittiert worden“.

In Abhängigkeit davon, ob der beglaubigte öffentliche Schlüssel zur Überprüfung von Signaturen oder zur Verschlüsselung von Daten verwendet werden soll, wird der erzeugte Beglaubigungsträger bzw. das Public-Key-Zertifikat als **Signaturschlüssel-** oder als **Verschlüsselungsschlüssel-Zertifikat** bezeichnet [vgl. Schäfer 1995, S. 133]. Grundsätzlich besteht auch die Möglichkeit, den öffentlichen Schlüssel für beide Verwendungszwecke einzusetzen. Hiervon ist jedoch abzuraten, da je nach Verwendungszweck unterschiedliche Anforderungen an das Zertifikat bzw. das Schlüsselpaar gestellt werden [vgl. Achter 1997, S. 47f.]. So kann es bspw. notwendig sein, dass ein Signaturschlüssel-Zertifikat auch nach Ablauf seiner Gültigkeit für Dritte zugänglich bleibt, damit in der Vergangenheit erstellte Signaturen überprüft werden können[55]. Ein Verschlüsselungsschlüssel-Zertifikat hingegen wird nach Ablauf seiner Gültigkeit nicht mehr benötigt. Weiterhin ist zu beachten, dass verschlüsselte Nachrichten, die sich einmal in einer unsicheren Umgebung befunden haben, nicht zu einem späteren Zeitpunkt durch Anwendung eines längeren Schlüssels sichererer gemacht werden können. Dies ist jedoch bei signierten Dokumenten der Fall[56]. Entsprechend sind an die Länge eines Verschlüsselungsschlüssels oft andere Anforderungen zu stellen, als an die Länge eines Signierschlüssels. Unterschiede bestehen auch in Bezug auf die Zerstörung des Schlüssels nach seinem Gültigkeitsende. Während ein für die Signatur verwendeter privater Schlüssel zu diesem Zeitpunkt vernichtet werden kann, wird ein für die Entschlüsselung von Nachrichten benutzter privater Schlüssel i.d.R. auch weiterhin benötigt.

Einen Sonderfall bei Signaturschlüssel-Zertifikaten stellen die sogenannten Cross-Zertifikate dar, die dazu dienen, verschiedene Zertifizierungshierarchien zu verknüpfen. Ein Cross-Zertifikat beglaubigt den gleichen öffentlichen Schlüssel eines Trustcenters wie ein bereits ausgestelltes Zertifikat und kann dieses zum Zweck der außerordentlichen Fortsetzung eines Zertifizierungspfads, der im Rahmen einer Gültigkeitsprüfung aufgebaut werden muss, ersetzen [vgl. Grizalis/Lekkas/Moulinos 1998, S. 22].

Ein Beispiel für den sinnvollen Einsatz von Cross-Zertifikaten ist die Situation, dass in zwei verschiedenen Ländern TSI aufgebaut worden sind, die nun mitein-

---

55 Ob eine Überprüfung auf Basis bereits abgelaufener Public-Key-Zertifikate möglich bzw. sinnvoll ist, hängt von dem verwendeten Gültigkeitsmodell ab (vgl. Abschn. 5.4.3.4).

56 Vgl. Abschn. 3.5.5.2.

ander verknüpft werden sollen. Dieses Ziel kann erreicht werden, indem sich die Root-Trustcenter gegenseitig Cross-Zertifikate ausstellen (vgl. Abb. 3.5).

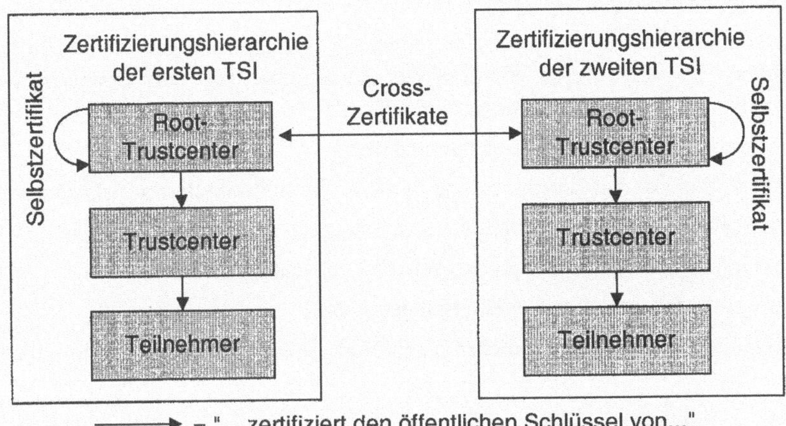

Abb. 3.5: Verknüpfung unterschiedlicher Zertifizierungshierarchien über Cross-Zertifikate

3.4.1.2 Datenbezogene Beglaubigungsleistungen

Datenbezogene Beglaubigungsleistungen zeichnen sich dadurch aus, dass Sachverhalte bezeugt werden, die sich nicht unmittelbar auf eine Identität beziehen.

Die im Bereich der Basisleistungen anzusiedelnden datenbezogenen Beglaubigungsleistungen umfassen Zeitstempel und Beglaubigungsträger-Status-Beglaubigungen.

3.4.1.2.1 Zeitstempel

Ein Zeitstempel verknüpft ein Dokument mit einer Zeitangabe. Diese Verknüpfung erfolgt i.d.R. indirekt über den Hashwert des Dokuments, der von der auftraggebenden Identität übermittelt wird [vgl. Bitzer/Brisch 1999, S. 31].

Neben dieser Methode sind zwei weitere Varianten denkbar:

- indirekte Verknüpfung von Dokument und Zeitangabe über den Hashwert des Dokuments, der von dem Trustcenter erzeugt wird;
- direkte Verknüpfung von Dokument und Zeitangabe.

Für die letztgenannte Alternative hat die Beglaubigungsaussage die Form „Das Dokument D existierte zum Zeitpunkt t“[57]. Bei den anderen beiden Varianten lautet sie „Das durch den Hashwert h und den Hashalgorithmus $ha(\,)$ indizierte Dokument existierte zum Zeitpunkt t“.

Im Folgenden wird ein Vergleich der genannten Varianten vorgenommen. Je nach gewählter Alternative besitzt ein erzeugter Zeitstempel bzw. sein Erstellungsvorgang unterschiedliche Eigenschaften hinsichtlich:

- des Volumens der zu übertragenden Daten;
- der Möglichkeit zur Einsichtnahme in das Dokument durch das Trustcenter;
- der Notwendigkeit der vertraulichen Übertragung der Daten;
- der Gefahr der Verwendung eines schwachen Hashalgorithmus;
- der Größe des erstellten Beglaubigungsträgers.

Die jeweiligen Ausprägungen dieser Eigenschaften werden in Tab. 3.1 aufgezeigt.

Art der Verknüpfung	Übertragungsvolumen	Möglichkeit der Einsichtnahme durch Trustcenter	Notwendigkeit der vertraulichen Übertragung	Gefahr der Verwendung eines schwachen Hashalgorithmus	Größe des Beglaubigungsträgers
übermittelter Hashwert	gering	nein	nein	hoch	klein
vom Trustcenter generierter Hashwert	hoch	ja	ja	gering	klein
gesamtes Dokument	hoch	ja	ja	entfällt	groß

Tab. 3.1: Gegenüberstellung der Eigenschaften eines Zeitstempels und seines Erstellungsvorgangs in Abhängigkeit von der Verknüpfungsart

Anders als bei der zweiten und dritten Variante besteht bei der ersten Alternative der Nachteil, dass die Gefahr der Verwendung eines schwachen Hashalgorithmus gegeben ist. Allerdings stehen diesem Mangel eine Reihe von Vorteilen gegenüber, so dass der Einsatz dieser Variante bei den meisten Anwendungen zu emp-

57 Wird der erzeugte Zeitstempel im Rahmen der Funktion „Beglaubigungsträger-Speicherung“ vom Trustcenter in einer sicheren Umgebung abgelegt, so erfolgt bei der dritten Alternative hiermit eine treuhänderische Hinterlegung des Dokuments D, da dieses in der Beglaubigungsaussage enthalten ist (vgl. Abschn. 3.5.3.2). Die Zugriffsmöglichkeit durch den Benutzer muss nicht zwingend gegeben sein. Bei einem rechtlichen Disput ist jedoch denkbar, dass die Daten vom Trustcenter zur Verfügung gestellt werden.

fehlen ist. Um die Gefahr der Verwendung einer schwachen Hashfunktion zu vermindern, sollte das Trustcenter fordern, dass der Benutzer den von ihm verwendeten Algorithmus bekannt gibt. Wird dieser vom Trustcenter als unzureichend sicher eingestuft, so ist der Antrag zur Erstellung des Zeitstempels mit einem entsprechenden Hinweis zurückzuweisen. Für diese Lösung müssen jedoch für die Hashalgorithmen eindeutige Kennungen existieren.

Die Verfügbarkeit und Antwortzeit dieser Leistung ist von besonderer Bedeutung, da sie i.d.R. sehr häufig benötigt wird. In aktuellen Spezifikationen werden Antwortzeiten von bis zu einer Minute als vertretbar angesehen [BSI-SigI-A4 1999, S. 14]. Bei bestimmten Anwendungen kann jedoch eine wesentlich geringere Antwortzeit als notwendig erachtet werden.

An dieser Stelle ist anzumerken, dass ein Zeitstempel grundsätzlich auch dezentral erzeugt werden kann. Hier arbeitet der Anwender nur mit seinem eigenen Rechner und einer an diesen angeschlossenen Zeitstempelbox. Letztere muss vor Manipulationen seitens des Anwenders geschützt sein. In der Zeitstempelbox dekodiert ein Mikroprozessor das Signal eines externen Zeitgebers und synchronisiert damit seine eigene Uhr. Zur Sicherheit muss dieser Vorgang von einer zweiten Read-only-Echtzeituhr überwacht werden. [vgl. Meinhold/Luckhardt 1998, S. 113f.]

Vorteil dieser Lösung ist, dass keine Online-Anbindung zum Trustcenter notwendig ist. Es besteht eine hohe Verfügbarkeit und niedrige Antwortzeit. Von Nachteil ist der Aufwand zur Verteilung und Wartung der Zeitstempelboxen. Weiterhin entstehen Sicherheitsprobleme hinsichtlich der möglichen Manipulation des Zeitgebers.

3.4.1.2.2 Beglaubigungsträger-Status-Beglaubigungen

Unter einer Beglaubigungsträger-Status-Beglaubigung wird in dieser Arbeit eine vom Trustcenter bestätigte Verknüpfung eines Beglaubigungsträgers[58] mit einer Statusangabe und einem Zeitpunkt verstanden. Die Beglaubigungsaussage hat die Form „Der Beglaubigungsträger b hatte zum Zeitpunkt t den Status $stat(b,t)$“.

Auf Beglaubigungsträger-Status-Beglaubigungen kann insbesondere deswegen nicht verzichtet werden, weil einmal in Umlauf gebrachte Beglaubigungsträger – wie andere elektronische Dokumente auch – nicht sicher vernichtet werden können [vgl. Berger/Giessler/Glöckner 1999, S. 52].

Die Ungültigkeit eines Beglaubigungsträgers kann indiziert werden, indem dieser selbst oder ein für den Aufbau des Zertifizierungspfads zwingend benötigtes Public-Key-Zertifikat für ungültig erklärt wird[59].

---

58 Bzw. einer Kennung für einen Beglaubigungsträger.

59 Für Beglaubigungsträger-Status-Beglaubigungen werden keine Status-Informationen verwaltet, da sonst bei der Gültigkeitsprüfung eine Endlosschleife entstehen würde. Die

Beglaubigungsträger-Status-Beglaubigungen können in Form von Sperr- oder Positivlisten erbracht werden, die jeweils bestimmte, vom Trustcenter festgelegte Beglaubigungsträger-Spektren abdecken. Alternativ ist die Erstellung von auf spezielle Anfragen individualisiert zugeschnittenen Status-Beglaubigungen möglich.

3.4.1.2.2.1 Sperrlisten

Die gängigste Form der Bereitstellung von Beglaubigungsträger-Status-Beglaubigungen ist die Erstellung von Sperrlisten[60] [vgl. Fox 1999, S. 221]. Bei einer solchen handelt es sich um eine beglaubigte Aufstellung von Kennungen für gesperrte Beglaubigungsträger.

Sperrlisten-Aktualisierung

Die Sperrlisten-Aktualisierung kann zu vorher festgelegten Zeitpunkten erfolgen oder nur bei Bedarf [vgl. ITU-T-X.509 1997, S. 21]. Die beiden Optionen haben unterschiedliche Vor- und Nachteile:

- *Aktualisierung zu vorher festgelegten Zeitpunkten*: Hier wird in jeder Sperrliste der Zeitpunkt angegeben, an dem ihre Gültigkeit endet und eine neue Sperrliste herausgegeben wird. Der Zeitraum zwischen der Sperrung eines Beglaubigungsträgers und dem bekannt werden beim Anwender entspricht also im kritischsten Fall der Gültigkeitsdauer der Sperrliste. Um diese Zeitverzögerung kurz zu halten, dürfen die Sperrlisten nur eine kurze Gültigkeitsdauer haben. Dann jedoch müssen die Sperrlisten sehr häufig von den Teilnehmern neu bezogen werden, was den Benutzerkomfort erheblich beeinträchtigt. Bei der Aktualisierung zu vorher festgelegten Zeitpunkten ist weiterhin problematisch, dass diese Variante beim Auskunftsdienst u.U. zu Überlastungen zum Aktualisierungszeitpunkt führt.
- *Aktualisierung bei Bedarf*: Hier wird die Gültigkeitsdauer einer Sperrliste bei ihrer Erstellung nicht festgelegt. Sollte eine Sperrliste aktualisiert werden, so wird dies in einer Aktualisierungsliste bekannt gemacht. Die Aktualisierungsliste enthält die Kennungen aller herausgegebenen Sperrlisten und die jeweiligen Zeitpunkte der letzten Aktualisierung. Ein Teilnehmer muss somit diese Liste überprüfen, um festzustellen, ob seine lokal gespeicherten Sperrlisten noch aktuell sind. Sperrlisten werden dann nur bei Bedarf neu heruntergeladen. Diese Alternative ist wesentlich sicherer als die oben beschriebene Aktualisierung zu vorher festgelegten Zeitpunkten. Der Benutzer muss zwar zum Bezug der Aktualisierungsliste stets eine Online-Verbindung aufbauen, die Menge der zu übertragenden Daten ist jedoch verhältnismäßig gering, da i.d.R. nur

---

Sperrung derartiger Beglaubigungsträger wird durch die Sperrung des zu dem privaten Schlüssel, mit dem sie signiert worden sind, gehörenden Public-Key-Zertifikats erwirkt.

60 In der Literatur wird anstelle des Begriffs „Sperrliste“ häufig auch die englische Bezeichnung CRL (Certificate Revocation List) verwendet.

wenige Sperrlisten tatsächlich aktualisiert werden müssen und die Größe der Aktualisierungsliste unerheblich ist.

Delta-Sperrlisten

In [IETF-RFC2459 1999, S. 48] wird die Verwendung von Delta-Sperrlisten vorgeschlagen. Dieses Konzept macht sich zunutze, dass nicht unbedingt die gesamte neue Sperrliste bezogen werden muss, um eine vorhandene ältere Sperrliste zu aktualisieren. Es werden lediglich Informationen über die Veränderungen benötigt, die sich seit dem Bezug der letzten Sperrliste ergeben haben. Auf Grundlage der vorhandenen Statusangaben und der in der Delta-Sperrliste enthaltenen Veränderungsinformationen, kann die aktuelle Gesamtsperrliste erzeugt werden. Durch die Verwendung von Delta-Sperrlisten ist es somit möglich, die bei der Sperrlistenaktualisierung zu beziehende Datenmenge wesentlich zu reduzieren.

3.4.1.2.2.2 Positivlisten

Bei einer Positivliste handelt es sich um eine vollständige Aufstellung der Status-Informationen zu einem festgelegten Spektrum an Beglaubigungsträgern [vgl. Berger/Giessler/Glöckner 1999, S. 53].

Der Vorteil einer Positivliste ist, dass ein Beglaubigungsträger nicht nur von einem Trustcenter erstellt, sondern auch in die zugehörige Positivliste eingetragen werden muss, damit er verwendet werden kann. Somit ist es möglich, das sich aus der eventuellen Kompromittierung eines TC-Schlüssels ergebende Risiko zu reduzieren. Zu diesem Zweck ist für die Erstellung der Positivlisten ein dedizierter Schlüssel zu verwenden, damit bei der Kompromittierung von genau einem TC-Schlüssel nicht sowohl Positivlisten als auch durch sie abgedeckte Beglaubigungsträger unberechtigt erzeugt werden können. Weiterhin sind in die Positivliste die Hashwerte der Beglaubigungsträger einzutragen. Die Aufführung der Beglaubigungsträger-Kennungen ist nicht ausreichend, da sonst eine in die Liste eingetragene Kennung für einen mit dem kompromittierten TC-Schlüssel unberechtigt erzeugten Beglaubigungsträger verwendet werden könnte.

Zur Reduzierung der bei der Aktualisierung einer Positivliste zu beziehenden Datenmenge kann das oben erwähnte Konzept der Delta-Sperrlisten hier analog verwendet werden.

3.4.1.2.2.3 Anfragespezifische Beglaubigungsträger-Status-Beglaubigungen

Ein Teilnehmer kann in seiner Anfrage an den Auskunftsdienst die Beglaubigungsträger spezifizieren, für die er Status-Informationen benötigt. Anders als bei dem Konzept der Sperr- und Positivlisten wird dann die Beglaubigungsträger-

Status-Beglaubigung individualisiert erstellt[61]. Derartige anfragespezifische Status-Beglaubigungen werden im Rahmen von sogenannten Online-Statusabfragediensten erbracht.

3.4.2 Schlüsselbereitstellungsleistungen

Im Rahmen der Schlüsselbereitstellungsleistungen werden asymmetrische Schlüsselpaare generiert und einer Identität zur Verfügung gestellt. I.d.R. wird der private Schlüssel auf einer PSE übergeben und der öffentliche Schlüssel zur Erstellung eines Public-Key-Zertifikats verwendet, das anschließend über einen Auskunftsdienst öffentlich zugänglich gemacht wird. [vgl. Nehl 1995, S. 262f.]

In Abhängigkeit davon, ob das bereitgestellte Schlüsselpaar zum Zweck der Signatur oder zum Zweck der Verschlüsselung eingesetzt werden soll, wird es als **Signatur-** oder **Verschlüsselungsschlüsselpaar** bezeichnet[62].

3.4.3 Statusänderungsleistungen

Statusänderungsleistungen ermöglichen die Änderung des Status eines Beglaubigungsträgers.

Bei der Erstellung eines Beglaubigungsträgers kann eine Gültigkeitsdauer festgelegt und in ihm als Rahmenangabe abgelegt werden. Der Zeitpunkt der Beglaubigungsträgererstellung muss dabei nicht mit dem Beginn der Gültigkeitsdauer übereinstimmen. Grundsätzlich kann davon ausgegangen werden, dass ein Beglaubigungsträger während seines gesamten vorgesehenen Gültigkeitszeitraums benutzt wird. Es gibt jedoch bestimmte Situationen, die eine vorzeitige Beendigung der Gültigkeitsdauer eines Beglaubigungsträgers notwendig machen. In diesem Fall muss der Beglaubigungsträger gesperrt werden.

Mögliche Gründe, welche die Sperrung eines Beglaubigungsträgers erforderlich machen sind: [vgl. BSI-SigI-A5 1999, S. 4; Rueppel/Wildhaber 1995, S. 207; Fox 1999, S. 219f.]

1) Der Beglaubigungsträger wird für die restlich verbleibende Gültigkeitsdauer nicht mehr benötigt, und er soll zur Minimierung des Missbrauchsrisikos unbrauchbar gemacht werden.
2) Die Beglaubigungsaussage gilt nicht mehr. Bei einem Signaturschlüssel-Zertifikat könnte dies z.B. dann der Fall sein, wenn sich der Name des Inhabers geändert hat.

---

[61] Der Unterschied zwischen einer Sperr- bzw. Positivliste und einer anfragespezifischen Status-Beglaubigung besteht konkret darin, dass das abgedeckte Beglaubigungsträger-Spektrum bei ersterer vom Trustcenter, bei letzterer vom Anfragenden bestimmt wird.

[62] Vgl. hierzu die Ausführungen zu den Bezeichnungen von Public-Key-Zertifikaten in Abschn. 3.4.1.

3) Der zu dem beglaubigten öffentlichen Schlüssel gehörende private Schlüssel ist kompromittiert worden.

4) Es besteht der Verdacht der Kompromittierung des zu dem beglaubigten öffentlichen Schlüssel gehörenden privaten Schlüssels.

5) Der Teilnehmer kann nicht mehr auf den in der PSE abgelegten privaten Schlüssel zugreifen, z.B. weil er seine PIN vergessen hat oder weil der Datenspeicher der PSE defekt ist.

6) Die Rahmenangaben des Beglaubigungsträgers gelten nicht mehr. Dies könnte z.B. der Fall sein, wenn das Trustcenter seinen Namen ändert.

7) Die zur Erstellung des Beglaubigungsträgers verwendeten Algorithmen gelten nicht mehr als sicher[63].

Soll die spätere **Entsperrung** des Beglaubigungsträgers ermöglicht werden, so kann auch eine **temporäre Sperrung** zugelassen werden. Dies ist bspw. sinnvoll, wenn die Sperrung wegen eines Verdachts der Schlüsselkompromittierung vorgenommen wird, der sich noch nicht bestätigt hat. Nicht geeignet ist die temporäre Sperrung in den oben genannten Fällen 2) (sofern die Beglaubigungsaussage endgültig nicht mehr gilt), 3), 6) und 7). D.h. unter diesen Umständen ist der **Widerruf** des Beglaubigungsträgers i.d.R. erforderlich[64].

Es ist festzulegen, auf welchem Weg und in welcher Form Anträge zur Statusänderung zu übermitteln sind. Weiterhin ist zu bestimmen, wer unter welchen Umständen eine Sperrung bzw. Entsperrung welcher Beglaubigungsträger veranlassen kann bzw. muss und wie die Autorisierungsüberprüfung durchgeführt wird [vgl. Nehl 1995, S. 264]. In diesem Zusammenhang ist anzumerken, dass einerseits durch die Unterlassung einer notwendigen Sperrung ein enormer Schaden entstehen kann, andererseits jedoch die Sperrung eines Beglaubigungsträgers oft erhebliche Folgen für die Durchführbarkeit von Anwendungen hat und somit einen günstigen Ansatzpunkt für „Denial of Service"-Angriffe bietet. Eine weitere zu klärende Frage ist, ob eine rückwirkende Sperrung zugelassen werden soll.

Da die Sperrung eines Beglaubigungsträgers zur Vermeidung von Schäden schnell erfolgen muss, ist bei dieser Leistung die Prozesslaufzeit von besonderer Relevanz. Von Interesse sind insbesondere Angaben darüber, wie lange der Sperrvorgang im schlechtesten Fall, im besten Fall und im Durchschnitt dauert. In diesem Zusammenhang ist auch die Verfügbarkeit der Leistung bedeutend.

---

63 Vgl. hierzu die Ausführungen zur technischen Gültigkeit von Beglaubigungsträgern in Abschn. 3.5.5.

64 In Fall 6) ist je nach Bedeutung der ungültig gewordenen Rahmenangaben auch ein Verzicht auf den Widerruf denkbar.

3.4.4 Auskunftsleistungen

Über Auskunftsleistungen werden einer Identität bei entsprechender Autorisierung TSI-bezogene Informationen zur Verfügung gestellt. Die im Rahmen der Basisleistungen zu erbringenden Auskunftsleistungen umfassen die Bereitstellung von Beglaubigungsträgern und zugehörigen Status-Informationen sowie die Bereitstellung von Policies.

Für die Online-Übermittlung von Anfragen und Auskünften können unterschiedliche Protokolle verwendet werden. Denkbar sind bspw. LDAP (Lightweight Directory Access Protocol), FTP (File Transfer Protocol) und HTTP (Hypertext Transfer Protocol). Möglich ist auch die Verwendung von E-Mails, wobei sich hier jedoch das Problem ergibt, dass die Antwortzeit i.d.R. nicht garantiert werden kann.

Neben der Online-Übermittlung der Informationen ist auch die Erbringung von Auskünften in gedruckter Form oder auf elektronischen Datenträgern wie CD (Compact Disc) oder DVD (Digital Versatile Disc) möglich. Bspw. kann zu Verifikationszwecken eine Liste mit den technischen Identitätskennungen relevanter Root-Trustcenter und den Hashwerten ihrer öffentlichen Schlüssel publiziert werden[65]. Auskunftsleistungen können sowohl als Push- oder auch als Pull-Dienste realisiert werden.

3.4.4.1 Beglaubigungsträger-Auskunftsdienst

Bei der Bereitstellung von Beglaubigungsträgern über den Beglaubigungsträger-Auskunftsdienst, ist genau festzulegen, wer diesen in welcher Form nutzen darf, da es sich bei den vom Trustcenter bestätigten Aussagen durchaus um sensible Daten handeln kann [vgl. Pohl 1997, S. 9]. Dem Anfragenden sollten grundsätzlich nicht mehr Daten zur Verfügung gestellt werden, als dieser tatsächlich benötigt. Zu diesem Zweck ist ggf. die Verteilung der Beglaubigungsaussagen auf mehrere Beglaubigungsträger anzuraten. Möglich ist auch der Einsatz des in Abschn. 3.5.1.9 vorgeschlagenen flexiblen Beglaubigungsdiensts.

3.4.4.2 Beglaubigungsträger-Status-Auskunftsdienst

Ein Beglaubigungsträger-Status-Auskunftsdienst liefert einer Identität bei entsprechender Autorisierung Beglaubigungsträger-Status-Beglaubigungen, denen sie für einen Beglaubigungsträger b und einen Zeitpunkt t den entsprechenden Beglaubigungsträger-Status $stat(b,t)$ entnehmen kann.

Zur Lokalisierung der Sperr- oder Positivlisten bzw. des Online-Statusabfragedienststs wird ein entsprechender Verweis benötigt. Dieser kann z.B. in Form eines

---

65 Derartige Informationen sind bspw. in Buchform vom MIT (Massachusetts Institute of Technology) unter der Bezeichnung „The Global Internet Trust Register“ [Anderson et al. 1999] veröffentlicht worden.

URI innerhalb oder außerhalb des zu verifizierenden Beglaubigungsträgers bereitgestellt werden [vgl. BSI-SigI-A5 1999, S. 59]:

- *Verweisangabe innerhalb des Beglaubigungsträgers*: Hier wird der Verweis als Rahmenangabe in den Beglaubigungsträger eingebunden und zusammen mit der Beglaubigungsaussage signiert. Wird die Stelle, von der die Liste bzw. der Dienst bezogen werden kann, zu einem späteren Zeitpunkt geändert, so enthält der Beglaubigungsträger eine falsche Information, die nicht korrigiert werden kann. Daher ist diese Variante sehr inflexibel.
- *Verweisangabe außerhalb des Beglaubigungsträgers*: Bei dieser Variante kann der Verweis in einem gesonderten Verzeichnis abgelegt oder zusätzlich zu dem Beglaubigungsträger mitgeschickt werden. Von Nachteil ist hier, dass die Verfügbarkeit der Information nicht direkt an die Verfügbarkeit des Beglaubigungsträgers gekoppelt ist.

Der Verweis auf die Liste bzw. den Dienst kann direkt oder indirekt erfolgen [vgl. BSI-SigI-A5 1999, S. 61]:

- *Direkter Verweis*: Hier kann die Liste unmittelbar von der angegebenen Stelle heruntergeladen werden bzw. die Online-Statusanfrage kann direkt an die angegebene Stelle geschickt werden.
- *Indirekter Verweis*: Hier wird auf eine Funktion verwiesen, über welche die Stelle ermittelt werden kann, von der die Liste zu beziehen ist bzw. an welche die Online-Statusanfrage geschickt werden soll. Bei der Verwendung von Listen besteht der Vorteil, dass die Gesamtliste zu jeder Zeit in geeigneter Weise in Teil-Listen segmentiert werden kann. Mögliche Segmentierkriterien sind bspw. Seriennummern-Bereiche oder Sperrgründe. Somit kann verhindert werden, dass einzelne Teil-Listen so groß werden, dass beim Herunterladen Performance-Probleme entstehen.

Im Folgenden erfolgt eine Erörterung der Vor- und Nachteile eines Online Statusabfragediensts gegenüber Sperr- bzw. Positivlisten.

Vorteil eines Online-Statusabfragediensts ist zum einen die Aktualität der bezogenen Informationen, zum anderen besteht anders als bei der Verwendung von Listen kein großer Speicherplatzbedarf auf den Teilnehmerrechnern. Günstig ist auch, dass zwischen der Information „gültig" und „nicht ausgestellt" unterschieden wird, was zwar auch bei Positiv-, nicht jedoch bei Sperrlisten der Fall ist. Bei der Verwendung der Online-Statusabfrage besteht allerdings die Gefahr, dass über die Ausspähung der Anfragen Rückschlüsse auf Kommunikationsbeziehungen geschlossen werden können. Wenn Listen zum Einsatz kommen, ist ein solcher Rückschluss nicht oder nur für den Fall möglich, dass die Listen jeweils nur sehr kleine Beglaubigungsträger-Spektren abdecken. Ein weiterer zu betrachtender Punkt sind die Kosten. Werden Beglaubigungsträger-Status-Auskünfte nur sehr selten benötigt, so ist die Verwendung des Online-Statusabfragediensts vergleichsweise kostengünstig und zeitsparend, da das Herunterladen großer Listen länger dauert als das Einholen einer einzelnen Auskunft. Dies gilt speziell für Positivlisten, da in diesen nicht nur die Kennungen der gesperrten Beglaubigungsträger enthalten sind. Werden jedoch Beglaubigungsträger-Status-Auskünfte sehr häufig gebraucht, so wird bei der Verwendung des Online-Statusabfragediensts i.d.R. mehr Online-Zeit benötigt als bei der Verwendung von Listen. Letztere sind in diesem Fall die kostengünstigere Lösung.

Weiterhin kann die beim Online-Statusabfragedienst ständig wiederkehrende Notwendigkeit zum Aufbau einer Online-Verbindung den Teilnehmern als lästig erscheinen, was u.U. zu einer geringeren Benutzerakzeptanz führt[66]. Daher sind Listen trotz der geringeren Sicherheit eine wichtige Alternative[67]. In Tab. 3.2 erfolgt eine Gegenüberstellung der Eigenschaften von Sperr- bzw. Positivlisten und einem Online-Statusabfragedienst.

Sperr- bzw. Positivlisten	Online-Statusabfragedienst
Relativ geringe Sicherheit, da die Daten u.U. nicht immer aktuell sind.	Relativ hohe Sicherheit, da die Daten immer aktuell sind.
Online-Zugriffe nicht immer notwendig.	Online-Zugriff immer notwendig.
Keine Unterscheidung zwischen „gültig“ und „nicht ausgestellt“ bei Sperrlisten (bei Positivlisten wird die Unterscheidung vorgenommen).	Zusätzlicher Sicherheitsgewinn möglich durch Unterscheidung zwischen „gültig“ und „nicht ausgestellt“.
Hoher Speicherplatzbedarf beim Teilnehmerrechner.	Geringer Speicherplatzbedarf beim Teilnehmerrechner.
Es liegen auch zuvor noch nicht benötigte Statusauskünfte vor. Wenn der Auskunftsdienst nicht verfügbar ist, so kann zumindest auf diese (nicht ganz aktuellen) Daten zurückgegriffen werden.	Es liegen keine zuvor noch nicht benötigten Statusauskünfte vor. Wenn der Auskunftsdienst nicht verfügbar ist, so besteht die Gefahr, dass auf jegliche Beglaubigungsträger-Status-Auskunft verzichtet wird, da andernfalls der gesamte Prozess aufgehalten wird.
Bei vielen benötigten Auskünften relativ zeitsparend und kostengünstig. Bei wenigen benötigten Auskünften relativ zeitaufwendig und teuer.	Bei vielen benötigten Auskünften relativ zeitaufwendig und teuer. Bei wenigen benötigten Auskünften relativ zeitsparend und kostengünstig.

Tab. 3.2: Gegenüberstellung der Eigenschaften von Sperr- bzw. Positivlisten und einem Online-Statusabfragedienst

66 Dieser Nachteil könnte in Zukunft entfallen, wenn permanente Online-Verbindungen zur Regel werden.

67 Hier besteht eine Parallele zur Abfrage von Sperrinformationen bzgl. Eurocheque-Karten. Peek & Cloppenburg hatte 1991 aus dem Kreditgewerbe die Sperrdatei der Eurocheque-Karten erhalten. Dadurch konnte das Unternehmen Karten akzeptieren, ohne hohe Kosten für Gebühren oder Rücküberweisungen zu haben. Dies war ein wichtiger Schritt in der Akzeptanz von Kartenzahlungen in Deutschland [vgl. Lacoste/Weber 1999, S. 150].

Unter bestimmten Umständen ist eine Wiederverwendung von bereits eingeholten Auskünften möglich [vgl. Berger/Giessler/Glöckner 1999, S. 56ff.]. Inwieweit dies der Fall ist, hängt in erster Linie von der Policy ab, die für die TSI gilt. In dieser Arbeit sind die Rückschlüsse herausgestellt worden, die aus einer in der Vergangenheit für den Zeitpunkt t_1 eingeholten Status-Information zum aktuellen Zeitpunkt bei erlaubter und nicht erlaubter rückwirkender Sperrung gezogen werden können[68] (vgl. Tab. 3.3).

Vorliegende Auskunft für Zeitpunkt t_1 (früher eingeholt)	**Kenntnis des Status für Zeitpunkt t_2 bei erlaubter rückwirkender Sperrung (zum aktuellen Zeitpunkt)**			**Kenntnis des Status für Zeitpunkt t_2 bei nicht erlaubter rückwirkender Sperrung (zum aktuellen Zeitpunkt)**		
	für $t_2 < t_1$	**für $t_2 = t_1$**	**für $t_2 > t_1$**	**für $t_2 < t_1$**	**für $t_2 = t_1$**	**für $t_2 > t_1$**
$stat(b,t_1)=$ *gültig*	$stat(b,t_2)=$?	$stat(b,t_2)=$?	$stat(b,t_2)=$?	$stat(b,t_2)=$ *gültig* ∨ *temporär gesperrt*	$stat(b,t_2)=$ *gültig*	$stat(b,t_2)=$?
$stat(b,t_1)=$ *temporär gesperrt*	$stat(b,t_2)=$?	$stat(b,t_2)=$ *temporär gesperrt* ∨ *widerrufen*	$stat(b,t_2)=$?	$stat(b,t_2)=$ *gültig* ∨ *temporär gesperrt*	$stat(b,t_2)=$ *temporär gesperrt*	$stat(b,t_2)=$?
$stat(b,t_1)=$ *widerrufen*	$stat(b,t_2)=$?	$stat(b,t_2)=$ *widerrufen*	$stat(b,t_2)=$ *widerrufen*	$stat(b,t_2)=$?	$stat(b,t_2)=$ *widerrufen*	$stat(b,t_2)=$ *widerrufen*

Tab. 3.3: Wiederverwendbarkeit von früher für den Zeitpunkt t_1 eingeholten Auskünften zum aktuellen Zeitpunkt bei erlaubter und nicht erlaubter rückwirkender Sperrung

3.4.4.3 *Policy-Auskunft*

Über die Leistung „Policy-Auskunft" wird einer Identität bei entsprechender Autorisierung eine Policy bereitgestellt. Im Rahmen der Basisleistungen müssen hier Policies bzgl. der TSI zur Verfügung gestellt werden, für die das Trustcenter Basis- bzw. Zusatzleistungen anbietet.

68 Beim deutschen SigG ist die rückwirkende Sperrung nicht zugelassen. Auch die temporäre Sperrung ist nicht erlaubt. Hier ist die Situation der Wiederverwendbarkeit verhältnismäßig günstig.

3.5 Referenzmodell für Zusatzleistungen

Ein Referenzmodell für Zusatzleistungen wird in Abb. 3.6 vorgeschlagen. Dort erfolgt eine Kategorisierung der Zusatzleistungen in die Gruppen „Zusätzliche Beglaubigungsleistungen", „Zusätzliche Auskunftsleistungen", „Treuhänderleistungen", „Versicherungsleistungen", „Gültigkeitsüberwachungs- und Gültigkeitsverlängerungsleistungen" sowie „Sonstige Zusatzleistungen". Diese Gruppen bzw. die in ihnen enthaltenen Leistungen werden im Folgenden näher erläutert.

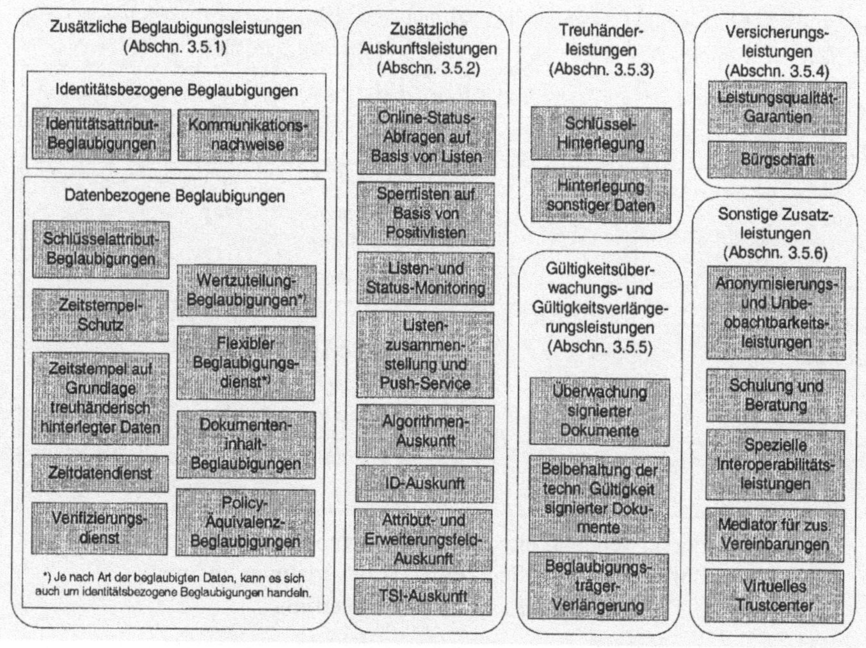

Abb. 3.6: Referenzmodell für Zusatzleistungen

3.5.1 Zusätzliche Beglaubigungsleistungen

3.5.1.1 Identitätsattribut-Beglaubigungen

In dieser Arbeit wird eine Identitätsattribut-Beglaubigung definiert als eine vom Trustcenter beglaubigte Verknüpfung einer Eigenschaft bzw. einer Attribut-Ausprägung mit einer Identität bzw. ihrer eindeutigen technischen Identitätskennung. Die Beglaubigungsaussage hat die Form „Das Attribut x hat bei der Identität mit der technischen Identitätskennung id die Ausprägung y". Die Angabe der Identität kann auch indirekt über die Angabe der Kennung eines Public-Key-

Zertifikats erfolgen[69]. Die Beglaubigungsaussage hat dann die Form „Das Attribut x hat bei der Identität, die Eigentümer des Public-Key-Zertifikats mit der Kennung k_{pkz} ist, die Ausprägung y “.

Für die Beglaubigung kommen sowohl unveränderliche als auch veränderliche Eigenschaften von Identitäten in Betracht. Handelt es sich um eine wechselnde Eigenschaft, so muss entweder dafür Sorge getragen werden, dass bei ihrer Änderung die Sperrung des Beglaubigungsträgers erfolgt, oder es muss in den Rahmenangaben des Beglaubigungsträgers eine Gültigkeitsdauer angegeben werden, die spätestens zu dem Zeitpunkt endet, an dem nicht mehr garantiert werden kann, dass die Eigenschaft noch unverändert vorhanden ist.

Zu den Eigenschaften, die im Rahmen dieser Leistung beglaubigt werden können, gehören:

- die Bonität einer Person oder eines Unternehmens;
- die Zugehörigkeit einer Person zu einer bestimmten Berufsgruppe;
- die Berechtigung einer Person zum Führen eines bestimmten Titels;
- die Befähigung einer Person zum Sprechen einer bestimmten Sprache.

Ein weiteres Beispiel für eine Identitätsattribut-Beglaubigung ist die Bestätigung, dass ein Akteur freiwillig mit seiner handschriftlichen Unterschrift zusätzliche Vereinbarungen bzgl. der von ihm erstellten digitalen Signaturen anerkannt hat[70]. Hierdurch hat ein Anwender die Möglichkeit, seine Vertrauenswürdigkeit zu steigern. Bspw. könnte ein Akteur auf Papier mit einer handschriftlichen Unterschrift zusichern, dass er für seine auf Grundlage einer bestimmten TSI erstellten digitalen Signaturen bis zu einem bestimmten Betrag haftet. Damit können einige sich aus unterschiedlicher und verändernder Signaturgesetzgebung ergebende Probleme gelöst werden. Eine solche freiwillige Anerkennung zusätzlicher Vereinbarungen führt jedoch nur dann zu dem gewünschten Vertrauensgewinn, wenn diese von den anderen Akteuren auch wahrgenommen und gewürdigt wird. Hiefür müssen entsprechende Normen definiert und allgemein bekannt gemacht werden.

Eine Identitätsattribut-Beglaubigungsaussage kann in einem Beglaubigungsträger, der das von vielen Normen unterstützte X.509v3-PKZ-Beglaubigungsträgerformat[71] verwendet, abgelegt werden. Ein solcher enthält jedoch immer auch eine Public-Key-Beglaubigungsaussage, was zu folgenden Nachteilen führt:

- Die Identitätsattribut-Beglaubigung muss die gleiche Gültigkeitsdauer haben wie die Public-Key-Beglaubigung. Dies ist oft problematisch, da z.B. be-

69 Die Kennung kann sich z.B. zusammensetzen aus einer Seriennummer des Zertifikats und der technischen Identitätskennung des ausstellenden Trustcenters (vgl. Unterpunkt „Seriennummer“ in Abschn. 5.4.1.1.2.1).

70 Vgl. Abschn. 3.5.6.4 sowie die Ausführungen zum „Service zur Haftungsverteilung für kompromittierte digitale Signaturen“ in Abschn. 3.5.1.8.

71 Vgl. Unterpunkt „ITU-T/X.509“ in Abschn. 5.3.2.

stimmte Berechtigungen nur für sehr kurze Zeit vergeben werden. [vgl. Nehl 1995, S. 265f.]

- Es muss immer der gesamte Beglaubigungsträger gesperrt werden. Es ist also nicht möglich, die Identitätsattribut-Beglaubigung zu sperren ohne gleichzeitig auch die Public-Key-Beglaubigung zu sperren (und umgekehrt).
- Die Identitätsattribut-Beglaubigung muss von dem gleichen Trustcenter erstellt werden, von dem auch die Public-Key-Beglaubigung erstellt wird. Dies ist in der Praxis problematisch, da nicht zu erwarten ist, dass ein Trustcenter alle benötigten Identitätsattribut-Beglaubigungen durchführen kann bzw. darf.
- Wenn im Rahmen einer TSI-Anwendung lediglich die Public-Key-Beglaubigung benötigt wird, so kann diese nicht ohne die Identitätsattribut-Beglaubigung geliefert werden [vgl. Nehl 1995, S. 265f.]. Dies beeinträchtigt den Datenschutz.

Aus diesen Gründen kann es zweckmäßig sein, die Identitätsattribut-Beglaubigung in einem gesonderten Beglaubigungsträger abzulegen. In diesem Fall wird der Beglaubigungsträger als Attributzertifikat bezeichnet [vgl. ITU-T-X.509 1997, S. 43]. Nachteilig an dem Konzept der Attributzertifikate ist, dass aufgrund der höheren Anzahl an Beglaubigungsträgern ein höherer Verwaltungsaufwand entsteht [vgl. Nehl 1995, S. 266]. Weiterhin ist zu beachten, dass eine Identität nur dann ein Attributzertifikat vorlegen wird, wenn sie daraus einen Vorteil zieht. Dies kann u.U. dazu führen, dass einer TSI-Anwendung bestimmte Einschränkungen nicht bekannt werden. Aus diesem Grund eignen sich Attributzertifikate vor allem dann, wenn ein negatives Sicherheitsmodell verwendet wird (d.h. „alles was nicht ausdrücklich erlaubt ist, ist verboten").

3.5.1.2 Kommunikationsnachweise

Kommunikationsnachweise dienen zur Verhinderung des nachträglichen Abstreitens einer tatsächlich stattgefundenen Kommunikation [vgl. Fumy 1999, S. (2.3-8)]. Bei Betrachtung eines Kommunikationsvorgangs zwischen einem Sender und einem Empfänger kann die Sicherstellung der Nichtabstreitbarkeit in folgenden Punkten gefordert werden [vgl. Herda 1995, S. 273, 282]:

- *Nichtabstreitbarkeit der Urheberschaft der Nachricht (Non-repudiation of origin)*: Der Sender soll nicht abstreiten können, dass er den Inhalt der Nachricht selber erstellt hat.
- *Nichtabstreitbarkeit der Sendung der Nachricht (Non-repudiation of sending)*: Der Sender soll nicht abstreiten können, dass er die Nachricht gesendet hat.
- *Nichtabstreitbarkeit des Empfangs der Nachrichten (Non-repudiation of receipt)*: Der Sender soll nicht abstreiten können, dass er die Nachricht empfangen hat.
- *Nichtabstreitbarkeit der Kenntnis (Non-repudiation of knowledge)*: Der Empfänger soll nicht abstreiten können, dass er von dem Inhalt der Nachricht Kenntnis genommen hat.

Zur Erfüllung dieser Forderungen müssen entsprechende Beweismittel erzeugt werden und an geeigneter Stelle abgelegt werden. Hier kann das Trustcenter als vertrauenswürdiger Mediator auftreten.

Im Rahmen der Auftragserteilung zur Weiterleitung einer Nachricht können vom Trustcenter für die Nichtabstreitbarkeit der Urheberschaft und der Sendung entsprechende signierte Bestätigungen vom Sender gefordert werden. Die Sicherstellung des Empfangs kann erzielt werden, indem die Nachricht zunächst auf einem Server abgelegt wird. Dem Adressaten wird dann lediglich die Aufforderung zum Abholen der nicht näher spezifizierten Daten zugestellt. Dabei kann er bspw. über das Challenge-Response-Verfahren [vgl. Rankl/Effing 1996, S. 269] authentifiziert werden. Zur Sicherstellung der Kenntnis kann vom Empfänger zusätzlich die signierte Bestätigung verlangt werden, dass er in der Lage ist, ein bestimmtes Format zu verarbeiten, und dass er die Nachricht öffnen wird. Möglich ist auch, dass die Nachrichteninhalte direkt auf einer Webseite angezeigt werden.

Es können auch Kommunikationsnachweise angeboten werden, die Nichtabstreitbarkeit für Tatbestände sicherstellen, die erst durch den Einsatz des Trustcenters als Nachrichtenübermittler entstehen [vgl. Herda 1995, S. 273]:

- *Nichtabstreitbarkeit der Entgegennahme (Non-repudiation of submission)*: Das Trustcenter soll nicht abstreiten können, dass es eine vom Sender übergebene Nachricht zum Zweck der Übermittlung an einen bestimmten Empfänger entgegengenommen hat[72];
- *Nichtabstreitbarkeit der Zustellung (Non-repudiation of transport)*: Das Trustcenter soll nicht abstreiten können, dass es eine bestimmte Nachricht an einen bestimmten Empfänger ausgeliefert hat.

Das Trustcenter kann die diesbezüglich relevanten Vorgänge grundsätzlich automatisiert protokollieren und die so entstehenden Aufzeichnungen, versehen mit einer Signatur, dem Sender oder einem anderen als Treuhänder agierenden Trustcenter zur Verfügung stellen. Im Streitfall können dann vom Trustcenter gemachte Fehler nicht nachträglich abgestritten werden. Es ist sinnvoll, die hierfür notwendige organisatorische und technische Infrastruktur von einer externen Stelle akkreditieren zu lassen.

3.5.1.3 Schlüsselattribut-Beglaubigungen

In dieser Arbeit wird eine Schlüsselattribut-Beglaubigung als eine vom Trustcenter beglaubigte Verknüpfung einer Eigenschaft bzw. einer Attribut-Ausprägung mit einem Schlüsselpaar definiert. Mit derartigen Beglaubigungen kann der Einsatzzweck von Public-Key-Zertifikaten bestimmt werden. Die Beglaubigungsaus-

72 Der Sender soll also nachweisen können, dass er die Übermittlung der Nachricht in Auftrag gegeben hat und ihn somit keine Schuld trifft, wenn der Kommunikationsvorgang nicht vollständig abgewickelt wird.

sage hat die Form „Das Attribut x hat bei dem durch den öffentlichen Schlüssel $ö$ indizierten Schlüsselpaar die Ausprägung y". Wie bei Identitätsattribut-Beglaubigungen kann die Angabe des Schlüsselpaars auch indirekt über die Angabe der Kennung eines Public-Key-Zertifikats erfolgen. Die Beglaubigungsaussage hat dann die Form „Das Attribut x hat bei dem Schlüsselpaar, das indiziert wird durch den in dem Public-Key-Zertifikat mit der Kennung k_{pkz} enthaltenen öffentlichen Schlüssel, die Ausprägung y".

Für die Beglaubigung kommen Eigenschaften in Betracht, die sich auf den Verwendungszweck des Schlüsselpaares beziehen. Beispiele hierfür sind:

- die Erlaubnis oder das Verbot der Verwendung des öffentlichen Schlüssels zur Verifikation von mit dem privaten Schlüssel erzeugten Signaturen;
- die Erlaubnis oder das Verbot der Verwendung des öffentlichen Schlüssels zum Verschlüsseln von Dokumenten;
- das Verbot der Verwendung des öffentlichen Schlüssels zur Verifikation von mit dem privaten Schlüssel signierten Aufträgen, die einen bestimmten Transaktionswert überschreiten.

Wie eine Identitätsattribut-Beglaubigungsaussage kann auch eine Schlüsselattribut-Beglaubigungsaussage in einem Beglaubigungsträger im X.509v3-PKZ-Format abgelegt werden, wobei die in Abschn. 3.5.1.1 diskutierten Punkte ebenfalls berücksichtigt werden müssen. Weniger kritisch ist an dieser Stelle jedoch die Problematik des Datenschutzes, da es lediglich um die Eigenschaften eines Schlüsselpaares und nicht um die einer Identität geht. Dennoch muss beachtet werden, dass eventuell aus den Schlüsselattribut-Beglaubigungsaussagen indirekt Rückschlüsse auf die Eigenschaften des Schlüsselpaar-Eigentümers gezogen werden können. Bspw. ist denkbar, dass die Begrenzung des Transaktionswerts für Aufträge, die mit dem privaten Schlüssel signiert werden dürfen, Rückschlüsse auf die Position einer Person in einem Unternehmen zulassen.

3.5.1.4 Zeitstempel-Schutz

Ein besonderes Problem ergibt sich bei der Kompromittierung eines privaten Schlüssels, der zur Generierung von Zeitstempeln verwendet wird. Sofern nicht alle erstellten Zeitstempel über die Funktion „Beglaubigungsträger-Speicherung" in dem Trustcenter abgelegt worden sind, wären in einem solchen Fall ohne zusätzliche Sicherheitsmaßnahmen nicht nur die nach dem Kompromittierungszeitpunkt erzeugten Zeitstempel unbrauchbar, sondern auch alle früher erstellten. Andere signierte Dokumente können vor dieser Rückwirkungs-Problematik bei Kompromittierung des zur Erstellung verwendeten privaten Schlüssels gerade durch einen Zeitstempel geschützt werden. Ein Zeitstempel hingegen kann nicht durch einen weiteren Zeitstempel gesichert werden, der mit dem gleichen privaten Schlüssel wie er selbst generiert worden ist. Aus diesem Grund wird an dieser Stelle die Leistung „Zeitstempel-Schutz" vorgeschlagen. Diese kann erbracht werden, indem der von einem Zeitstempeldienst erzeugte Beglaubigungsträger zu einem anderen Zeitstempeldienst übermittelt und dort mit einem anderen privaten Schlüssel zusammen mit der dann aktuellen Zeit signiert wird.

3.5.1.5 Zeitstempel auf Grundlage treuhänderisch hinterlegter Daten

Eine weitere in dieser Arbeit vorgeschlagene Leistung ist der „Zeitstempel auf Grundlage treuhänderisch hinterlegter Daten". Bietet das Trustcenter als Zusatzleistung die treuhänderische Hinterlegung von Daten an[73], so kann es die Integrität seit dem Eingangszeitpunkt der Daten bis zum aktuellen Zeitpunkt bestätigen. Dementsprechend ist es möglich, für diesen Zeitraum auch nachträglich Zeitstempel für die hinterlegten Daten zu erstellen. Diese Leistung ist insbesondere im Zusammenhang mit der Problematik des unerwarteten Ablaufs der technischen Gültigkeit von Beglaubigungsträgern und signierten Nachrichten relevant[74].

3.5.1.6 Zeitdatendienst

In [IETF-TSP 1998] ist die Möglichkeit der kontinuierlichen Beglaubigung zeitabhängiger Daten erwähnt worden. Diese Idee wird in diesem Abschnitt aufgegriffen und weiter konkretisiert. Als Aufgabe eines Zeitdatendiensts wird hier die einmalige oder kontinuierliche Erstellung von Zeitstempeln für zeitbezogene Daten definiert, wobei letztere vom Trustcenter beschafft und als Rahmenangaben in den Beglaubigungsträger mit aufzunehmen sind. Die Überprüfung der Qualität der Datenquelle obliegt dem Trustcenter. Die Beglaubigungsaussage hat generell die Form „Zum Zeitpunkt t gilt die zeitbezogene Aussage $aussage(t)$ ". Für diese Leistung können als zeitbezogene Daten z.B. Aktien- und Devisenkurse, Wetterdaten oder auch der unter einer bestimmten Webadresse übertragene Inhalt verwendet werden. Für den letztgenannten Vorschlag wird im Folgenden ein Anwendungsbeispiel gegeben.

Anwendungsbeispiel für einen Zeitdatendienst für übertragene Webseiten

Ein Händler veröffentlicht unter einer Webadresse im Internet seine allgemeinen Geschäftsbedingungen und verlangt, dass ein Kunde bei seiner Bestellung bestätigt, dass er diese gelesen und akzeptiert hat. Wenn der Kunde sich davor schützen möchte, dass der Händler die entsprechende Webseite später ändert, so kann er an den Zeitdatendienst für übertragene Webseiten des Trustcenters die Webadresse, unter der die allgemeinen Geschäftsbedingungen abgerufen werden können, übertragen. Das Trustcenter ruft die Seite auf und bestätigt, dass die gesendeten Daten zum aktuellen Zeitpunkt vom Trustcenter empfangen worden sind. Der so entstandene Beglaubigungsträger wird an den Kunden gesendet. Der Ablauf wird in Abb. 3.7 dargestellt.

---

[73] Vgl. Abschn. 3.5.3.2.

[74] Vgl. Abschn. 3.5.5.

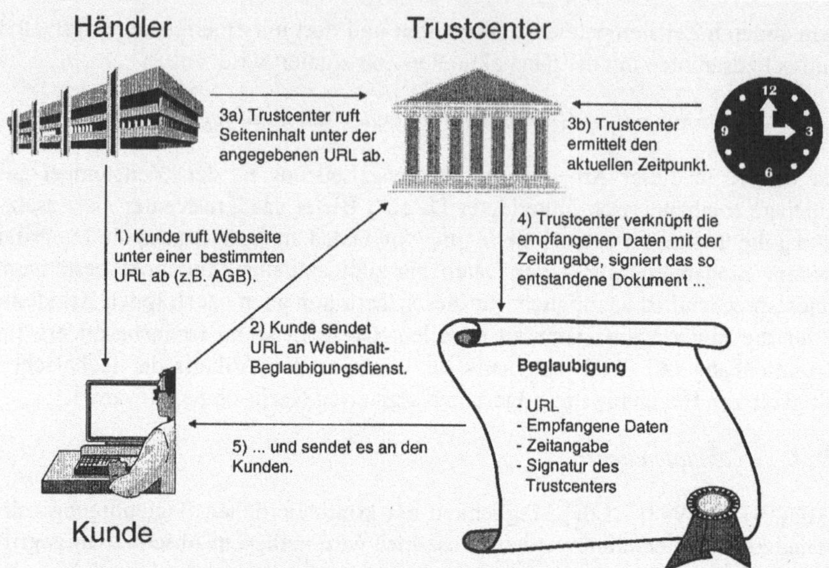

Abb. 3.7: Ablauf der Erbringung einer Leistung im Rahmen des Zeitdatendiensts für übertragene Webseiten

3.5.1.7 Nachrichten- und Beglaubigungsträger-Verifizierungsdienst

Im Rahmen des Verifizierungsdiensts übernimmt das Trustcenter die Gültigkeitsprüfung eines Beglaubigungsträgers oder einer signierten Nachricht und legt das Ergebnis in einem neu erstellten Beglaubigungsträger ab[75] [vgl. ValiCert 1999]. Die Beglaubigungsaussage hat die Form „Der Beglaubigungsträger b (bzw. die Nachricht n) ist zum Zeitpunkt t mit positivem Ergebnis (bzw. negativem Ergebnis bzw. keiner Aussage[76]) auf seine (bzw. ihre) Gültigkeit hin verifiziert worden".

Für die Verifikation einer signierten Nachricht muss diese nicht komplett an den Verifizierungsdienst geschickt werden. Es reicht aus, wenn der Hashwert gebildet, und zusammen mit dem Signaturblock (Signatur einschließlich Rahmenangaben) an den Verifizierungsdienst übermittelt wird. So kann unterbunden werden, dass es dem Trustcenter möglich ist, Kenntnis von dem Nachrichteninhalt zu nehmen.

Für die Überprüfung muss der Zertifizierungspfad korrekt aufgebaut werden und es sind die in diesem enthaltenen Public-Key-Zertifikate sowie ggf. zusätzliche Attributzertifikate und Zeitstempel zu verifizieren. Um aktuelle Statusinformatio-

---

[75] Eine derartige Leistung wird von ValiCert unter der Bezeichnung „Global VA Service" angeboten (vgl. http://www.valicert.com).

[76] Es kann bspw. dann keine Aussage gemacht werden, wenn die zur Prüfung benötigten Auskunftsdienste zum Verifikationszeitpunkt nicht verfügbar gewesen sind.

nen zu erhalten, sind u.U. eine Vielzahl von Trustcentern zu kontaktieren. Sofern keine Positivlisten verwendet werden, ist die Menge der zu übertragenden Daten üblicherweise unerheblich, nicht jedoch die Antwortzeiten [vgl. Berger/Giessler/Glöckner 1999, S. 56]. Ein Verifizierungsdienst, der auf Grundlage permanent aktualisierter Listen arbeitet bzw. sehr gute Infrastrukturanbindungen zu Online-Statusabfragediensten hat, kann daher einen erheblichen Vorteil hinsichtlich Zeitaufwand und Benutzerkomfort bieten.

An dieser Stelle wird angemerkt, dass nicht nur der Empfänger eines Beglaubigungsträgers bzw. einer signierten Nachricht den Verifizierungsdienst in Anspruch nehmen kann. Es ist auch denkbar, dass bereits der Sender die Gültigkeitsprüfung vornehmen lässt und den vom Verifizierungsdienst gelieferten Beglaubigungsträger zusätzlich an seinen Kommunikationspartner übermittelt. Dies entspricht der Forderung von Rivest [1998, S. 178ff.], der verlangt, dass nicht der das Überprüfungsergebnis benötigende Empfänger in die Pflicht genommen werden muss, sondern der den Überprüfungsprozess notwendig machende Sender. Hierbei ist jedoch zu beachten, dass im Moment des Erhalts der Dokumente durch den Empfänger seit der Verifizierung wieder eine gewisse Zeit vergangen ist. Somit ist bei dieser Variante die Aktualität des Verifizierungsergebnisses stets suboptimal.

3.5.1.8 Wertzuteilung-Beglaubigungen

Die Idee der in dieser Arbeit in allgemeiner Form definierten Wertzuteilung-Beglaubigung basiert auf dem weiter unten beschriebenen, von Baum-Waidner [1999, S. 208ff.] vorgeschlagenen speziellen Fall dieser Leistung.

Im Rahmen der Wertzuteilung-Beglaubigung wird von dem Trustcenter ein auf eine bestimmte Größe (z.B. Geldbetrag) bezogener Restwert für eine als Restwert-Eigentümer bezeichnete Identität verwaltet. Die Änderung des Restwerts erfolgt auf Grundlage von festgelegten Restwert-Änderungsregeln. Auf Anweisung des Restwert-Eigentümers kann einer anderen Identität ein Teil dieses Restwerts zugeteilt werden, sofern bestimmte Wertzuteilung-Bedingungen erfüllt werden. Die für die Wertzuteilung anzuwendenden syntaktischen und semantischen Regeln sind eindeutig zu definieren. Die Beglaubigungsaussage einer Wertzuteilung-Beglaubigung hat die Form „Auf Anweisung der Identität mit der Kennung $id_{Restwert-Eigentümer}$ wird der Identität mit der Kennung $id_{Wertzuteilung-Empfänger}$ für den Kontext k der Wert x zugeteilt. Diese Wertzuteilung erfolgt auf Grundlage der Regeln reg .“

Bei dem „Service zur Haftungsverteilung für kompromittierte digitale Signaturen“ handelt es sich um einen konkreten Fall einer Wertzuteilung-Beglaubigung. Dort erfolgt eine freiwillige transaktionsbezogene Haftungsübernahme bis zu einem bestimmten Schadensbetrag durch den Schlüsselinhaber. Die Motivation für eine solche Leistung resultiert aus dem Konflikt, der sich ergeben kann, wenn ein Signaturschlüsselinhaber zu Recht oder zu Unrecht bestreitet, einen mit seinem

Schlüssel signierten Auftrag an einen Empfänger tatsächlich erteilt zu haben. Für einen solchen Fall sind die drei folgenden grundsätzlichen Regelungen denkbar:

1) der Schlüsselinhaber ist bei tatsächlichem oder angeblichem Angriff immer haftbar;

2) der Schlüsselinhaber ist bei tatsächlichem oder angeblichem Angriff niemals haftbar;

3) der Schlüsselinhaber ist bei tatsächlichem oder angeblichem Angriff haftbar bis zu einem fixen Höchstbetrag, der für die Summe aller entstandenen Schäden gilt.

Die sich aus den Regelungen jeweils ergebenden Risiken sind entweder für den Schlüsselinhaber oder für den Empfänger stark unbefriedigend (vgl. Tab. 3.4).

Regelung	1) Schlüsselinhaber immer haftbar	2) Schlüsselinhaber niemals haftbar	3) Schlüsselinhaber haftbar bis zu bestimmtem fixen Höchstbetrag
Risiken für Schlüsselinhaber	haftbar ohne Limit auch als Opfer eines Angriffs (z.B. bestehend aus Hunderten von Transaktionen)	kein Haftungsrisiko	Haftungsrisiko im Falle einer Attacke bis zum Limit
Risiken für Signaturempfänger	kein Risiko (solange Schlüsselinhaber haftungsfähig bzw. zahlungsfähig ist)	volles Risiko für alle entgegengenommenen Transaktionen	sehr hohes Risiko, da das Limit des Schlüsselinhabers bereits überschritten sein könnte
Fazit	inakzeptabel für Schlüsselinhaber, jedoch sehr günstig für Signaturempfänger	sehr günstig für Schlüsselinhaber, jedoch inakzeptabel für Signaturempfänger	akzeptabel für Schlüsselinhaber, jedoch u.U. ungünstig für Empfänger

Tab. 3.4: Risiken für den Schlüsselinhaber und Signaturempfänger, die sich aus bestimmten Regelungen ergeben [vgl. Baum-Waidner 1999, S. 207] (eigene Darstellung)

Eine mögliche Lösung des Problems besteht darin, grundsätzlich die dritte Regelung zu verwenden mit der optionalen Möglichkeit der freiwilligen transaktionsbezogenen zusätzlichen Haftungsübernahme durch den Signaturschlüsselinhaber.

Die Definition der für diesen Fall zu erbringenden Wertzuteilung-Beglaubigung wird im Folgenden skizziert.

Der von dem Trustcenter verwaltete Restwert r gibt einen Betrag in vollen Euro an, der für die Vergabe von freiwilligen transaktionsbezogenen Haftungsübernahmen durch den Restwert-Eigentümer mit der Kennung $id_{Restwert-Eigentümer}$ derzeit maximal zur Verfügung steht.

Damit auf Anweisung des Restwert-Eigentümers einer anderen Identität mit der Kennung $id_{Wertzuteilung-Empfänger}$ ein Teil x des Restwerts zugewiesen werden kann, muss die Wertzuteilung-Bedingung $r \geq x$ erfüllt sein. Die in der Beglaubigungsaussage anzugebenden Regeln lauten:

„Der Kontext bezeichnet das Datum und die Uhrzeit der Transaktion in MEZ, wobei als Format ‚Tag:Monat:Jahr:Stunde:Minute:Sekunde' verwendet wird. Der zugeteilte Wert bezeichnet einen als ganze Zahl angegebenen vollen Betrag in Euro. Der Restwert-Eigentümer hat sich handschriftlich dazu verpflichtet, für zum im Kontext angegebenen Zeitpunkt mit seinem zu dem öffentlichen Schlüssel mit der Kennung $k_{ö}$ gehörenden privaten Signaturschlüssel signierte Aufträge an den Restwert-Empfänger bis zu dem zugeteilten Wert zu haften, für den Fall, dass der Restwert-Eigentümer bestreitet, die Signatur selbst durchgeführt zu haben. Der Signaturschlüsselinhaber hat ferner handschriftlich anerkannt, die elektronisch erteilte Anweisung zur Erteilung dieser Wertzuweisung nicht abstreiten zu können. Die entsprechende freiwillige, handschriftliche Anerkennung zusätzlicher Vereinbarungen ist in Form einer in dem Beglaubigungsträger mit der Kennung $k_{Beglaubigungsträger}$ abgelegten Identitätsattribut-Beglaubigung bestätigt worden."

In den Restwert-Änderungsregeln muss wenigstens gefordert werden, dass der Restwert nach einer Wertzuteilung x um diesen Betrag vermindert wird. Weitere Regeln sind für die Erhöhung des Restwerts notwendig. Denkbar ist z.B., dass der Restwert am Anfang eines Monats immer auf einen festen Betrag $r_{Monatsanfang}$ gesetzt wird.

3.5.1.9 Flexibler Beglaubigungsdienst

Aus Datenschutzgründen kann es aus Sicht eines Teilnehmers wünschenswert sein, einem Kommunikationspartner nicht mehr Informationen als gefordert zukommen zu lassen. Aus diesem Grund wird in dieser Arbeit die Zusatzleistung „Flexibler Beglaubigungsdienst" vorgeschlagen. Hierbei erfolgt auf Anweisung des Teilnehmers die Erstellung eines Beglaubigungsträgers, der eine Beglaubigungsaussage enthält, deren Richtigkeit durch einen dem Trustcenter bekannten, nicht erneut zu überprüfenden Sachverhalt impliziert wird. Die zu bestätigende Aussage kann dabei vom Teilnehmer wesentlich schwächer formuliert worden sein, als es der vorliegende Sachverhalt erlauben würde. Letzterer kann entweder vom Trustcenter zu einem früheren Zeitpunkt festgestellt und in einer Datenbank abgelegt worden sein, oder er wird vom Teilnehmer durch die Vorlage eines entsprechenden Beglaubigungsträgers nachgewiesen.

Ein Anwendungsbeispiel ist der Fall, dass der Teilnehmer gegenüber einem Kommunikationspartner nachweisen soll, dass er mindestens über ein Jahresbruttoeinkommen von 50.000 Euro verfügt. Das tatsächliche Bruttogehalt des Teilnehmers ist höher und wurde vom Trustcenter zu einem früheren Zeitpunkt in Form einer Identitätsattribut-Beglaubigung bestätigt. Der Teilnehmer möchte seinem Kommunikationspartner nicht sein tatsächliches Einkommen mitteilen.

Daher fordert er den flexiblen Beglaubigungsdienst auf, einen Beglaubigungsträger zu erstellen, der lediglich die Aussage enthält, dass das Jahresbruttoeinkommen wenigstens 50.000 Euro beträgt. Sofern die Information über das festgestellte tatsächliche Einkommen beim Trustcenter nicht vorliegt, schickt ihm der Teilnehmer die entsprechende Identitätsattribut-Beglaubigung.

3.5.1.10 Dokumenteninhalt-Beglaubigungen

Bei der hier vorgeschlagenen Zusatzleistung „Dokumenteninhalt-Beglaubigung" wird an das Trustcenter von der auftraggebenden Identität ein Dokument unter Angabe der für die Interpretation des Dokumenteninhalts zu verwendenden syntaktischen und semantischen Regeln übermittelt. Das Trustcenter überprüft den Dokumenteninhalt auf Grundlage der angegebenen Regeln auf seine Richtigkeit und erstellt bei positivem Ergebnis einen diesen Sachverhalt bestätigenden Beglaubigungsträger. Die Beglaubigungsaussage hat die Form „Der Inhalt des Dokuments d ist wahr gemäß der zugrundeliegenden Syntax syn und der zugrundeliegenden Semantik sem ".

3.5.1.11 Policy-Äquivalenz-Beglaubigung

Eine Policy-Äquivalenz-Beglaubigung stellt eine Beziehung zwischen zwei Policies her. Die Beglaubigungsaussage hat die Form „Die Policy pol_1 ist äquivalent zu der Policy pol_2 ". [vgl. ITU-T-X.509 1997, S. 27]

Derartige Beglaubigungen sind im Zusammenhang mit der Erstellung von den in Abschn. 3.4.1.1 beschriebenen Cross-Zertifikaten relevant. Sie werden benötigt, wenn die zu verknüpfenden Zertifizierungshierarchien mit unterschiedlichen Policies arbeiten.

3.5.2 Zusätzliche Auskunftsleistungen

3.5.2.1 Online-Statusabfragen auf Basis von Sperr- oder Positivlisten

Im Rahmen dieser Leistung ruft das Trustcenter permanent die neuesten Sperr- oder Positivlisten von anderen Trustcentern ab und bietet auf Grundlage der empfangenen Daten einen Online-Statusabfragedienst an [vgl. AGTC-ISIS 1999, S. 169]. Basiert der Dienst auf Sperrlisten, so kann keine Differenzierung zwischen dem Status „nicht ausgestellt" und „gültig" vorgenommen werden.

Ein solches Angebot ist insbesondere dann attraktiv, wenn ein Teilnehmer nur gelegentlich einzelne Beglaubigungsträger-Status-Auskünfte benötigt und die zeitaufwendige Aktualisierung von Sperr- bzw. Positivlisten vermieden werden soll.

3.5.2.2 Sperrlisten auf Basis von Positivlisten

Im Rahmen der in diesem Abschnitt vorgeschlagenen Leistung „Sperrlisten auf Basis von Positivlisten" ruft das Trustcenter permanent die neuesten Positivlisten von anderen Trustcentern ab und stellt auf Grundlage der empfangenen Daten Sperrlisten zur Verfügung. Ein Vorteil ergibt sich daraus, dass Sperrlisten wesentlich kleiner sind als Positivlisten, da i.d.R. nur ein sehr geringer Teil der Beglaubigungsträger gesperrt worden ist. Daraus resultiert eine erhebliche Zeit- bzw. Kostenersparnis beim Herunterladen der Listen. Nachteilig ist allerdings, dass die Differenzierung zwischen dem Status „nicht ausgestellt" und „gültig" und somit der in Abschn. 3.4.1.2.2.2 beschriebene Sicherheitsvorteil verloren geht.

3.5.2.3 Listen- und Status-Monitoring

Bei der an dieser Stelle vorgeschlagenen Leistung „Listen-Monitoring" kann der Teilnehmer ein bzgl. Sperr- oder Positivlisten relevantes Ereignis definieren, bei dessen Eintreten er eine entsprechende Mitteilung erhält. Denkbar ist bspw., dass dem Teilnehmer eine E-Mail zugestellt wird, wenn für eine oder mehrere von ihm genannte TSI neue Listen verfügbar sind.

Denkbar ist auch das Anbieten eines Status-Monitoring, bei dem vom Teilnehmer Kennungen von Beglaubigungsträgern angegeben werden können, deren Status-Informationen für ihn relevant sind. Ändert sich der Status eines dieser Beglaubigungsträger, so erhält der Teilnehmer eine entsprechende Nachricht. Diese Leistung ist dann sinnvoll, wenn der Teilnehmer größtenteils mit einem festen Kreis an Partnern kommuniziert.

3.5.2.4 Listen-Zusammenstellung und Push-Service

Um es dem Teilnehmer zu ersparen, dass dieser zur Aktualisierung seiner Listen eine Vielzahl von unterschiedlichen Trustcentern kontaktieren muss, wird in diesem Abschnitt die Leistung „Listen-Zusammenstellung" vorgeschlagen, welche diese Aufgabe übernimmt. Über diesen Dienst werden dem Teilnehmer stets die von ihm gewünschten aktuellen Listen an zentraler Stelle zum Herunterladen zur Verfügung gestellt. Möglich ist auch, dass die Listen nach den Vorgaben des Teilnehmers konvertiert und gefiltert werden. Hinsichtlich der Konvertierung kann bspw. die in Abschn. 3.5.2.2 vorgestellte Erstellung von Sperrlisten auf Basis von Positivlisten gewünscht sein. Ein möglicher Filter wäre, dass nur Statusinformationen von Public-Key-Zertifikaten von Teilnehmern eines bestimmten Landes gewünscht werden.

Diese Leistung kann durch einen Push-Service ergänzt werden, mit dem insbesondere auch der in Abschn. 3.5.2.1 beschriebene Online-Statusabfragedienst akteursintern mit guter Performance realisiert werden könnte [vgl. Berger/Giessler/Glöckner 1999, S. 59f.]. Verfügt bspw. ein Unternehmen oder eine staatliche Einrichtung über einen Rechner, der permanent online ist, so können an diesen aktiv die jeweils neuen Listen übermittelt werden. Auf Grundlage dieses Datenbestands kann der Rechner dann als Server für einen internen Online-Statusabfragedienst dienen. Hierdurch kann zum einen die Antwortzeit für Statusabfragen von Arbeitsplatzrechnern drastisch gesenkt werden, zum anderen kann Speicherplatz gespart werden, da auf den Arbeitsplatzrechnern keine Listen abgelegt werden müssen. Die Benutzung eines akteursinternen Online-Statusabfragedienstes kann grundsätzlich auch ohne einen vom Trustcenter angebotenen Push-Service realisiert werden. Dann müsste der Rechner jedoch permanent Anfragen an die Trustcenter stellen. Dies würde die Performance des Rechners massiv senken, was ungünstigere Antwortzeiten für interne Anfragen zur Folge hätte.

3.5.2.5 Algorithmen-Auskunft

Bei der in diesem Abschnitt vorgeschlagenen Leistung „Algorithmen-Auskunft" werden Auskünfte über die Sicherheit von Hash-, Signatur- und Verschlüsselungsalgorithmen erteilt. Ein solcher Auskunftsdienst ist sinnvoll, da sich die Sicherheit eines Algorithmus im Zeitverlauf stark ändern kann. Dies liegt zum einen an der steigenden verfügbaren Rechnerleistung[77] und zum anderen an Fortschritten im Bereich der Kryptoanalyse.

Die Beurteilung der Sicherheit eines Hashalgorithmus ist nicht nur bzgl. der Prüfung von Signaturen, sondern insbesondere auch im Zusammenhang mit Zeitstempeln wichtig. Ist von einem Benutzer ein mit einem schwachen Hashalgorithmus aus einem Dokument erzeugter Hashwert an einen Zeitstempeldienst geschickt worden, so gibt die mathematisch korrekte Verifikation des erstellten Zeitstempels keine Sicherheit, dass das zugrundeliegende Dokument nicht nachträglich geändert worden ist.

Für die Erbringung dieser Leistung müssen die einzelnen Algorithmen eindeutig bezeichnet werden können. Die Auskünfte sollten auf einer für die unterschiedlichen Benutzergruppen verständlichen Weise erteilt werden, d.h. die verschiedenen soziokulturellen Eigenschaften der Anfragenden sind zu berücksichtigen. Hier müssen u.U. auch unterschiedliche Sprachen beachtet werden. Generell kann, wie in der Situationsanalyse gezeigt, bei den meisten Akteuren nur eine geringe Sachkompetenz hinsichtlich asymmetrischer Kryptographieverfahren erwartet werden[78].

---

77 Hier ist auch zu berücksichtigen, dass durch das Internet neue organisatorische Möglichkeiten hinsichtlich der effizienten Nutzung der verfügbaren Rechnerleistung entstehen. So ist zum Beispiel denkbar, dass Hacker über das Internet die ihnen jeweils zur Verfügung stehende Rechnerleistung zum Brechen von Schlüsseln bündeln. Ein Beispiel für die Effektivität dieser verteilten Angriffe geben die beiden 1997 und 1998 durchgeführten sogenannten RSA-Challenges, bei denen jeweils ein DES-Schlüssel (56 Bit) zu finden war. Bei der ersten RSA-Challenge wurde die Verschlüsselung von der internationalen Angreifer-Gemeinschaft nach 90 Tagen, bei der zweiten nach 39 Tagen gebrochen [vgl. RSA 1998].

78 Vgl. Abschn. 2.3.

3.5.2.6 *ID-Auskunft*

Im Rahmen der an dieser Stelle vorgeschlagenen Leistung „ID-Auskunft" werden einer Identität bei entsprechender Autorisierung Informationen zu einer bestimmten technischen Identitätskennung bereitgestellt.

Denkbar sind bspw. Angaben zu Synonymen und Homonymen sowohl innerhalb einer TSI als auch TSI-übergreifend. Möglich ist auch die Bereitstellung der Ausprägungen der Prüfmerkmale und sonstiger Eigenschaften der Identität. Es ist offensichtlich, dass die Lieferung derartiger Informationen in hohem Ausmaß von Datenschutzbestimmungen betroffen ist.

Darüber hinaus ist es möglich, dass generelle Auskünfte über die Eigenschaften bestimmter ID-Formate oder bzgl. der Zuweisungskonventionen konkreter TSI erteilt werden.

3.5.2.7 *Attribut- und Erweiterungsfeld-Auskunft*

Im Rahmen der an dieser Stelle vorgeschlagenen Attribut- und Erweiterungsfeld-Auskunft werden TSI-übergreifend Informationen bzgl. in Beglaubigungsträgern und signierten Dokumenten verwendeter Attribute und Erweiterungsfelder[79] zur Verfügung gestellt. Ein solcher Auskunftsdienst ist sinnvoll, da in verschiedenen TSI eine Vielzahl derartiger Felder definiert werden, bei denen die Semantik für den Anwender nicht immer ersichtlich ist. Die Anfrage kann gestellt werden, indem der Teilnehmer unter Angabe des Feldes, über das er Informationen wünscht, den Beglaubigungsträger oder den Signaturblock der signierten Nachricht an den Auskunftsdienst sendet.

3.5.2.8 *TSI-Auskunft*

Bei der in diesem Abschnitt vorgeschlagenen Leistung „TSI-Auskunft" werden Auskünfte bzgl. der Eigenschaften existierender TSI erteilt. Diese Leistung ist z.B. hilfreich, wenn ein Akteur von einem Kommunikationspartner einen Beglaubigungsträger einer ihm nicht bekannten TSI erhalten hat. Für die Erbringung dieser Leistung müssen die einzelnen TSI eindeutig bezeichnet werden können. Dies kann sich als problematisch erweisen, da es keine übergeordnete Instanz gibt, die solche Kennungen vergibt und eine verbale Beschreibung, sofern sie überhaupt von dem Anfragenden geleistet werden kann, leicht zu Missverständnissen führt. Eine mögliche Lösung des Problems ist, dass der Anfragende einen Beglaubigungsträger der ihm nicht detailliert bekannten TSI an die TSI-Auskunft sendet. Auf Basis der in diesem enthaltenen Rahmenangaben kann die TSI evtl. identifiziert werden.

---

[79] Vgl. z.B. Unterpunkt „Private Erweiterungen zur Ablage von allgemeinen Rahmenangaben" in Abschn. 5.4.1.1.2.4 oder Unterpunkt „Mitsignierte Attribute" in Abschn. 5.4.2.3.

Auch bei diesem Auskunftsdienst sollten die Informationen auf eine für die unterschiedlichen Benutzergruppen verständliche Weise erteilt werden. Daher ist es günstig, wenn die Beschreibung der Eigenschaften der TSI stets in einer einheitlich strukturierten Form erfolgt. Hilfreich ist auch, wenn die Eigenschaften der dem Anwender unbekannten TSI den Eigenschaften einer ihm bekannten TSI gegenübergestellt werden. Weiterhin ist es möglich, dass einige Sicherheitsstufen fest definiert und dem Benutzer bekannt gemacht werden. Im Rahmen der TSI-Auskunft wird dem Anfragenden dann mitgeteilt, welche der ihm geläufigen Sicherheitsstufen von der jeweiligen TSI erreicht wird. Welsch [1999, S. (3.2-6)] empfiehlt, in einem für Endanwender erstellten Sicherheitsstufen-System nicht mehr als drei oder vier Ebenen zu verwenden, da andernfalls nicht genügend Transparenz gewährleistet werden kann. Weiterhin sollten die einzelnen Stufen aufeinander aufbauen und den Teilnehmern z.B. als Basis-, Medium und High-End-Sicherheitslösung dargestellt werden [vgl. Keus 2000, S. 79f.].

3.5.3 Treuhänderleistungen

3.5.3.1 Schlüsselhinterlegung

Im Rahmen der Schlüsselhinterlegung wird ein privater Schlüssel treuhänderisch vom Trustcenter außerhalb der PSE des Schlüsselinhabers aufbewahrt [vgl. Fox/Horster/Kraaibeek 1995, S. 5].

Sinnvoll ist diese Leistung insbesondere dann, wenn der öffentliche Schlüssel zur Datenverschlüsselung eingesetzt wird. Bei einem Verlust des privaten Schlüssels wäre eine Entschlüsselung nicht mehr möglich. Hiervor kann sich der Benutzer durch die Schlüsselhinterlegung schützen. Denkbar ist auch, dass ein Arbeitgeber von einem Mitarbeiter die Schlüsselhinterlegung fordert, um zu vermeiden, dass nach dessen Ausscheiden oder Tod, die von ihm generierten und verschlüsselten Daten, die Eigentum des Arbeitgebers sind, nicht mehr entschlüsselt werden können.

Die Schlüsselhinterlegung kann u.U. von einer staatlichen Stelle vorgeschrieben werden, damit Strafverfolgungsbehörden bei einem Verdacht der Nutzung der Kryptographie zu kriminellen Zwecken die Möglichkeit zur Entschlüsselung der Daten haben[80].

Wird ein privater Schlüssel zur Datensignierung verwendet, so ist der Verlust des Schlüssels, sofern er nicht von jemand anderen verwendet werden kann, weniger kritisch, da für die Überprüfung der Signatur lediglich der öffentliche Schlüssel benötigt wird und dieser i.d.R. innerhalb eines Public-Key-Zertifikats beim Auskunftsdienst und bei anderen Akteuren vorliegt. Der Benutzer müsste jedoch für künftige Signaturen einen neuen privaten Schlüssel einsetzen. Somit könnten die bei seinen Kommunikationspartnern eventuell bereits vorliegenden Public-Key-

---

80 Vgl. Abschn. 2.6.3.

Zertifikate für die Verifikation künftiger Signaturen nicht mehr verwendet werden, d.h. je nach Zeitpunkt der Signaturerstellung müssten zur Verifikation unterschiedliche Public-Key-Zertifikate benutzt werden. Um diese Unbequemlichkeit zu vermeiden, kann auch die Hinterlegung von privaten Signaturschlüsseln gewünscht sein.

Es ist möglich, die Gefahr des Missbrauchs des privaten Schlüssels zu mindern, indem mehrere Trustcenter derart eingesetzt werden, dass seine Wiederherstellung nur gemeinsam erfolgen kann. Es wäre z.B. denkbar, dass jedes Trustcenter nur einen Teil des Schlüssels aufbewahrt. Möglich ist auch, dass der bei einem Trustcenter zu hinterlegende private Schlüssel mit dem öffentlichen Schlüssel eines anderen Trustcenters verschlüsselt wird. Soll nur der Schlüsselinhaber die Möglichkeit zur Wiedergewinnung des Schlüssels haben, so kann dieser mit einem nur dem Teilnehmer bekannten symmetrischen Schlüssel verschlüsselt werden.

Auf jeden Fall muss sehr genau festgelegt werden, unter welchen Bedingungen Trustcenter Daten zur Wiedergewinnung von privaten Schlüsseln besitzen dürfen, in welchen Fällen sie diese freigeben müssen und wie diese Freigabe zu erfolgen hat.

3.5.3.2 Hinterlegung sonstiger Daten

Neben privaten Schlüsseln können auch andere Daten beim Trustcenter treuhänderisch hinterlegt werden [vgl. Fox/Horster/Kraaibeek 1995, S. 5f]. Hierzu gehören z.B. digital signierte Verträge und sonstige Geschäftsdokumente. Unternehmen, staatliche Einrichtungen und Privatpersonen haben so die Möglichkeit, sich vor den schwerwiegenden Folgen eines Datenverlusts zu schützen, der z.B. aus Diebstahl, Brand oder Naturkatastrophen resultieren kann. Insbesondere in Erdbebengebieten kann die mehrfach redundante Aufbewahrung wichtiger Daten an physisch weit voneinander entfernten Gebieten sinnvoll sein. Die im vorherigen Abschnitt beschriebenen Ansätze zur Minderung der Gefahr des Datenmissbrauchs können hier analog zum Einsatz kommen.

Werden die Eingangszeitpunkte der hinterlegten Daten protokolliert, so ist für letztere eine nachträgliche Erzeugung von Zeitstempeln möglich[81]. In diesem Zusammenhang kann die Hinterlegung signierter Dokumente auch zur Beibehaltung ihrer technischen Gültigkeit sinnvoll sein[82].

---

81 Vgl. Abschn. 3.5.1.5.

82 Vgl. Abschn. 3.5.5.2.

3.5.4 Versicherungsleistungen

3.5.4.1 Leistungsqualität-Garantien

Die Idee der hier in allgemeiner Form beschriebenen Leistungsqualität-Garantie basiert auf der unten erwähnten Identitätsgarantie. Durch die Vergabe einer Leistungsqualität-Garantie verpflichtet sich ein Trustcenter dazu, für Schäden zu haften, die auf bei der Leistungserstellung vom diesem gemachte Fehler zurückzuführen sind.

Ein Trustcenter kann u.U. über die einer TSI zugrundeliegenden Gesetze bei der Erbringung bestimmter Leistungen zu der impliziten Vergabe von Leistungsqualität-Garantien verpflichtet sein.

Beispiele für mögliche Leistungsqualität-Garantien sind:

- die Haftung des Trustcenters bis zu einer festgelegten Grenze für Schäden, die durch eine im Rahmen der Erstellung eines bestimmten Public-Key-Zertifikats fehlerhaft durchgeführte Identitätsfeststellung entstehen (Identitätsgarantie)[83];
- die Haftung des Trustcenters bis zu einer festgelegten Grenze für Schäden, die durch die Lieferung fehlerhafter Informationen von einem bestimmten Auskunftsdienst entstehen;
- die Haftung des Trustcenters bis zu einer festgelegten Grenze für Schäden, die durch die Nicht-Verfügbarkeit eines bestimmten Auskunftsdiensts entstehen.

Das Vorhandensein der für die Vergabe solcher Leistungsqualität-Garantien notwendigen Kapitaldecke oder eines adäquaten Versicherungsvertrags sollte von einer externen Stelle in regelmäßigen Abständen überprüft werden.

3.5.4.2 Bürgschaft

Über die an dieser Stelle vorgeschlagene Leistung „Bürgschaft" kann sich ein Akteur gegen die Folgen der möglichen Zahlungsunfähigkeit eines Geschäftspartners finanziell absichern. Für die Übernahme einer Bürgschaft erhält das Trustcenter einen Anteil des Transaktionswerts. Diese Leistung kann bspw. in Verbindung mit dem in Abschn. 3.5.1.8 beschriebenen „Service zur Haftungsbeschränkung für kompromittierte digitale Signaturen" erbracht werden. Für den jeweils zugeteilten Haftungsbetrag könnte das Trustcenter auf Wunsch des Empfängers die Bürgschaft übernehmen.

---

[83] Die Leistung „Identitätsgarantie" wurde von Identrus (früher Global Trust Organization) kreiert [vgl. Walch 1999, S. 147]. Hierbei handelt es sich um ein von international agierenden Banken gegründetes Unternehmen zum Aufbau und Betrieb einer TSI für Firmenkunden.

3.5.5 Gültigkeitsüberwachungs- und Gültigkeitsverlängerungsleistungen

Wie bereits erwähnt, kann in den Rahmenangaben eines Beglaubigungsträgers eine Gültigkeitsdauer angegeben werden. Diese wird in diesem Abschnitt als faktische Gültigkeitsdauer bezeichnet. Nach deren Ende gewährleistet das Trustcenter nicht mehr die Richtigkeit der Beglaubigungsaussage.

Von der faktischen Gültigkeitsdauer ist die technische Gültigkeitsdauer zu unterscheiden. Diese ist für alle signierten Dokumente, d.h. sowohl für Beglaubigungsträger als auch für signierte Nachrichten von Bedeutung. Die technische Gültigkeitsdauer ergibt sich aus der Sicherheit des zur Signatur verwendeten mathematischen Verfahrens in Relation zu dem Schutzbedarf der signierten Daten. Der Zeitpunkt, an dem die technische Gültigkeitsdauer abläuft, kann nur geschätzt werden, da neue Erkenntnisse in der Kryptoanalyse und die Entwicklung der Leistungsfähigkeit von Rechnern nicht sicher vorausgesagt werden können.

Die Notwendigkeit zur Überwachung der technischen Gültigkeit eines signierten Dokuments, ggf. auch weit über die faktische Gültigkeitsdauer hinaus, kann sich aus dem Wunsch eines Akteurs zur Aufrechterhaltung der Nachweisbarkeit eines Sachverhalts, oder auch aus rechtlichen Gründen (z.B. Aufbewahrungsfristen) ergeben.

3.5.5.1 Gültigkeitsüberwachung signierter Dokumente

Von vielen Trustcentern wird bereits die Zusatzleistung „Überwachung der faktischen Gültigkeitsdauer eines Beglaubigungsträgers“ angeboten. An den Benutzer wird eine Mitteilung geschickt, wenn die Zeitspanne zwischen dem Ablaufzeitpunkt des zu beobachtenden Beglaubigungsträgers und dem aktuellen Zeitpunkt kleiner als eine bestimmte Mindestdauer ist.

Bei der hier vorgeschlagenen Leistung „Überwachung der technischen Gültigkeitsdauer eines signierten Dokuments“ werden vom Trustcenter in kurzen, regelmäßigen Abständen Informationen bzgl. der Sicherheit des verwendeten mathematischen Signaturverfahrens eingeholt. Wird eine vom Trustcenter oder vom Benutzer festgelegte Sicherheitsforderung nicht mehr erfüllt, so erhält der Teilnehmer eine entsprechende Nachricht. Die Formulierung der Sicherheitsforderung sollte in einer für den Benutzer verständlichen Sprache erfolgen. Denkbar ist z.B. „Für die kommenden fünf Jahre soll gelten: Auf Grundlage der aktuellen Technologie benötigt eine kleine Angreifergruppe (16 High-End Rechner und Software) für das Brechen des Schlüssels durchschnittlich mindestens 10 Jahre“. Es bietet sich an, dass dem Benutzer eine Reihe von vordefinierten Sicherheitsforderungen zur Auswahl angeboten werden.

Um auf das zu überwachende Dokument Bezug nehmen zu können, muss eine eindeutige Referenznummer vereinbart werden. Zu diesem Zweck kann der sich durch Anwendung eines bestimmten Hashalgorithmus auf das Dokument ergebende Wert benutzt werden. Bei einem Beglaubigungsträger ist alternativ die Verwendung seiner Kennung möglich, sofern dieser über eine solche verfügt.

Zur Überwachung der technischen Gültigkeit benötigt das Trustcenter darüber hinaus Angaben zu dem verwendeten Signaturverfahren. Diese können auf unterschiedliche Weise erteilt werden:

- Befindet sich eine Angabe zu dem verwendeten Verfahren in dem Signaturblock und kann dieser von dem Dokument abgetrennt werden, so kann die benutzte Algorithmenkombination dem Trustcenter durch Übermittlung des Signaturblocks mitgeteilt werden.
- Befindet sich eine Angabe zu dem verwendeten Verfahren in den Rahmenangaben des zur Signaturprüfung zu benutzenden Public-Key-Zertifikats, so kann die benutzte Algorithmenkombination dem Trustcenter durch Übermittlung des Zertifikats mitgeteilt werden.
- Kennt der Teilnehmer die Kennung des verwendeten Verfahrens, so kann er diese dem Trustcenter auch direkt mitteilen.

3.5.5.2 Beibehaltung der technischen Gültigkeit signierter Dokumente

Für die Beibehaltung der technischen Gültigkeit signierter Dokumente werden im Folgenden zwei Alternativen vorgestellt. Die Eignung der jeweiligen Alternative in einem konkreten Fall hängt im Wesentlichen davon ab, ob eine Treuhänderleistung verwendet werden kann bzw. ob die Nachricht dem Trustcenter bekannt gemacht werden darf.

Bei der ersten Alternative wird keine Treuhänderleistung verwendet und das Dokument wird dem Trustcenter nicht bekannt gemacht. Der Benutzer legt eine Zeitstempelkette nach folgendem Verfahren an [vgl. Bertsch/Rannenberg/Bunz 1999, S. 46f.]:

1) Das signierte Dokument wird mit einem Zeitstempel versehen, bevor es technisch ungültig wird (Verwendung der Leistungen „Gültigkeitsüberwachung" und „Zeitstempel").
2) Das signierte Dokument und alle bisher dazu erteilten Zeitstempel werden zusammen mit einem neuen Zeitstempel versehen, bevor der zuletzt erteilte Zeitstempel technisch ungültig wird (Verwendung der Leistungen „Gültigkeitsüberwachung" und „Zeitstempel").

Die Überprüfung der Gültigkeit des signierten Dokuments auf Grundlage einer erzeugten Zeitstempelkette $(ts_1, ts_2, \ldots, ts_n)$ läuft wie folgt ab:

1) Es wird geprüft, ob der zuletzt erzeugte Zeitstempel ts_n gültig ist (Verwendung der Leistung „Algorithmen-Auskunft").
2) Es wird geprüft, ob für alle $i \in [1, n-1]$ der Zeitstempel ts_i zum Zeitpunkt der Erstellung von ts_{i+1} gültig gewesen ist (Verwendung der Leistung „Algorithmen-Auskunft").

3) Es wird geprüft, ob zum Zeitpunkt der Erstellung von ts_1 die zur Erzeugung der digitalen Signatur des Dokuments verwendete Algorithmenkombination gültig gewesen ist (Verwendung der Leistung „Algorithmen-Auskunft").

Ein Nachteil des beschriebenen Verfahrens ist, dass der Zeitpunkt des Ablaufs der technischen Gültigkeit eines Zeitstempels nicht sicher im voraus bestimmt werden kann. Weiterhin besteht die Gefahr, dass ein Zeitstempelschlüssel kompromittiert wird.

Bei der zweiten Alternative wird das Dokument dem Trustcenter bekannt gemacht und es wird die Treuhänder-Leistung „Hinterlegung sonstiger Daten" verwendet. Ferner wird die in dieser Arbeit vorgeschlagene Leistung „Erstellung von Zeitstempeln auf Grundlage treuhänderisch hinterlegter Daten" benutzt. Zur Beibehaltung der technischen Gültigkeit eines signierten Dokuments ist hier lediglich notwendig, dass dieses beim Trustcenter vor Ablauf seiner technischen Gültigkeit treuhänderisch hinterlegt wird. Da ab dem Hinterlegungszeitpunkt rückwirkend Zeitstempel erzeugt werden können, kann zu jedem Zeitpunkt eine die technische Gültigkeit des Dokuments nachweisende Zeitstempelkette in der oben beschriebenen Form vom Trustcenter erzeugt werden. Die bei der ersten Alternative genannten Nachteile sind hier nicht vorhanden.

Zur Überprüfung der Gültigkeit der digitalen Signatur des Dokuments werden die im jeweiligen Zertifizierungspfad enthaltenen Public-Key-Zertifikate und ggf. weitere Beglaubigungsträger benötigt. Daher muss auch bei diesen auf die Beibehaltung der technischen und ggf. auch der faktischen Gültigkeit geachtet werden[84].

3.5.5.3 Beglaubigungsträger-Verlängerung

Bei der Beglaubigungsträger-Verlängerung erfolgt eine Modifikation des ursprünglichen Beglaubigungsträgers. Diesbezüglich besteht zum einen die in der Praxis verwendete Möglichkeit der Übernahme der Beglaubigungsaussage in einen neu zu erstellenden Beglaubigungsträger und zum anderen die hier vorgestellte alternative Möglichkeit der Nachsignierung:

- *Übernahme der Beglaubigungsaussage in einen neu zu erstellenden Beglaubigungsträger*: Hier wird die Beglaubigungsaussage in einen neuen Beglaubigungsträger eingefügt und signiert. Dabei kann in die Rahmenangaben ein neues faktisches Ablaufdatum eingetragen werden. Soll die technische Gültigkeitsdauer verlängert werden, so ist ein Signaturverfahren zu benutzen, dessen erwartete technische Gültigkeitsdauer das ursprünglich erwartete technische Ablaufdatum einschließt.
- *Nachsignierung des Beglaubigungsträgers*: Bei dieser Variante wird der gesamte bereits vorliegende Beglaubigungsträger erneut signiert. Auch hier kann

84 Ob die Beibehaltung der faktischen Gültigkeit notwendig ist, hängt von dem verwendeten Gültigkeitsmodell ab (vgl. Abschn. 5.4.4.4).

zur Verlängerung der technischen Gültigkeitsdauer ein sichereres Signaturverfahren als das ursprüngliche verwendet werden. Zur Verlängerung der faktischen Gültigkeitsdauer wird vor der Signaturerstellung der Beglaubigungsträger um einen Vermerk mit dem neuen Ablaufzeitpunkt ergänzt. Diese Art der Verlängerung eines Beglaubigungsträgers ist nur sinnvoll, wenn sie durch das Beglaubigungsträgerformat vorgesehen ist[85], da andernfalls TSI-Anwendungen den nachsignierten Beglaubigungsträger nicht korrekt interpretieren können.

3.5.6 Sonstige Zusatzleistungen

3.5.6.1 Anonymisierungs- und Unbeobachtbarkeitsleistungen

Es ist denkbar, dass Trustcenter die Erbringung von „Anonymisierungs- und Unbeobachtbarkeitsleistungen" in ihr Leistungsprogramm aufnehmen. Durch derartige Angebote könnte ermöglicht werden, dass Sender und/oder Empfänger von Nachrichten voneinander anonym bleiben, und Unbeteiligte nicht in der Lage sind, sie zu beobachten.

Viele der zur Realisierung dieser Ziele geeigneten Protokolle basieren auf dem von Chaum [1981] definierten MIX-Verfahren[86]. Hier wird von einem Zwischenknoten eine Vielzahl von Datenpaketen gesammelt und so verändert wieder ausgegeben, dass ein Außenstehender einen Bezug von einem Eingangspaket zu einem Ausgangspaket nicht bzw. nur mit sehr großem Aufwand herstellen kann. Bspw. ist denkbar, dass die Datenpakete erst weitergeleitet werden, sobald mindestens x verschiedene Pakete von mindestens y verschiedenen Absendern für mindestens z verschiedene Empfänger vorliegen. Der Betrieb kann synchron oder asynchron erfolgen. Während im synchronen Fall jeder Teilnehmer in jedem Taktzyklus eine (Schein-)Nachricht sendet, erfolgt im asynchronen Fall keine Taktung. Bei letzterer Variante muss der Dienst zur Vermeidung von größeren Zeitverzögerungen stets genügend Teilnehmer haben.

Für den Betrieb des Zwischenknotens wird eine vertrauenswürdige Instanz benötigt. Hier bietet sich der Einsatz eines Trustcenters an.

Damit die Adressinformationen der vom Sender abgeschickten Pakete nicht eingesehen werden können, sind sie mit dem öffentlichen Schlüssel des Trustcenters zu verschlüsseln. Weiterhin sollte dafür Sorge getragen werden, dass kein Bezug von den Eingangs- zu den Ausgangspaketen über deren Struktur hergestellt werden kann. Hierzu müssen vom Trustcenter sowohl die Bitmuster als auch die Längen der Nachrichten modifiziert werden. Die jeweiligen Datenpakete könnten hierfür in mehrere kleinere Pakete aufgeteilt bzw. mit einer zufälligen Anzahl von Füllbits

---

[85] Dies ist jedoch bei den gängigen Formaten nicht der Fall.

[86] Eine Klassifizierung von Verfahren zur Erzielung von Anonymität und Unbeobachtbarkeit erfolgt in [Kesdogan/Büschkes 1999, S. 322ff.].

erweitert und mit dem öffentlichen Schlüssel des Empfängers verschlüsselt werden[87].

3.5.6.2 *Schulung und Beratung*

Wie in der Situationsanalyse gezeigt, bestehen bei den Akteuren erhebliche Probleme auf soziokultureller Ebene hinsichtlich des Umgangs mit TC-Technologien[88]. Diesbezüglich kann über das Anbieten von Schulungsleistungen Hilfestellung gegeben werden.

Weiterhin ist die Beratung der Akteure bzgl. der Einsatzmöglichkeiten von TC-Leistungen und der damit verbundenen Chancen und Risiken sinnvoll. Dies betrifft insbesondere Unternehmen und staatliche Einrichtungen. In diesem Zusammenhang ist auch das Angebot der Erstellung von umfassenden Sicherheitskonzepten denkbar.

3.5.6.3 *Spezielle Interoperabilitätsleistungen*

Die Entstehung von Interoperabilitätsproblemen ist sowohl innerhalb einer TSI als auch zwischen verschiedenen TSI möglich. Zu deren Lösung können bspw. der Verifizierungsdienst, die Algorithmen-, ID- und TSI-Auskunft, die Bereitstellung eines Online-Statusabfrage-Diensts auf Basis von Listen oder die Bereitstellung von Sperrlisten auf Basis von Positivlisten beitragen. Im Rahmen der in dieser Arbeit als „spezielle Interoperabilitätsleistungen" bezeichneten Dienste, werden die o.g. Leistungen und evtl. zusätzliche Format- oder Verfahrenskonvertierungen genau auf die Lösung konkreter Interoperabilitätsprobleme zugeschnitten[89].

3.5.6.4 *Mediator für zusätzliche Vereinbarungen*

Eine Reihe von rechtlichen Problemen, die bei der elektronischen Abwicklung von Prozessen entstehen, können durch gesonderte, handschriftlich unterzeichnete zusätzliche Vereinbarungen überwunden werden. Es ist bspw. denkbar, dass der Ersatz der handschriftlichen Unterschrift durch die digitale Signatur erst mit einer entsprechenden Einverständniserklärung eines Akteurs realisiert werden kann[90]. Die Bereitstellung der notwendigen Infrastruktur für die Erstellung, Verwaltung und Nutzung derartiger zusätzlicher Vereinbarungen kann vom Trustcenter über-

---

87 Bei größeren Nachrichten ist aus Gründen der Performance der Einsatz des in Abschn. 1.1.1.2 beschriebenen Hybrid-Verfahrens zu empfehlen.

88 Vgl. Abschn. 2.3.

89 Vgl. hierzu die ausführlichen Abhandlungen zum Thema „Interoperabilität" in Kap. 5.

90 An dieser Stelle ist jedoch anzumerken, dass unter bestimmten Umständen auch durch solche zusätzlichen Vereinbarungen der Ersatz der handschriftlichen Unterschrift nicht möglich ist (z.B. wenn die Schriftform zwingend vorgeschrieben ist).

nommen werden. Diese Leistung wird hier als „Mediator für zusätzliche Vereinbarungen“ bezeichnet.

3.5.6.5 Virtuelles Trustcenter

Die Leistung „virtuelles Trustcenter“ ermöglicht es einer Organisation, TC-Leistungen unter eigenem Namen anzubieten ohne diese selbst zu erbringen[91]. Dies kann z.B. für ein Unternehmen aus politischen oder ökonomischen Gründen interessant sein.

[91] Eine derartige Leistung wird bspw. von Signtrust unter der Bezeichnung „SignTrust Platform“ angeboten (vgl. http://www.signtrust.de).

4 Eigenschaften von Trust-Service-Infrastrukturen

„In einem sich stets ändernden Umfeld überleben diejenigen Organismen, welche die passendste Variation entwickeln.“
Charles Darwin

Da TSI die Basis für die zu erstellenden Anwendungen bilden, ist die Fähigkeit zur Beurteilung ihrer Eigenschaften von herausragender Bedeutung. Zu diesem Zweck werden in diesem Kapitel Kriterien zur Bestimmung des Charakters einer TSI vorgeschlagen. Darüber hinaus erfolgt die Betrachtung einer Reihe weiterer Aspekte, die mit den Eigenschaften von TSI in Zusammenhang stehen. Insbesondere wird die These aufgestellt, dass auch in Zukunft eine Vielzahl verschiedener TSI mit jeweils unterschiedlichen Eigenschaften nebeneinander existieren werden. Für diese Behauptung werden Gründe genannt.

4.1 Kriterien zur Bestimmung des Charakters einer TSI

Die in diesem Abschnitt definierten Kriterien zur Bestimmung des Charakters einer TSI umfassen ihren Einsatzzweck, ihren Leistungsumfang, ihre Reichweite sowie ihre soziokulturellen, ökonomischen, technischen, rechtlichen, politischen und organisatorischen Eigenschaften.

Einsatzzweck

In Abb. 4.1 wird ein Modell zur Strukturierung der Einsatzzwecke von TSI vorgeschlagen. Der Einsatzzweck einer TSI bestimmt sich dort aus der Kombination der von ihr zu erreichenden Ziele und den Kommunikationsebenen, auf denen diese realisiert werden sollen.

Die mit einer TSI technisch realisierbaren Schutzziele bzw. Sicherheitsanforderungen werden in Tab. 4.1 aufgeführt. Dort sind die in Abschn. 1.1.1.1 genannten klassischen Schutzziele der Kommunikation weiter differenziert bzw. ergänzt

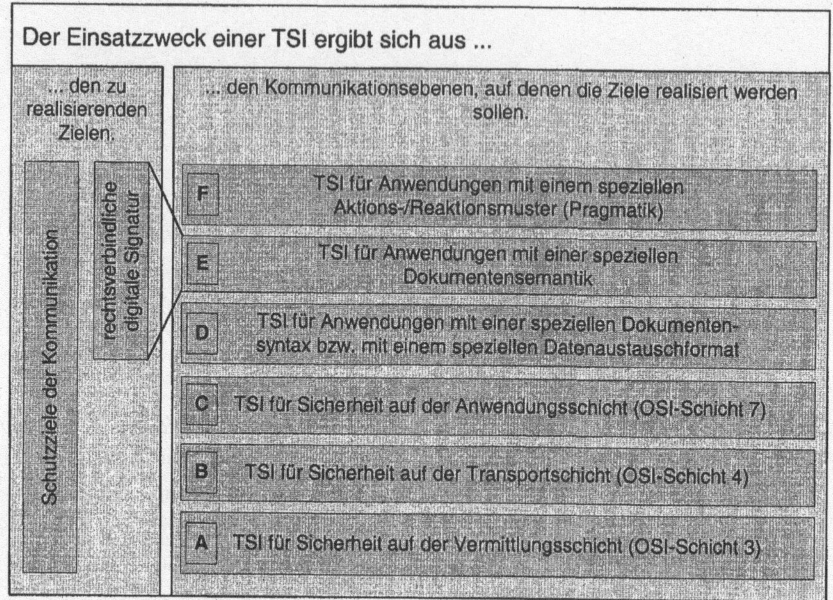

Abb. 4.1: Modell zur Strukturierung der Einsatzzwecke von TSI

worden [vgl. Federrath/Pfitzmann 2000, S. 12; Wolf 1999, S. 36]. Wird die Forderung nach Vertraulichkeit nicht auf die Kommunikationsinhalte, sondern auf die Kommunikationsumstände bezogen, so ergeben sich die Forderungen nach Anonymität und Unbeobachtbarkeit[92]. An die Stelle des Schutzziels „Authentizität" tritt das weiter gefasste Schutzziel „Zurechenbarkeit". Letzteres beinhaltet neben dem Anspruch auf die Möglichkeit zur Feststellung der Herkunft bzw. Urheberschaft von Daten, auch die in Abschn. 3.5.1.2 genannten, durch Kommunikationsnachweise erfüllbaren weiteren Forderungen der Nicht-Abstreitbarkeit.

Darüber hinaus kann auf Grundlage einer TSI ein rechtlich gleichwertiger elektronischer Ersatz der handschriftlichen Unterschrift verwirklicht werden. Dieses Ziel ist anders als die rein technisch realisierbaren Sicherheitsanforderungen nur über die Schaffung geeigneter rechtlicher Rahmenbedingungen zu erreichen.

Die o.g. Ziele können z.T. auf unterschiedlichen Kommunikationsebenen erfüllt werden. Grundlage für die in dem Modell enthaltenen Ebenen bilden die im OSI(Open System Interconnection)-Referenzmodell [vgl. Tanenbaum 1997, S. 44ff.] oberhalb der Bitübertragungs- und Sicherungsschicht (OSI-Schichten 1 und 2) liegenden Schichten.

Die Vermittlungsschicht (OSI-Schicht 3, Kommunikationsebene A) ist für die Adressierung der Daten und die Übersetzung logischer Adressen in ihr physisches

92 Diese Schutzziele können mit den in Abschn. 3.5.6.1 beschriebenen Anonymisierungs- und Unbeobachtbarkeitsleistungen realisiert werden.

Schutzziele bzgl. der Kommunikationsinhalte	Schutzziele bzgl. der Kommunikationsumstände
Vertraulichkeit Ausschließlich die Kommunikationspartner dürfen die Kommunikationsinhalte erfahren	Anonymität Die Identität muss vor dem Kommunikationspartner verborgen werden Unbeobachtbarkeit Ausschließlich die Kommunikationspartner dürfen die Kommunikationsumstände erfahren
Integrität Kommunikationsinhalte sollen nicht unbemerkt verändert werden können	Zurechenbarkeit Kommunikationsumstände sollen nachweisbar geschehen

Tab. 4.1: Schutzziele für die Kommunikation [vgl. Federrath/Pfitzmann 2000, S. 12; Wolf 1999, S. 36] (eigene Darstellung)

Gegenstück zuständig [vgl. Microsoft 1996, S. 174]. Aufgabe der Transportschicht (OSI-Schicht 4, Kommunikationsebene B) ist die Übertragung von Datenpaketen in der richtigen Reihenfolge ohne Verluste und Duplikate. Hier werden lange Nachrichten in Pakete unterteilt und beim Empfänger wieder zusammengefasst [vgl. Microsoft 1996, S. 173]. Die Anwendungsschicht (OSI-Schicht 7, Kommunikationsebene C) dient der direkten Unterstützung von Anwendungen durch die Bereitstellung von Netzwerkdiensten (z.B. Dateitransfer) [vgl. Microsoft 1996, S. 172]. Im Internet kommen die OSI-Schichten 5 und 6 nicht zum Einsatz [vgl. Tanenbaum 1997, S. 52] und werden daher in dem Modell nicht berücksichtigt.

Kubicek und Reimers [1996] schlagen eine Erweiterung des OSI-Referenzmodells vor, da in diesem auch auf der sogenannten Anwendungsschicht keine Anwendungen im inhaltlichen Sinne wie bspw. eine Rechnungsabwicklung oder eine Reisereservierung verortet werden können. Diese Erweiterung umfasst die Schichten „anwendungsbezogene Syntax“ (Kommunikationsebene D), „anwendungsbezogene Semantik“ (Kommunikationsebene E)[93] und „anwendungsbezogene Pragmatik“ (Kommunikationsebene F). Die anwendungsbezogene Syntax bezieht sich auf das verwendete Datenaustauschformat, die anwendungsbezogene Semantik auf die anzuwendenden Interpretationsmuster. Die anwendungsbezogene Pragmatik beschreibt Regeln bzgl. der Abfolge von durchzuführenden Aktionen. Die in dieser Arbeit verwendete Klassifizierung solcher Aktionen zeigt Tab. 4.2.

93 Das Ziel der rechtsverbindlichen digitalen Signatur kann nur auf dieser Ebene realisiert werden.

Aktion:	Aufforderung zur Ausführung einer Aktion an den Empfänger der Nachricht	Informationstransfer	Wertetransfer	Bestätigung über den Transfer eines Werts oder einer Information
Beispiele:	Anfrage, Antrag, Auftrag, Bestellung	Angebot, Ankündigung, Auskunft	Ware, Geld, Scheck, Gutschein, Erlaubnis, Verpflichtung	Quittung, Bestätigung

Tab. 4.2: Klassifizierung von Aktionen [vgl. Wolf 1999, S. 35] (eigene Darstellung)

Nachfolgend werden einige Beispiele hinsichtlich der Zuordnung von TSI zu den verschiedenen Kommunikationsebenen gegeben:

- Eine zur Realisierung des vertraulichen Schlüsselaustauschs für IPSec (Secure Internet Protocol)[94] über das Verfahren SKIP (Simple Key-Management for Internet Protocols) [IETF-SKIP 1996] aufgebaute TSI ist der Ebene A zuzuordnen.
- Eine zur Realisierung der vertraulichen Kommunikation über das Protokoll SSL (Secure Socket Layer) [Freier/Karlton/Kocher 1996] aufgebaute TSI ist der Ebene B zuzuordnen.
- Eine zur Realisierung der vertraulichen Kommunikation über das Protokoll SHTTP (Secure Hypertext Transfer Protocol) [IETF-SHTTP 1998] aufgebaute TSI, ist der Ebene C zuzuordnen.
- Eine zur Realisierung des Austauschs von signierten XML(eXtensible Markup Language)-Dokumenten [W3C 2000] aufgebaute TSI, ist der Ebene D zuzuordnen.
- Eine zur Realisierung des Zahlverfahrens SET (Secure Electronic Transaction) [SETCO 1999] aufgebaute TSI ist den Ebenen D, E und F zuzuordnen, wobei auf Ebene D als konkretes Datenformat die SET-Nachrichtensyntax, auf Ebene E die SET-Nachrichtensemantik (z.B. Zahlungsanweisung) und auf Ebene F die SET-Pragmatik (z.B. Ablauf des Zahlvorgangs) verwendet wird.

Leistungsumfang

Der Leistungsumfang einer TSI ergibt sich aus der Gesamtheit der für diese von Trustcentern angebotenen Basis- und Zusatzleistungen bzw. deren Eigenschaften. Diesbezüglich sind sowohl qualitative (z.B. hinsichtlich der Überprüfung bestimmter Beglaubigungsaussagen) als auch quantitative (z.B. Leistungskapazität) Aspekte von Bedeutung.

---

94 IPSec besteht aus einer Vielzahl von Normen, die unter http://www.ietf.org/html.charters/ipsec-charter.html abgerufen werden können.

Reichweite

In Bezug auf die Reichweite einer TSI ist relevant, wie viele tatsächliche und wie viele potenzielle Teilnehmer[95] sie zählt und aus welchen Regionen diese kommen. Die Zahl der potenziellen Teilnehmer kann bspw. dadurch stark beschränkt sein, dass aus organisatorischen Gründen, z.B. wegen der Notwendigkeit des persönlichen Erscheinens im Rahmen der Registrierung bzw. Identitätsfeststellung, die Zielgruppe auf bestimmte Städte oder Länder beschränkt wird.

Soziokulturelle Eigenschaften

Die soziokulturellen Eigenschaften einer TSI leiten sich aus den soziokulturellen Eigenschaften der Teilnehmer ab[96]. Relevante Fragen beziehen sich insbesondere auf die Grundhaltung der TSI-Teilnehmer gegenüber der Verwendung von TC-Technologien und ihrer Fähigkeit zur Erlernung neuer Handlungsformen.

Ökonomische Eigenschaften

In Bezug auf die ökonomischen Eigenschaften einer TSI sind insbesondere die wirtschaftlichen Intentionen und Situationen der an ihr beteiligten Leistungsanbieter und Akteure relevant. Bspw. ist zu unterscheiden, ob die TC-Leistungen für die TSI ausschließlich von Unternehmen mit Gewinnstreben oder auch von gemeinnützigen Einrichtungen (z.B. zu Forschungszwecken) erbracht werden. Konkret stellt sich die Frage nach den für die angebotenen TC-Leistungen geforderten Preisen[97]. Weiterhin ist von Interesse, welchen Nutzen die Akteure aus der Teilnahme an der TSI ziehen[98] und wie hoch ihre Zahlungsbereitschaft ist[99]. In diesem Zusammenhang ist zu berücksichtigen, dass es sich bei einer TSI um ein Systemgut handelt, bei dem positive Netzwerkexternalitäten bestehen, d.h. mit jedem zusätzlich an der TSI partizipierenden Akteur steigt der Nutzen für jeden einzelnen der Teilnehmer[100] [vgl. Katz/Shapiro 1985, S. 424].

Technische Eigenschaften

Die technischen Eigenschaften einer TSI ergeben sich aus den in ihr verwendeten Datenformaten, Protokollen, Verfahren und Komponenten, bzw. aus den Normen, auf denen diese basieren[101]. Die technischen Eigenschaften sind insbesondere im Hinblick auf die Sicherstellung der reibungslosen Kommunikation zwischen den an der TSI partizipierenden Trustcentern und Akteuren relevant. Diesbezüglich ist von Interesse, wie gut die Forderung nach klaren und eindeutigen Schnittstellen

---

95 Vgl. Abschn. 1.1.2.1.

96 Vgl. Abschn. 2.3.

97 Vgl. Abschn. 2.4.2.

98 Vgl. Abschn. 2.2.

99 Vgl. Abschn. 2.4.3.

100 Vgl. Abschn. 6.3.3.

101 Vgl. Kap. 5, insbesondere Abschn. 5.2.

erfüllt wird. Es stellt sich konkret die Frage nach der Interoperabilität zu anderen TSI.

Rechtliche Eigenschaften

Die rechtlichen Eigenschaften einer TSI ergeben sich aus den für sie geltenden rechtlichen Rahmenbedingungen[102]. Von Bedeutung sind insbesondere die Rechtsfolgen, die an den Einsatz der bereitgestellten Leistungen gekoppelt sind, wobei speziell die Frage nach der Rechtswirkung der digitalen Signatur zu stellen ist. Weiterhin ist von Interesse, welche Partei im Schadensfall in welcher Höhe haftet, welche rechtlichen Einschränkungen hinsichtlich des Geltungs- und Einsatzbereichs der Leistungen existieren, welche Aufklärungspflichten seitens der Leistungsanbieter vorhanden sind, welche Auflagen es bzgl. des Datenschutzes gibt und ob eine Verpflichtung oder ein Verbot bzgl. der Hinterlegung privater Schlüssel besteht.

Politische Eigenschaften

Hinsichtlich der politischen Eigenschaften stellt sich die Frage, welche politischen Gruppen Einfluss auf die Eigenschaften der TSI nehmen und welche Ziele sie verfolgen. Eine politische Gruppe kann bspw. durch einzelne oder mehrere Akteure, durch Trustcenter, durch Zulieferer der Trustcenter, durch Normungsorganisationen oder durch den Staat gebildet werden.

Organisatorische Eigenschaften

Zu den organisatorischen Eigenschaften einer TSI gehört die Struktur und die Form der Zusammenarbeit der Trustcenter bzw. ihrer organisatorischen Einheiten. Im Fokus stehen die zur Leistungserbringung durchgeführten organisationseinheitenübergreifenden Abläufe.

Jedes Trustcenter kann aus einer oder aus mehreren organisatorischen Einheiten bestehen. Diese werden bspw. in [ETSI-ESF 2000, S. 12] wie folgt differenziert:

- Eine „Registration Authority" übernimmt die Registrierung von Identitäten.
- Eine „Certification Authority" erstellt Public-Key-Zertifikate.
- Eine „Attribute Authority" erstellt Attributzertifikate.
- Eine „Timestamping Authority" erstellt Zeitstempel.
- Eine „Repository Authority" erbringt Auskunftsleistungen.

Grundsätzlich führt die technische und räumliche Trennung einzelner organisatorischer Einheiten zur Senkung der Verletzlichkeit des Gesamtsystems. Entsprechend wird aus Sicherheitsgründen eine solche Trennung häufig empfohlen [vgl. Nehl 1995, S. 263; Berger et al. 1999, S. 56].

Ein konkretes Beispiel für einen hinsichtlich der organisatorischen Eigenschaften relevanten Aspekt betrifft die Sicherstellung der Verwendung einer einheitlichen

---

[102] Vgl. Abschn. 2.6.

Referenzzeit [vgl. Herda 1995, S. 282]. Sie ist insbesondere im Zusammenhang mit der Erstellung und Überprüfung von Zeitstempeln relevant. Als weiteres Beispiel kann die Fragestellung angeführt werden, wie im Fall der Sperrung eines Beglaubigungsträgers gewährleistet wird, dass alle für diesen zuständigen Auskunftsdienste zeitnah die entsprechende Information erhalten.

Ein anderer in Bezug auf die organisatorischen Eigenschaften relevanter Bereich betrifft das verwendete Trust-Modell. Hier ist zwischen dem hierarchischen Modell, dem Netzwerk-Modell und dem Hybrid-Modell zu unterscheiden. Diese drei Typen werden im Folgenden erläutert.

Beim **hierarchischen Modell** sind die Trustcenter in einer Baumstruktur hierarchisch angeordnet. Das an oberster Stelle stehende Trustcenter wird als Root-Trustcenter bezeichnet. Es erstellt ein sogenanntes Selbstzertifikat, indem es seinen eigenen öffentlichen Schlüssel beglaubigt. Ein Trustcenter, das einem anderen Trustcenter innerhalb der Baumstruktur direkt übergeordnet ist, kann für dieses Public-Key-Zertifikate ausstellen. Zu diesem Zweck prüft es die Policy[103] des untergeordneten Trustcenters, d.h. es fungiert als PCA (Policy Certification Authority). Die auf niedrigster Hierarchieebene angeordneten und evtl. auch die übergeordneten Trustcenter stellen Public-Key-Zertifikate für die Akteure bzw. TSI-Teilnehmer aus. Zur Überprüfung eines Teilnehmer-Zertifikats wird der Zertifizierungspfad vom Trustcenter, welches diesen ausgestellt hat, bis hin zum Root-Trustcenter verifiziert. Als Sicherheitsanker dient der öffentliche Schlüssel bzw. das Selbstzertifikat des Root-Trustcenters, das jedem Teilnehmer bekannt sein muss[104]. [vgl. Schmeh 1998, S. 159ff.]

An dem hierarchischen Modell ist ungünstig, dass die in der realen Welt vorliegenden Vertrauensbeziehungen oft keiner hierarchischen Struktur entsprechen. Das gilt insbesondere im Hinblick auf Vertrauensbeziehungen zwischen einzelnen Nationen. Weiterhin ist problematisch, dass ein enormes Risiko in der möglichen Kompromittierung des privaten Schlüssels des Root-Trustcenters besteht. Ein solcher Fall würde alle Zertifizierungspfade betreffen.

Beim **Netzwerk-Modell** stehen die Trustcenter nicht in einer hierarchischen Beziehung zueinander, d.h. die Trustcenter sind voneinander vollkommen unabhängig. Sie können sich gegenseitig Public-Key-Zertifikate ausstellen, so dass ein Netzwerk aus Vertrauensbeziehungen entsteht. Jedes der Trustcenter kann auch Zertifikate für Teilnehmer anfertigen. Als Sicherheitsanker verwendet ein konkreter Teilnehmer Selbstzertifikate von Trustcentern, die er als vertrauenswürdig erachtet. Zur Überprüfung eines Teilnehmer-Zertifikats muss der Pfad von dem

---

103 Vgl. Abschn. 4.3.

104 Beim deutschen Signaturgesetz wird ein zweistufiges hierarchisches Trust-Modell verwendet.

Trustcenter, das dieses ausgestellt hat, bis hin zu dem Trustcenter, dessen Zertifikat als Sicherheitsanker dient, verifiziert werden[105]. [vgl. Schmeh 1998, S. 159ff.]

An dem Netzwerk-Modell ist ungünstig, dass unterschiedliche Teilnehmer unterschiedliche Sicherheitsanker verwenden können. Daher ist der für die Überprüfung zu verwendende Zertifizierungspfad nicht eindeutig, sondern abhängig vom verifizierenden Teilnehmer. Hierdurch können Inkonsistenzen entstehen. Es kann auch vorkommen, dass einigen Teilnehmern aufgrund der ihnen zur Verfügung stehenden Sicherheitsanker die Bildung eines geeigneten Zertifizierungspfads nicht möglich ist und sie daher keine Aussage über die Gültigkeit eines Beglaubigungsträgers bzw. einer signierten Nachricht treffen können. Problematisch ist weiterhin, dass die Überprüfung der Sicherheitsrichtlinien durch eine übergeordnete Instanz, wie sie beim hierarchischen Modell durch das Root-Trustcenter gegeben ist, beim Netzwerk-Modell nicht erfolgt. Die Qualität der einzelnen Vertrauensbeziehungen lässt sich entsprechend nur schwer beurteilen. Aus diesen Gründen ist das Netzwerk-Modell für Anwendungen, die nicht der Kategorie „User-to-User"[106] zuzuordnen sind, als ungeeignet zu bewerten.

Das hierarchische Modell und das Netzwerk-Modell können auch zu einem **Hybrid-Modell** verbunden werden. Bei diesem Kompromiss wird von einer oder mehreren voneinander unabhängigen, nach dem hierarchischen Modell aufgebauten Zertifizierungshierarchien ausgegangen. Einigen Trustcentern ist es bei diesem Ansatz erlaubt, für andere Trustcenter, unabhängig von ihrer hierarchischen Stellung, Zertifikate auszustellen. Die durch diese Cross-Zertifikate[107] entstehenden Vertrauensbeziehungen können von Teilnehmern für den Aufbau eines Zertifizierungspfads bis hin zu einem Sicherheitsanker verwendet werden. [vgl. Schmeh 1998, S. 159ff.]

Erfolgt durch die Erstellung von Cross-Zertifikaten eine Verknüpfung voneinander unabhängiger Zertifizierungshierarchien, die auf unterschiedlichen Policies basieren, so entstehen hier evtl. Probleme bzgl. der Kompatibilität von letzteren [vgl. Gritzalis/Lekkas/Moulinos 1998, S. 22f.]. Weiterhin ist auch bei diesem Ansatz der für die Verifikation zu verwendende Zertifizierungspfad nicht immer eindeutig bestimmt, was zu Inkonsistenzen bzgl. des Überprüfungsergebnisses führen kann. Grundsätzlich ist jedoch das Hybrid-Modell im Hinblick auf den Aufbau und Betrieb länderübergreifender TSI-Anwendungen ein geeigneter Kompromiss zwischen den beiden erstgenannten Trust-Modellen.

---

105 Bei Phil Zimmermanns populären Softwarepaket PGP (Pretty Good Privacy) wird eine spezielle Form des Netzwerk-Modells verwendet, bei dem jeder Teilnehmer sein eigenes „Quasi-Trustcenter" betreibt. Das Netzwerk aus Vertrauensbeziehungen wird dort „Web of Trust" genannt.

106 Vgl. Abschn. 2.2.

107 Vgl. Abschn. 3.4.1.1.

4.2 Dynamik des Charakters einer TSI

Aufgrund sich ändernder Umweltbedingungen verhalten sich die Ausprägungen der oben beschriebenen, den Charakter einer TSI bestimmenden Kriterien oft sehr dynamisch. Es stellt sich die Frage, wie stark die Auswirkungen von sich ändernden Umweltbedingungen auf eine konkrete TSI sind. In diesem Zusammenhang ist von Interesse, ob sich die TSI durch eine gute Anpassungsfähigkeit auszeichnet (hier spielen insbesondere die politischen Eigenschaften ein Rolle). Im Folgenden werden exemplarisch mögliche Ursachen für die Änderung des Charakters einer TSI genannt:

- Eine *Änderung des Einsatzzwecks* einer TSI kann sich z.B. daraus ergeben, dass die Akteure die Realisierung des Schutzziels „Unbeobachtbarkeit" für notwendig erachten und dieser Forderung erstmals Rechnung getragen wird.
- Eine *Änderung des Leistungsumfangs* einer TSI kann z.B. aus dem Wunsch der Akteure nach der Bereitstellung von Schlüsseln auf Basis elliptischer Kurven mit zugehörigen Public-Key-Zertifikaten resultieren, sofern dieser Wunsch erfüllt wird.
- Eine *Änderung der Reichweite* einer TSI kann z.B. die Folge davon sein, dass ein Trustcenter wegen veränderter rechtlicher Rahmenbedingungen in einem bestimmten Land, für dieses erstmals seine Leistungen bereitstellt.
- Eine Änderung der *soziokulturellen Eigenschaften* einer TSI kann sich z.B. aus geänderten gesellschaftlichen Grundhaltungen ergeben. Ein Beispiel hierfür wäre, dass sich unter dem Slogan „Elitegesellschaft verhindern" Vorbehalte gegenüber der Informationsgesellschaft auftun und sich ein Trend gegen die Verwendung neuer Technologien einstellt [vgl. Hillebrand/Büllingen 2000, S. 83]. Als Beispiel für eine die generelle Qualifikation der Teilnehmer betreffende Veränderung lässt sich der erhöhte Einsatz staatlicher Maßnahmen zur Förderung der Kompetenz der Bürger im Umgang mit Informations- und Kommunikationstechnologien nennen.
- Eine Änderung der *ökonomischen Eigenschaften* einer TSI kann z.B. daraus resultieren, dass sich wegen eines erhöhten Wettbewerbsdrucks niedrigere Preise für TC-Leistungen erzielen lassen als bisher.
- Eine Änderung der *technischen Eigenschaften* einer TSI kann z.B. die Folge davon sein, dass aufgrund der Verabschiedung eines neuen Standards oder einer Weiterentwicklung der Chipkartentechnik bestimmte technische Anpassungen für notwendig erachtet werden.
- Eine Änderung der *rechtlichen Eigenschaften* einer TSI kann sich z.B. aus neu verabschiedeten Gesetzen bzgl. der Notwendigkeit zur Erfüllung der Schriftform bei bestimmten Geschäftsvorfällen ergeben.

- Eine Änderung der *politischen Eigenschaften* einer TSI kann z.B. aus einer Schwächung der Machtposition des Staates im Hinblick auf die Kontrolle der bereitgestellten TC-Leistungen resultieren.
- Eine Änderung der *organisatorischen Eigenschaften* einer TSI kann sich z.B. aus der Notwendigkeit der erstmaligen Cross-Zertifizierung eines Trustcenters mit einem daraus resultierenden Wechsel vom rein hierarchischen Trust-Modell zum Hybrid-Modell ergeben.

Mit zunehmender Dynamik des Charakters einer TSI erhöhen sich die Anforderungen an das Trustcenter hinsichtlich der Flexibilität bei der Erstellung von Basis- und Zusatzleistungen. Auch die Erstellung und Pflege von TSI-Anwendungen wird mit steigender TSI-Dynamik schwieriger, da die Anwendungen auf die Eigenschaften der zugrundeliegenden TSI zugeschnitten werden müssen. Dementsprechend ist eine permanente Beobachtung der TSI-Eigenschaften unerlässlich. Es sollten stets mögliche Umwelt-Szenarien erstellt, die Auswirkungen auf die jeweiligen TSI abgeleitet und geeignete Handlungsalternativen definiert werden.

4.3 Policies

Damit sich die Akteure ein Bild von der Vertrauenswürdigkeit der innerhalb einer TSI verwendeten Leistungen machen können, sind die diesbezüglich relevanten Merkmale in einer TSI-Policy festzuhalten. Ein Trustcenter, das Leistungen für eine bestimmte TSI anbieten möchte, muss hierfür eine zu der entsprechenden TSI-Policy konforme TC-Policy veröffentlichen und anwenden[108]. Die TC-Policy kann als juristische Grundlage für den Fall eines Rechtsstreits dienen. Bei der Festlegung von Policies sind nicht ausschließlich, aber insbesondere technische, rechtliche und organisatorische Aspekte zu berücksichtigen:

> *„[A policy is] a statement of the practices which a certifier employs in issuing certificates generally, or employed in issuing a particular certificate. [...] It may include a technical standard, rules of professional conduct or practice, laws applicable to the certifier, or a brand or a mark representing other rules with which the certifier complies.“ [ICC-GUIDEC 1997, Abschn. (VI/3)]*

Damit ein Teilnehmer den gewünschten Nutzen aus einer Policy ziehen kann, sollte sie auf der einen Seite so ausführlich sein, dass keine wesentlichen Punkte ausgelassen werden, auf der anderen Seite sollte sie aber auch nicht zu umfang-

[108] Die Konformität ist dann gegeben, wenn die Erfüllung der Forderungen der TC-Policy die Erfüllung der Forderungen der TSI-Policy impliziert. Eine TC-Policy kann zu mehreren TSI-Policies konform sein und u.U. auch selbst als Definition einer TSI-Policy aufgefasst werden.

reich und detailliert sein, damit sie nicht zu sehr an Übersichtlichkeit verliert[109] [vgl. Fox/Horster/Kraaibeek 1995, S. 2; Camphausen et al. 2000, S. 15].

4.4 Akkreditierung von Trustcentern

Vom Gesetzgeber kann zum Schutz der Teilnehmer einer bestimmten TSI vorgeschrieben werden, dass ein Trustcenter seine Systeme und Verfahren zur Erstellung von TC-Leistungen hinsichtlich der Einhaltung der in der TSI-Policy gestellten Forderungen akkreditieren lassen muss. Ob ein solcher Zwang als notwendig erachtet wird, hängt in erster Linie davon ab, welche Rechtsfolgen an die auf Grundlage der TSI erstellten digitalen Signaturen gebunden sind. Die Entwicklungen in der EU auf dem Weg zur Signaturrichtlinie[110] haben deutlich gemacht, dass es von vielen Experten als höchst problematisch angesehen wird, die unbegrenzt im Rechtsverkehr einsetzbare digitale Signatur ausschließlich durch Haftungsregelungen ohne zusätzliche Akkreditierungspflicht abzusichern [vgl. Belke 2000, S. 75]. Schließlich können nur solche Trustcenter tatsächlich haftbar gemacht werden, die es noch gibt und die noch zahlungsfähig sind.

Sofern nicht vom Gesetzgeber vorgeschrieben, stellt sich für ein Trustcenter die Frage, ob es seine Systeme und Verfahren zur Erstellung von TC-Leistungen hinsichtlich der Einhaltung der in einer bestimmten TSI-Policy gestellten Forderungen freiwillig akkreditieren lassen soll. Möglich ist auch die Bescheinigung des Einsatzes von über die gesetzlichen Auflagen hinausgehenden Sicherheitsmaßnahmen. Den Kosten für eine Akkreditierung stehen eine Reihe von Vorteilen gegenüber:

- Es ist zu erwarten, dass von den Kunden des Trustcenters die Akkreditierung als eine Art Gütesiegel wahrgenommen wird. Hierdurch kann Vertrauen in das Trustcenter, in die TSI und auch in die auf diese basierenden Anwendungen aufgebaut werden. 61% der in Deutschland agierenden Unternehmen im Bereich IT-Sicherheit beurteilen die Bedeutung der Zertifizierung von Produkten für den Markterfolg als generell sehr wichtig [vgl. Büllingen/Hillebrand/Stamm 2000, S. 89].
- Im Schadensfall kann eine Akkreditierung das Trustcenter vor hohen Regressforderungen schützen, da es nachweisen kann, dass eine fachkundige neutrale Institution die Einhaltung der Sicherheitsvorgaben bestätigt hat. Weiterhin kann die Problematik etlicher nachträglicher Einzelfallklärungen der

109 Ein Beispiel für diese Problematik liefert die Policy von VeriSign [1997]. In dem über 100 Seiten umfassenden Dokument werden detailliert alle Aspekte der Erbringung von TC-Leistungen durch das Unternehmen und der damit verbundenen Haftung beschrieben. Dies erfüllt zwar den Zweck der juristischen Absicherung, es ist jedoch kaum zu erwarten, dass ein Teilnehmer die Policy vollständig zur Kenntnis nehmen wird.

110 Vgl. Abschn. 2.6.2.1.

technischen Sicherheit vor Gericht, wie im Bereich „Fax“ seit 10 Jahren bekannt, vermieden werden [vgl. Schwemmer 2000, S. 72].

- Es ist zu erwarten, dass eine Akkreditierung zu niedrigeren Prämien für die eventuell beteiligten Haftpflichtversicherungsträger führt [vgl. Schwemmer 2000, S. 72].

Die objektive Beurteilung eines Sicherheitsniveaus erfolgt auf Grundlage von IT-Sicherheitskriterien, die Schemata zur Bewertung von Sicherheitsvorkehrungen in IT-Systemen beschreiben und zusammen mit zugehörigen Evaluationshandbüchern deren transparente Prüfung ermöglichen.

In den achtziger Jahren erarbeitete das amerikanische Verteidigungsministerium allgemein verbindliche Vorgaben für Computersicherheit, die als TCSEC (Trusted Computer Systems Evaluation Criteria)[111] publiziert wurden. In Europa sind zunächst von den einzelnen Nationen jeweils verschiedene Kriterien definiert und verwendet worden[112]. Als problematisch hat sich die gegenseitige Anerkennung von Evaluationsergebnissen erwiesen. Daher ist als Ziel eine Angleichung der Kriterien festgelegt worden. Ein hierfür wesentlicher Schritt ist die Erstellung der ITSEC (Information Technology Security Evaluation Criteria) gewesen, die im Jahr 1991 von der Europäischen Kommission publiziert worden sind. Sie bauen wie alle anderen bedeutenden Evaluationskriterien auf den TCSEC auf. [vgl. van Essen 1998, S. 41f.]

Die ITSEC stellen einen heute noch häufig angewendeten Bewertungsstandard für IT-Sicherheit in Europa und insbesondere in Deutschland dar [vgl. van Essen/Ruhrmann 2000, S. 5].

Ein weiterer wesentlicher Schritt zur weltweiten Angleichung der Bewertungskriterien ist die Erarbeitung der CC (Common Criteria) gewesen, die in der ersten Version 1996 und in der zweiten Version 1998 veröffentlicht wurden. Sie sind in Zusammenarbeit der europäischen Länder Deutschland, Frankreich, Großbritannien und der Niederlande mit Vertretern aus Kanada und den USA entstanden. Als Grundlage haben die von den Beteiligten bereits verwendeten Kriterien gedient, d.h. die europäischen ITSEC, die US-amerikanischen TCSEC und die kanadischen CTCPEC (Canadian Trusted Computer Product Evaluation Criteria). [vgl. van Essen 1998, S. 41f.]

Grundlage der Prüfungen nach CC sind wie bei ITSEC hierarchische Vertrauenswürdigkeitsstufen[113]. Mit steigender Vertrauenswürdigkeitsstufe nimmt die Prüftiefe zu. Dabei wird nicht allein die Konstruktion der Komponenten und die Wirksamkeit der angebotenen Sicherheitsfunktionalitäten untersucht. Es werden bspw. auch Anforderungen an die Gestaltung des Entwicklungsprozesses (z.B. verwendete Werkzeuge, Sicherheit in der Entwicklungsumgebung, Durchführung von Tests usw.), an das Auslieferungsverfahren der Komponenten, an den Ablauf der

---

111 Diese sind auch unter der Bezeichnung „Orange Book“ bekannt.

112 In Deutschland kamen die sogenannten „IT-Sicherheitskriterien“ zum Einsatz.

113 Diese werden bei CC als EAL (Evaluation Assurance Level) bezeichnet.

Inbetriebnahme sowie an die Handbücher für die Anwender gestellt [vgl. von Faber 1999, S. (2.1-6)]. Im Dezember 1999 wurde der auf den CC basierende Standard „ISO/IEC 15408“ von der ISO (International Organization for Standardization) verabschiedet. Mit der Anwendung der CC können die Sicherheitseigenschaften von TC-Leistungen nach weltweit einheitlichen Kriterien evaluiert werden, wodurch eine internationale Vergleichbarkeit und Akzeptanz der Ergebnisse erreichbar ist. Dies ist im Hinblick auf global orientierte TSI von entscheidender Bedeutung.

4.5 Koexistenz verschiedener TSI

Auch in Zukunft werden eine Vielzahl unterschiedlicher TSI nebeneinander existieren. Die Gründe für diese These werden im Folgenden erläutert.

4.5.1 Unterschiedliche Rechtssysteme und politische Interessen

Die unterschiedlichen Rechtssysteme und politischen Interessen einzelner Länder sind nur schwer miteinander zu vereinbaren [vgl. Bizer 1998, S. 110; ICC-GUIDEC 1997, Abschn. (IV/1)]. Wenn eine Einigung überhaupt erfolgt, dann nur über das Zulassen von etlichen Ausnahme- und Sonderregelungen, wie die EU-Signaturrichtlinie zeigt. Sie schafft als Kompromissformel eine Regelungsvielfalt, auf deren Grundlage eine Vielzahl EU-signaturrichtlinienkonformer, aber untereinander unverträglicher Zertifizierungssysteme in Europa möglich sind [vgl. Welsch/Bremer 2000, S. 85ff.]. Entsprechend pessimistisch sind Hoffnungen auf einheitliche Regelungen im Hinblick auf die gegenseitige rechtliche Anerkennung digitaler Signaturen zwischen EU- und Nicht-EU-Staaten zu bewerten. Insbesondere ist problematisch, dass TSI-Technologien nicht überall in Europa und weltweit der gleiche Stellenwert zugemessen wird [vgl. Servida 1998], d.h. einige Länder sind hinsichtlich der Findung eines Konsens nur wenig motiviert.

4.5.2 Normungsprozesse überdauern die Aktualität der Technik

Die Konformität von TSI zu bestimmten rechtlichen Rahmenwerken wie das deutsche Signaturgesetz oder die EU-Signaturrichtlinie impliziert keineswegs einheitliche technische Eigenschaften[114]. Letztere müssen vielmehr durch technische Normungsprozesse erzielt werden. Diese sind jedoch bereits auf nationaler Ebene sehr langwierig. Zum einen konkurrieren häufig die einzelnen Aktivitäten miteinander

114 So ist z.B. eine EU-Richtlinie zwar für jeden Mitgliedsstaat, an den sie gerichtet wird, hinsichtlich des zu erreichenden Ziels verbindlich, sie überlässt jedoch den innerstaatlichen Stellen die Wahl der Form und der Mittel [vgl. Heister/Schmitz 1999, S. 314].

ander und werden nicht zielgerichtet koordiniert, zum anderen zeigen viele betroffene Unternehmen und Einrichtungen eine abwartende Haltung und sind oft nicht zum Einsatz eigener Ressourcen bereit [vgl. Bahnke 1999, S. 2]. Nachdem die nationalen Normungsorganisationen die inländischen Aktivitäten und Positionen gebündelt haben, bringen sie diese in internationale Normungsprozesse ein. Die lange Dauer des Abgleichs der eingebrachten Arbeiten steht in einem drastischen Widerspruch zu den immer kürzer werdenden Innovationszyklen der Technik [vgl. Bahnke 1999, S. 1]. Internationale Normen sind folglich bei ihrer Verabschiedung aus technischer Sicht oft schon wieder veraltet, was dazu führt, dass viele Unternehmen auf aktuellere nationale Normen zurückgreifen.

4.5.3 Integrierbarkeit der TC-Leistungen in die Anwendungen

Unterschiedliche Anwendungen stellen unterschiedliche Anforderungen an die TSI. Soll z.B. eine Person aus einem Beglaubigungsträger bestimmte Angaben direkt entnehmen, so müssen die Daten in einer für Menschen interpretierbaren Form vorliegen [vgl. BSI-SigI-A1 1999, S. 47]. Ganz andere Bedingungen sind gegeben, wenn die Auswertung der Beglaubigungsträger ausschließlich von Maschinen erfolgen soll. Der Erfolg einer TSI-Anwendung hängt entscheidend davon ab, wie gut sich die bereitgestellten Basis- und Zusatzleistungen in sie integrieren lassen. Entsprechend muss die Konzentration auf bestimmte konkrete Anwendungen bereits maßgeblich in der Policy verankert sein [vgl. Keus 2000, S. 82]. In diesem Zusammenhang stellt Welsch [1999, S. (3.2-11)] fest:

> *„Es ist zu bezweifeln, ob es gelingen wird, eine einheitliche Sicherungsinfrastruktur für verschiedene Anwendungen aufzubauen. [...]. Die Infrastruktur müsste die Authentifizierung von Maschinen und Diensten, die Authentifizierung und Integritätssicherung von Dokumenten und schließlich die Authentifizierung der digitalen Identität von Personen zulassen."*

4.5.4 Verwendung unterschiedlicher Sicherheitsstufen

Die derzeit am Markt existierenden TSI weisen sehr unterschiedliche Sicherheitsniveaus auf[115]. Aus mehreren Gründen macht die Beibehaltung dieser Verschiedenartigkeit durchaus Sinn, was einer Vereinheitlichung von TSI entgegensteht.

Der Einsatz von TC-Leistungen steht im Spannungsverhältnis des gebotenen Mehrwerts, des in sie gesetzten Vertrauens und der Kosten. Nur bei einem aus Sicht der Anwender günstigen Verhältnis dieser Faktoren werden diese die neuen Technologien benutzen. Durch die Möglichkeit, auf unterschiedliche Sicherheitsstufen zurückgreifen zu können, kann je nach Anwendung eine Anpassung an das tatsächliche Gefährdungspotenzial erfolgen und eine praktikable Lösung gefunden werden, welche die Kernanforderungen „einfache Bedienbarkeit", „Implementier-

---

[115] Vgl. Abschn. 2.4.2.

barkeit", „ausreichendes Sicherheitsniveau" und „vernünftige Kosten" weitgehend erfüllt. Bislang hat sich eine solche pragmatische Vorgehensweise bei der Einführung von neuen Technologien bewährt. [vgl. Welsch 1999, S. (3.2-4), (3.2-7); Lacoste/Weber 1999, S. 149ff.]

Ein weiterer Vorteil unterschiedlicher Sicherheitsstufen liegt in der durch sie gegebenen Möglichkeit zur geeigneten Realisierung der Warnfunktion einer Unterschriftgabe. Wenn heute jemand sagt „Bitte unterschreiben Sie hier", dann wird durch die Art der zu leistenden Unterschrift keine Aussage über das Gewicht der mit der Unterzeichnung verbundenen Folgen gemacht. Unter den freundschaftlichen Brief an einen Schulfreund wird die gleiche handschriftliche Unterschrift gesetzt wie unter den Kaufvertrag eines Kraftfahrzeugs. Diesbezüglich entsteht bei dem Ersatz der handschriftlichen Unterschrift durch die digitale Signatur die Möglichkeit zur Differenzierung. Wird bei einem bestimmten Vorgang vom Anwender wegen rechtlicher Anforderungen die Erstellung einer digitalen Signatur mit einer sehr hohen Sicherheitsstufe verlangt, so erfolgt hierdurch implizit die Aussprache einer Warnung.

4.5.5 Probleme bei der Modifikation des Leistungsangebots

Die Modifikation des Leistungsangebots eines Trustcenters kann sich als schwierig erweisen, da solche Maßnahmen oft zu sicherheitsrelevanten Änderungen führen. Bspw. kann es erforderlich sein, dass neue Prozesse in bereits bestehende Abläufe integriert werden müssen und die Einbindung zusätzlicher technischer Komponenten notwendig ist [vgl. Keus 2000, S. 80]. Derartige Änderungen führen leicht zur Notwendigkeit der erneuten Definition und Umsetzung des Sicherheitskonzepts. Ggf. muss auch eine erneute externe Akkreditierung erfolgen. In diesem Zusammenhang haben Trustcenter leidvolle Erfahrungen machen müssen, die zunächst nicht zu dem deutschen Signaturgesetz von 1997 konforme TC-Leistungen erstellt haben und später derartige Dienste anbieten wollten [vgl. Keus 2000, S. 82].

Aus diesen Problemen bzgl. der Modifikation des Leistungsangebots resultiert eine gewisse Trägheit der Trustcenter, die einer Vereinheitlichung von TSI im Wege steht.

5 Interoperabilitätsprobleme zwischen Trust-Service-Infrastrukturen und Lösungsansätze zu deren Überwindung

"The nice thing about standards is that you have so many to choose from. Furthermore, if you do not like any of them, you can just wait for next year's model."

Andrew S. Tanenbaum

Insbesondere bei branchen- und länderübergreifenden TSI-Anwendungen stellt sich das Problem, dass ihre potenziellen Benutzer Teilnehmer unterschiedlicher TSI sein können. Im vorherigen Abschnitt ist aufgezeigt worden, dass auch in Zukunft mit einer hohen Heterogenität von TSI gerechnet werden muss. In den Betrachtungsfokus rückt daher die Frage nach der Interoperabilität zwischen diesen. Fehlt letztere, so würde dies ein enormes Hindernis für die breite Verwendung von TSI-Anwendungen darstellen. Ziel dieses Kapitels ist es, dieser Problematik zu begegnen, indem eine systematische und detaillierte Untersuchung zur Identifikation möglicher Interoperabilitätsprobleme durchgeführt, sowie Lösungsansätze zu deren Überwindung vorgeschlagen werden.

5.1 Begriff und Bedeutung der Interoperabilität

„Mit technischer Interoperabilität wird die Eigenschaft unterschiedlicher (informations-) technischer Systeme oder Komponenten bezeichnet, im beabsichtigten Sinne miteinander zu funktionieren, d.h. insbesondere Daten miteinander austauschen und korrekt interpretieren zu können. Technische Interoperabilität ist daher immer dann erforderlich, wenn ein technisches System eine Leistung nur im Zusammenspiel mit anderen Systemen oder Komponenten erbringen kann." [Fox 2000, S. 105]

Als Interoperabilitätsprobleme zwischen TSI werden Begebenheiten bezeichnet, die eine Interoperabilität in o.g. Sinne[116] in Bezug auf eine TSI-Anwendung verhindern und deren Vorliegen darauf zurückzuführen ist, dass die Beteiligten der Anwendung Teilnehmer unterschiedlicher TSI sind.

Die Bedeutung der Interoperabilität für den weiträumigen Einsatz von TC-Leistungen ist schon früh erkannt worden:

> *„As public-key cryptography begins to see wide application and acceptance one thing is increasingly clear: If it is going to be as effective as the underlying technology allows to be, there must be interoperable standards." [Burton/Kaliski 1993]*

Diese Aussage wird durch die Antworten auf eine Zusatzfrage, die im Rahmen der in Kapitel 7 zur Branchenstrukturanalyse durchgeführten Delphi-Expertenbefragung gestellt worden ist, bestätigt (vgl. Abb. 5.1). Die linke Ecke des Dreiecks stellt das untere Quartil[117], die Spitze den Median und die rechte Ecke das obere Quartil bzgl. der Antworten dar.

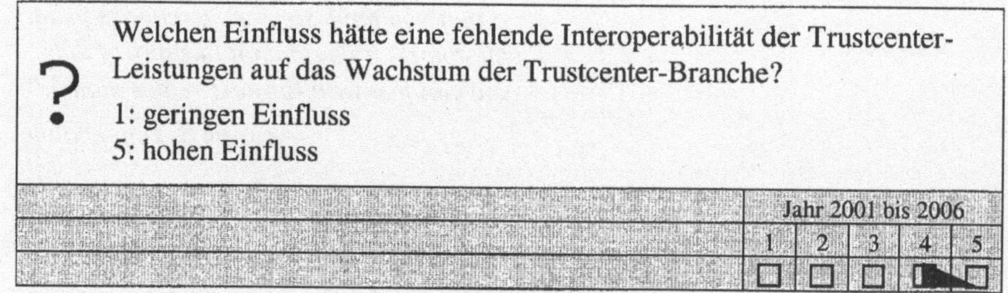

Abb. 5.1 Bedeutung der Interoperabilität für das Wachstum der TC-Branche

5.2 Generelle Entstehungsursachen von Interoperabilitätsproblemen und Lösungsansätze

Im Folgenden werden die generellen Entstehungsursachen von Interoperabilitätsproblemen zwischen TSI identifiziert und grundsätzliche Lösungsansätze zur Überwindung möglicher Schwierigkeiten aufgezeigt. Hierfür werden die Elemen-

---

[116] Forderungen nach Interoperabilität können auch auf nicht technische Ebenen abzielen, z.B. auf soziokulturelle, rechtliche oder organisatorische Bereiche. Auch hier müssen die Systeme im beabsichtigten Sinne miteinander funktionieren. Die detaillierte Untersuchung dieser Aspekte liegt außerhalb des Betrachtungsbereichs dieser Arbeit. Hier ist mit dem Begriff „Interoperabilität" stets die technische Interoperabilität gemeint.

[117] Vgl. Abschn. 7.3.2.

taranwendungen[118] „Erstellung und Verarbeitung von Beglaubigungsträgern und signierten Nachrichten“ sowie „Verschlüsselung und Entschlüsselung von Nachrichten“ betrachtet. Für die Untersuchung wird angenommen, dass innerhalb einzelner TSI keine Interoperabilitätsprobleme auftreten[119]. Es wird weiterhin davon ausgegangen, dass den Teilnehmern der TSI die für deren Verwendung notwendige technische Infrastruktur zur Verfügung steht[120].

Bzgl. der Elementaranwendung „Erstellung und Verarbeitung von Beglaubigungsträgern und signierten Nachrichten“ wird angenommen, dass ein Beteiligter B_1 den Beglaubigungsträger bzw. die signierte Nachricht erzeugt und ein anderer Beteiligter B_2 die Verarbeitung durchführt. Der Beteiligte B_1 nimmt die Erstellung auf Grundlage einer TSI tsi, bei der er selbst Teilnehmer ist, vor. Wegen der oben genannten Annahmen entstehen hierbei keine Schwierigkeiten.

Im Rahmen der Verarbeitung des Beglaubigungsträgers bzw. der signierten Nachricht durch den Beteiligten B_2 muss sichergestellt werden, dass

- eine korrekte Interpretation des Beglaubigungsträgers bzw. der signierten Nachricht erfolgt;
- die Gültigkeit des Beglaubigungsträgers bzw. der signierten Nachricht korrekt verifiziert wird. Hierfür müssen insbesondere
  - Zertifizierungspfade korrekt aufgebaut werden;
  - die benötigten Auskunftsdienste verwendet werden können;
  - das zu benutzende Gültigkeitsmodell korrekt angewendet werden. [vgl. ITU-T-X.509 1997; BSI-SigI-A6 1999]

Dabei können genau dann Probleme auftreten, wenn der Beteiligte B_2 nicht an der TSI tsi teilnimmt, da in diesem Fall nicht gewährleistet ist, dass er die o.g. Schritte durchführen kann.

Bzgl. der Elementaranwendung „Verschlüsselung und Entschlüsselung von Nachrichten“ wird angenommen, dass ein Beteiligter B_1 die Verschlüsselung der Nachricht vornimmt und ein anderer Beteiligter B_2 die Entschlüsselung durchführt.

118 Vgl. Unterpunkt „Auf TSI aufsetzende TSI-Anwendungen“ in Abschn. 3.2.

119 Generell können Interoperabilitätsprobleme nicht nur zwischen unterschiedlichen TSI, sondern auch innerhalb einer einzelnen TSI auftauchen. Dieser Fall tritt i.d.R. dann ein, wenn die der betroffenen TSI zugrundeliegenden Regeln nicht konkret bzw. nicht umfassend genug spezifiziert worden sind. Die Untersuchung derartiger Interoperabilitätsprobleme liegt außerhalb des Betrachtungsbereichs dieser Arbeit.

120 Es sind Fälle denkbar, in denen diese Voraussetzung nicht erfüllt wird. Bspw. ist möglich, dass ein Teilnehmer einer TSI an einem öffentlich zugänglichen Internetterminal einen Auftrag erteilen und digital signieren möchte. Hierbei ist nicht immer gewährleistet, dass dort ein Chipkartenleser verfügbar ist, der kompatibel zu der von ihm als PSE (vgl. Abschn. 3.3.3) verwendeten Chipkarte ist. Die Untersuchung derartiger Interoperabilitätsprobleme liegt außerhalb des Betrachtungsbereichs dieser Arbeit.

Zur Verschlüsselung von Nachrichten muss sichergestellt werden, dass

- das den öffentlichen Schlüssel enthaltende Public-Key-Zertifikat korrekt über einen Auskunftsdienst bezogen, interpretiert und hinsichtlich seiner Gültigkeit verifiziert wird;
- die verschlüsselte Nachricht im korrekten Format erzeugt wird. Die Verschlüsselung ist auf Basis der TSI tsi vorzunehmen, zu deren Teilnehmerkreis der Beteiligte B_2 gehört.

Dabei können genau dann Probleme auftreten, wenn der Beteiligte B_1 nicht an der TSI tsi teilnimmt, da in diesem Fall nicht gewährleistet ist, dass er die o.g. Schritte durchführen kann. Bei der Entschlüsselung einer korrekt verschlüsselten Nachricht durch den Beteiligten B_2 treten keine Interoperabilitätsprobleme auf, da hier ausschließlich auf Verfahren der TSI tsi zurückgegriffen wird, an der dieser selbst teilnimmt.

Interoperabilitätsprobleme können also in folgenden Fällen entstehen:

- ein Beteiligter möchte einen Beglaubigungsträger oder eine signierte Nachricht verarbeiten, der bzw. die auf Grundlage einer TSI erstellt worden ist, an der er nicht teilnimmt;
- ein Beteiligter möchte auf Grundlage einer TSI, an der er nicht teilnimmt, für einen anderen Beteiligten eine verschlüsselte Nachricht erzeugen.

Konkret treten dabei an folgenden Stellen Schwierigkeiten auf:

- bei der Interpretation von Beglaubigungsträgern;
- bei der Interpretation von signierten Nachrichten;
- bei der Verifikation der Gültigkeit von Beglaubigungsträgern und signierten Nachrichten;
- bei der Verwendung von Auskunftsdiensten;
- bei der Erstellung von verschlüsselten Nachrichten im korrekten Format.

Um zu vermeiden, dass bei der Durchführung einer TSI-Anwendung Interoperabilitätsprobleme entstehen, lassen sich folgende Möglichkeiten nennen:

1) Forderung, dass alle Beteiligten an einer einheitlichen TSI teilnehmen müssen (triviale Lösung);
2) Verwendung von gängigen[121] Verfahren und Formaten, ggf. unter Verzicht auf Leistungsmerkmale, die Interoperabilitätsprobleme hervorrufen könnten;

---

[121] Die Bezeichnung „gängig" bedeutet in diesem Kapitel, dass die jeweiligen Bezugsobjekte (z.B. Verfahren, Formate) in einem Großteil der in Abschn. 5.3.2 vorgestellten Normen bzw. in den auf diesen basierenden TSI Berücksichtigung finden.

3) Ausstattung der Beteiligten mit Systemen, die viele Verfahren und Formate unterstützen;

4) Anbieten von Interoperabilitätsleistungen[122] durch das Trustcenter.

Die Beteiligten einer TSI-Anwendung lassen sich einteilen in eine geschlossene und eine offene Gruppe[123]. Anders als die Beteiligten der offenen Gruppe sind die der geschlossenen Gruppe im Vorfeld des Einsatzes der TSI-Anwendung bekannt. Bei ihnen können vorbereitende Hard- und Softwareinstallationen vorgenommen werden.

Für die aus dieser Aufteilung der Beteiligten resultierenden Kommunikationsbeziehungen ergeben sich auf Basis der o.g. Möglichkeiten zur Vermeidung von Interoperabilitätsproblemen die folgenden grundsätzlichen Lösungsansätze:

- *Kommunikationsbeziehung „Beteiligter aus geschlossener Gruppe" nach „Beteiligter aus geschlossener Gruppe"*: Hier kann die Forderung gestellt werden, dass alle Beteiligten der geschlossenen Gruppe Teilnehmer einer bestimmten TSI sein müssen. Wird die Anwendung ausschließlich für eine geschlossene Gruppe erstellt, so bestehen daher keine Gefahren bzgl. des Auftretens von Interoperabilitätsproblemen zwischen TSI;
- *Kommunikationsbeziehung „Beteiligter aus geschlossener Gruppe" nach „Beteiligter aus offener Gruppe"*: Bei der Erzeugung von Beglaubigungsträgern und signierten Nachrichten, die zur Verarbeitung in der offenen Gruppe gedacht sind, sollten die Beteiligten der geschlossenen Gruppe nur gängige Verfahren und Formate verwenden, ggf. unter Verzicht auf spezielle Leistungsmerkmale, die Interoperabilitätsprobleme hervorrufen könnten. Zur Ermöglichung der korrekten Erstellung von verschlüsselten Nachrichten für Beteiligte der offenen Gruppe sollte die geschlossene Gruppe mit Systemen ausgestattet werden, die viele Verfahren und Formate unterstützen. Darüber hinaus ist das Anbieten von Interoperabilitätsleistungen durch das Trustcenter sinnvoll;
- *Kommunikationsbeziehung „Beteiligter aus offener Gruppe" nach „Beteiligter aus geschlossener Gruppe"*: Zur Ermöglichung der korrekten Verarbeitung von Beglaubigungsträgern und signierten Nachrichten von Beteiligten der offenen Gruppe sollte die geschlossene Gruppe mit Systemen ausgestattet werden, die viele Verfahren und Formate unterstützen. Für die offene Gruppe sollte es mit gängigen Verfahren und Formaten möglich sein, korrekt verschlüsselte Nachrichten für die geschlossene Gruppe zu erzeugen. Zu diesem Zweck sollte bei letzterer ggf. auf spezielle Leistungsmerkmale, die Interoperabilitätsprobleme hervorrufen könnten, verzichtet werden. Darüber hinaus ist das Anbieten von Interoperabilitätsleistungen durch das Trustcenter sinnvoll;

---

[122] Vgl. Abschn. 3.5.6.3.

[123] Vgl. Abschn. 6.4.3.1.

- *Kommunikationsbeziehung „Beteiligter aus offener Gruppe" nach „Beteiligter aus offener Gruppe"*: Hier ist das Anbieten von Interoperabilitätsleistungen durch das Trustcenter sinnvoll. Das verbleibende Restrisiko der Entstehung von Interoperabilitätsproblemen ist als vergleichsweise hoch einzustufen.

5.3 Normungsgruppen und Normen

5.3.1 Begriff, Bedeutung und Klassifikation von Normen

Im Duden [1997, S. 556] wird eine Norm allgemein als eine anerkannte, als verbindlich geltende Regel bzw. eine den Erwartungen entsprechende Beschaffenheit beschrieben.

Im Bereich der TSI ist Interoperabilität ohne Normen nicht denkbar. Als problematisch erweist sich die Vielzahl nebeneinander existierender Regelwerke, die oft nicht zueinander kompatibel sind. Gerade in den letzten Jahren ist eine nahezu unüberschaubare Zahl von Sicherheitsnormen entstanden [vgl. Fumy 1999, S. (2.3-2)].

Die Relevanz bzw. die Akzeptanz und Verbreitung einer Norm hängt stark von der Normungsgruppe ab, die sie erstellt hat. Von hoher Bedeutung sind Normen, die in offiziell anerkannten Normungsorganisationen wie z.B. NIST (National Institute of Standards and Technology)[124] und in führenden Gremien der Netzwerkentwicklung wie z.B. IETF (Internet Engineering Task Force)[125] erstellt werden. Eine hohe Verbreitung können aber auch Normen erzielen, die in größeren Gruppen von Firmen oder Anwendern definiert worden sind. Wegbereiter für Normen sind häufig von kleineren wissenschaftlichen Diskussionsgruppen erstellte Vorschläge.

Normen lassen sich näher spezifizieren durch die Verwendung der Begriffe „De-jure-Standard", „De-facto-Standard" und „Spezifikation":

> *„The word standard is used formally to describe a specification which is going through or has gone through a process defined by national or international agreements according to which it is developed and agreed by a certain community, represented by a formally constituted body; these are known as de jure standards. The word specification, on the other hand, is used formally of documents which may become standards or, by their demonstrated use within a community, are widely accepted in practice; this category may be called, informally, de facto standards." [Colleran 1997, S. 3]*

124 Vgl. Unterpunkt „NIST/MISPC" in Abschn. 5.3.2.

125 Vgl. Unterpunkt „IETF/RFC" in Abschn. 5.3.2.

Die in der Praxis existierenden, TSI betreffenden Normen werden in dieser Arbeit den folgenden Gruppen zugeordnet:

- *Normen-Gruppe 1*: De-jure-Standards, die von offiziell anerkannten Normungsgremien herausgegeben wurden;
- *Normen-Gruppe 2*: De-jure-Standards, die von führenden Gremien der Netzwerkentwicklung herausgegeben wurden;
- *Normen-Gruppe 3*: De-facto-Standards, die von Firmen, Anwendergruppen oder wissenschaftlichen Gruppen herausgegeben wurden;
- *Normen-Gruppe 4*: Spezifikationen, die von Firmen, Anwendergruppen oder von wissenschaftlichen Gruppen herausgegeben wurden.

5.3.2 Für die Untersuchung relevante Normungsgruppen und Normen

Im Hinblick auf die in Abschn. 5.2 identifizierten Stellen, bei denen Interoperabilitätsprobleme auftreten können, sind Normen von hoher Bedeutung, die folgende Bereiche betreffen:

- Formate für Beglaubigungsträger;
- Formate für signierte Nachrichten;
- Gültigkeitsmodelle;
- Verfahren bzw. Protokolle für Auskunftsdienste;
- Formate für verschlüsselte Nachrichten.

Im Folgenden werden diesbezüglich relevante Normungsgruppen und Normen aufgezeigt.

ITU-T/X.509

ITU-T (Telecommunication Standardization Sector of the ITU)[126] ist eine für Telekommunikationsstandards zuständige Abteilung der ITU (International Telecommunication Union). Sie ist aus der ehemaligen CCITT (Comité Consultatif International de Télégraphique et Téléphonique) hervorgegangen.

ITU-T hat 1988 als generelles Format für Beglaubigungsträger die Norm X.509 als Bestandteil der sogenannten X.500-Directory-Serie verabschiedet. Die Norm ist seitdem mehrmals überarbeitet und ergänzt worden. Heute werden in ihr drei verschiedene Versionen für Public-Key-Zertifikate (X.509-PKZ-Format v1, v2, v3) sowie jeweils zwei für Attributzertifikate (X.509-AZ-Format v1, v2) und Sperrlisten (X.509-CRL-Format v1, v2) definiert. X.509 ist von der ISO (Interna-

[126] Vgl. http://www.itu.int/itu-t.

tional Organization for Standardization)[127] als Standard verabschiedet worden. Die somit der Gruppe 1 zuzuordnende Norm lässt eine Vielzahl von Freiheiten und wurde bzw. wird von anderen Normungsgruppen aufgegriffen und näher spezifiziert. Die Konkretisierung eines X.509-Formats wird als X.509-Profil[128] bezeichnet, wobei die Möglichkeit besteht, dass ein solches Profil selbst eine Norm bzw. einen Teil einer umfassenderen Norm darstellt. X.509 kann als der international bedeutendste Standard für Beglaubigungsträgerformate bezeichnet werden und ist somit für die Interoperabilitätsuntersuchung von hoher Relevanz. In der Norm wird weiterhin ein Gültigkeitsmodell definiert, das ebenfalls in dieser Arbeit berücksichtigt wird.

NIST/MISPC

NIST (National Institute of Standards and Technology)[129] ist eine zum US-Handelsministerium gehörende nationale Standardisierungsbehörde der USA. Sie ist aus dem 1901 gegründeten NBS (National Bureau of Standards) hervorgegangen.

Die Norm MISPC (Minimum Interoperability Specification for PKI Components) ist von NIST in Zusammenarbeit mit führenden IT-Unternehmen entwickelt und 1997 verabschiedet worden. Sie gehört zur Normen-Gruppe 1 und ist hinsichtlich TSI im US-amerikanischen Raum von Bedeutung. Für diese Arbeit sind die in MISPC definierten X.509-PKZ- und X.509-CRL-Profile relevant. Weiterhin finden die in dem Standard festgelegten Vorgaben für Auskunftsdienste bzw. für das anzuwendende Gültigkeitsmodell Berücksichtigung.

ETSI/ESF

ETSI (European Telecommunications Standards Institute)[130] ist das von der EU-Kommission anerkannte zuständige Gremium für die Telekommunikationsstandardisierung in Europa mit Sitz in Frankreich. ETSI zählt über 700 Mitglieder, bei denen es sich überwiegend um Hersteller von Endgeräten der Telekommunikation, um private und öffentliche Betreiber von Netzen sowie um Forschungseinrichtungen handelt.

ETSI hat den Standard ESF (Electronic Signature Formats) entwickelt. Er ist der Normen-Gruppe 1 zuzuordnen und Teil des Programms EESSI (European Electronic Signature Standardization Initiative), das nach einem Mandat der Europäischen Union gestartet wurde. EESSI befasst sich mit der Entwicklung von Normen im Bereich elektronischer Signaturen. Neben ETSI bearbeitet CEN/ISSS (Comité Européen de Normalisation / Information Society Standardization Sys-

---

[127] Vgl. http://www.iso.ch.

[128] Generell wird die Konkretisierung einer allgemein gehaltenen technischen Vorgabe für ein Format als Profil bezeichnet.

[129] Vgl. http://www.nist.gov.

[130] Vgl. http://www.etsi.org.

tem)[131] das Programm der EESSI. Die Normen der ETSI sind hinsichtlich TSI im europäischen Raum von Bedeutung. Für diese Arbeit ist das in ESF definierte, auf dem Standard RFC 2630 der IETF (s.u.) basierende Nachrichtenformat relevant.

IETF/RFC

Die IETF (Internet Engineering Task Force)[132] ist eine große internationale Gruppe von Netzwerktechnikern, Administratoren, Unternehmen und Forschern, die sich mit der technischen Entwicklung des Internets beschäftigen. Sie verwaltet die sogenannten RFC (Request for Comments), eine Reihe von weltweit vielbeachteten Normen. Wer einen Vorschlag für einen neuen Standard einbringen möchte, kann diesen als RFC der Öffentlichkeit zur Verfügung stellen. Nach ausreichender Diskussion und Überarbeitung besteht die Möglichkeit, dass ein RFC zum offiziellen Internetstandard erklärt wird. Er erhält dann den Zusatz „STD".

Die RFC werden von einer Vielzahl von Arbeitsgruppen bearbeitet. Für den Bereich „Sicherheit" sind derzeit 16 Gruppen zuständig. Hinsichtlich des Themengebiets TSI ist die Arbeitsgruppe PKIX (Public Key Infrastructure X.509) die wichtigste. Sie entwickelt Normen, die den interoperablen Einsatz von PKI im Bereich des Internets ermöglichen sollen.

Die den Gruppen 2, 3 und 4 zuzuordnenden Normen der IETF sind international von Bedeutung. In dieser Arbeit werden folgende Dokumente aufgegriffen:

- der Standard RFC 2459 der Arbeitsgruppe PKIX, in dem Profile für Beglaubigungsträger im X.509-PKZ und X.509-CRL-Format sowie ein Gültigkeitsmodell definiert werden;
- die Spezifikation „Time Stamp Protocol" der Arbeitsgruppe PKIX, in dem ein Format für Zeitstempel vorgeschlagen wird;
- der Standard RFC 2630 der Arbeitsgruppe S/MIME (Secure/Multipurpose Internet Mail Extensions), in dem das CMS(Cryptographic Message Syntax)-SignedData-Format für signierte Nachrichten und das CMS-EnvelopedData-Format für verschlüsselte Nachrichten definiert werden. RFC 2630 basiert auf der im folgenden Unterpunkt erwähnten PKCS#7-Norm;
- sowie einige weitere Standards und Spezifikationen diverser Arbeitsgruppen, die in Bezug auf Verfahren und Protokolle für Auskunftsdienste relevant sind.

RSA Data Security/PKCS

RSA Data Security[133] gehört zu den international führenden Unternehmen im Bereich der IT-Sicherheit. Zusammen mit anderen Unternehmen wie Apple, Digital, Microsoft, Novell und Sun hat es eine Serie von Spezifikationen mit dem

---

131 Vgl. http://www.cenorm.be/isss.

132 Vgl. http://www.ietf.org.

133 Vgl. http://www.rsa.com.

Namen PKCS (Public Key Cryptography Standards) entwickelt. Diese wurden 1991 erstmals veröffentlicht und sind in den Folgejahren mehrmals überarbeitet worden. Die PKCS-Spezifikationen beziehen sich in erster Linie auf Datenformate für verschiedene Bereiche der asymmetrischen Kryptographie. Sie wurden und werden von anderen Normungsgruppen aufgegriffen und näher spezifiziert bzw. in andere Normen integriert. Sie sind der Normen-Gruppe 3 zuzuordnen und international von Bedeutung. An dieser Stelle ist insbesondere die Spezifikation „PKCS#7: Cryptographic Massage Syntax Standard" zu erwähnen, da auf ihrer Grundlage der Standard RFC 2630 der IETF (s.o.) erstellt worden ist. In PKCS#7 werden allgemeine Datenstrukturen zur Speicherung und Übertragung von digitalen und verschlüsselten Inhalten definiert.

AGTC/ISIS

Die AGTC (Arbeitsgemeinschaft Trust-Center für digitale Signaturen) setzt sich aus Unternehmen zusammen, die TC-Leistungen im Sinne des deutschen Signaturgesetzes anbieten bzw. zukünftig anbieten möchten. Zu den Mitgliedern gehören u.a. die Unternehmen Deutsche Telekom, Deutsche Post und TC Trustcenter. [vgl. AGTC-ISIS 1999, S. 4f.]

Die Spezifikation „ISIS" (Industrial Signature Interoperability Specification) ist 1999 veröffentlicht worden und liegt in der Version 1.2 vor. Ihre Erstellung wurde vom BSI unterstützt. Diese Zusammenarbeit wird sehr deutlich, da ganze Textpassagen wörtlich aus der Spezifikation „SigI" des BSI (s.u.) übernommen wurden. Dennoch bestehen in einigen Bereichen wesentliche Unterschiede.

Die der Gruppe 3 zuzuordnende Norm ist hinsichtlich TSI im deutschen Raum von Bedeutung. Für diese Arbeit sind die bei ISIS definierten X.509-PKZ- und X.509-CRL-Profile relevant. Weiterhin finden die in der Spezifikation festgelegten Vorgaben für Auskunftsdienste Berücksichtigung.

TeleTrusT/MTT

TeleTrusT[134] ist ein 1989 gegründeter gemeinnütziger Verein zur Förderung der Vertrauenswürdigkeit der Informations- und Kommunikationstechnologie. Er hat derzeit mehr als 100 Mitglieder, unter denen sich nahezu alle größeren, in der deutschen Sicherheitsbranche aktiven Unternehmen befinden.

Die Spezifikation „MTT" (MailTrusT) wird seit 1994 entwickelt und ist 1999 in der zweiten Version veröffentlicht worden. Sie normiert die Verwendung der digitalen Signatur und der Datenverschlüsselung auf Grundlage von TSI. Auf dem Markt befinden sich eine Vielzahl von zu dieser Spezifikation konformen Produkten. Insbesondere ist MTT in dem in Abschn. 2.7 erwähnten Pilotversuch „Sphinx" verwendet worden. [vgl. TTT 2000]

---

[134] Vgl. http://www.teletrust.de.

Diese der Gruppe 3 zuzuordnende Norm ist hinsichtlich TSI im deutschen Raum von Bedeutung. In dieser Arbeit werden daher die bei MTT definierten X.509-PKZ- und X.509-CRL-Profile sowie die verwendeten Formate für signierte und verschlüsselte Nachrichten berücksichtigt. Weiterhin finden die in der Spezifikation festgelegten Vorgaben für Auskunftsdienste bzw. für das anzuwendende Gültigkeitsmodell Beachtung.

BSI/SigI

Das 1991 gegründete BSI (Bundesamt für Sicherheit in der Informationstechnik)[135] ist eine nachgeordnete Behörde des BMI und hat zur Aufgabe, Maßnahmen zur Förderung der IT-Sicherheit zu ergreifen. Hierzu gehören u.a. die Untersuchung von Sicherheitsrisiken und die Entwicklung von Sicherheitsvorkehrungen.

Zur Förderung interoperabler Verfahren für digitale Signaturen nach dem deutschen Signaturgesetz lässt das BSI die Spezifikation „SigI" (Spezifikation zur Entwicklung interoperabler Verfahren und Komponenten nach SigG/SigV) erstellen. Die ersten Teile der Spezifikation sind 1998 veröffentlicht worden. Seitdem kommen in unregelmäßigen Abständen weitere Abschnitte hinzu. Inzwischen liegen die wesentlichen Teilspezifikationen vor.

Diese der Gruppe 4 zuzuordnende Norm ist hinsichtlich TSI im deutschen Raum von Bedeutung. Für diese Arbeit sind die bei SigI definierten X.509-PKZ-, X.509-AZ- und X.509-CRL-Profile sowie das verwendete Format für signierte Nachrichten relevant. Weiterhin werden die in der Spezifikation festgelegten Vorgaben für Auskunftsdienste bzw. für das anzuwendende Gültigkeitsmodell berücksichtigt.

5.4 Konkrete Entstehungsursachen von Interoperabilitätsproblemen und Lösungsansätze

Unter Einbeziehung der in Abschn. 5.3.2 genannten Normen werden im Folgenden die in Abschn. 5.2 identifizierten Stellen, an denen Interoperabilitätsprobleme auftreten können, detailliert untersucht. Ggf. werden Lösungsansätze zur Überwindung möglicher Schwierigkeiten vorgeschlagen. Insbesondere wird aufgezeigt, wie die TSI für die geschlossene Gruppe der Teilnehmer einer TSI-Anwendung, im Folgenden Anwendungs-TSI (ATSI) genannt, gestaltet werden müsste, damit eine möglichst hohe Interoperabilität zu den auf den o.g. Normen basierenden TSI erreicht wird. Es ist jedoch anzumerken, dass eine derart weitreichende Interoperabilität nicht immer notwendig ist. Da ein Mehr an Interoperabilität oft ein Weniger an Leistungsmerkmalen bedeutet, müssen im speziellen Fall Präferenzen festgelegt werden.

Einen Überblick bzgl. des Aufbaus dieses Abschnitts gibt Tab. 5.1.

[135] Vgl. http://www.bsi.de.

Stellen, an denen Interoperabilitätsprobleme auftreten können (vgl. Abschn. 5.2)	Behandelt in Abschn.
Interpretation von Beglaubigungsträgern	5.4.1
Interpretation von signierten Nachrichten	5.4.2
Verifikation der Gültigkeit	5.4.3
Verwendung von Auskunftsdiensten	5.4.4
Erstellung von verschlüsselten Nachrichten	5.4.5

Tab. 5.1: Überblick bzgl. des Aufbaus von Abschn. 5.4

5.4.1 Interpretation von Beglaubigungsträgern

Die folgenden Ausführungen befassen sich mit Interoperabilitätsproblemen bei der Interpretation von Beglaubigungsträgern, die auf Basis der in Abschn. 5.3.2 genannten Normen erstellt worden sind. Konkret handelt es sich um Public-Key-Zertifikate im X.509-PKZ-Format, Attributzertifikate im X.509-AZ-Format, Sperrlisten im X.509-CRL-Format[136] und Zeitstempel im PKIX-Zeitstempel-Format. Einen Überblick bzgl. des Aufbaus dieses Abschnitts gibt Tab. 5.2.

Gegenstand der Interoperabilitätsuntersuchung bzgl. der Interpretation von Beglaubigungsträgern	Behandelt in Abschn.
Public-Key-Zertifikate im X.509-PKZ-Format	5.4.1.1
Attributzertifikate im X.509-AZ-Format	5.4.1.2
Sperrlisten im X.509-CRL-Format	5.4.1.3
Zeitstempel im PKIX-Zeitstempel-Format	5.4.1.4

Tab. 5.2: Überblick bzgl. des Aufbaus von Abschn. 5.4.1

5.4.1.1 Beglaubigungsträger im X.509-PKZ-Format

Beglaubigungsträger im X.509-PKZ-Format enthalten neben den allgemeinen Rahmenangaben und der Signatur des Trustcenters immer genau eine Public-Key-Beglaubigungsaussage. Zur Ablage der Informationen werden sogenannte Pflicht-

[136] Sofern nicht gesondert kenntlich gemacht, beziehen sich die Aussagen bzgl. der X.509-Formate auf [ITU-T-X.509 1997]. Obwohl es eine neuere Fassung des Dokuments gibt, wird für die Interoperabilitätsbetrachtung die 1997er Version verwendet, da alle derzeit relevanten und in der vorliegenden Arbeit betrachteten Normen bzw. Profile auf dieser basieren.

felder und optionale Felder bereitgestellt. In der Version 3 des Formats werden zusätzlich Erweiterungsfelder eingeführt. Diese können zur Ablage von Identitätsattribut-, Schlüsselattribut-, und Policy-Äquivalenz-Beglaubigungsaussagen sowie zur Bereitstellung weiterer allgemeiner Rahmenangaben verwendet werden. Die Norm gibt eine Reihe von Standard-Erweiterungsfeldern vor. Häufig wird nicht festgelegt, wie die einzelnen Felder konkret zu benutzen sind. Weiterhin darf grundsätzlich jede Organisation die vorgegebenen Felder um private Erweiterungsfelder ergänzen. Die sich hieraus ergebenden Freiheiten zur Erstellung von X.509-PKZ-Profilen stellen zwar eine hohe Flexibilität sicher, können aber zu etlichen Interoperabilitätsproblemen führen.

5.4.1.1.1 Identifikation genereller, durch Erweiterungsfelder induzierter Interoperabilitätsprobleme

Grundlegend für die genauere Untersuchung der bei der Interpretation von Beglaubigungsträgern im X.509-PKZ-Format entstehenden Schwierigkeiten werden in diesem Abschnitt generelle, durch Erweiterungsfelder induzierte Interoperabilitätsprobleme identifiziert.

Jedes in einem X.509-PKZ-Profil verwendete Erweiterungsfeld muss entweder als „critical“ oder als „non-critical“ markiert werden. Diese Markierung wird Kritikalität genannt[137]. Sie gibt an, wie eine TSI-Anwendung verfahren soll, wenn sie das Erweiterungsfeld nicht verarbeiten kann. Die Markierung „non-critical“ bedeutet, dass in einem solchen Fall die Erweiterung ignoriert werden darf. Dahingegen fordert die Markierung „critical“, dass der Beglaubigungsträger zurückgewiesen werden muss. Neben der Kritikalität ist für die Interoperabilitätsbetrachtung relevant, ob die Präsenz eines Erweiterungsfelds in einem Beglaubigungsträger obligatorisch, optional oder verboten ist. Diese Eigenschaft wird in dieser Arbeit als Präsenzforderung bezeichnet. Weiterhin ist festzustellen, ob von einer zu einer bestimmten Norm konformen TSI gefordert wird, dass in ihr ein bestimmtes Erweiterungsfeld verarbeitet werden kann. Die entsprechende Eigenschaft wird hier als Verarbeitungsforderung bezeichnet.

Im Folgenden werden Konstellationen hinsichtlich der Kritikalität, Präsenz- und Verarbeitungsforderung aufgezeigt, die zu Interoperabilitätsproblemen führen können. Die Präsenzforderung bzgl. des Erweiterungsfelds ist dabei grundsätzlich so zu interpretieren, dass sie sich sowohl auf die Erstellung, als auch auf die Verarbeitung des Beglaubigungsträgers bezieht[138].

---

137 Der Begriff wird aus der MTT-Spezifikation aufgegriffen [vgl. TTT-MTT2-A 1999, S. 14].

138 Obgleich diesbezüglich eine Differenzierung sinnvoll wäre, nehmen die betrachteten Normen eine solche nicht bzw. nur in sehr wenigen Ausnahmefällen vor. Die Unterscheidung würde benötigt werden, wenn die Verwendung des Felds bei der Erstellung eines Beglaubigungsträgers für die eigene TSI verboten werden soll, obwohl das Feld

Nachstehende Konstellationen induzieren **starke Interoperabilitätsprobleme**, d.h. ein in einer *Norm*$_1$-konformen TSI erstellter Beglaubigungsträger wird in einer *Norm*$_2$-konformen TSI immer abgelehnt:

- In Tab. 5.3 dargestellte Konstellation: Das Erweiterungsfeld ist immer vorhanden. Der Beglaubigungsträger wird stets abgelehnt, da die Verarbeitung des als „critical" markierten Felds nicht erfolgt.

	Norm$_1$	Norm$_2$
Kritikalität	critical	
Präsenzforderung	obligatorisch	
Verarbeitungsforderung		verboten

Tab. 5.3: Starke Interoperabilitätsprobleme induzierende Konstellationen (1)

- In Tab. 5.4 dargestellte Konstellation: Das Erweiterungsfeld ist immer vorhanden. Kann es nicht verarbeitet werden, so wird der Beglaubigungsträger abgelehnt, weil das Feld als „critical" markiert ist. Andernfalls wird er abgelehnt, weil das Feld nicht vorhanden sein darf.

	Norm$_1$	Norm$_2$
Kritikalität	critical	
Präsenzforderung	obligatorisch	verboten
Verarbeitungsforderung		optional

Tab. 5.4: Starke Interoperabilitätsprobleme induzierende Konstellationen (2)

- In Tab. 5.5 dargestellte Konstellation: Das Erweiterungsfeld ist immer vorhanden. Da dies verboten ist und die Verarbeitung immer erfolgt, wird der Beglaubigungsträger stets abgelehnt.

	Norm$_1$	Norm$_2$
Kritikalität		
Präsenzforderung	obligatorisch	verboten
Verarbeitungsforderung		obligatorisch

Tab. 5.5: Starke Interoperabilitätsprobleme induzierende Konstellationen (3)

---

bei aus fremden TSI empfangenen Beglaubigungsträgern zugelassen wird und auch verarbeitet werden muss.

- In Tab. 5.6 dargestellte Konstellation: Das Erweiterungsfeld ist nie vorhanden. Da jedoch seine Präsenz gefordert und das Feld immer verarbeitet wird, erfolgt stets die Ablehnung des Beglaubigungsträgers.

	$Norm_1$	$Norm_2$
Kritikalität		
Präsenzforderung	verboten	obligatorisch
Verarbeitungsforderung		obligatorisch

Tab. 5.6: Starke Interoperabilitätsprobleme induzierende Konstellationen (4)

Folgende Konstellationen induzieren **mittelstarke Interoperabilitätsprobleme**, d.h. ein in einer *$Norm_1$*-konformen TSI erstellter Beglaubigungsträger wird nicht zwingend, aber möglicherweise in einer *$Norm_2$*-konformen TSI abgelehnt:

- In Tab. 5.7 dargestellte Konstellationen: Ist das Erweiterungsfeld vorhanden und als „critical" markiert, so wird der Beglaubigungsträger in der *$Norm_2$*-konformen TSI abgelehnt, falls das Feld dort nicht verarbeitet werden kann.

	$Norm_1$	$Norm_2$
Kritikalität	critical o. optional	
Präsenzforderung	obligatorisch o. optional	
Verarbeitungsforderung		optional

Tab. 5.7: Mittelstarke Interoperabilitätsprobleme induzierende Konstellationen (1)

- In Tab. 5.8 dargestellte Konstellationen: Ist die Erweiterung in dem Beglaubigungsträger vorhanden und wird sie verarbeitet, so wird der Beglaubigungsträger abgelehnt, weil die Präsenz des Felds verboten ist.

	$Norm_1$	$Norm_2$
Kritikalität		
Präsenzforderung	optional	verboten
Verarbeitungsforderung		obligatorisch o. optional

Tab. 5.8: Mittelstarke Interoperabilitätsprobleme induzierende Konstellationen (2)

- In Tab. 5.9 dargestellte Konstellation: Die Erweiterung ist immer vorhanden. Da dies verboten ist, wird der Beglaubigungsträger stets abgelehnt, falls die Verarbeitung erfolgt.

	$Norm_1$	$Norm_2$
Kritikalität	non-critical	
Präsenzforderung	obligatorisch	verboten
Verarbeitungsforderung		optional

Tab. 5.9: Mittelstarke Interoperabilitätsprobleme induzierende Konstellationen (3)

- In Tab. 5.10 dargestellte Konstellationen: Ist die Erweiterung nicht in dem Beglaubigungsträger vorhanden und wird das Feld verarbeitet, so führt dies zur Ablehnung des Beglaubigungsträgers, da die Präsenz der Erweiterung gefordert wird.

	$Norm_1$	$Norm_2$
Kritikalität	non-critical	
Präsenzforderung	optional	obligatorisch
Verarbeitungsforderung		obligatorisch o. optional

Tab. 5.10: Mittelstarke Interoperabilitätsprobleme induzierende Konstellationen (4)

Die in Tab. 5.11 dargestellten Konstellationen induzieren **schwache Interoperabilitätsprobleme**, d.h. es besteht die Gefahr der Irritierung des Benutzers durch Meldungen, dass bestimmte Erweiterungsfelder nicht verarbeitet werden können. Weiterhin ist das Risiko vorhanden, dass in dem Erweiterungsfeld nicht unwesentliche Informationen angeführt werden, die dem Benutzer bzw. der TSI-Anwendung nicht bekannt gemacht werden. Dieser Fall kann auftreten, wenn das Feld in dem auf Basis der $Norm_1$-konformen TSI erstellten Beglaubigungsträger in der $Norm_2$-konformen TSI nicht verarbeitet wird.

	$Norm_1$	$Norm_2$
Kritikalität	non-critical	
Präsenzforderung	obligatorisch o. optional	optional
Verarbeitungsforderung		verboten o. optional

Tab. 5.11: Schwache Interoperabilitätsprobleme induzierende Konstellationen

5.4.1.1.2 Systematische Untersuchung der Bestandteile eines Beglaubigungsträgers im X.509-PKZ-Format

Im Folgenden werden die Bestandteile bzw. Felder eines Beglaubigungsträgers im X.509-PKZ-Format systematisch zur Identifikation konkreter Interoperabilitätsprobleme untersucht. Insbesondere werden die Eigenschaften der Erweiterungsfelder hinsichtlich der im vorherigen Abschnitt aufgezeigten Interoperabilitätsprobleme induzierenden Konstellationen betrachtet. An geeigneten Stellen werden Ansätze zur Vermeidung bzw. Auflösung der Probleme vorgeschlagen.

Im Hinblick auf die in Abschn. 5.3.2 genannten Normen sind für diesen Abschnitt, neben der generellen Definition des X.509-PKZ-Formats der ITU-T, die bei AGTC/ISIS, BSI/SigI, TTT/MTTv2[139], NIST/MISPC und IETF/RFC 2459 verwendeten Profile dieses Standards relevant.

Für die Untersuchung sind die Inhalte eines Beglaubigungsträgers im X.509-PKZ-Format, wie in Tab. 5.12 dargestellt, strukturiert worden.

Allgemeine Rahmenangaben (Abschn. 5.4.1.1.2.1)	
	Versionsnummer des X.509-PKZ-Formats
	Seriennummer
	Gültigkeitszeitraum
	Technische Identitätskennung für das Trustcenter
	Angaben zur Policy
	Angaben zur Beschaffung von zugehörigen Sperrlisten
	Angaben zur Identifikation des öffentlichen Schlüssels des Trustcenters
	Private Erweiterungen zur Ablage weiterer allgemeiner Rahmenangaben
Public-Key-Beglaubigungsaussage (Abschn. 5.4.1.1.2.2)	
	Technische Identitätskennung für den Beglaubigungsträgerinhaber
	Öffentlicher Schlüssel
Schlüsselattribut-Beglaubigungsaussagen (Abschn. 5.4.1.1.2.3)	
	Verwendungszweck des beglaubigten öffentlichen Schlüssels
	Gültigkeitsdauer des zugehörigen privaten Schlüssels
	Kennung für den beglaubigten öffentlichen Schlüssel
	Private Erweiterungen zur Ablage weiterer Schlüsselattribut-Beglaubigungsaussagen
Identitätsattribut-Beglaubigungsaussagen (private Erweiterungen) (Abschn. 5.4.1.1.2.4)	
Policy-Äquivalenz-Beglaubigungsaussagen (Abschn. 5.4.1.1.2.5)	
Signatur des Trustcenters (Abschn. 5.4.1.1.2.6)	

Tab. 5.12: Für die systematische Interoperabilitätsuntersuchung durchgeführte Strukturierung der Inhalte eines Beglaubigungsträgers im X.509-PKZ-Format

[139] In einigen Fällen wird auch auf die Version 1 der MTT-Spezifikation Bezug genommen.

5.4.1.1.2.1 Allgemeine Rahmenangaben

Versionsnummer des X.509-PKZ-Formats

In dem „version“-Pflichtfeld wird angegeben, welche der drei existierenden X.509-PKZ-Versionsnummern dem Beglaubigungsträger zugrunde liegt. Diesbezüglich sind zwei Regeln zu beachten:

- wird wenigstens ein Erweiterungsfeld verwendet, so muss die Versionsnummer 3 angegeben werden;
- wird wenigstens eines der optionalen Felder „issuerUniqueID“[140] und „subjectUniqueID“[141] verwendet, so muss die Versionsnummer 2 oder 3 angegeben werden.

Abgesehen von diesen Regeln kann die Versionsnummer frei gewählt werden.

Es ist möglich, dass bei einer TSI Restriktionen bzgl. der akzeptierten Versionsnummern gemacht werden. Dies kann auch dann der Fall sein, wenn die Einschränkungen gar nicht zwingend erforderlich wären. Bspw. besteht für ISIS-konforme TSI lediglich die Forderung, dass Beglaubigungsträger der Version 3 nicht abgelehnt werden dürfen [vgl. AGTC-ISIS 1999, S. 19]. Die Versionsnummern 1 und 2 sollten, müssen jedoch nicht akzeptiert werden. Um die Wahrscheinlichkeit zu erhöhen, dass ein Beglaubigungsträger innerhalb einer ISIS-konformen TSI angenommen wird, sollte daher auch dann die Versionsnummer 3 angegeben werden, wenn der Beglaubigungsträger keine Erweiterungsfelder enthält[142]. Dies führt jedoch zu einer Ablehnung des Beglaubigungsträgers in TSI, welche die Version 3 nicht akzeptieren. Dies wäre z.B. bei einer MTTv1-konformen TSI der Fall [vgl. TTT-MTT1 1996, S. 34]. Um dieses Dilemma aufzulösen, könnten, sofern es die o.g. Regeln zulassen, für die Beglaubigungsaussage mehrere Beglaubigungsträger mit jeweils unterschiedlichen Versionsnummern erstellt werden.

Um eine möglichst weitreichende Interoperabilität zu erzielen, sollten in der ATSI grundsätzlich alle drei Versionsnummern akzeptiert werden.

Seriennummer

In dem „serialNumber“-Pflichtfeld wird eine Seriennummer für den Beglaubigungsträger angegeben. Innerhalb eines Trustcenters darf jede Seriennummer nur einmal vergeben werden, so dass in Verbindung mit der eindeutigen technischen

---

140 Vgl. Unterpunkt „Technische Identitätskennung für das Trustcenter“ in diesem Abschnitt.

141 Vgl. Unterpunkt „Technische Identitätskennung für den Beglaubigungsträgerinhaber“ in Abschn. 5.4.1.1.2.2.

142 Wird jedoch in der TSI nicht nur die Angabe der Versionsnummer 3, sondern tatsächlich auch die Existenz bestimmter Erweiterungsfelder gefordert, so kann dies natürlich dennoch zur Ablehnung des Beglaubigungsträgers führen.

Identitätskennung für das Trustcenter der Beglaubigungsträger eindeutig identifiziert werden kann. Interoperabilitätsprobleme sind nicht zu erwarten.

Gültigkeitszeitraum

In dem „validity"-Pflichtfeld wird die Zeitperiode angegeben, in welcher der Beglaubigungsträger gültig ist. Die Information besteht aus einem Anfangs- und einem Enddatum mit Uhrzeit. Das Trustcenter muss mindestens für die angegebene Zeitperiode die Informationen über den Beglaubigungsträger-Status verwalten[143].

Zur Kodierung von Zeitangaben bis zum Jahr 2049 muss der Zeittyp „UTCTime"[144] (Coordinated Universal Time) verwendet werden. Für Zeitangaben ab dem Jahr 2050 ist der Typ „GeneralizedTime" zu benutzen. MISPC und MTTv1 weichen von dieser Konvention ab, da dort immer „UTCTime" verwendet werden muss [vgl. NIST-MISPC 1997, S. (3-2)f.; TTT-MTT1 1996, S. 35]. Die Fähigkeit zur Interpretation des Typs „GeneralizedTime" kann bei diesen TSI nicht vorausgesetzt werden, was zu Interoperabilitätsproblemen führen kann.

Das bei dem Zeittyp „UTCTime" verwendete 2-stellige Jahresfeld yy ist als $19yy$ für $yy \in [50,99]$ und als $20yy$ für $yy \in [0,49]$ zu interpretieren. MTTv1 hält sich im Gegensatz zu den anderen betrachteten Normen nicht an diese Interpretationsregel. Dort wird das Jahresfeld als $19yy$ für $yy \in [65,99]$ und als $20yy$ für $yy \in [0,64]$ interpretiert [vgl. TTT-MTT1 1996, S. 35]. Dies kann dazu führen, dass ein in einer MTTv1-konformen TSI erstellter Beglaubigungsträger in einer anderen TSI zu unrecht abgelehnt wird[145].

Wird die manuelle Auswertung des Felds von der TSI-Anwendung zugelassen, so kann der Benutzer Interoperabilitätsprobleme hinsichtlich der Zeitangaben lösen, sofern sie ihm bekannt sind. An dieser Stelle ist der Einsatz der in Abschn. 3.5.2.8 vorgeschlagenen Leistung „TSI-Auskunft" geeignet.

Um eine möglichst weitreichende Interoperabilität zu erzielen, sollte in der ATSI grundsätzlich sowohl der Zeittyp „UTCTime", als auch „GeneralizedTime" akzeptiert werden.

---

143 Diese Forderung wird häufig über die Policy einer TSI verschärft. Dies ist insbesondere bei TSI, die zum deutschen Signaturgesetz von 1997 konform sind, der Fall [vgl. SigV 1997, §8].

144 Bei „UTCTime" und „GeneralizedTime" handelt es sich um Standard-Zeittypen der von CCITT (heute ITU-T) und ISO 1988 festgelegten Sprachkonvention ASN.1 (Abstract Syntax Notation One) [CCITT-X.208 1988]. Der wesentliche Unterschied zwischen den Typen besteht darin, dass bei „GeneralizedTime" vollständige Jahreszahlen und kleinere Zeiteinheiten verwendet werden können.

145 Dies wäre z.B. der Fall, wenn der in MTTv1 erstellte Beglaubigungsträger eine Gültigkeitsdauer bis zum Jahr 2050 besitzt.

Technische Identitätskennung für das Trustcenter

Das Trustcenter, das den Beglaubigungsträger erstellt hat, soll über eine technische Identitätskennung eindeutig identifiziert werden können. Zur Ablage der Kennung ist das „issuer"-Pflichtfeld vorgesehen, bei dem die Verwendung des Formats „Distinguished Names" nach [ITU-T-X.501 1997] vorgeschrieben wird.

Es besteht eine große Gefahr der Entstehung von Interoperabilitätsproblemen, da bei den betrachteten Normen erhebliche Unterschiede hinsichtlich der akzeptierten Attributtypen[146], der erlaubten Maximallängen für die Attributwerte und der verwendeten Zeichensätze existieren. Dies belegen folgende Beispiele:

- Der bei ISIS erlaubte Attributtyp „EMAIL ADRESS" ist bei MTTv2-konformen TSI nicht zugelassen [vgl. AGTC-ISIS 1999, S. 88; TTT-MTT2-A 1999, S. 10].
- Während bei MTTv2 für die Maximallängen der Attributwerte in der Regel die Empfehlungen nach [ITU-T-X.520 1995] übernommen wurden, sind die Vorgaben bei ISIS wesentlich restriktiver [vgl. AGTC-ISIS 1999, S. 23; TTT-MTT2-A 1999, S. 11].
- Die bei ISIS, MISPC und RFC 2459 verwendbaren Zeichensätze „TeletexString", „BMPString" und „UniversalString" sind bei MTTv2 nicht zugelassen [vgl. AGTC-ISIS 1999, S. 22f.; TTT-MTT2-A 1999, S. 11; NIST-MISPC 1997, S. (3-2); IETF-RFC2459 1999, S. 19].

Bei Versionsnummer 3 kann für die Ablage der technischen Identitätskennung zusätzlich oder alternativ das „issuerAltName"-Standard-Erweiterungsfeld benutzt werden. Anders als beim „issuer"-Feld wird hier lediglich die Verwendung eines „GeneralNames"-Typs vorgeschrieben. Die Auswahlmöglichkeiten beinhalten neben dem o.g. Format „Distinguished Names" auch die Kodierung „OtherName", bei der die Syntax frei gewählt werden kann. Die sich hieraus ergebenden Möglichkeiten der Entstehung von Interoperabilitätsproblemen sind offensichtlich. In den betrachteten X.509-Profilen wird jedoch zur Ablage der eindeutigen Kennung i.d.R. das „issuer"-Feld verwendet und die Erweiterung nur für ergänzende Angaben genutzt.

Neben den Feldern „issuer" und „issuerAltName" existiert ab Version 2 das Feld „issuerUniqueID". Dieses stellt die Möglichkeit bereit, eine im „issuer" bzw. „issuerAltName" abgelegte Kennung für ein Trustcenter zu einem späteren Zeitpunkt für ein anderes Trustcenter zu verwenden. Eine solche mehrfache Vergabe der gleichen Kennung könnte Irritationen bei den Benutzern hervorrufen. Dieses Problem wird jedoch in der Praxis kaum auftreten, da die betrachteten X.509-

---

146 Eine Kennung im Format „Distinguished Names" setzt sich zusammen aus einer Folge von Attributtypen und Attributwerten, z.B. C(country)="DE", O(organization)= "Institut für Bankinformatik und Bankstrategie", CN(common name)="Philip Tauschek".

PKZ-Profile die Nutzung des Felds verbieten (MTTv2, ISIS, SigI, MISPC) oder zumindest dringend empfehlen, es nicht zu verwenden (RFC 2459) [vgl. NIST-MISPC 1997, S. (3-3); AGTC-ISIS 1999, S. 34; BSI-SigI-A1 1999, S. 31; TTT-MTT2-A 1999, S. 13; IETF-RFC2459 1999, S. 24].

Um eine möglichst weitreichende Interoperabilität zu erzielen, sollte in der ATSI zur Ablage der technischen Identitätskennung nur das Feld „issuer" benutzt werden. Insbesondere ist von der Verwendung des Felds „issuerUniqueID" abzuraten. Weiterhin sollten ausschließlich gängige Attributtypen, geringe Feldlängen und soweit möglich mit dem Format „PrintableString" darstellbare Standardzeichen verwendet werden.

Abgesehen von den wegen unterschiedlicher Datenformate entstehenden Interoperabilitätsproblemen können Homonyme und Synonyme zu Schwierigkeiten führen[147]. Werden diese nicht als solche erkannt, so sind Fehlinterpretationen wahrscheinlich. Diesem Problem kann mit der in Abschn. 3.5.2.6 vorgeschlagenen Leistung „ID-Auskunft" entgegengewirkt werden.

Angaben zur Policy

In dem Standard-Erweiterungsfeld „certificatePolicies" können Angaben über die dem Beglaubigungsträger zugrundeliegenden Policies gemacht werden. Die Erweiterung besteht aus einer Folge von „PolicyInformation"-Feldern[148], die jeweils die Kennung einer Policy in dem „policyIdentifier"-Unterfeld und ggf. ergänzende Angaben zu dieser in dem optionalen „policyQualifiers"-Unterfeld enthalten.

Bzgl. der verwendbaren Werte in den genannten Feldern werden von der ITU-T keine konkreten Vorgaben gemacht:

> *„Certificate policies and certificate policy qualifier types may be defined by any organization with a need." [ITU-T-X.509 1997, S. 27]*

Diese Möglichkeit der beliebigen Definition von Kennungen wird bei den betrachteten Profilen nicht unterbunden, was zu einer Vielzahl von jeweils nur in wenigen TSI interpretierbaren Feld-Werten führen kann. Den hieraus entstehenden Interoperabilitätsproblemen kann mit der in Abschn. 3.4.4.3 beschriebenen „Policy-Auskunft" bzw. mit der in Abschn. 3.5.2.8 vorgeschlagenen „TSI-Auskunft" begegnet werden.

Hinsichtlich der Spezifikation MTTv2 ist zu erwähnen, dass dort im Gegensatz zu den anderen Normen die Benutzung des „policyQualifiers"-Unterfelds verboten ist [vgl. TTT-MTT2-A 1999, S. 20]. Stattdessen wird eine eigene Erweiterung für die Beschaffung von weiteren Angaben zu einer Policy definiert[149], wodurch Interoperabilitätsprobleme entstehen können. Weiterhin ist zu beachten, das in ISIS-,

---

147 Vgl. Abschn. 3.3.4.

148 Zusammengesetzte Datentypen werden in der X.509-Norm stets groß geschrieben.

149 Vgl. Unterpunkt „Private Erweiterungen zur Ablage weiterer allgemeiner Rahmenangaben" in diesem Abschnitt.

SigI- und MTTv2-konformen TSI für den Fall, dass mehrere „PolicyInformation"-Felder vorhanden sind, von diesen nur eines ausgewertet werden muss [vgl. AGTC-ISIS 1999, S. 48; BSI-SigI-A1 1999, S. 45; TTT-MTT2-A 1999, S. 20].

Die durch die Konstellationen der Eigenschaften des Erweiterungsfelds bei den betrachteten Normen induzierten Interoperabilitätsproblemen sind insgesamt als mittelstark zu bewerten (vgl. Tab. 5.13).

	AGTC/ISIS bzw. BSI/SigI	TTT/MTTv2	NIST/MISPC	IETF/ RFC 2459	ITU-T/X.509
Kritikalität	non-critical	optional	optional	optional	optional
Präsenzforderung	obligatorisch	optional[150]	optional	optional	optional
Verarbeitungsforderung	obligatorisch[151]	obligatorisch	obligatorisch	optional	optional

Tab. 5.13: Eigenschaften des Standard-Erweiterungsfelds "certificatePolicies" bei den betrachteten Normen

Um eine möglichst weitreichende Interoperabilität zu erzielen, sollten in der ATSI nur gängige Policy-Kennungen verwendet werden. Auf die Angabe mehrerer Kennungen innerhalb eines Beglaubigungsträgers sollte nach Möglichkeit verzichtet werden. Die Benutzung des „policyQualifiers"-Unterfelds ist nicht zu empfehlen. Weiterhin ist die Klassifizierung des „certificatePolicies"-Felds als „non-critical" anzuraten.

Angaben zur Beschaffung von zugehörigen Sperrlisten

Im Standard-Erweiterungsfeld „cRLDistributionPoints" können Angaben zur Beschaffung von Sperrlisten gemacht werden. Die Erweiterung besteht aus einer Folge von Einträgen, die jeweils drei optionale Unterfelder beinhalten. Über das „distributionPoint"-Unterfeld wird auf den Ort verwiesen, von dem die Sperrliste bezogen werden kann, wobei eine Vielzahl von Formaten für die Verweisangabe zugelassen sind. Das „reasons"-Unterfeld enthält Informationen zu den Sperrgründen, die durch die Sperrliste abgedeckt werden. Die möglichen Werte dieses Felds sind vorgegeben. Im „cRLIssuer"-Unterfeld wird die technische Identitätskennung des Trustcenters, das die Sperrliste herausgibt, genannt.

Bei den betrachteten Normen bestehen Divergenzen hinsichtlich der Nutzung des Felds. So wird von ISIS und SigI im Gegensatz zu den anderen Normen die Verwendung des „reasons"-Unterfelds grundsätzlich verboten, da keine Segmentie-

---

150 Die Verwendung des „policyQualifiers"-Unterfelds ist jedoch verboten.

151 Bei nicht zum deutschen Signaturgesetz konformen TSI ist die Verarbeitung des Felds optional.

rung von Sperrlisten vorgenommen werden soll [vgl. AGTC-ISIS 1999, S. 60, BSI-SigI-A1 1999, S. 59]. Bei MTTv2 ist die Verwendung des „distributionPoint"-Unterfelds nicht optional, womit diese Norm von der Vorgabe der ITU-T abweicht[152] [vgl. TTT-MTT2-A 1999, S. 27]. Weiterhin können Interoperabilitätsprobleme durch Unterschiede hinsichtlich der zum Verweis auf die Sperrlisten im „distributionPoint"-Unterfeld verwendeten Formate entstehen.

Die durch die Konstellationen der Eigenschaften des Erweiterungsfelds bei den betrachteten Normen induzierten Interoperabilitätsprobleme sind insgesamt als mittelstark zu bewerten (vgl. Tab. 5.14).

	AGTC/ISIS bzw. BSI/SigI	TTT/MTTv2	NIST/MISPC	IETF/ RFC 2459	ITU-T/ X.509
Kritikalität	non-critical	non-critical	optional	optional	optional
Präsenzforderung	optional[153]	optional[154]	obligatorisch	optional	optional
Verarbeitungsforderung	optional	obligatorisch[155]	obligatorisch[155]	optional	optional

Tab. 5.14: Eigenschaften des Standard-Erweiterungsfelds „cRLDistributionPoints" bei den betrachteten Normen

Um eine möglichst weitreichende Interoperabilität zu erzielen, sollte das „distributionPoint"-Unterfeld stets verwendet werden, wobei zum Verweis auf die Sperrliste ein URI-Format nach [IETF-RFC2396 1998] zu bevorzugen ist. Die Unterteilung der Sperrlisten nach Sperrgründen bzw. die Verwendung des „reasons"-Unterfelds kann leicht zu Interoperabilitätsproblemen führen[156]. Die „cRLDistributionPoints"-Erweiterung sollte als „non-critical" klassifiziert werden.

Angaben zur Identifikation des öffentlichen Schlüssels des Trustcenters

In dem Standard-Erweiterungsfeld „authorityKeyIdentifier" können Angaben zur Identifikation des zur Überprüfung des Beglaubigungsträgers zu verwendenden öffentlichen Schlüssels bzw. Public-Key-Zertifikats gemacht werden. Informationen in diesem Feld sind insbesondere dann hilfreich, wenn ein Trustcenter mehre-

---

152 Nach ITU-T/X.509 kann das „distributionPoint"-Feld weggelassen werden, wenn für den Wert des Felds der des „cRLIssuer"-Unterfelds verwendet werden soll [vgl. ITU-T-X.509 1997, S. 38].

153 Die Verwendung des „reasons"-Unterfelds ist jedoch verboten.

154 Bei Verwendung des Felds ist die Präsenz des „distributionPoint"-Unterfelds obligatorisch.

155 Es muss wenigstens das URI-Format „LDAP" beherrscht werden.

156 Vgl. Unterpunkt „Identifikation der Bezugsquellen für partitionierte Sperrlisten" in Abschn. 5.4.1.3.1.1.

re verschiedene Schlüssel besitzt oder für einen Schlüssel mehrere verschiedene Public-Key-Zertifikate verwendet.

In dem Feld können über zwei verschiedene Methoden Angaben gemacht werden:

1) Direkte Methode: Es wird auf einen öffentlichen Schlüssel durch die Angabe seiner Kennung im „keyIdentifier"-Unterfeld verwiesen. Hierdurch können mehrere Public-Key-Zertifikate referenziert werden;
2) Indirekte Methode: Es wird auf ein konkretes Public-Key-Zertifikat durch die Angabe der Seriennummer im „authorityCertSerialNumber"-Unterfeld und der technischen Identitätskennung des Trustcenters im „authorityCertIssuer"-Unterfeld verwiesen.

Die betrachteten Normen unterscheiden sich erheblich bzgl. der bei ihnen eingesetzten Methoden (vgl. Tab. 5.15). Hieraus ergeben sich starke Interoperabilitätsprobleme. Die gleichzeitige Verwendung beider Verfahren innerhalb eines Beglaubigungsträgers kann zu seiner Ablehnung führen. Um dieses Problem aufzulösen, könnten in der ATSI für die Beglaubigungsaussage ggf. mehrere Beglaubigungsträger erstellt werden, welche die jeweiligen Anforderungen der unterschiedlichen Normen erfüllen. In der ATSI sollten grundsätzlich beide Methoden verarbeitet werden können.

	AGTC/ISIS bzw. BSI/SigI	**TTT/MTTv2**	**NIST/MISPC**	**IETF/ RFC 2459**	**ITU-T/ X.509**
Kritikalität	non-critical	non-critical	non-critical	non-critical	non-critical
Präsenz-forderung	direkte Methode optional, indirekte Methode obligatorisch	direkte Methode verboten, indirekte Methode optional	direkte Methode obligatorisch, indirekte Methode optional (Verarbeitung) bzw. verboten (Erstellung)	direkte Methode obligatorisch, indirekte Methode optional	optional
Verarbeitungs-forderung	direkte Methode optional, indirekte Methode obligatorisch	optional	optional	optional	optional

Tab. 5.15: Eigenschaften des Standard-Erweiterungsfelds „authorityKeyIdentifier" bei den betrachteten Normen

Private Erweiterungen zur Ablage weiterer allgemeiner Rahmenangaben

Unter Verwendung der in den betrachteten Normen definierten privaten Erweiterungsfelder können weitere allgemeine Rahmenangaben in den Beglaubigungsträger abgelegt werden. Um eine möglichst weitreichende Interoperabilität zu erreichen, sollten diese Erweiterungen in der ATSI verarbeitet werden können. Im Folgenden wird auf die einzelnen Felder kurz eingegangen.

Die „authorityInfoAccess"-Erweiterung ermöglicht die Bereitstellung von Informationen über das Trustcenter und hinsichtlich des Zugriffs auf seine Leistungen. Bspw. könnte die Internet-Adresse, über die auf einen TSI-Auskunfts- oder einen Verifizierungsdienst zugegriffen werden kann, angegeben werden. Dieses stets als „non-critical" zu markierende Feld ist die einzige von der ITU-T vordefinierte private Erweiterung. Es ist hinsichtlich seiner Verwendung in RFC 2459 näher spezifiziert worden [vgl. IETF-RFC2459 1999, S. 41f.]. In MISPC und MTTv2 wird das Feld nicht erwähnt. Anders als bei ISIS ist die Verwendung des „authorityInfoAccess"-Felds bei SigI verboten.

Die durch die Konstellationen der Eigenschaften des Erweiterungsfelds bei den betrachteten Normen induzierten Interoperabilitätsprobleme sind insgesamt als schwach bis mittelstark zu bewerten (vgl. Tab. 5.16).

	AGTC/ISIS	BSI/SigI	TTT/ MTTv2	NIST/ MISPC	IETF/ RFC 2459	ITU-T/ X.509
Kritikalität	non-critical	non-critical	Feld wird nicht erwähnt	Feld wird nicht erwähnt	non-critical	non-critical
Präsenzforderung	obligatorisch	verboten			optional	optional
Verarbeitungsforderung	obligatorisch	optional			optional	optional

Tab. 5.16: Eigenschaften des privaten Erweiterungsfelds „authorityInfoAccess" bei den betrachteten Normen

Folgende private Erweiterungen zur Ablage von allgemeinen Rahmenangaben werden ausschließlich in ISIS und SigI definiert:

- Die „dateOfCertGen"-Erweiterung, mit der das Erstellungsdatum des Beglaubigungsträgers angegeben werden kann [vgl. AGTC-ISIS 1999, S. 73f.; BSI-SigI-A1 1999, S. 72]. Die Verwendung der Erweiterung ist optional. Ihre Verarbeitung wird gefordert;
- Die „liabilityLimitationFlag"-Erweiterung, mit der angezeigt werden kann, dass eine Begrenzung der Nutzungsmöglichkeiten des Schlüssels existiert und die Beschränkungsangaben einem Attributzertifikat zu entnehmen sind[157] [vgl. AGTC-ISIS 1999, S. 72f.; BSI-SigI-A1 1999, S. 70f.]. Liegt dieser Fall vor, so ist die Verwendung der Erweiterung obligatorisch. Ihre Verarbeitung wird gefordert;

157 Das Feld ist ursprünglich von der TeleSec [1998, S. 8] definiert worden.

- Die „iCCSN"-Erweiterung, mit der die Seriennummer der als PSE verwendeten Chipkarte angegeben werden kann [vgl. AGTC-ISIS 1999, S. 81f.; BSI-SigI-A1 1999, S. 80f.]. Die Verwendung der Erweiterung ist optional. Ihre Verarbeitung wird gefordert, sofern Chipkarten verwendet werden;
- Die „pKReference"-Erweiterung, mit der eine Chipkarten-Referenzierung öffentlicher Schlüssel erfolgen kann [vgl. AGTC-ISIS 1999, S. 83f.; BSI-SigI-A1 1999, S. 81f.]. Die Verwendung der Erweiterung ist optional. Ihre Verarbeitung wird gefordert, sofern Chipkarten verwendet werden.

Die Erweiterungen sind stets als „non-critical" zu markieren. Ihre Unterstützung in nicht zu ISIS bzw. SigI konformen TSI ist nicht zu erwarten, was zu Interoperabilitätsproblemen führen kann.

Folgende private Erweiterungen zur Ablage von allgemeinen Rahmenangaben werden ausschließlich in MTTv2 definiert [vgl. TTT-MTT2-A 1999, S. 29f.]:

- Die „issuerCertDistributionPoint"-Erweiterung, mit der ein Bezugspunkt für Beglaubigungsträger des übergeordneten Trustcenters angegeben werden kann;
- Die „subjectCertDistributionPoint"-Erweiterung, mit der ein Bezugspunkt für Beglaubigungsträger, die von dem Trustcenter für den Beglaubigungsträger-Inhaber ausgestellt worden sind, bekannt gegeben werden kann;
- Die „policyDistributionPoint"-Erweiterung, über die ein Bezugspunkt für die innerhalb eines Beglaubigungsträgers angegebene Policy bereitgestellt werden kann.

Die Erweiterungen sind stets als „non-critical" zu markieren und ihre Präsenz ist optional. Die Verarbeitung wird gefordert. Die Unterstützung in nicht zu MTTv2 konformen TSI ist nicht zu erwarten, was zu Interoperabilitätsproblemen führen kann.

Zusätzlich wird in MTTv2 die „testIdentifier"-Erweiterung definiert, mit der angezeigt werden kann, dass ein Beglaubigungsträger ausschließlich zu Testzwecken verwendet werden darf [vgl. TTT-MTT2-A 1999, S. 30]. Die Verarbeitung der Erweiterung wird in MTTv2-konformen TSI nicht gefordert. Die Unterstützung in anderen TSI ist nicht zu erwarten. Da die Erweiterung stets als „critical" zu markieren ist, besteht jedoch keine Gefahr, dass ein Test-Beglaubigungsträger in einer TSI fälschlicherweise angenommen wird.

5.4.1.1.2.2 Public-Key-Beglaubigungsaussage

Technische Identitätskennung für den Beglaubigungsträgerinhaber

Der Beglaubigungsträgerinhaber soll über eine technische Identitätskennung eindeutig identifiziert werden können. Die hierbei entstehenden Interoperabilitätsprobleme und die Ansätze zu deren Lösung sind weitgehend analog zu denen, die im vorherigen Abschnitt unter dem Punkt „Technische Identitätskennung für das Trustcenter" aufgezeigt worden sind, wobei an die Stelle der Felder „issuer",

„issuerAltName" und „issuerUniqueID" die Felder „subject", „subjectAltName" und „subjectUniqueID" treten. Erwähnenswert ist, dass ISIS und SigI im Gegensatz zu den anderen Normen konkrete Vorgaben zum Umgang mit Pseudonymen für Beglaubigungsträgerinhaber machen [vgl. AGTC-ISIS 1999, S. 87; BSI-SigI-A1b 1999, S. 4]. Die Berücksichtigung dieser Vorgaben in nicht ISIS- bzw. SigI-konformen TSI ist nicht zu erwarten, was zu Interoperabilitätsproblemen führen kann.

Öffentlicher Schlüssel

Das Pflichtfeld „subjectPublicKeyInfo" enthält im Unterfeld „subjectPublicKey" den beglaubigten öffentlichen Schlüssel. Angaben zu den mit dem Schlüssel zu benutzenden Algorithmen befinden sich im „algorithm"-Unterfeld[158]. In dem optionalen „parameters"-Unterfeld werden ggf. vom Algorithmus zu verwendende Parameter bereitgestellt. Interoperabilitätsprobleme können hinsichtlich der zur Schlüsselablage benutzten Kodierung, der Form der Parameterübergabe und den für die Algorithmen verwendeten Kennungen entstehen. So wird bspw. in MTTv1- und MISPC-konformen TSI für die Algorithmenkombination „RSA mit PKCS-Padding [RSA-PKCS1 1998] und SHA-1" eine andere Kennung verwendet als in SigI-konformen TSI [vgl. BSI-SigI-A2 1999, S. 13; TTT-MTT1 1996, S. 53; NIST-MISPC 1997, S. (3-4)]. In MTTv2-konformen TSI werden beide Alternativen unterstützt [vgl. TTT-MTT2-C 1999, S. 16].

Für die korrekte Interpretation von Public-Key-Zertifikaten müssen in der ATSI die vielfältigen Formen der Verwendung des „subjectPublicKeyInfo"-Felds bekannt sein. Im Hinblick auf die Ausstattung der ATSI-Teilnehmer mit Schlüsselpaaren und Public-Key-Zertifikaten sollte ausschließlich auf gängige Algorithmen, Kennungen und Kodierungen zurückgegriffen werden. Neben den Problemen, die sich aus der Interpretation der in diesem Feld abgelegten Daten ergeben, stellt sich die Frage, welche öffentlichen Schlüssel bzw. welche Algorithmen tatsächlich in den jeweiligen TSI verwendet werden können. Diese Thematik wird in Abschn. 5.4.3.6 behandelt.

5.4.1.1.2.3 Schlüsselattribut-Beglaubigungsaussagen

Verwendungszweck des beglaubigten öffentlichen Schlüssels

In dem Standard-Erweiterungsfeld „keyUsage" können Angaben über die Grundfunktionen gemacht werden, die mit dem beglaubigten öffentlichen Schlüssel bzw. dem zugehörigen privaten Schüssel durchgeführt werden dürfen. Zu den Grundfunktionen gehören z.B. der Austausch von symmetrischen Nachrichtenschlüsseln sowie die Erstellung und Prüfung bestimmter Beglaubigungsträger. Die zur korrekten Interpretation des Felds notwendigen syntaktischen und semantischen Re-

158 Hier ist das Unterfeld „algorithm" des gleichnamigen Unterfelds des Felds „subjectPublicKey" gemeint.

geln werden vorgegeben, so dass diesbezüglich keine Interoperabilitätsprobleme zu erwarten sind. Schwierigkeiten können sich jedoch aus den bei den betrachteten Normen bestehenden Divergenzen hinsichtlich der tatsächlich unterstützten Verwendungszwecke und der verbotenen Verwendungszweck-Kombinationen ergeben. So werden bspw. in MISPC-konformen TSI Teilnehmer-Public-Key-Zertifikate abgelehnt, in denen als Verwendungszweck für den Schlüssel sowohl die Erzeugung digitaler Signaturen als auch die Verschlüsselung angegeben wird [vgl. NIST-MISPC 1997, S. (3-11)]. Solche Beglaubigungsträger können jedoch in RFC 2459- oder MTTv2-konformen TSI erstellt und verwendet werden [vgl. IETF-RFC2459 1999, S. 27f.; TTT-MTT2-A 1999, S. 18f.].

Die durch die Konstellationen der Eigenschaften des Erweiterungsfelds bei den betrachteten Normen induzierten Interoperabilitätsprobleme sind insgesamt als mittelstark zu bewerten (vgl. Tab. 5.17).

	AGTC/ISIS bzw. BSI/SigI	TTT/MTTv2	NIST/MISPC	IETF/ RFC 2459	ITU-T/ X.509
Kritikalität	critical	critical	critical	optional	optional
Präsenzforderung	obligatorisch	optional	obligatorisch	optional	optional
Verarbeitungsforderung	obligatorisch	obligatorisch	obligatorisch	optional	optional

Tab. 5.17: Eigenschaften des Standard-Erweiterungsfelds „keyUsage" bei den betrachteten Normen

Um eine möglichst weitreichende Interoperabilität zu erzielen, sollte in der ATSI das Feld verwendet werden. Die Erstellung von für die benötigten Verwendungszwecke jeweils gesonderten Public-Key-Zertifikaten ist zu empfehlen[159].

Unter Einsatz des Standard-Erweiterungsfelds „extKeyUsage" ist die Bereitstellung von weiteren Angaben zu dem Verwendungszweck des beglaubigten öffentlichen Schlüssels möglich. Hier können Interoperabilitätsprobleme auftreten, da von der ITU-T keine konkreten Vorgaben bzgl. der Verwendung des Felds gemacht werden:

> *„Key purposes may be defined by any organization with a need." [ITU-T-X.509 1997, S. 25]*

Die durch die Konstellationen der Eigenschaften des Erweiterungsfelds bei den betrachteten Normen induzierten Interoperabilitätsprobleme sind insgesamt als mittelstark zu bewerten (vgl. Tab. 5.18).

Um eine möglichst weitreichende Interoperabilität zu erzielen, sollten in der ATSI möglichst viele der in anderen TSI definierten Verwendungszwecke bekannt sein.

---

159 Vgl. dazu die Ausführungen zu Signaturschlüssel- und Verschlüsselungsschlüssel-Zertifikaten in Abschn. 3.4.1.1.

Bei der Erzeugung von Beglaubigungsträgern ist die Benutzung des Felds nicht anzuraten.

	AGTC/ISIS bzw. BSI/SigI	TTT/MTTv2	NIST/MISPC	IETF/ RFC 2459	ITU-T/ X.509
Kritikalität	non-critical	Feld wird nicht erwähnt	non-critical	optional	optional
Präsenzforderung	obligatorisch		optional	optional	optional
Verarbeitungsforderung	optional		optional	optional	optional

Tab. 5.18: Eigenschaften des Standard-Erweiterungsfelds „extKeyUsage" bei den betrachteten Normen

In dem Standard-Erweiterungsfeld „basicConstraints" kann angegeben werden, ob mit dem im Public-Key-Zertifikat enthaltenen öffentlichen Schlüssel Public-Key-Zertifikate von anderen Trustcentern grundsätzlich verifiziert werden dürfen. Wenn dies der Fall ist, können in dem „pathLenContraint"-Unterfeld zusätzlich Angaben bzgl. der maximal zugelassenen Anzahl der diesem Public-Key-Zertifikat im Zertifizierungspfad untergeordneten Public-Key-Zertifikate gemacht werden. Nach ITU-T X.509 ist das Fehlen des „pathLenConstraint"-Unterfelds in einem vorhandenen „basicConstraints"-Erweiterungsfeld so zu interpretieren, dass keine Beschränkung hinsichtlich der Länge des Zertifizierungspfads vorgegeben wird [vgl. ITU-T-X.509 1997, S. 31]. Abweichend von dieser Regel ist in ISIS- und SigI-konformen TSI dieser Fall als „keine Angabe" zu interpretieren und die Beschränkung der Pfadlänge muss der Policy entnommen werden [vgl. AGTC-ISIS 1999, S. 39; BSI-SigI-A1 1999, S. 36]. Diese Abweichung kann zu Interoperabilitätsproblemen führen. Zur Verringerung der Gefahr von Fehlinterpretationen ist die Verwendung des Policy-Auskunftsdiensts bzw. des TSI-Auskunftsdiensts zu empfehlen.

Die durch die Konstellationen der Eigenschaften des Erweiterungsfelds bei den betrachteten Normen induzierten Interoperabilitätsprobleme sind insgesamt als schwach zu bewerten (vgl. Tab. 5.19).

Um eine möglichst weitreichende Interoperabilität zu erzielen, sollte in der ATSI das Feld verwendet werden.

In dem Standard-Erweiterungsfeld „nameConstraints" kann ein ID-Bereich angeführt werden, in dem die technische Identitätskennung des Inhabers eines zu prüfenden Beglaubigungsträgers liegen muss, damit dieser mit dem öffentlichen Schlüssel verifiziert werden darf. Handelt es sich bei dem zu prüfenden Beglaubigungsträger um ein Public-Key-Zertifikat in einem Zertifizierungspfad, so müssen auch die technischen Identitätskennungen der Inhaber der dem zu prüfenden Public-Key-Zertifikat nachfolgenden Public-Key-Zertifikate in dem angegebenen ID-Bereich liegen. Die Information besteht aus einer Folge von Angaben bzgl. zugelassener und ausgeschlossener ID-Teilbäume. Es wird also vorausgesetzt, dass sich die verwendeten technischen Identitätskennungen in einer Baumstruktur anordnen lassen.

	AGTC/ISIS bzw. BSI/SigI	TTT/ MTTv2	NIST/MISPC	IETF/ RFC 2459	ITU-T/X.509
Kritikalität	critical	critical	critical (TC-Zertifikate), optional (Teilnehmer-Zertifikate)	critical	optional
Präsenzforderung	obligatorisch	optional[160]	obligatorisch	obligatorisch (TC-Zertifikate), optional (Teilnehmer-Zertifikate)	optional
Verarbeitungsforderung	obligatorisch	obligatorisch	obligatorisch	obligatorisch	optional

Tab. 5.19: Eigenschaften des Standard-Erweiterungsfelds „basicConstraints" bei den betrachteten Normen

Damit das Feld korrekt interpretiert werden kann, müssen das für die technischen Identitätskennungen verwendete Datenformat sowie die hinsichtlich der Baumstruktur anzuwendenden Regeln beherrscht werden. In ISIS- und SigI-konformen TSI können Schwierigkeiten dadurch entstehen, dass die Verwendung der Erweiterung dort verboten ist [vgl. AGTC-ISIS 1999, S. 67; BSI-SigI-A-1 1999, S. 67]. Davon abgesehen besteht bei den betrachteten Normen eine hohe Übereinstimmung bzgl. der Eigenschaften des Erweiterungsfelds (vgl. Tab. 5.20), so dass dort, zumindest sofern für die technischen Identitätskennungen das gängige Format „Distinguished Names" nach [ITU-T-X.501 1997] verwendet wird, kaum Interoperabilitätsprobleme zu erwarten sind.

	AGTC/ISIS bzw. BSI/SigI	TTT/MTTv2	NIST/MISPC	IETF/ RFC 2459	ITU-T/X.509
Kritikalität	critical	critical	critical	critical	optional
Präsenzforderung	verboten	optional[160]	optional	optional	optional
Verarbeitungsforderung	obligatorisch	obligatorisch	obligatorisch	obligatorisch	optional

Tab. 5.20: Eigenschaften des Standard-Erweiterungsfelds „nameConstraints" bei den betrachteten Normen

160 Für MTTv2-konforme TSI, die keine MTTv1-Komponenten berücksichtigen müssen, ist die Präsenz des Felds obligatorisch.

In dem Standard-Erweiterungsfeld „policyConstraints" können weitere Voraussetzungen angeführt werden, die erfüllt werden müssen, damit ein zu prüfender Beglaubigungsträger mit dem öffentlichen Schlüssel verifiziert werden darf. Das optionale „inhibitPolicyMapping"-Unterfeld dient der Anzeige, nach wie vielen im Zertifizierungspfad folgenden Public-Key-Zertifikaten die Anerkennung fremder Policies über die „Policy-Mapping-Erweiterung"[161] verboten ist. Dieses Feld bietet einem Trustcenter bspw. die Möglichkeit zu fordern, dass nachfolgende Trustcenter keine fremden Policies anerkennen dürfen. Über das optionale „requireExplicitPolicy"-Unterfeld kann angegeben werden, nach wie vielen im Zertifizierungspfad folgenden Public-Key-Zertifikaten eine akzeptierte Policy in allen weiteren Public-Key-Zertifikaten explizit aufgeführt sein muss. Dieses Feld erlaubt es einem Trustcenter zu verlangen, dass alle im Zertifizierungspfad folgenden Beglaubigungsträger gemäß einer akzeptierten Policy erstellt worden sein müssen.

Die durch die Konstellationen der Eigenschaften des Erweiterungsfelds bei den betrachteten Normen induzierten Interoperabilitätsprobleme sind insgesamt als mittelstark zu bewerten (vgl. Tab. 5.21).

	AGTC/ISIS	BSI/SigI	TTT/MTTv2	NIST/MISPC	IETF/ RFC 2459	ITU-T/ X.509
Kritikalität	critical	critical	optional	critical	optional	optional
Präsenz-forderung	optional	verboten	optional	optional	optional	optional
Verarbeitungs-forderung	obligato-risch	obligato-risch	obligatorisch	obligatorisch	optional	optional

Tab. 5.21: Eigenschaften des Standard-Erweiterungsfelds „policyConstraints" bei den betrachteten Normen

Um eine möglichst weitreichende Interoperabilität zu erzielen, sollte in der ATSI das Feld bei der Erzeugung von Beglaubigungsträgern nicht benutzt werden, sofern dies mit der anzuwendenden Policy vereinbar ist.

Gültigkeitsdauer des zugehörigen privaten Schlüssels

In dem Standard-Erweiterungsfeld „privateKeyUsagePeriod" können unabhängig von den Angaben über die Gültigkeitsdauer des Beglaubigungsträgers Angaben über den Zeitraum gemacht werden, in dem Signaturen mit dem privaten Schlüssel erzeugt werden dürfen. Die Verwendung des Felds ist bspw. dann sinnvoll, wenn wegen des verwendeten Gültigkeitsmodells das Public-Key-Zertifikat eine mög-

---

[161] Vgl. Abschn. 5.4.1.1.2.5.

lichst lange Gültigkeitsdauer haben soll, die geplante Nutzungsdauer des Schlüsselpaares jedoch verhältnismäßig kurz ist.

Bezüglich des Formats zur Ablage der Informationen sind keine Interoperabilitätsprobleme zu erwarten, da stets „generalizedTime" zu verwenden ist. Da jedoch die Verarbeitung des Felds bei den betrachteten Normen nicht gefordert wird (Tab. 5.22), besteht eine hohe Gefahr der Missachtung des Felds. Dies kann hinsichtlich der Gültigkeitsprüfung zu Inkonsistenzen führen.

	AGTC/ISIS	BSI/SigI	TTT/MTTv2	NIST/MISPC	IETF/ RFC 2459	ITU-T/X.509
Kritikalität	non-critical	critical	non-critical	non-critical	non-critical	non-critical
Präsenzforderung	optional	optional	optional	optional	optional	optional
Verarbeitungsforderung	optional	optional	optional	optional	optional	optional

Tab. 5.22: Eigenschaften des Standard-Erweiterungsfelds „privateKeyUsagePeriod" bei den betrachteten Normen

Insgesamt sind die durch die Konstellationen der Eigenschaften des Erweiterungsfelds bei den betrachteten Normen induzierten Interoperabilitätsprobleme als schwach bis mittelstark zu bewerten.

Um eine möglichst weitreichende Interoperabilität zu erzielen, sollte in der ATSI das Feld stets verarbeitet, nicht jedoch bei der Erstellung von Beglaubigungsträgern verwendet werden.

Kennung für den beglaubigten öffentlichen Schlüssel

In dem Standard-Erweiterungsfeld „subjectKeyIdentifier" kann eine Kennung für den von dem Trustcenter beglaubigten öffentlichen Schlüssel angegeben werden. Informationen in diesem Feld sind hilfreich, wenn die zu einem bestimmten öffentlichen Schlüssel ausgestellten Public-Key-Zertifikate aufgefunden werden sollen. In diesem Zusammenhang können Interoperabilitätsprobleme hinsichtlich der für die Erstellung der Kennung eines öffentlichen Schlüssels anzuwendenden Regeln auftreten. In MISPC- und RFC 2459-konformen TSI wird die Präsenz des Felds bei für Trustcenter ausgestellten Zertifikaten gefordert (vgl. Tab. 5.23). Dies ist sinnvoll, da dort als Verfahren für die Identifikation des öffentlichen Schlüssels des Trustcenters die direkte Methode obligatorisch ist[162]. Entsprechend würde dort

[162] Vgl. Unterpunkt „Angaben zur Identifikation des öffentlichen Schlüssels des Trustcenters" in Abschn. 5.4.1.1.2.1.

das Fehlen des Felds zu erheblichen Problemen beim Aufbau des Zertifizierungspfads führen.

Insgesamt sind die durch die Konstellationen der Eigenschaften des Erweiterungsfelds bei den betrachteten Normen induzierten Interoperabilitätsprobleme als schwach zu bewerten (vgl. Tab. 5.23).

	AGTC/ISIS bzw. BSI/SigI	TTT/MTTv2	NIST/MISPC	IETF/RFC 2459	ITU-T/X.509
Kritikalität	non-critical	non-critical	non-critical	non-critical	non-critical
Präsenz-forderung	optional	optional	obligatorisch	obligatorisch für TC-Zertifikate, optional für Teil-nehmer-Zertifikate	optional
Verarbeitungs-forderung	optional	optional	optional	optional	optional

Tab. 5.23: Eigenschaften des Standard-Erweiterungsfelds „subjectKeyIdentifier“ bei den betrachteten Normen

Um eine möglichst weitreichende Interoperabilität zu erzielen, sollte das Erweiterungsfeld stets genutzt werden. Zur Festlegung der Kennung sollte eines der beiden in RFC 2459 vorgeschlagenen Verfahren verwendet werden. Dort wird sie auf Grundlage des sich aus dem öffentlichen Schlüssel ergebenden 160-Bit SHA-1 Hashwerts erzeugt [vgl. IETF-RFC2459 1999, S. 26].

Private Erweiterungen zur Ablage weiterer Schlüsselattribut-Beglaubigungsaussagen

In ISIS und SigI werden private Erweiterungsfelder festgelegt, mit denen die Ablage weiterer Schlüsselattribut-Beglaubigungsaussagen möglich ist. Definiert werden:

- die „monetaryLimit“-Erweiterung, mit der eine Begrenzung der Nutzungsmöglichkeiten des Schlüssels hinsichtlich des monetären Werts einer Transaktion erfolgen kann [vgl. AGTC-ISIS 1999, S. 78ff.; BSI-SigI-A1 1999, S. 77f.]. Die Verwendung der Erweiterung ist optional. Ihre Verarbeitung wird gefordert.
- die „restriction“-Erweiterung, mit der spezielle, in ISIS und SigI nicht konkret spezifizierte Einschränkungen der Nutzungsmöglichkeiten des Schlüssels gemacht werden können [vgl. AGTC-ISIS 1999, S. 84f.; BSI-SigI-A1 1999, S. 83]. Die Verwendung der Erweiterung ist optional. Ihre Verarbeitung wird gefordert.

Die Erweiterungen sind stets als „non-critical“ zu markieren und ihre Verwendung ist optional. Die Verarbeitung der Felder wird gefordert. Ihre Unterstützung in nicht zu ISIS bzw. SigI konformen TSI ist nicht zu erwarten, was zu Interoperabilitätsproblemen führen kann.

Um eine größtmögliche Interoperabilität zu erreichen, sollten die Erweiterungen in der ATSI erkannt werden.

5.4.1.1.2.4 Identitätsattribut-Beglaubigungsaussagen

Unter Verwendung der in den betrachteten Normen definierten privaten Erweiterungsfelder ist die Ablage von Identitätsattribut-Beglaubigungsaussagen möglich.

Die „biometricData"-Erweiterung wird ausschließlich in der MTTv2-Norm definiert [vgl. TTT-MTT2-A 1999, S. 23]. In ihr können zu dem Beglaubigungsträger-Inhaber gehörende biometrische Daten abgelegt werden. Hierbei ist durch die Angabe einer Kennung in dem „typeId"-Unterfeld der Typ der Daten näher zu spezifizieren[163]. Die Erweiterung ist stets als „non-critical" zu markieren. Ihre Verwendung und Verarbeitung sind optional. Die für den Typ der Daten zu benutzenden Kennungen werden in der MTTv2-Norm nicht spezifiziert. Aus diesen Gründen muss bei der Verwendung des Felds mit Interoperabilitätsproblemen gerechnet werden.

Auch in den Normen ISIS und SigI werden private Erweiterungen festgelegt, mit denen die Ablage von Identitätsattribut-Beglaubigungsaussagen möglich ist. Definiert werden:

- die „procuration"-Erweiterung, mit der eine Vertretungsberechtigung für eine dritte Person angezeigt werden kann [vgl. AGTC-ISIS 1999, S. 74f.; BSI-SigI-A1 1999, S. 73f.];
- die „admission"-Erweiterung, mit der das Vorhandensein einer speziellen Zulassung, z.B. für die Ausübung eines Berufs, angegeben werden kann [vgl. AGTC-ISIS 1999, S. 76f.; BSI-SigI-A1 1999, S. 74ff.];
- die „declarationOfMajority"-Erweiterung, mit der die Volljährigkeit des Beglaubigungsträger-Inhabers angezeigt werden kann [vgl. AGTC-ISIS 1999, S. 80f.; BSI-SigI-A1 1999, S. 79f.].

Die Erweiterungen sind stets als „non-critical" zu markieren und ihre Verwendung ist optional. Die Verarbeitung der Felder wird gefordert. Ihre Unterstützung in nicht zu ISIS bzw. SigI konformen TSI ist nicht zu erwarten, was zu Interoperabilitätsproblemen führen kann.

Um eine größtmögliche Interoperabilität zu erreichen, sollten die Erweiterungen in der ATSI erkannt werden.

---

163 Die biometrischen Daten können sich bspw. auf die Stimme, die Gesichtskontur, die Iris oder das Tippverhalten beziehen, wobei ihre Generierung mit einer Vielzahl unterschiedlicher Verfahren erfolgen kann.

5.4.1.1.2.5 Policy-Äquivalenz-Beglaubigungsaussagen

In dem Standard-Erweiterungsfeld „policyMappings" können Angaben bzgl. der Anerkennung fremder Policies gemacht werden. Die Erweiterung besteht aus einer Folge von Paaren, die jeweils die Kennung einer eigenen Policy und die einer als äquivalent angesehenen fremden Policy enthalten. Sie ist ausschließlich innerhalb von für Trustcenter ausgestellten Zertifikaten zu verwenden.

Insgesamt sind die durch die Konstellationen der Eigenschaften des Erweiterungsfelds bei den betrachteten Normen induzierten Interoperabilitätsprobleme als schwach zu bewerten (vgl. Tab. 5.24).

	AGTC/ISIS bzw. BSI/SigI	TTT/MTTv2	NIST/MISPC	IETF/ RFC 2459	ITU-T/ X.509
Kritikalität	non-critical	non-critical	non-critical	non-critical	non-critical
Präsenz-forderung	optional	optional	optional	optional	optional
Verarbeitungs-forderung	obligatorisch	optional	obligatorisch	optional	optional

Tab. 5.24: Eigenschaften des Standard-Erweiterungsfelds „policyMappings" bei den betrachteten Normen

Schwierigkeiten können jedoch hinsichtlich der für die einzelnen Policies verwendeten Kennungen auftreten. Hat der Benutzer die Möglichkeit, die Entscheidung über die Anerkennung einer Policy manuell durchzuführen, so ist hier der Einsatz des Policy-Auskunftsdiensts bzw. des TSI-Auskunftsdiensts sinnvoll.

5.4.1.1.2.6 Signatur des Trustcenters

Das „signature"-Feld enthält in dem „algorithm"-Unterfeld eine Kennung für die vom Trustcenter bei der Erstellung des Beglaubigungsträgers verwendete Kombination aus Hash- und Signaturalgorithmus. In dem optionalen „parameters"-Unterfeld werden ggf. vom Algorithmus zu benutzende Parameter bereitgestellt. Hier können Interoperabilitätsprobleme hinsichtlich der für die Algorithmen verwendeten Kennungen und der Form der Parameterübergabe entstehen. Diesbezüglich wird auf die Ausführungen im Unterpunkt „Öffentlicher Schlüssel" des Abschn. 5.4.1.1.2.2 verwiesen.

5.4.1.1.3 Neuer Vorschlag zur Reduzierung von Interoperabilitätsproblemen bei Berechtigungen bzw. Verbote indizierenden privaten Erweiterungsfeldern

Wie in den obigen Ausführungen deutlich geworden ist, sind hinsichtlich der Interoperabilität von TSI die Eigenschaften von Erweiterungsfeldern von besonderer Relevanz. In diesem Zusammenhang stellt sich bei der Definition von Berechtigungen bzw. Verbote indizierenden privaten Erweiterungen in der ATSI die Frage, mit welcher Kritikalität diese versehen werden sollten. Dieses Problem wird an dieser Stelle analysiert und es wird ein Lösungsvorschlag unterbreitet.

Problem der Festlegung der Kritikalität von Berechtigungen bzw. Verbote indizierenden privaten Erweiterungsfeldern

Bzgl. der Durchführung einer Aktion sind folgende Fragestellungen relevant:

- Möchte der Teilnehmer die Aktion durchführen?
- Darf der Teilnehmer die Aktion durchführen?
- Kann der Teilnehmer die Aktion durchführen?

Hieraus ergeben sich folgende Fälle:

1) Teilnehmer möchte, darf und kann die Aktion durchführen;
2) Teilnehmer möchte, darf und kann nicht die Aktion durchführen;
3) Teilnehmer möchte, darf nicht und kann die Aktion durchführen;
4) Teilnehmer möchte, darf nicht und kann nicht die Aktion durchführen;
5) Teilnehmer möchte nicht, darf und kann die Aktion durchführen;
6) Teilnehmer möchte nicht, darf und kann nicht die Aktion durchführen;
7) Teilnehmer möchte nicht, darf nicht und kann die Aktion durchführen;
8) Teilnehmer möchte nicht, darf nicht und kann nicht die Aktion durchführen.

Hiervon sollten nur die Fälle 1), 4), 6) und 8) eintreffen. Dies ergibt sich aus den im Folgenden definierten Forderungen:

- *Funktionalitätsforderung*: Wenn ein Teilnehmer eine Aktion durchführen möchte und dazu befugt ist, dann sollte er diese ausführen können. Demnach darf der Fall 2) nicht eintreten;
- *Sicherheitsforderung*: Ein Teilnehmer sollte eine Aktion nur dann durchführen können, wenn er dazu befugt ist. Demnach dürfen die Fälle 3) und 7) nicht eintreten;
- *Teilnehmerschutzforderung*: Ein Teilnehmer sollte eine Aktion nur dann durchführen können, wenn er dies möchte. Demnach dürfen die Fälle 5) und 7) nicht eintreten.

Bei der Festlegung der Kritikalität von Berechtigungen bzw. Verbote indizierenden Erweiterungen entsteht ein Konflikt zwischen der Erfüllung der Funktionalitätsforderung einerseits und der Erfüllung der Sicherheits- und Teilnehmerschutzforderung andererseits. Wird eine Erweiterung als „critical“ markiert, so ist der entsprechende Beglaubigungsträger von Anwendungen nicht mehr verwendbar, die diese Erweiterung nicht verarbeiten können. Gegen diese Markierung spricht die Funktionalitätsforderung. Wird die Erweiterung als „non-critical“ markiert, so ist nicht gewährleistet, dass sie die beabsichtigten Auswirkungen hat. Gegen diese Markierung sprechen die Sicherheits- und die Teilnehmerschutzforderung.

Vorschlag zur Lösung des Problems

Die zum Zweck der Erfüllung der Sicherheitsforderung eingesetzten Erweiterungen sind näher zu betrachten. Es ist danach zu fragen, warum die jeweilige Erweiterung zum Einsatz kommt. Als Gründe kommen hierfür in Frage:

1) Eine dritte Instanz (z.B. Staat) hat ein Interesse, bestimmte Teilnehmer gewisse Aktionen nicht durchführen zu lassen (z.B. zum Schutz von Minderjährigen vor jugendgefährdenden Inhalten).
2) Die Aktionspartner bzw. Leistungserbringer haben ein Interesse, bestimmte Teilnehmer gewisse Aktionen nicht durchführen zu lassen (z.B. zur Minimierung des Risikos, dass gelieferte Waren nicht bezahlt werden).

Trifft der erste Grund bzw. treffen beide Gründe zu, so ist bezogen auf den Anwender, für den der Beglaubigungsträger erstellt werden soll, der Wert der Erweiterung zu betrachten (z.B. „Volljährigkeit nicht gegeben"). Indiziert dieser, dass der Anwender zu den Teilnehmern gehört, die bestimmte Aktionen im Interesse der dritten Instanz nicht durchführen dürfen, so muss die Nutzungsbeschränkung explizit in den Beglaubigungsträger abgelegt werden. In diesem Fall wird die Erweiterung der Menge der expliziten Verbote $Erw_{explizite\_Verbote}$ hinzugefügt. Andernfalls ist sie in die Menge der expliziten Berechtigungen $Erw_{explizite\_Berechtigungen}$ aufzunehmen. Während die Erweiterungen der Menge $Erw_{explizite\_Verbote}$ als „critical" markiert werden müssen, sind die Erweiterungen der Menge $Erw_{explizite\_Berechtigungen}$ als „non-critical" zu klassifizieren.

Trifft ausschließlich der zweite Grund zu, so ist die Erweiterung stets der Menge $Erw_{explizite\_Berechtigungen}$ zuzuordnen. Es liegt im Interesse des Aktionspartners bzw. des Leistungserbringers, von einem Negativ-Sicherheitsmodell auszugehen (d.h. „alles was nicht explizit erlaubt ist, ist verboten"). Tut er dies nicht, so muss er das entsprechende Risiko tragen. Es ist bspw. denkbar, dass der Leistungserbringer eine Bonitätsbestätigung fordert. Kann die entsprechende vom Anwender gelieferte Beglaubigung von den Systemen des Leistungserbringers nicht interpretiert werden, so ist von letzterem zu entscheiden, ob er die Durchführung der Transaktion ablehnt oder dennoch vornehmen möchte.

Zur Erfüllung der Teilnehmerschutzforderung sollte der Benutzer die Möglichkeit haben, entsprechende Nutzungsbeschränkungen explizit in den Beglaubigungsträger ablegen zu lassen. Ein Beispiel hierfür wäre die freiwillige Beschränkung des maximalen Transaktionswerts von Aufträgen, die mit dem zum Public-Key-Zertifikat gehörenden privaten Schlüssel signiert werden dürfen. Die Menge der zum Teilnehmerschutz eingesetzten Erweiterungen wird mit $Erw_{explizite\_Verbote\_Teilnehmerschutz}$ bezeichnet. Damit diese Erweiterungen nicht unbemerkt unbeachtet bleiben, müssen sie als „critical" markiert werden. Tritt nun der Fall auf, dass in einer TSI die Erweiterung nicht interpretiert werden kann, so wird der Beglaubigungsträger abgelehnt, und der Anwender bekommt eine entsprechende Mitteilung. Diese ist als Warnung, dass u.U. bestimmte Teilnehmerschutzforderungen nicht berücksichtigt werden, aufzufassen. Der Anwender sollte nun die Möglichkeit haben, bewusst auf einen bestimmten Teilnehmerschutz zu verzichten. Zu diesem Zweck sollte auf einen Beglaubigungsträger zurückgegriffen werden können, der die entsprechende Teilnehmerschutz-Erweiterung nicht enthält. Um alle Kombinationen der gewünschten Teilnehmerschutz-Erweiterungen abzudecken, müssten $2^{|Erw_{explizite\_Verbote\_Teilnehmerschutz}|}$ Beglaubigungsträger erzeugt werden. Die Anzahl der in der Praxis auszustellenden Beglaubigungsträger wird jedoch dennoch gering sein, da zu erwarten ist, dass die Menge der gewünschten Teilnehmerschutz-Erweiterungen überschaubar sein wird. Weiterhin müssen wohl kaum alle theoretisch möglichen Kombinationen von Teilnehmerschutz-Erweiterungen berücksichtigt werden.

Der Teilnehmer ist also mit einer Menge von Beglaubigungsträgern auszustatten, wobei jeder dieser Beglaubigungsträger die Erweiterungen aus $Erw_{explizite\_Verbote}$ mit der Markierung „critical", die Erweiterungen aus $Erw_{explizite\_Berechtigungen}$ mit der Markierung „non-critical" und eine Teilmenge der Erweiterungen aus $Erw_{explizite\_Verbote\_Teilnehmerschutz}$ mit der Markierung „critical" enthält.

Ein Beispiel für die auf Grundlage einer Einteilung der Erweiterungen zu erzeugenden Beglaubigungsträger zeigt Abb. 5.2.

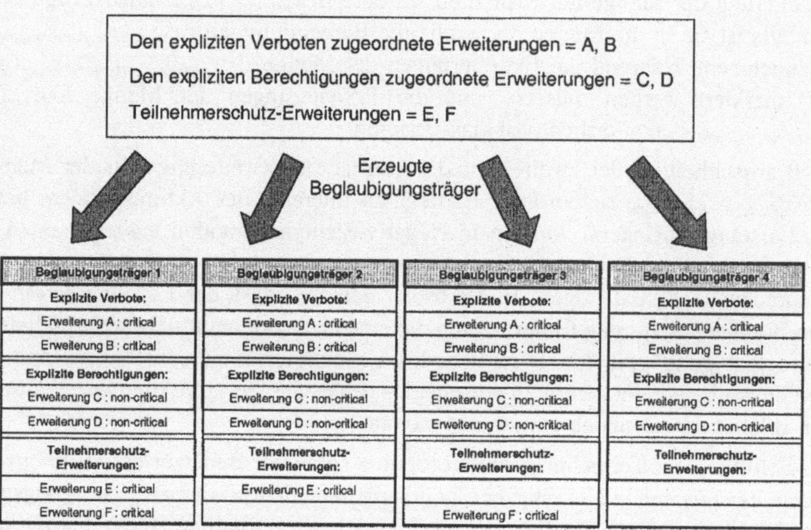

Abb. 5.2: Bsp. für die auf Grundlage einer Einteilung der Erweiterungen zu erzeugenden Beglaubigungsträger zur Überwindung von Interoperabilitätsproblemen

Die Erzeugung eines Beglaubigungsträgers wäre ausreichend, wenn für die Kritikalität ein Wert der Form „non-critical, jedoch bei nicht erfolgter Verarbeitung vorherige Rückfrage erforderlich" festgelegt werden könnte. Dies sehen jedoch die gängigen Beglaubigungsträgerformate nicht vor.

Der hier gemachte Vorschlag zur Reduzierung von Interoperabilitätsproblemen durch Berechtigungen bzw. Verbote indizierende Erweiterungsfelder gewährleistet stets die Erfüllung der Sicherheits- und der Teilnehmerschutzforderung. Dabei wird das Risiko, dass die Funktionalitätsforderung nicht erfüllt wird, auf ein geringes Maß gesenkt. Diesbezüglich geht lediglich von den in der Menge $Erw_{explizite\_Verbote}$ enthaltenen Erweiterungen eine Gefahr aus.

Bei dem Vorschlag ist jedoch zu berücksichtigen, dass die Menge der zu erzeugenden Beglaubigungsträger stets von den jeweils gegebenen Umweltbedingungen abhängt. Da sich diese ändern können (z.B. in Bezug auf die Volljährigkeit einer Person), wird von Zeit zu Zeit eine Anpassung notwendig sein. Dies ist bei der Festlegung der Gültigkeitsdauer der erstellten Beglaubigungsträger zu beachten.

5.4.1.2 Beglaubigungsträger im X.509-AZ-Format

Beglaubigungsträger im X.509-AZ-Format enthalten neben den allgemeinen Rahmenangaben und der Signatur des Trustcenters immer eine oder mehrere Beglaubigungsaussagen. Zur Ablage der Informationen werden wie beim X.509v3-PKZ-Format Pflichtfelder, optionale Felder und Erweiterungsfelder zur Verfügung gestellt.

Die von der ITU-T erstellte Vorgabe für das Format lässt eine Vielzahl von Freiheiten, die durch die Festlegung von Profilen konkretisiert werden können. Insbesondere dürfen zur Ablage der Beglaubigungsaussagen und Rahmenangaben beliebige Attribute und private Erweiterungen definiert werden.

Im Hinblick auf die in Abschn. 5.3.2 genannten Normen ist für diesen Abschnitt, neben der generellen Definition des X.509-AZ-Formats der ITU-T, das in BSI/SigI verwendete Profil dieses Standards relevant.

Die Bestandteile bzw. Felder eines Beglaubigungsträgers im X.509-AZ-Format werden im Folgenden systematisch zur Identifikation konkreter Interoperabilitätsprobleme untersucht. An geeigneten Stellen werden Ansätze zur Vermeidung bzw. Auflösung der Probleme vorgeschlagen.

Für die Untersuchung sind die Inhalte eines Beglaubigungsträgers im X.509-AZ-Format, wie in Tab. 5.25 dargestellt, strukturiert worden.

5.4.1.2.1 Allgemeine Rahmenangaben

Versionsnummer des X.509-AZ-Formats

In dem „version"-Pflichtfeld wird angegeben, welche Versionsnummer des X.509-AZ-Formats dem Beglaubigungsträger zugrunde liegt. Gemäß der betrachteten Fassung des X.509-Standards ist stets Version 1 zu verwenden[164]. Bei der Interpretation des Felds sind keine Interoperabilitätsprobleme zu erwarten.

---

164 In [ITU-T-X.509 2000] erfolgt die Definition der Version 2 des X.509-AZ-Formats. Wie bereits erwähnt, wird für die Interoperabilitätsbetrachtung jedoch die 1997er Fas-

Allgemeine Rahmenangaben (Abschn. 5.4.1.2.1)	
	Versionsnummer des X.509-AZ-Formats
	Seriennummer
	Gültigkeitszeitraum
	Technische Identitätskennung für das Trustcenter
	Erweiterungen zur Ablage weiterer allgemeiner Rahmenangaben
Beglaubigungsaussagen (Abschn. 5.4.1.2.2)	
	Technische Identitätskennung für den Beglaubigungsträgerinhaber
	Attribute zur Ablage von Beglaubigungsaussagen
	Erweiterungen zur Ablage von Beglaubigungsaussagen
Signatur des Trustcenters (Abschn. 5.4.1.2.3)	

Tab. 5.25: Für die systematische Interoperabilitätsuntersuchung durchgeführte Strukturierung der Inhalte eines Beglaubigungsträgers im X.509-AZ-Format

Seriennummer

In dem „serialNumber“-Pflichtfeld wird eine Seriennummer für den Beglaubigungsträger angeführt. Innerhalb eines Trustcenters darf jede Seriennummer nur einmal vergeben werden, so dass in Verbindung mit der eindeutigen technischen Identitätskennung für das Trustcenter der Beglaubigungsträger eindeutig identifiziert werden kann. Interoperabilitätsprobleme sind nicht zu erwarten.

Gültigkeitszeitraum

In dem „attrCertValidityPeriod“-Pflichtfeld wird die Zeitperiode angegeben, in welcher der Beglaubigungsträger gültig ist. Sie besteht aus einem Anfangs- und einem Enddatum mit Uhrzeit. Als Format wird der Typ „generalizedTime“ verwendet. Bei der Interpretation des Felds sind keine Interoperabilitätsprobleme zu erwarten.

Technische Identitätskennung für das Trustcenter

Das Trustcenter, das den Beglaubigungsträger erstellt hat, soll über eine technische Identitätskennung eindeutig identifiziert werden können. Zur Ablage der Kennung ist das „issuer“-Pflichtfeld vorgesehen. Als Format muss ein „GeneralNames“-Typ benutzt werden. Hinsichtlich der sich daraus ergebenden Interoperabilitätsprobleme wird auf den Unterpunkt „Technische Identitätskennung für das Trustcenter“ in Abschn. 5.4.1.1.2.1 verwiesen.

---

sung des Standards verwendet, da sämtliche derzeit relevanten und in dieser Arbeit betrachteten Normen bzw. Profile auf dieser Version basieren.

Erweiterungen zur Ablage weiterer allgemeiner Rahmenangaben

Wie bei Beglaubigungsträgern im X.509-PKZ-Format ist auch bei Attributzertifikaten der Einsatz von Erweiterungsfeldern möglich. Diese können zur Ablage weiterer allgemeiner Rahmenangaben benutzt werden.

In SigI werden diesbezüglich für Attributzertifikate die gleichen privaten Erweiterungen wie für Public-Key-Zertifikate definiert [vgl. BSI-SigI-A1 1999, S. 100].

Hinsichtlich der sich aus Erweiterungen ergebenden Interoperabilitätsprobleme und möglicher Lösungsansätze wird auf die entsprechenden Unterabschnitte in Abschn. 5.4.1.1 verwiesen.

5.4.1.2.2 Beglaubigungsaussagen

Technische Identitätskennung für den Beglaubigungsträgerinhaber

Über das „subject"-Feld wird die technische Identitätskennung des Beglaubigungsträger-Inhabers angeführt. Dies kann direkt geschehen durch die Angabe der konkreten Kennung oder indirekt durch den Verweis auf ein Public-Key-Zertifikat über die Angabe der entsprechenden Seriennummer und der technischen Identitätskennung des Trustcenters, welches das Zertifikat ausgestellt hat.

In der Norm „SigI" wird bei der Erstellung von Attributzertifikaten nur die indirekte Variante zugelassen, was zu Interoperabilitätsproblemen führen kann.

Um eine möglichst weitreichende Interoperabilität zu erreichen, sollten in der ATSI beide Optionen unterstützt werden.

Attribute zur Ablage von Beglaubigungsaussagen

Zur Ablage von Beglaubigungsaussagen werden Attribute benutzt, die syntaktisch in der Form von X.500-Verzeichnisdienstattributen aufgebaut sind. Diese werden in dem „attributes" Feld abgelegt. Neben den in [ITU-T-X.520 1995] festgelegten Attributen (z.B. „commonName") können auch selbst definierte verwendet werden, woraus die Möglichkeit der Entstehung von Interoperabilitätsproblemen resultiert.

In SigI werden die zusätzlichen Attribute „atProcuration" (Vertretungsberechtigung), „atAdmission" (Zulassungsinformationen), „atMonetaryLimit" (monetäre Beschränkung), „atDeclarationOfMajority" (Volljährigkeitserklärung) und „atRestriction" (sonstige Einschränkungen) festgelegt[165] [vgl. BSI-SigI-A1 1999, S. 91]. Die Unterstützung dieser Attribute in nicht zu SigI-konformen TSI ist nicht zu erwarten, was zu Interoperabilitätsproblemen führen kann.

---

[165] Die Semantik dieser Attribute ist die gleiche wie die der in den vorherigen Abschnitten erwähnten, in SigI definierten, gleichnamigen (jedoch ohne vorangehendes „at") privaten Erweiterungen.

Um eine möglichst weitreichende Interoperabilität zu erreichen, sollten in der ATSI möglichst viele Attribute erkannt werden. Zur Unterstützung der Anwender bei der manuellen Interpretation von Attributen kann die in Abschn. 3.5.2.7 vorgeschlagene Attribut-Auskunft zum Einsatz kommen.

Erweiterungen zur Ablage von Beglaubigungsaussagen

Neben Attributen können auch Erweiterungsfelder zur Ablage von Beglaubigungsaussagen verwendet werden. In SigI werden diesbezüglich für Attributzertifikate die gleichen Erweiterungen wie für Public-Key-Zertifikate definiert [vgl. BSI-SigI-A1 1999, S. 100].

Hinsichtlich der sich aus Erweiterungen ergebenden Interoperabilitätsprobleme und möglicher Lösungsansätze wird auf die entsprechenden Unterabschnitte in Abschn. 5.4.1.1 verwiesen.

5.4.1.2.3 Signatur des Trustcenters

Das „signature"-Feld enthält in dem „algorithm“-Unterfeld eine Kennung für die vom Trustcenter bei der Erstellung des Beglaubigungsträgers verwendete Kombination aus Hash- und Signaturalgorithmus. In dem optionalen „parameters“-Unterfeld werden ggf. vom Algorithmus zu benutzende Parameter bereitgestellt. Hier können Interoperabilitätsprobleme hinsichtlich der für die Algorithmen verwendeten Kennungen und der Form der Parameterübergabe entstehen. Diesbezüglich wird auf die Ausführungen im Unterpunkt „Öffentlicher Schlüssel“ des Abschn. 5.4.1.1.2.2 verwiesen.

5.4.1.3 Beglaubigungsträger im X.509-CRL-Format

Beglaubigungsträger im X.509-CRL-Format enthalten neben den allgemeinen Rahmenangaben und der Signatur des Trustcenters immer eine oder mehrere Beglaubigungsträger-Status-Beglaubigungsaussagen. Zur Ablage der Informationen stellt das Format sogenannte Pflichtfelder und optionale Felder bereit. In der Version 2 werden zusätzlich Erweiterungsfelder eingeführt. Diese können zur Ablage weiterer Rahmenangaben bzw. zur Ergänzung der Beglaubigungsaussagen verwendet werden. Die Norm gibt eine Reihe von Standard-Erweiterungsfeldern vor. Häufig wird nicht festgelegt, wie die einzelnen Felder konkret zu verwenden sind. Weiterhin darf grundsätzlich jede Organisation die vorgegebenen Felder um private Erweiterungsfelder ergänzen. Die sich hieraus ergebenden Freiheiten zur Erstellung von X.509-CRL-Profilen stellen zwar eine hohe Flexibilität sicher, können aber zu etlichen Interoperabilitätsproblemen führen.

Im Hinblick auf die in Abschn. 5.3.2 genannten Normen sind für diesen Abschnitt, neben der generellen Definition des X.509-CRL-Formats der ITU-T, die bei AGTC/ISIS, BSI/SigI, TTT/MTTv2, NIST/MISPC und IETF/RFC 2459 verwendeten Profile dieses Standards relevant.

Im Folgenden werden die Bestandteile bzw. Felder eines Beglaubigungsträgers im X.509-CRL-Format systematisch zur Identifikation von Interoperabilitätsproblemen untersucht. Insbesondere werden die Eigenschaften der Erweiterungsfelder hinsichtlich der in Abschn. 5.4.1.1.1 aufgezeigten Interoperabilitätsprobleme induzierenden Konstellationen betrachtet. An geeigneten Stellen werden Ansätze zur Vermeidung bzw. Auflösung der Probleme vorgeschlagen.

Für die Untersuchung sind die Inhalte eines Beglaubigungsträgers im X.509-PKZ-Format, wie in Tab. 5.26 dargestellt, strukturiert worden.

Allgemeine Rahmenangaben (Abschn. 5.4.1.3.1)		
	Die gesamte Sperrliste betreffende Rahmenangaben (Abschn. 5.4.1.3.1.1)	
		Versionsnummer des X.509-CRL-Formats
		Seriennummer der Sperrliste
		Technische Identitätskennung für das Trustcenter
		Zeitpunkte der Erstellung dieser und der nächsten Sperrliste
		Angaben zur Identifikation des öffentlichen Schlüssels des Trustcenters
		Identifikation der Bezugsquellen für partitionierte Sperrlisten
		Indikator für Delta-Sperrlisten
		Private Erweiterungen zur Ablage weiterer die gesamte Sperrliste betreffende Rahmenangaben
	Einzelne Sperreinträge betreffende Rahmenangaben (Abschn. 5.4.1.3.1.2)	
		Auf den Eintrag bezogener Sperrgrund
		Auf den Eintrag bezogene Instruktion bei temporärer Sperrung
		Auf den Eintrag bezogener Zeitpunkt des Eintretens des Sperrgrunds
		Private Erweiterungen zur Ablage weiterer einzelne Sperreinträge betreffende Rahmenangaben
Beglaubigungsträger-Status-Beglaubigungsaussagen (Abschn. 5.4.1.3.2)		
	Seriennummer des gesperrten Beglaubigungsträgers	
	Technische Identitätskennung des Trustcenters, das den gesperrten Beglaubigungsträger erstellt hat	
	Sperrzeit des gesperrten Beglaubigungsträgers	
Signatur des Trustcenters (Abschn. 5.4.1.3.3)		

Tab. 5.26: Für die systematische Interoperabilitätsuntersuchung durchgeführte Strukturierung der Inhalte eines Beglaubigungsträgers im X.509-CRL-Format

5.4.1.3.1 Allgemeine Rahmenangaben

5.4.1.3.1.1 Die gesamte Sperrliste betreffende Rahmenangaben

Versionsnummer des X.509-CRL-Formats

Über das optionale „version"-Feld wird angezeigt, welche der beiden existierenden X.509-CRL-Versionsnummern dem Beglaubigungsträger zugrunde liegt.

Werden Erweiterungsfelder benutzt, so muss die Version 2 angegeben werden. Das Weglassen des „version"-Felds indiziert die Verwendung der Version 1. Es ist möglich, dass bei einer TSI Restriktionen bzgl. der akzeptierten Versionsnummern gemacht werden. Daher ist bei der Erstellung der Sperrlisten zu berücksichtigen, in welchen TSI diese interpretiert werden sollen. In ISIS, SigI, MISPC und RFC 2459 wird die Verwendung der Versionsnummer 2 gefordert [vgl. AGTC-ISIS 1999, S. 137; BSI-SigI-A5 1999, S. 34; NIST-MISPC 1997, S. (3-17); IETF-RFC2459 1999, S. 45]. Bei MTTv2 dagegen können beide Versionsnummern zum Einsatz kommen [vgl. TTT-MTT2-A 1999, S. 31]. In auf älteren Normen basierenden TSI (z.B. MTTv1) wird ausschließlich die Version 1 benutzt.

Soll eine möglichst weitreichende Interoperabilität erzielt werden, so müssen in der ATSI Sperrlisten in beiden Versionen erzeugt bzw. verarbeitet werden können.

Seriennummer der Sperrliste

In dem „cRLNumber"-Erweiterungsfeld kann eine Seriennummer für die Sperrliste angegeben werden. Abweichend von den Vorgaben der anderen X.509-Formate wird gefordert, dass die vergebenen Seriennummern eine jeweils um den Wert 1 monoton steigende Folge natürlicher Zahlen bilden. Hierdurch wird eine einfache Vergleichsmöglichkeit hinsichtlich der Aktualität zweier Sperrlisten erreicht.

Die durch die Konstellationen der Eigenschaften des Erweiterungsfelds bei den betrachteten Normen induzierten Interoperabilitätsprobleme sind insgesamt als schwach zu bewerten (vgl. Tab. 5.27).

	AGTC/ISIS	TTT/MTTv2	NIST/MISPC	IETF/ RFC 2459	ITU-T/ X.509
Kritikalität	non-critical	non-critical	non-critical	non-critical	non-critical
Präsenzforderung	obligatorisch	obligatorisch	obligatorisch	obligatorisch	optional
Verarbeitungs-forderung	optional	obligatorisch	optional	optional	optional

Tab. 5.27: Eigenschaften des Erweiterungsfelds „cRLNumber" bei den betrachteten Normen

Um eine möglichst weitreichende Interoperabilität zu erzielen, sollten in der ATSI für Sperrlisten stets Seriennummern vergeben werden.

Technische Identitätskennung für das Trustcenter

Das Trustcenter, das die Sperrliste erstellt hat, soll über eine technische Identitätskennung eindeutig identifiziert werden können. Zur Ablage der Kennung ist das „issuer"-Pflichtfeld vorgesehen, bei dem die Verwendung des Formats „Distinguished Names" nach [ITU-T-X.501 1997] vorgeschrieben wird. Bei Version 2 kann zusätzlich oder alternativ das Standard-Erweiterungsfeld „issuerAltName" benutzt werden.

Hinsichtlich der sich ergebenden Interoperabilitätsprobleme und möglicher Lösungsansätze wird auf den Unterpunkt „Technische Identitätskennung für das Trustcenter" in Abschn. 5.4.1.1.2.1 verwiesen.

Zeitpunkte der Erstellung dieser und der nächsten Sperrliste

In dem „thisUpdate"-Pflichtfeld wird der Zeitpunkt der Erstellung der Sperrliste angegeben. Das optionale „nextUpdate"-Feld kann den Zeitpunkt der Erzeugung der nächsten Sperrliste enthalten.

Zur Kodierung der Zeitangaben bis zum Jahr 2049 muss der Zeittyp „UTCTime" verwendet werden. Für Zeitangaben ab dem Jahr 2050 ist der Typ „GeneralizedTime" zu benutzen. ISIS und SigI halten sich nicht an diese Vorgabe und schreiben die ausschließliche Verwendung von „GeneralizedTime" vor [vgl. AGTC-ISIS 1999, S. 143f.; BSI-SigI-A5 1999, S. 40f.]. Hinsichtlich anderer sich aus dem Kodierungsformat ergebender Interoperabilitätsprobleme und möglicher Lösungsansätze wird auf den Unterpunkt „Gültigkeitszeitraum" in Abschn. 5.4.1.1.2.1 verwiesen.

Weiterhin können sich Interoperabilitätsprobleme zwischen TSI daraus ergeben, dass Divergenzen hinsichtlich der Zulassung von sich zeitlich überlappenden Sperrlisten bestehen. Eine solche Überlappung ist bspw. bei ISIS und SigI nicht erlaubt [vgl. AGTC-ISIS 1999, S. 144; BSI-SigI-A5 1999, S. 41]. Darüber hinaus können Inkonsistenzen bzgl. der Verwendung von Sperrlisten entstehen, in denen das „nextUpdate"-Feld nicht enthalten ist, da das in diesem Fall anzuwendende Verhalten in den betrachteten Normen nicht immer spezifiziert wird [vgl. IETF-RFC2459 1999, S. 46].

Um eine möglichst weitreichende Interoperabilität zu erzielen, sollte in der ATSI das „nextUpdate"-Feld stets erzeugt werden. Die Erstellung sich zeitlich überlappender Sperrlisten ist nicht zu empfehlen[166].

Angaben zur Identifikation des öffentlichen Schlüssels des Trustcenters

In dem „authorityKeyIdentifier"-Erweiterungsfeld können Angaben zur Identifikation des zur Überprüfung der Sperrliste zu verwendenden öffentlichen Schlüssels bzw. Public-Key-Zertifikats gemacht werden.

---

166 Aus Sicherheitsgründen sollten die Listen dann jedoch nur eine jeweils kurze Gültigkeitsdauer haben.

Die Aussagen zu den Eigenschaften dieses Erweiterungsfelds bei den betrachteten Normen sowie zu den möglichen Interoperabilitätsproblemen und deren Auflösung sind analog zu den in Abschn. 5.4.1.1.2.1 unter dem Punkt „Angaben zur Identifikation des öffentlichen Schlüssels des Trustcenters" gemachten Ausführungen.

Identifikation der Bezugsquellen für partitionierte Sperrlisten

In dem „issuingDistributionPoint"-Erweiterungsfeld kann die Bezugsquelle der Sperrliste angeführt werden. Insbesondere können Angaben darüber gemacht werden, ob es sich um eine indirekte Sperrliste[167] handelt, welche Sperrgründe die Sperrliste abdeckt und ob in der Liste nur TC- oder nur Teilnehmer-Zertifikate enthalten sind. Das Feld dient dem Zweck der Partitionierung von Sperrlisten.

Interoperabilitätsprobleme können hinsichtlich des für die Angabe der Bezugsquelle verwendeten Datenformats entstehen. Die Syntax und Semantik der anderen Felder sind eindeutig definiert, so dass bei deren Verarbeitung keine Schwierigkeiten zu erwarten sind.

Die durch die Konstellationen der Eigenschaften des Erweiterungsfelds bei den betrachteten Normen induzierten Interoperabilitätsprobleme sind insgesamt als mittelstark zu bewerten (vgl. Tab. 5.28). Obwohl die Erweiterung stets als „critical" zu markieren ist, wird die Verarbeitung nicht immer gefordert.

	AGTC/ISIS	TTT/MTTv2	NIST/MISPC	IETF/ RFC 2459	ITU-T/ X.509
Kritikalität	critical	critical	critical	critical	critical
Präsenzforderung	verboten	optional	optional	optional	optional
Verarbeitungs-forderung	optional	obligatorisch	obligatorisch	optional	optional

Tab. 5.28: Eigenschaften des Erweiterungsfelds „issuingDistributionPoint" bei den betrachteten Normen

Um eine möglichst weitreichende Interoperabilität zu erzielen, sollten die Status-Informationen nicht ausschließlich in partitionierten Sperrlisten angeboten werden, sondern stets auch in kompletten Listen, bei denen auf die Verwendung des Felds verzichtet werden kann. Soll das Feld zum Einsatz kommen, so ist die Benutzung des URI-Formats „LDAP" zur Angabe der Bezugsquelle empfehlenswert. In der ATSI sollte das Feld verarbeitet werden können.

[167] Vgl. Unterpunkt „Technische Identitätskennung des Trustcenters, das den gesperrten Beglaubigungsträger erstellt hat" in Abschn. 5.4.1.3.2.

Indikator für Delta-Sperrlisten

In dem „deltaCRLIndicator“-Erweiterungsfeld kann angegeben werden, ob es sich bei dem Beglaubigungsträger um eine Delta-Sperrliste[168] handelt. Ein Trustcenter, das zur Veröffentlichung der Status-Informationen Delta-Sperrlisten erstellt, muss nach Vorgabe der ITU-T zusätzlich eine vollständige Sperrliste bereitstellen.

Ist in einer TSI die Verarbeitung von Delta-Sperrlisten nicht möglich, was häufig der Fall sein kann (vgl. Tab. 5.29), so ist dies wegen der geforderten Existenz vollständiger Sperrlisten unproblematisch.

	AGTC/ISIS bzw. BSI/SigI	TTT/MTTv2	NIST/MISPC	IETF/ RFC 2459	ITU-T X.509
Kritikalität	critical	Nicht erwähnt	critical	critical	critical
Präsenzforderung	optional		optional	optional	optional
Verarbeitungsforderung	optional		optional	optional	optional

Tab. 5.29: Eigenschaften des Erweiterungsfelds „deltaCRLIndicator“ bei den betrachteten Normen

Die zusätzliche Bereitstellung von Delta-Sperrlisten in der ATSI ist anzuraten, da der Online-Bezug kompletter Sperrlisten u.U. sehr zeitaufwendig ist.

Private Erweiterungen zur Ablage weiterer die gesamte Sperrliste betreffende Rahmenangaben

Wie bei Beglaubigungsträgern im X.509-PKZ-Format ist auch bei Sperrlisten die Definition von privaten Erweiterungsfeldern möglich. Diese können zur Ablage weiterer die gesamte Sperrlisten betreffende Rahmenangaben benutzt werden. Hinsichtlich der Betrachtung der sich aus diesen Erweiterungen potenziell ergebenden Interoperabilitätsprobleme wird auf Abschn. 5.4.1.1.1 verwiesen.

5.4.1.3.1.2 Einzelne Sperreinträge betreffende Rahmenangaben

Auf den Eintrag bezogener Sperrgrund

Das „reasonCode“-Erweiterungsfeld dient der Angabe von Gründen für die Sperrung eines Beglaubigungsträgers. Das Feld kann bspw. dazu verwendet werden, um zu entscheiden, wie auf die Anzeige der Sperrung reagiert werden soll.

Die möglichen Sperrgründe werden vom X.509-Standard vorgegeben. Interoperabilitätsprobleme können durch die bei den verschiedenen Normen bestehenden Divergenzen hinsichtlich der zugelassenen Sperrgründe entstehen. So ist bspw. die

168 Vgl. Unterpunkt „Delta-Sperrlisten“ in Abschn. 3.4.1.2.2.1.

temporäre Sperrung von Beglaubigungsträgern in ISIS- und SigI-konformen TSI nicht erlaubt, d.h. die Verwendung des Sperrgrunds „certificateHold" ist untersagt [vgl. AGTC-ISIS 1999, S. 148; BSI-SigI-A5 1999, S. 44]. Die anderen Normen verbieten die Benutzung dieses Sperrgrunds jedoch nicht.

Die durch die Konstellationen der Eigenschaften des Erweiterungsfelds bei den betrachteten Normen induzierten Interoperabilitätsprobleme sind insgesamt als schwach bis mittelstark zu bewerten (vgl. Tab. 5.30).

	AGTC/ISIS bzw. BSI/SigI	TTT/MTTv2	NIST/MISPC	IETF/ RFC 2459	ITU-T/ X.509
Kritikalität	non-critical	non-critical	non-critical	non-critical	non-critical
Präsenz-forderung	optional[169]	optional[170]	obligatorisch	optional	optional
Verarbeitungs-forderung	optional	obligatorisch[171]	optional	optional	optional

Tab. 5.30: Eigenschaften des Erweiterungsfelds „reasonCode" bei den betrachteten Normen

Um eine möglichst weitreichende Interoperabilität zu erzielen, sollten in der ATSI alle Sperrgründe verarbeitet werden können. Hinsichtlich der Erstellung von Sperrlisten ist zu empfehlen, dass bei der Angabe von Sperrgründen sehr restriktiv verfahren wird. Insbesondere der Sperrgrund „certificateHold" ist unter dem Gesichtspunkt der Interoperabilität als kritisch einzustufen.

Auf den Eintrag bezogene Instruktion bei temporärer Sperrung

In dem „holdInstructionCode"-Erweiterungsfeld kann angegeben werden, welche konkreten Aktionen im Hinblick auf einen bestimmten temporär gesperrten Beglaubigungsträger durchzuführen sind. Es werden drei Instruktionskennungen vordefiniert:

- Die „callissuer"-Instruktionskennung zeigt an, dass das Trustcenter kontaktiert oder der Beglaubigungsträger zurückgewiesen werden soll.
- Die „reject"-Instruktionskennung zeigt an, dass der Beglaubigungsträger zurückgewiesen werden soll.

---

169 Die Verwendung der Sperrgründe „unspecified", „superseded", „certificateHold" und „removeFromCRL" ist jedoch verboten.

170 Der Verwendung des Sperrgrunds „unspecified" ist jedoch verboten.

171 Die Forderung gilt nicht für die Sperrgründe „unspecified" und „removeFromCRL".

- Die „none"-Instruktionskennung zeigt an, dass so verfahren werden soll, als wenn das Erweiterungsfeld nicht vorhanden wäre.

Die Verwendung des Felds ist nur dann sinnvoll, wenn die Angabe des Sperrgrunds „certificateHold" im „reasonCode"-Feld erlaubt wird, was jedoch, wie im vorherigem Unterpunkt erwähnt, nicht immer der Fall ist. Soll dieser Sperrgrund dennoch in der ATSI zugelassen bzw. in einer zu erzeugenden Sperrliste angezeigt werden, so sind durch die Angabe einer Instruktionsanweisung im „holdInstructionCode"-Erweiterungsfeld keine zusätzlichen Interoperabilitätsprobleme zu erwarten. Dies gilt jedoch nur, sofern lediglich die drei oben genannten vordefinierten Instruktionskennungen benutzt werden.

Um eine möglichst weitreichende Interoperabilität zu erzielen, sollten in der ATSI das Feld und möglichst viele Instruktionskennungen verarbeitet werden können.

Auf den Eintrag bezogener Zeitpunkt des Eintretens des Sperrgrunds

In dem „invalidityDate"-Erweiterungsfeld kann der Zeitpunkt angegeben werden, an dem der Sperrgrund eingetreten ist. Es ist möglich, dass dieser Zeitpunkt vor dem in dem „revocationDate"-Feld[172] angegebenen Zeitpunkt der Sperrung des Beglaubigungsträgers liegt. Im Hinblick auf das Format der Zeitangabe sind keine Probleme zu erwarten, da hierfür stets „GeneralizedTime" zu benutzen ist. Die Verwendung des Felds wird i.d.R. empfohlen [vgl.TTT-MTT2-A 1999, S. 33; NIST-MISPC 1997, S. (3-22); IETF-RFC2459 1999, S. 51]. Die Normen ISIS und SigI bilden hier eine Ausnahme. Dort ist der Einsatz des Felds verboten [vgl. AGTC-ISIS 1999, S. 150; BSI-SigI-A5 1999, S. 47].

Die durch die Konstellationen der Eigenschaften des Erweiterungsfelds bei den betrachteten Normen induzierten Interoperabilitätsprobleme sind insgesamt als schwach bis mittelstark zu bewerten (vgl. Tab. 5.31).

	AGTC/ISIS bzw. BSI/SigI	TTT/MTTv2	NIST/MISPC	IETF/ RFC 2459	ITU-T/ X.509
Kritikalität	non-critical	non-critical	non-critical	non-critical	non-critical
Präsenzforderung	verboten	optional	optional	optional	optional
Verarbeitungsforderung	optional	obligatorisch	optional	optional	optional

Tab. 5.31: Eigenschaften des Erweiterungsfelds „invalidityDate" bei den betrachteten Normen

Soll eine möglichst weitreichende Interoperabilität erzielt werden, so ist die Erzeugung des Felds in der ATSI nicht zu empfehlen. Es ist jedoch zu beachten, dass

172 Vgl. Unterpunkt „Sperrzeit des gesperrten Beglaubigungsträgers" in Abschn. 5.4.1.3.2.

die Erstellung des Felds erheblich zur Risikobegrenzung beitragen kann, da die Möglichkeit besteht, dass das Eintreten des Sperrgrunds einen nicht unbedeutenden Zeitraum vor dem Zeitpunkt der Sperrung liegt. Auf jeden Fall sollte das Feld verarbeitet werden können.

Private Erweiterungen zur Ablage weiterer einzelne Sperreinträge betreffende Rahmenangaben

Wie bei Beglaubigungsträgern im X.509-PKZ-Format ist auch bei Sperrlisten die Definition von privaten Erweiterungsfeldern möglich. Diese können zur Ablage weiterer einzelne Sperreinträge betreffende Rahmenangaben benutzt werden. Hinsichtlich der Betrachtung der sich aus diesen Erweiterungen potenziell ergebenden Interoperabilitätsprobleme wird auf Abschn. 5.4.1.1.1 verwiesen.

5.4.1.3.2 Beglaubigungsträger-Status-Beglaubigungsaussagen

Seriennummer des gesperrten Beglaubigungsträgers

In dem „userCertificate"-Pflichtfeld wird die Seriennummer des zurückgezogenen Beglaubigungsträgers abgelegt, so dass dieser in Verbindung mit der technischen Identitätskennung des Trustcenters, das diesen ausgestellt hat, eindeutig identifiziert werden kann. Bei der Interpretation des Felds sind keine Interoperabilitätsprobleme zu erwarten.

Technische Identitätskennung des Trustcenters, das den gesperrten Beglaubigungsträger erstellt hat

In dem „certificateIssuer"-Erweiterungsfeld kann die technische Identitätskennung des Trustcenters angegeben werden, das den in der Sperrliste enthaltenen Beglaubigungsträger erzeugt hat. Diese Information ist notwendig, wenn das Trustcenter, das die Sperrliste erstellt hat, nicht identisch ist mit dem Trustcenter, von dem der gesperrte Beglaubigungsträger erzeugt wurde. In einem solchen Fall wird von einer indirekten Sperrliste gesprochen[173].

Die durch die Konstellationen der Eigenschaften des Erweiterungsfelds bei den betrachteten Normen induzierten Interoperabilitätsprobleme sind insgesamt als mittelstark zu bewerten (vgl. Tab. 5.32). Von einigen Normen, welche die Berücksichtigung dieses stets als „critical" zu markierenden Felds nicht explizit fordern, wird die Verarbeitung zumindest empfohlen [vgl. TTT-MTT2-A 1999, S. 34; IETF-RFC2459 1999, S. 51].

---

173 Viele der in Abschn. 3.5.2 genannten zusätzlichen Auskunftsleistungen bieten nur dann einen wesentlichen Mehrnutzen, wenn sie Status-Informationen von vielen Trustcentern zusammenführen können. Abgesehen davon ist die Verwendung indirekter Sperrlisten notwendig, wenn ein Trustcenter seine Tätigkeit eingestellt hat und die Verwaltung der Status-Informationen der von diesem herausgegebenen Beglaubigungsträger nun von einem anderen Trustcenter übernommen werden soll.

	AGTC/ISIS bzw. BSI/SigI	TTT/MTTv2	NIST/MISPC	IETF/ RFC 2459	ITU-T/ X.509
Kritikalität	critical	critical	critical	critical	critical
Präsenzforderung	optional	optional	optional	optional	optional
Verarbeitungs-forderung	obligatorisch	optional	optional	optional	optional

Tab. 5.32: Eigenschaften des Erweiterungsfelds „certificateIssuer“ bei den betrachteten Normen

Um eine möglichst weitreichende Interoperabilität zu erzielen, sollten die Status-Informationen von den in der ATSI erzeugten Beglaubigungsträgern ggf. zusätzlich, nicht jedoch ausschließlich in indirekten Listen bereitgestellt werden. Das Feld sollte in der ATSI verarbeitet werden können, d.h. indirekte Listen sollten zugelassen werden.

Sperrzeit des gesperrten Beglaubigungsträgers

In dem „revocationDate“-Pflichtfeld wird der Zeitpunkt der Sperrung des Beglaubigungsträgers angegeben. Hinsichtlich der sich ergebenden Interoperabilitätsprobleme und möglicher Lösungsansätze wird auf den Unterpunkt „Gültigkeitszeitraum“ in Abschn. 5.4.1.1.2.1 verwiesen.

5.4.1.3.3 Signatur des Trustcenters

Das „signature"-Feld enthält in dem „algorithm“-Unterfeld eine Kennung für die vom Trustcenter bei der Erstellung des Beglaubigungsträgers verwendete Kombination aus Hash- und Signaturalgorithmus. In dem optionalen „parameters“-Unterfeld werden ggf. vom Algorithmus zu benutzende Parameter bereitgestellt. Hier können Interoperabilitätsprobleme hinsichtlich der für die Algorithmen verwendeten Kennungen und der Form der Parameterübergabe entstehen. Diesbezüglich wird auf die Ausführungen im Unterpunkt „Öffentlicher Schlüssel“ des Abschn. 5.4.1.1.2.2 verwiesen.

5.4.1.4 Beglaubigungsträger im PKIX-Zeitstempel-Format

Von der Arbeitsgruppe PKIX der IETF existiert eine Spezifikation, in der ein Zeitstempeldienst definiert wird [vgl. IETF-TSP 2000]. Dort erfolgt die Definition des PKIX-Zeitstempel-Formats. Die Zeitstempel-Informationen werden als Nutzdaten über die in Abschn. 5.4.2 untersuchte CMS-SignedData-Struktur in eine signierte Nachricht eingebunden.

Im Hinblick auf die in Abschn. 5.3.2 genannten Normen ist für diesen Abschnitt, neben der generellen Definition des PKIX-Zeitstempel-Formats der IETF, das von diesem z.T. deutlich abweichende bei BSI/SigI definierte Profil dieser Spezifikation relevant[174].

Im Folgenden werden die Bestandteile bzw. Felder eines Beglaubigungsträgers im PKIX-Zeitstempel-Format systematisch zur Identifikation von Interoperabilitätsproblemen untersucht. An geeigneten Stellen werden zu deren Vermeidung bzw. Auflösung Empfehlungen für die ATSI vorgeschlagen.

Für die Untersuchung sind die Inhalte eines Beglaubigungsträgers im PKIX-Zeitstempel-Format, wie in Tab. 5.33 dargestellt, strukturiert worden.

Allgemeine Rahmenangaben (Abschn. 5.4.1.4.1)	
	Versionsnummer des PKIX-Zeitstempel-Formats
	Angaben zur Policy
	Seriennummer
	Frühestmöglicher Zeitpunkt der Anforderung des nächsten Zeitstempels
	Referenznummer bzgl. des Zeitstempel-Antrags
	Name des Trustcenters
	Erweiterungen zur Ablage von weiteren allgemeinen Rahmenangaben
Beglaubigungsaussagen (Abschn. 5.4.1.4.2)	
	Hashwert und verwendeter Algorithmus
	Zeitpunkt der Erstellung
	Genauigkeit
	Erweiterungen zur Ablage von Beglaubigungsaussagen
Signatur des Trustcenters (Abschn. 5.4.1.4.3)	

Tab. 5.33: Für die systematische Interoperabilitätsuntersuchung durchgeführte Strukturierung der Inhalte eines Beglaubigungsträgers im PKIX-Zeitstempel-Format

[174] Teilweise resultieren die Abweichungen aus dem Umstand, dass das Zeitstempel-Format bei SigI auf Basis einer älteren Version der Spezifikation der PKIX [IETF-TSP 1998] definiert worden ist. Insbesondere die in der von SigI aus der älteren Version übernommenen Felder „status", „tdaTokens" und „tsaFreeData" sind in der neueren Fassung nicht mehr vorhanden. Um Interoperabilitätsprobleme zu vermeiden sollte dies ggf. in der ATSI berücksichtigt werden.

5.4.1.4.1 Allgemeine Rahmenangaben

Versionsnummer des PKIX-Zeitstempel-Formats

In dem „version"-Pflichtfeld wird angegeben, welche PKIX-Zeitstempel-Versionsnummer dem Beglaubigungsträger zugrunde liegt. Derzeit existiert lediglich Version 1. Da diese jedoch noch nicht als Standard verabschiedet worden ist und somit Änderungen unterliegt, kann aus der Versionsangabe nicht sicher auf die tatsächlich vorliegende Struktur des Beglaubigungsträgers geschlossen werden. Die Veränderungen des Formats sollten daher beobachtet werden, so dass bei der Erstellung und Interpretation von Zeitstempeln in der ATSI stets verschiedene Varianten berücksichtigt werden können.

Angaben zur Policy

Das „policy"-Pflichtfeld enthält Angaben bzgl. der dem Beglaubigungsträger zugrundeliegenden Policy. Hinsichtlich der sich ergebenden Interoperabilitätsprobleme und möglicher Lösungsansätze wird auf den Unterpunkt „Angaben zur Policy" in Abschn. 5.4.1.1.2.1 verwiesen.

Seriennummer

In dem „serialNumber"-Pflichtfeld wird eine Seriennummer für den Beglaubigungsträger angegeben. Innerhalb eines Trustcenters darf jede Seriennummer für Zeitstempel nur einmal vergeben werden, so dass in Verbindung mit der eindeutigen technischen Identitätskennung für das Trustcenter der Beglaubigungsträger eindeutig identifiziert werden kann. In Bezug auf SigI können Interoperabilitätsprobleme daraus entstehen, dass dort das „serialNumber"-Feld entgegen der IETF-Vorgabe lediglich optional ist. In der ATSI sollte die Existenz des Felds bei der Verarbeitung nicht gefordert werden.

Frühestmöglicher Zeitpunkt der Anforderung des nächsten Zeitstempels

In dem optionalen „ordering"-Feld kann angegeben werden, dass der nächste Zeitstempel erst angefordert werden darf, wenn die Fehlertoleranz-Zeit[175] von diesem und dem als nächstes angeforderten Zeitstempel verstrichen ist. Die Angabe ist hinsichtlich der Interoperabilitätsbetrachtung nicht relevant.

Referenznummer bzgl. des Zeitstempel-Antrags

In dem optionalen „nonce"-Feld kann eine Zahl angegeben werden, die eine Referenz zu dem vom Benutzer gestellten Zeitstempel-Antrag herstellt. Diese Referenz ist hinsichtlich der Interoperabilitätsbetrachtung nicht relevant.

---

[175] Die Fehlertoleranz-Zeit ergibt sich aus den im „accuracy"-Feld gemachten Angaben (vgl. Unterpunkt „Genauigkeit" in Abschn. 5.4.1.4.2).

Name des Trustcenters

In dem optionalen „tsa"-Feld kann der Name des Trustcenters angegeben werden, das den Zeitstempel erzeugt hat. Hierbei muss es sich nicht um seine technische Identitätskennung handeln[176].

Bei der Interpretation des Felds können Interoperabilitätsprobleme bzgl. der verwendeten Namensformate entstehen. So wird bei SigI die Verwendung des Formats „Distinguished Names" vorgeschrieben. Dort wird weiterhin der Einsatz des Felds zwingend gefordert, wodurch ebenfalls Interoperabilitätsprobleme entstehen können. In der ATSI sollte in das Feld stets die technische Identitätskennung des Trustcenters eingetragen werden.

Erweiterungen zur Ablage von weiteren allgemeinen Rahmenangaben

Die Vorgabe des PKIX-Zeitstempel-Formats lässt Freiheiten bzgl. der Definition und Verwendung von Erweiterungsfeldern:

> *„Particular extension field types may be specified in standards or may be defined and registered by any organization or community." [IETF-TSP 2000, S. 10]*

Als Format für die privaten Erweiterungsfelder wird das der X.509-Norm verwendet. Hinsichtlich der sich aus derartigen Erweiterungen ergebenden Interoperabilitätsprobleme wird auf Abschn. 5.4.1.1.1 verwiesen.

5.4.1.4.2 Beglaubigungsaussagen

Hashwert und verwendeter Algorithmus

In dem „messageImprint"-Pflichtfeld wird der Hashwert der Daten, für die der Zeitstempel erstellt worden ist, sowie die Kennung für den benutzen Algorithmus abgelegt. Interoperabilitätsprobleme können hinsichtlich der verwendeten Kennungen entstehen. In der ATSI sollten bei der Erzeugung von Zeitstempeln gängige Hashalgorithmen und Kennungen[177] verwendet werden.

Zeitpunkt der Erstellung

In dem „genTime"-Pflichtfeld wird der Zeitpunkt angegeben, zu dem der Beglaubigungsträger erstellt worden ist. Als Format ist „GeneralizedTime" zu benutzen. Interoperabilitätsprobleme können hinsichtlich der in den verschiedenen TSI verwendeten Zeitauflösungen auftreten. In Bezug auf SigI ist problematisch, dass dort

---

[176] Die technische Identitätskennung ist in der in Abschn. 5.4.2 untersuchten CMS-SignedData-Struktur anzugeben, in die der Zeitstempel eingebunden wird.

[177] Nach Möglichkeit sollten die in [IETF-RFC2630 1999, S.35 ff.] genannten Verfahren und Kennungen, deren Verarbeitung in RFC 2630-konformen TSI gefordert wird, benutzt werden.

zur Ablage des Zeitpunkts abweichend von der IETF-Vorgabe zusätzlich ein optionales „milliseconds"-Feld existiert.

In der ATSI ist zur Ablage der Zeitangabe die ausschließliche Verwendung des „genTime"-Felds anzuraten, wobei nur dann kleinere Auflösungen als Sekundengenauigkeit benutzt werden sollten, wenn diese unbedingt benötigt werden.

Genauigkeit

Im optionalen „accuracy"-Feld kann die Genauigkeit der in dem „genTime" abgelegten Zeitangabe durch die Angabe einer maximale Zeitabweichung angezeigt werden. Bei der Interpretation des Felds sind keine Interoperabilitätsprobleme zu erwarten.

Erweiterungen zur Ablage von Beglaubigungsaussagen

Die Aussagen zu diesem Punkt sind analog zu den im Unterpunkt „Erweiterungen zur Ablage von allgemeinen Rahmenangaben" des vorhergehenden Abschnitts gemachten Ausführungen.

5.4.1.4.3 Signatur des Trustcenters

Die Signatur des Trustcenters wird in der im folgenden Abschn. 5.4.2 untersuchten CMS-SignedData-Struktur abgelegt, in die der Zeitstempel einzubinden ist. Aussagen zu Interoperabilitätsproblemen sind den dort gemachten Ausführungen zu entnehmen.

5.4.2 Interpretation von signierten Nachrichten

Bei dem in [IETF-RFC2630 1999, S. 6ff.] beschriebenen CMS-SignedData-Format handelt es sich um eine Datenstruktur zur Erstellung von signierten Nachrichten. Diese können in sogenannte CMS-Objekte integriert werden und bspw. in Verbindung mit S/MIME [IETF-RFC2633 1999] per E-Mail versendet werden.

Eine signierte Nachricht im CMS-SignedData-Format enthält allgemeine Rahmenangaben, Nutzdaten und einen oder mehrere Signaturblöcke. Letztere beinhalten jeweils die Signatur eines Teilnehmers sowie zugehörige signaturspezifische Rahmenangaben.

Im Hinblick auf die in Abschn. 5.3.2 genannten Normen sind für diesen Abschnitt, neben der generellen Definition des CMS-SignedData-Formats der IETF, die bei BSI/SigI, TTT/MTTv2 und ETSI/ESF verwendeten Profile dieses Standards relevant.

Im Folgenden werden die Bestandteile bzw. Felder einer signierten Nachricht im CMS-SignedData-Format systematisch zur Identifikation von Interoperabilitätsproblemen untersucht. An geeigneten Stellen werden Ansätze zur Vermeidung bzw. Auflösung der Probleme vorgeschlagen.

Für die Untersuchung sind die Inhalte einer signierten Nachricht im CMS-SignedData-Format, wie in Tab. 5.34 dargestellt, strukturiert worden.

Allgemeine Rahmenangaben (Abschn. 5.4.2.1)	
	Versionsnummer des CMS-SignedData-Formats
	Verwendete Hashalgorithmen
	Für den Verifikationsprozess benötigte Beglaubigungsträger
Nutzdaten (Abschn. 5.4.2.2)	
Signaturblöcke der Teilnehmer (Abschn. 5.4.2.3)	
	Versionsnummer der zugrundeliegenden Datenstruktur
	Angaben zur Identifikation des zu verwendenden öffentlichen Schlüssels
	Verwendeter Hashalgorithmus
	Mitsignierte Attribute
	Verwendeter Signaturalgorithmus
	Signatur des Teilnehmers
	Nicht mitsignierte Attribute

Tab. 5.34: Für die systematische Interoperabilitätsuntersuchung durchgeführte Strukturierung der Inhalte einer signierten Nachricht im CMS-SignedData-Format

5.4.2.1 Allgemeine Rahmenangaben

Versionsnummer des CMS-SignedData-Formats

In dem „version"-Pflichtfeld wird angegeben, welche Versionsnummer des CMS-SignedData-Formats benutzt wird. Möglich sind hier die Werte 1 und 3. Die zu wählende Version hängt von der Art der Verwendung der untengenannten Felder ab. Interoperabilitätsprobleme können hinsichtlich der akzeptierten Versionsnummern entstehen. Während bei SigI und MTTv2 beide Versionen zugelassen sind, muss bei ESF stets die Version 3 verwendet werden [vgl. BSI-SigI-A2 1999, S. 36; TTT-MTT2-B 1999, S. 40; ETSI-ESF 2000, S. 37].

Um eine möglichst weitreichende Interoperabilität zu erzielen, sollten in der ATSI signierte Nachrichten in beiden Versionen erstellt und verarbeitet werden können.

Verwendete Hashalgorithmen

In dem „digestAlgorithm"-Pflichtfeld können die Kennungen der für den Verifikationsprozess zu verwendenden Hashalgorithmen eingetragen werden. Die Verwendung dieses Felds ermöglicht es, die Verifikation der Signatur des Beglaubigungsträgers in nur einem Durchgang zu bewerkstelligen[178]. Abweichend von den anderen Normen, wo das Feld auch leer gelassen werden darf, wird bei SigI die Angabe aller benutzten Algorithmen gefordert [vgl. BSI-SigI-A2 1999, S. 37], was zu Interoperabilitätsproblemen führen kann.

Um eine möglichst weitreichende Interoperabilität zu erzielen, sollten in der ATSI bei der Erstellung signierter Nachrichten in dem Feld stets sämtliche verwendete Algorithmen eingetragen werden.

Für den Verifikationsprozess benötigte Beglaubigungsträger

In das optionale „certificates"-Feld können Public-Key-Zertifikate und Attributzertifikate eingefügt werden, die für den Verifikationsprozess benötigt werden. Das optionale „crls"-Feld dient der Ablage der zur Gültigkeitsprüfung der Zertifikate notwendigen Sperrlisten. Durch die Verwendung dieser Möglichkeiten kann dem Verifizierer der Abruf von Beglaubigungsträgern über Verzeichnisdienste erspart werden. Interoperabilitätsprobleme können hinsichtlich der Unterstützung der Felder auftreten. Während bei MTTv2 das „certificates"-Feld immer zur Übergabe von Zertifikaten verwendet wird, bedient sich SigI einer anderen Methode[179] [vgl. TTT-MTT2-B 1999, S. 40; BSI-SigI-A2 1999, S. 38].

Um eine möglichst weitreichende Interoperabilität zu erzielen, sollte in der ATSI die Möglichkeit der Übergabe von Beglaubigungsträgern über diese Felder unterstützt werden.

5.4.2.2 *Nutzdaten*

In dem „encapContentInfo"-Pflichtfeld werden in das „eContent"-Unterfeld die Nutzdaten eingetragen, sofern diese nicht von der Signatur getrennt werden sollen[180]. Das „eContentType"-Unterfeld enthält eine Kennung für den Nutzdaten-Typ. Interoperabilitätsprobleme können hinsichtlich der für die Nutzdaten verwendeten Kodierungen bzw. der für die Typangabe benutzten Kennungen entstehen.

Um eine möglichst weitreichende Interoperabilität zu erzielen, sollten in der ATSI möglichst viele der in TSI für die Angabe von Nutzdaten-Typen verwendeten Kennungen bekannt sein.

---

178 Die zu der Verifikation benötigten Hashwerte können bei Kenntnis der zu verwendenden Hashalgorithmen bereits während der Auflösung der Datenstruktur gebildet werden.

179 Die Übergabe der Beglaubigungsträger erfolgt bei SigI über ein Attribut (vgl. Unterpunkt „Mitsignierte Attribute" in Abschn. 5.4.2.3). Diese Methode wird verwendet, damit die Informationen signiert überliefert werden können. Analog wird bei SigI mit den unten beschriebenen Feldern „eContentType", „sid", „digestAlgorithm" und „signatureAlgorithm" verfahren.

180 Werden die Nutzdaten von der Signatur getrennt, so wird von einer externen Signatur gesprochen [vgl. IETF-RFC2630 1999, S. 9].

5.4.2.3 Signaturblöcke der Teilnehmer

Das „signerInfos"-Pflichtfeld besteht aus einer Folge von Signaturblöcken. Jeder dieser Blöcke enthält Felder, in denen die Signatur eines Teilnehmers sowie zugehörige signaturspezifische Rahmenangaben abgelegt werden. Abweichend von der Vorgabe für das CMS-SignedData-Format muss bei ESF immer wenigstens ein Signaturblock in der Datenstruktur enthalten sein, was zu Interoperabilitätsproblemen führen kann.

Um eine möglichst weitreichende Interoperabilität zu erzielen, sollte in der ATSI der Sonderfall der leeren Folge von Signaturblöcken zwar akzeptiert, nicht jedoch generiert werden.

Versionsnummer der zugrundeliegenden Datenstruktur

Im „version"-Pflichtfeld wird die dem Signaturblock zugrunde liegende Versionsnummer angegeben[181]. Interoperabilitätsprobleme können aus Restriktionen einer TSI bzgl. der akzeptierten Versionen entstehen. Die zu wählende Versionsnummer hängt ausschließlich von der für die Angaben zur Identifikation des zu benutzenden öffentlichen Schlüssels verwendeten Methode ab. Dieser Bereich wird im folgenden Unterpunkt behandelt.

Angaben zur Identifikation des zu verwendenden öffentlichen Schlüssels

In dem „sid"-Pflichtfeld werden Angaben zur Identifikation des zur Überprüfung der Signatur zu verwendenden öffentlichen Schlüssels bzw. Public-Key-Zertifikats gemacht. Dies kann entweder durch die direkte oder durch die indirekte Methode[182] geschehen. Diese Wahlmöglichkeit führt u.U. zu Interoperabilitätsproblemen. SigI und MTTv2 verwenden nur die indirekte Methode [vgl. BSI-SigI-A2 1999, S. 38f.; TTT-MTT2-B 1999, S. 41]. Bei ESF werden keine Vorgaben gemacht. Bzgl. der Referenzierung öffentlicher Schlüssel innerhalb von Beglaubigungsträgern wird bei den Normen „MISPC" und „RFC 2459" grundsätzlich die direkte Methode bevorzugt. Daher ist es wahrscheinlich, dass bei auf Grundlage dieser Normen errichteter TSI auch in den Signaturblöcken signierter Nachrichten diese Methode verwendet wird. In der ATSI sollten daher bei der Erstellung und Verarbeitung von Signaturblöcken ggf. beide Varianten verwendet werden können.

Schwierigkeiten können auch dadurch entstehen, dass SigI und MTTv2 für die Bennennung des Felds anstelle von „sid" die Bezeichnung „issuerAndSerialNumber" aus einer älteren Fassung der IETF-Norm [IETF-CMS 1998] benutzen [vgl.

---

[181] Die hier anzugebende Versionsnummer ist nicht zu verwechseln mit der in Abschn. 5.4.2.1 erwähnten Versionsnummer für das CMS-SignedData-Format.

[182] Vgl. Unterpunkt „Angaben zur Identifikation des öffentlichen Schlüssels des Trustcenters" in Abschn. 5.4.1.1.2.1.

BSI-SigI-A2 1999, S. 38f.; TTT-MTT2-B 1999, S. 41]. Auch das sollte in der ATSI ggf. berücksichtigt werden.

Verwendeter Hashalgorithmus

Im „digestAlgorithm"-Pflichtfeld wird eine Kennung für den verwendeten Hashalgorithmus angegeben. Um eine möglichst weitreichende Interoperabilität zu erreichen, sollten bei der Erzeugung von signierten Nachrichten in der ATSI nur gängige[177] Hashalgorithmen und Kennungen verwendet werden.

Mitsignierte Attribute

Im optionalen „signedAttrs"-Feld werden alle in die Signatur einbezogenen Attribute aufgeführt. Hierbei wird für jedes Attribut eine Kennung und wenigstens ein Wert angegeben. Anders als bei MTTv2 ist bei SigI und ESF die Verwendung bestimmter Attribute vorgeschrieben. In Tab. 5.35 wird aufgezeigt, dass die bei einer Norm für die Verarbeitung erwarteten Attribute bei den jeweils anderen Normen nicht immer generiert werden, wodurch Interoperabilitätsprobleme entstehen können.

Attribut	Zweck	gefordert		generiert		
		SigI	ESF	SigI	MTTv2	ESF
Content Type	Kennung des Nutzdatentyps	x	x	immer	optional	immer
Message Digest	Hashwert der zu signierenden Daten	x	x	immer	optional	immer
Certificate bzw. CertRef	Signaturschlüssel-Zertifikat des Signierers bzw. Referenz	x		immer	optional	nie
Attribute Certificate bzw. AttrRef	Attributzertifikate des Signierers bzw. Referenz	x		immer	optional	nie
Signing Time	Zeit lt. Signierer, zu der die Signatur erstellt worden ist		x	optional	optional	immer
Signing Certificate bzw. Other Signing Certificate	Referenz auf Signaturschlüssel-Zertifikat und weitere Zertifikate		x	nie	optional	immer
Signature Policy Identifier	Kennung der zugrundeliegenden Policy		x	nie	optional	immer

Tab. 5.35: Von den jeweiligen Normen geforderte Attribute und deren Generierung

Darüber hinaus unterscheiden sich die Normen auch hinsichtlich der optional verwendbaren Attribute, was jedoch i.d.R. nicht zur Ablehnung von signierten Nachrichten führt. Dennoch können daraus Schwierigkeiten entstehen, da Angaben, die nicht vom Benutzer interpretiert werden können, zu Unsicherheiten und

Vertrauensverlusten führen. Um diesem Problem zu begegnen, kann der Attribut-Auskunftsdienst eingesetzt werden.

Um eine möglichst weitreichende Interoperabiltät zu erzielen, sollten in der ATSI möglichst viele Attribute interpretiert und ggf. auch erzeugt werden können.

Verwendeter Signaturalgorithmus

Im „signatureAlgorithm"-Pflichtfeld wird eine Kennung für den verwendeten Signaturalgorithmus sowie ggf. die verwendeten Parameter angegeben. Interoperabilitätsprobleme können hinsichtlich der unterstützten Algorithmen, der für sie verwendeten Kennungen und der Form der Parameterübergabe auftreten. Um eine möglichst weitreichende Interoperabilität zu erzielen, sollten in der ATSI nur gängige[177] Signaturalgorithmen und Kennungen benutzt werden.

Signatur des Teilnehmers

Im „signature"-Pflichtfeld ist die Signatur als Ergebnis der Anwendung des Signaturalgorithmus und des privaten Schlüssels auf den Hashwert der zu signierenden Daten enthalten. Interoperabilitätsprobleme können aus den in den Unterpunkten „Verwendeter Hashalgorithmus" und „Verwendeter Signaturalgorithmus" genannten Schwierigkeiten resultieren.

Nicht mitsignierte Attribute

Im optionalen „unsignedAttrs"-Feld werden in die Signatur nicht einbezogene Attribute aufgeführt. Hierbei wird für jedes Attribut eine Kennung und wenigstens ein Wert angegeben.

Anders als bei MTTv2 und ESF ist bei SigI nur das in [IETF-RFC2630 1999, S. 34] definierte Attribut „counterSignature" zum Anfügen von Gegensignaturen erlaubt[183], woraus Interoperabilitätsprobleme entstehen können.

Bei SigI und MTTv2 wird die Verarbeitung von nicht mitsignierten Attributen nicht gefordert [vgl. BSI-SigI-A2 1999, S. 44, 47; TTT-MTT2-B 1999, S. 41]. Bei ESF müssen nur wenige unterstützt werden [vgl. ETSI-ESF 2000, S. 60f.]. Wie bei den mitsignierten Attributen können auch hier Schwierigkeiten entstehen, da Angaben, die nicht vom Benutzer interpretiert werden können, zu Unsicherheiten und Vertrauensverlusten führen. Auch an dieser Stelle kann der Attribut-Auskunftsdienst eingesetzt werden.

---

183 SigI schreibt die ausschließliche Verwendung von signierten Attributen vor, da der Verifizierer sonst fälschlicherweise davon ausgehen könnte, dass ein Attribut in die Signatur einbezogen worden ist. In diesem Fall besteht die Gefahr, dass dem Attribut ungerechtfertigtes Vertrauen entgegengebracht wird [vgl. BSI-SigI-A2 1999, S. 40]. Bei der Gegensignatur muss eine Ausnahme gemacht werden, da sie erst erfolgt, nachdem die ursprüngliche Signatur erstellt worden ist und daher nicht als mitsigniertes Attribut eingebunden werden kann, ohne die ursprüngliche Signatur zu verfälschen.

In der ATSI sollten möglichst viele Attribute erkannt werden. Teilnehmer sollten deutlich darauf aufmerksam gemacht werden, dass die Integrität und Authentizität der Informationen nicht gewährleistet ist. Wenn möglich sollten bei der Erstellung von signierten Nachrichten die Attribute stets mitsigniert werden.

5.4.3 Verifikation der Gültigkeit

Beglaubigungsträger und signierte Nachrichten müssen hinsichtlich ihrer Gültigkeit verifiziert werden können[184]. Hierbei ist zu beachten, dass ein als ungültig verifizierter Beglaubigungsträger durchaus den Beglaubigungsträger-Status „gültig" haben kann. Dies ist bspw. möglich, wenn das Public-Key-Zertifikat, mit dessen zugehörigen privaten Schlüssel der Beglaubigungsträger erstellt worden ist, nachträglich gesperrt wurde. Zur Vermeidung von Missverständnissen wird in den Ausführungen dieses Abschnitts stets von Status-Gültigkeit gesprochen, wenn sich die Gültigkeit lediglich auf den Beglaubigungsträger-Status bezieht.

Die Parameter der Prüffunktion werden in dieser Arbeit wie folgt definiert:

- bei dem Prüfgegenstand g handelt es sich um den zu prüfenden Beglaubigungsträger bzw. um die zu prüfende signierte Nachricht;
- bei dem Verifikationszeitpunkt $t_{Verifikation}$ handelt es sich um den aktuellen Zeitpunkt, zu dem die Gültigkeitsprüfung durchgeführt wird;
- bei dem Bezugszeitpunkt t_{Bezug} handelt es sich um den Zeitpunkt, für den festgestellt werden soll, ob der Prüfgegenstand als gültig zu beurteilen ist. Der Bezugszeitpunkt muss zwischen dem Erzeugungszeitpunkt des Prüfgegenstands $t_{Erz}(g)$ und dem Verifikationszeitpunkt $t_{Verifikation}$ liegen, d.h. es muss $t_{Erz}(g) \leq t_{Bezug} \leq t_{Verifikation}$ gelten.

Hinsichtlich der Verifikation der Gültigkeit eines Prüfgegenstands treten Interoperabilitätsprobleme auf, wenn die Gültigkeitsprüfung in einer TSI für einen bestimmten Bezugs- und Verifikationszeitpunkt ein anderes Ergebnis liefert, als in der TSI, in welcher der Prüfgegenstand erstellt worden ist.

Zur korrekten Durchführung der Verifikation müssen Regeln bekannt und korrekt angewendet werden bzgl.

- des Aufbaus von korrekten Zertifizierungspfaden;
- der Beschaffung von assoziierten Beglaubigungsträgern;
- des zu verwendenden Gültigkeitsmodells;

---

184 An dieser Stelle ist anzumerken, dass eine Willenserklärung, die in einer im technischen Sinne gültigen signierten Nachricht abgelegt worden ist, nicht unbedingt auch im juristischen Sinne gültig ist und umgekehrt. Bspw. ist es möglich, dass ein „technisch gültiger" Vertrag mit einem Minderjährigen rechtlich unwirksam ist. Es ist auch denkbar, dass eine Willenserklärung, die durch die technische Prüfung abgelehnt wird, dennoch vor Gericht Anerkennung findet. [vgl. Hammer 2000, S. 97]

- der Durchführung der Autorisierungsprüfung. [vgl. ITU-T-X.509 1997; BSI-SigI-A6 1999]

5.4.3.1 Aufbau von korrekten Zertifizierungspfaden

Ein zu einem Prüfgegenstand gehörender Zertifizierungspfad ist ein n-Tupel der Form $(z_1, z_2, \ldots, z_n)$ mit $n \geq 1$ für das gilt [vgl. IETF-RFC2459 1999, S. 53]:

- z_1 ist ein zu dem privaten Schlüssel, mit dem der Prüfgegenstand signiert wurde, gehörendes Public-Key-Zertifikat;
- z_i für $i \in \{2, \ldots, n\}$ ist ein zu dem privaten Schlüssel, mit dem das Zertifikat z_{i-1} erstellt wurde, gehörendes Public-Key-Zertifikat[185];
- z_n ist ein Sicherheitsanker, d.h. ein selbstsigniertes Public-Key-Zertifikat eines Root-Trustcenters.

Es ist durchaus möglich, dass zu einem Prüfgegenstand mehrere verschiedene Zertifizierungspfade gehören. Dies ist z.B. dann der Fall, wenn ein Teilnehmer für den privaten Schlüssel, mit dem er eine signierte Nachricht erzeugt hat, mehrere Zertifikate besitzt. Die Existenz mehrerer Zertifizierungspfade kann zu Inkonsistenzen hinsichtlich der Gültigkeitsprüfung führen.

Für den Aufbau eines Zertifizierungspfads müssen die anzuwendenden Regeln hinsichtlich der Identifikation und dem Bezug der Public-Key-Zertifikate bekannt sein und angewendet werden können. Darüber hinaus ist zu beachten, dass in der Policy einer TSI eine Reihe von einschränkenden Regeln bzgl. der Erstellung korrekter Zertifizierungspfade enthalten sein können. Denkbar sind bspw. Restriktionen hinsichtlich der Länge der Pfade. Möglich ist auch die Forderung, dass bei jedem im Pfad enthaltenen untergeordneten Zertifikat ein Bezug enthalten sein muss auf die Seriennummer und die technische Identitätskennung des ausstellenden Trustcenters des im Pfad folgenden Zertifikats. Diese Regeln zum Aufbau korrekter Zertifizierungspfade können bei den Policies verschiedener TSI sehr unterschiedlich ausfallen. Entsprechend existiert hier eine große Gefahr bzgl. der Entstehung von Interoperabilitätsproblemen.

---

185 Bei RFC 2459 wird stattdessen gefordert, dass die in dem Zertifikat z_i eingetragene technische Identitätskennung des Beglaubigungsträgerinhabers mit der im Zertifikat z_{i-1} eingetragenen technischen Identitätskennung des ausstellenden Trustcenters übereinstimmen muss. Da ein Trustcenter jedoch mehrere Zertifikate für unterschiedliche private Schlüssel besitzen kann, ist in dieser Arbeit die Forderung bzgl. der Beziehung zwischen den Zertifikaten z_{i-1} und z_i anders formuliert worden.

5.4.3.2 *Beschaffung assoziierter Beglaubigungsträger*

Nach dem Aufbau der Zertifizierungspfade sind die mit diesen und dem Prüfgegenstand assoziierten Beglaubigungsträger zu beschaffen. Hierzu gehören [vgl. BSI-SigI-A6 1999]:

- Attributzertifikate, in denen Bezüge zu den in den Zertifizierungspfaden enthaltenen Public-Key-Zertifikaten bestehen;
- Zeitstempel für den Prüfgegenstand;
- Beglaubigungsträger, die Beglaubigungsträger-Status-Beglaubigungen bzgl. des Prüfgegenstands, der in den Zertifizierungspfaden enthaltenen Public-Key-Zertifikate und der assoziierten Attributzertifikate und Zeitstempel enthalten.

Auch hier müssen die anzuwendenden Regeln hinsichtlich der Identifikation und dem Bezug dieser Beglaubigungsträger bekannt sein. In einer gemäß SigI erstellten Nachricht können z.B. Verweise auf die zu verwendenden Attributzertifikate enthalten sein[186].

5.4.3.3 *Abschätzen des Erzeugungszeitpunkts des Prüfgegenstands*

Wie oben erwähnt, darf der Bezugszeitpunkt nicht vor dem Erzeugungszeitpunkt des Prüfgegenstands liegen, d.h. die Gültigkeit kann nur für Zeitpunkte festgestellt werden, zu denen der zu prüfende Beglaubigungsträger bzw. die zu prüfende signierte Nachricht auch tatsächlich existierte.

Sofern der Prüfgegenstand keine vertrauenswürdige Angabe hinsichtlich seines Erstellungszeitpunkts enthält, was insbesondere bei signierten Nachrichten der Fall ist, muss der Erzeugungszeitpunkt nach oben abgeschätzt werden. Zu diesem Zweck kann ein für den Prüfgegenstand erstellter Zeitstempel verwendet werden. Liegt ein solcher nicht vor, so muss als Abschätzung der aktuelle Verifikationszeitpunkt benutzt werden. Das bedeutet, dass in diesem Fall als Bezugszeitpunkt nur $t_{Verifikation}$ verwendet werden kann.

5.4.3.4 *Anwendung des Gültigkeitsmodells*

Es ist zu beurteilen, ob ein zu dem Prüfgegenstand gehörender Zertifizierungspfad $(z_1, z_2, \ldots, z_n)$ für einen Bezugszeitpunkt t_{Bezug} zum Verifikationszeitpunkt $t_{Verifikation}$ gültig ist. Die Beurteilung der Gültigkeit des Zertifizierungspfads erfolgt auf Grundlage eines Gültigkeitsmodells. Ein solches legt fest, zu welchem Zeitpunkt welches der in dem Pfad enthaltenen Public-Key-Zertifikate Statusgültig gewesen sein muss, damit der gesamte Pfad als gültig angesehen werden kann [vgl. BSI-SigI-A6 1999, S. 40; TTT-MTT2-A 1999, S. 37]. Für ein im Pfad enthaltenes Public-Key-Zertifikat z_i kommen diesbezüglich folgende Testzeitpunkte in Frage:

---

186 Vgl. Unterpunkt „Mitsignierte Attribute“ in Abschn. 5.4.2.3.

- der Verifikationszeitpunkt $t_{Verifikation}$;
- der Bezugszeitpunkt t_{Bezug};
- für $i \in \{2,...,n\}$ der Zeitpunkt der Verwendung des zu dem Zertifikat z_i gehörenden privaten Schlüssels zur Erzeugung des untergeordneten Zertifikats z_{i-1}. Dieser Zeitpunkt wird mit $t_{Erz}(z_{i-1})$ bezeichnet.

Aus den sich hieraus ergebenden Kombinationsmöglichkeiten resultieren eine Vielzahl möglicher unterschiedlicher Gültigkeitsmodelle. Die Möglichkeit des Auftretens von Interoperabilitätsproblemen bei Verwendung eines falschen Gültigkeitsmodells besteht, wenn wenigstens ein Zertifikat im Zertifizierungspfad existiert, das nicht zu allen genannten Testzeitpunkten den gleichen Status gehabt hat.

Die Problematik wird anhand von konkreten Gültigkeitsmodellen verdeutlicht. In Deutschland ist das in der Spezifikation „SigI" verwendete, vom SigG geforderte Kettenmodell von hoher Bedeutung [vgl. BSI-SigI-A6 1999, S. 40]. Im internationalen Bereich dagegen wird häufig das sogenannte Schalenmodell angewendet, dass insbesondere von ITU-T, IETF und NIST präferiert wird [vgl. ITU-T-X.509 1997, S. 32ff.; IETF-RFC2459 1999, S. 53; NIST-MISPC 1997, S. (3-23)]. Neben diesen Modellen ist noch ein weiteres Gültigkeitsmodell zu erwähnen, das als modifiziertes Schalenmodell bezeichnet wird und in der MTTv2-Norm zum Einsatz kommt [vgl. TTT-MTT2-A 1999, S. 37f.]. Die Gültigkeitsmodelle sind wie folgt definiert[187]:

- Nach dem *Kettenmodell* ist ein Zertifizierungspfad $(z_1, z_2,..., z_n)$ zum Verifikationszeitpunkt $t_{Verifikation}$ für einen Bezugszeitpunkt t_{Bezug} genau dann gültig, wenn gilt: $(\forall i \in \{1,...,n-1\}: status(z_{i+1}, t_{Erz}(z_i)) = gültig) \wedge (status(z_1, t_{Bezug}) = gültig)$. Zum Zeitpunkt der Erzeugung eines in dem Pfad enthaltenen Zertifikats muss also das jeweils übergeordnete Zertifikat Status-gültig gewesen sein. Darüber hinaus wird gefordert, dass zum Zeitpunkt t_{Bezug} das unterste Zertifikat z_1 Status-gültig gewesen ist. Das Ergebnis ist unabhängig vom Verifikationszeitpunkt $t_{Verifikation}$.
- Nach dem *Schalenmodell* ist ein Zertifizierungspfad $(z_1, z_2,..., z_n)$ zum Verifikationszeitpunkt $t_{Verifikation}$ für einen Bezugszeitpunkt t_{Bezug} genau dann gültig, wenn gilt: $\forall i \in \{1,...,n\}: status(z_i, t_{Verifikation}) = gültig$. Zu dem Verifikationszeitpunkt $t_{Verifikation}$ müssen also alle im Zertifizierungspfad enthaltenen Zertifikate Status-gültig sein. Das Ergebnis ist unabhängig vom gewählten Bezugszeitpunkt t_{Bezug}.
- Nach dem *modifizierten Schalenmodell* ist ein Zertifizierungspfad $(z_1, z_2,..., z_n)$ zum Verifikationszeitpunkt $t_{Verifikation}$ für einen Bezugszeitpunkt t_{Bezug} genau dann gültig, wenn gilt: $\forall i \in \{1,...,n\}: status(z_i, t_{Bezug}) = gültig$. Zu dem Bezugszeit-

---

[187] Es wird für diese Betrachtung davon ausgegangen, dass der Gültigkeitszeitraum eines Zertifikats mit dem Zeitpunkt seiner Erzeugung beginnt.

punkt t_{Bezug} müssen also alle im Zertifizierungspfad enthaltenen Zertifikate Status-gültig gewesen sein. Das Ergebnis ist unabhängig vom Verifikationszeitpunkt $t_{Verifikation}$.

Aus der Verwendung unterschiedlicher Gültigkeitsmodelle in verschiedenen TSI resultiert eine große Gefahr der Entstehung von Interoperabilitätsproblemen. Dies wird in Abb. 5.3 aufgezeigt. Die Darstellung veranschaulicht exemplarisch die Gültigkeit eines konkreten Zertifizierungspfads in Abhängigkeit vom verwendeten Gültigkeitsmodell. Während der Pfad in dem dort gegebenen Beispiel zum Verifikationszeitpunkt nach dem Kettenmodell für jeden Zeitpunkt gültig ist, ist er nach dem Schalenmodell immer ungültig. Nach dem modifizierten Schalenmodell ist der Pfad für jeden Zeitpunkt bis zum Ablauf des Gültigkeitszeitraums des Zertifikats z_3 gültig.

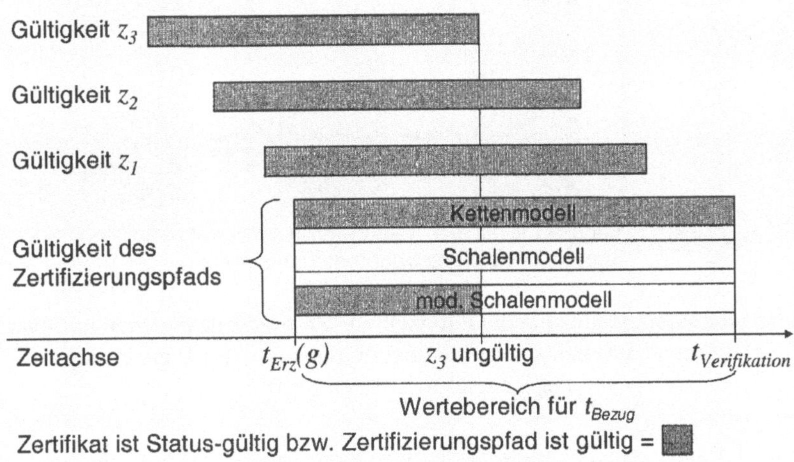

Abb. 5.3: Gültigkeit des Zertifizierungspfads in Abhängigkeit vom verwendeten Gültigkeitsmodell

Im Folgenden wird ein besonderer Zusammenhang zwischen den drei genannten Gültigkeitsmodellen aufgezeigt. Er besteht in dem Fall, dass in der Policy einer TSI vorgeschrieben wird, dass für jeden öffentlichen Schlüssel stets nur ein Public-Key-Zertifikat erstellt werden darf, und dass dieses für einen Zeitpunkt nur dann Status-gültig sein kann, wenn es für jeden früheren innerhalb seiner Existenzzeit liegenden Zeitpunkt auch Status-gültig ist.

Da ein Zertifikat z_i bereits existiert haben muss, als mit seinem zugehörigen privaten Schlüssel das Zertifikat z_{i-1} erstellt worden ist, gilt stets $t_{Erz}(z_i) \leq t_{Erz}(z_{i-1})$. Weiterhin muss das Zertifikat z_1 bereits existiert haben, als der Prüfgegenstand g erstellt worden ist. Demnach gilt $t_{Erz}(z_1) \leq t_{Erz}(g)$. Der Bezugszeitpunkt t_{Bezug} liegt gemäß o.g. Definition innerhalb des Zeitraums von $t_{Erz}(g)$ und $t_{Verifikation}$. Diesen Beziehungen zufolge gilt $\forall i \in \{1,..,n\}: t_{Erz}(z_i) \leq t_{Bezug} \leq t_{Verifikation}$. Aus diesen Ungleichungen folgt bei Bestehen der oben genannten Voraussetzungen, dass die Gültigkeit eines Zertifizierungspfads nach dem Schalenmodell die Gültigkeit nach dem modifizierten Schalenmodell impliziert, die wiederum die Gültigkeit nach dem Kettenmodel impliziert. Der Zusammenhang wird in Abb. 5.4 veranschaulicht.

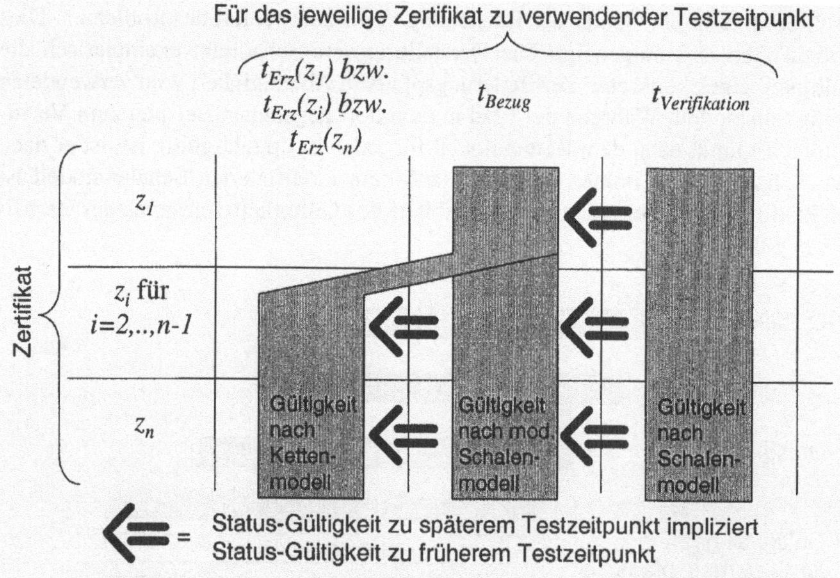

Abb. 5.4: Implikationen bzgl. der Gültigkeit von Zertifizierungspfaden nach verschiedenen Gültigkeitsmodellen (unter besonderen durch die Policy gegebenen Voraussetzungen)

Die Ausführungen zeigen, dass bzgl. der jeweiligen TSI die Kenntnis der die Gültigkeitsmodelle betreffenden Teile ihrer Policies dringend geboten ist.

Welches Gültigkeitsmodell für eine konkrete TSI geeignet ist, hängt von ihrem Einsatzzweck ab. Das Schalenmodell ist bzgl. seiner Anwendung sehr einfach, und es besteht dort nicht die Notwendigkeit der Archivierung von Sperrinformationen für vergangene Zeiträume. Da dort jedoch mit Auslaufen der Status-Gültigkeit eines Zertifikats im Zertifizierungspfad dieser auch für in der Vergangenheit liegende Bezugszeitpunkte ungültig wird, ist beim Einsatz langlebiger signierter Nachrichten dem Kettenmodell oder dem modifizierten Schalenmodell grundsätzlich der Vorzug zu geben.

5.4.3.5 Durchführung der Autorisierungsprüfung

Es ist zu überprüfen, ob die Berechtigungen zur Erstellung des Prüfgegenstands und der in dem Zertifizierungspfad enthaltenen Public-Key-Zertifikate vorgelegen haben.

Hierfür müssen zunächst Informationen über die erstellten Objekte beschafft werden. Aufschluss geben hier insbesondere die im jeweiligen Objekt enthaltenen allgemeinen Rahmenangaben sowie die Nutzdaten bzw. Beglaubigungsaussagen. Bei einer signierten Nachricht ist bspw. die Angabe des Datentyps der Nutzdaten in dem Feld „encapContentInfo“ von besonderem Interesse.

Anschließend muss für jedes im Zertifizierungspfad enthaltene Public-Key-Zertifikat geprüft werden, ob seine Anwendung auf Basis der in ihm und den assoziierten Attributzertifikaten enthaltenen Schlüssel- und Identitätsattribut-Beglaubigungen zugelassen war. Hinsichtlich der Schlüsselattribut-Beglaubigungen sind bspw. die in 5.4.1.1.2.3 beschriebenen Felder „keyUsage“, „extKeyUsage“, „basicConstraints“, „nameConstraints“, und „policyConstraints“ relevant. Bedeutend in Bezug auf die Identitätsattribut-Beglaubigungen sind z.B. die in Abschn. 5.4.1.1.2.4 beschriebenen Felder „procuration“ (Vertretungsberechtigung) und „admission“ (Vorhandensein einer speziellen Zulassung).

Inwieweit in einer TSI die Möglichkeit zur korrekten Durchführung der Autorisierungsprüfung gegeben ist, hängt entscheidend davon ab, ob in ihr die zugrundeliegenden Beglaubigungsträger korrekt interpretiert werden können. Dort auftretende Interoperabilitätsprobleme, die nicht zu der Ablehnung der Beglaubigungsträger führen, kommen daher insbesondere an dieser Stelle zum Tragen.

5.4.3.6 Mathematische Verifikation einer digitalen Signatur

Für den Prüfgegenstand und die in dem Zertifizierungspfad enthaltenen Public-Key-Zertifikate müssen die Signaturen mathematisch verifiziert werden[188]. Hierfür sind zum einen die jeweils zu verwendenden Algorithmen, Kodierungen und Parameter eindeutig festzustellen, d.h. die Beglaubigungsträger müssen diesbezüglich korrekt interpretiert werden können. Zum anderen müssen die Verfahren in der TSI implementiert worden sein, so dass sie angewendet werden können.

In Tab. 5.36 werden die von den betrachteten Normen gestellten Mindestforderungen hinsichtlich der zu akzeptierenden Algorithmenkombinationen aufgeführt. Die genannten Verfahren sollten auch in der ATSI implementiert werden. Bei der Erstellung von Nachrichten ist aus Gründen der Interoperabilität die Verwendung von RSA mit SHA-1 und PKCS-Padding anzuraten. Die zu empfehlende Schlüssellänge liegt dabei aus Gründen der Sicherheit bei mindestens 1024 Bit[189], aus Gründen der Performance bei höchstens 2048 Bit[190]. Mittelfristig werden Algorithmen auf Basis elliptischer Kurven zwar verstärkt zum Einsatz kommen, mo-

[188] Die assoziierten Beglaubigungsträger müssen sukzessive selbst die Rolle des Prüfgegenstands einnehmen (vgl. Abschn. 5.4.3.7).

[189] Es ist jedoch u.U. zu beachten, dass in älterer Software teilweise nur Schlüssellängen bis 512 Bit verarbeitet werden können.

[190] Bei sehr hohen Sicherheitsanforderungen können jedoch höhere Werte als erforderlich erachtet werden.

mentan werden sie jedoch nur selten implementiert [vgl. BSI-SigI-A2 1999, S. 10]. Auf ihre Verwendung bei der Erzeugung von Beglaubigungsträgern und signierten Nachrichten sollte daher verzichtet werden.

Norm	Zu akzeptierende Algorithmenkombinationen für die Verifikation von Signaturen
AGTC/ISIS bzw. BSI/SigI	RSA (nur Schlüssel mit 1024-4096 Bit) mit SHA-1 und PKCS-Padding RSA (nur Schlüssel mit 1024-4096 Bit) mit PKCS-Padding und RIPE-MD-160 RSA (nur Schlüssel mit 1024-4096 Bit) mit ISO9796-2rnd-Padding und SHA-1 RSA (nur Schlüssel mit 1024-4096 Bit) mit ISO9796-2rnd-Padding und RIPE-MD-160 DSA mit SHA-1 DSA mit RIPE-MD-160
TTT/MTTv2	RSA mit SHA-1 und PKCS-Padding RSA mit RIPE-MD-160 und PKCS-Padding RSA mit MD2 und PKCS-Padding RSA mit MD5 und PKCS-Padding
NIST/MISPC	Mindestens einen der folgenden: RSA mit SHA-1 und PKCS-Padding DSA mit SHA-1 ECDSA mit SHA-1

Tab. 5.36: Von Normen gestellte Mindestforderungen hinsichtlich der zu akzeptierenden Algorithmenkombinationen

5.4.3.7 Weitere Gültigkeitsprüfungen

Handelt es sich bei dem Prüfgegenstand um einen Beglaubigungsträger für den Statusinformationen gepflegt werden, so muss für diesen überprüft werden, ob er zum Bezugszeitpunkt Status-gültig gewesen ist.

Weiterhin ist die Gültigkeit der für den Verifikationsprozess relevanten assoziierten Beglaubigungsträger zu prüfen. Zu diesem Zweck muss sukzessive jeder von ihnen die Rolle des Prüfgegenstands einnehmen. Die oben genannten Schritte sind also ggf. mehrmals erneut zu durchlaufen.

5.4.4 Verwendung von Auskunftsdiensten

Für die Überprüfung der Gültigkeit einer Nachricht bzw. eines Beglaubigungsträgers muss auf Auskunftsdienste zugegriffen werden können. Interoperabilitätsprobleme können auftreten, wenn bei unterschiedlichen TSI unterschiedliche Verfahren bzw. Protokolle zum Einsatz kommen.

Im Folgenden werden die in den Normen von AGTC/ISIS, BSI/SigI, TTT/MTTv2 und NIST/MISPC gemachten Vorgaben bzgl. der Verwendung von Auskunftsdiensten mit dem Ziel der Identifikation von Interoperabilitätsproblemen gegenübergestellt. Weiterhin werden Ansätze zur Vermeidung bzw. Auflösung der Probleme vorgeschlagen.

Verfahren für den Abruf von Sperrlisten

Bzgl. der Handhabung von Sperrlisten sind die Verfahren CDP (Certificate Distribution Point) und OpenCDP (Open CRL Distribution Process) zu unterscheiden:

- Bei CDP wird die Verweisangabe in den Beglaubigungsträger eingebunden und erfolgt direkt[191]. Hierfür wird das Standard-Erweiterungsfeld „certificateDistributionPoints" eines Public-Key-Zertifikats im X.509-PKZ- bzw. eines Attributzertifikats im X.509-AZ-Format verwendet.
- Bei OpenCDP hingegen wird die Verweisangabe außerhalb des Beglaubigungsträgers gemacht und erfolgt indirekt. Zu diesem Zweck werden bei OpenCDP zusätzliche Erweiterungen definiert. [vgl. IETF-OCDP 1998]

In MISPC und MTTv2 wird zum Abruf von Sperrlisten das Verfahren CDP unter Verwendung von LDAP als Transportprotokoll verwendet [vgl. NIST-MISPC 1997, S. (3-46); TTT-MTT2-D 1999, S. 29f.]. Bei ISIS und SigI müssen Trustcenter den Abruf von Sperrlisten entweder über CDP oder über OpenCDP anbieten, wobei als Transportprotokolle LDAP, FTP oder HTTP zu unterstützen sind [vgl. AGTC-ISIS 1999, S. 170; BSI-SigI-A5 1999, S. 66]. Die Fähigkeit der Teilnehmer zum Abruf von Sperrlisten wird in ISIS nicht gefordert.

Verfahren für Online-Statusabfragedienste

Bislang stellt OCSP (Online Certificate Status Protocol) [IETF-RFC2560 1999] das einzige Protokoll dar, das Online-Statusinformationen zu Beglaubigungsträgern liefern kann [vgl. AGTC-ISIS 1999, S. 111]. OCSP legt ein Format für die Anfrage- und Ergebnisdaten fest. Das Protokoll kommt bei ISIS und SigI zur Erteilung von Online-Statusauskünften unter Verwendung des Transportprotokolls HTTP zum Einsatz[192] [vgl. AGTC-ISIS 1999, S. 129ff.; BSI-SigI-A5 1999, S. 26f.]. In MTTv2 und MISPC werden keine Online-Statusauskünfte benutzt.

---

[191] Vgl. Abschn. 3.4.4.2.

[192] Möglich ist auch die Übermittlung der OCSP-Nachrichten über E-Mails. Hiervon wird jedoch abgeraten, da bei E-Mails die Antwortzeiten nicht garantiert werden können.

Verfahren für den Abruf von Beglaubigungsträgern

Beglaubigungsträger können direkt über LDAP abgerufen werden. Diese Methode kommt bei MISPC- und MTTv2-konformen TSI zum Einsatz [vgl. NIST-MISPC 1997, S. (3-46); TTT-MTT2-D 1999, S. 29f.]. Bei ISIS und SigI wird für den Abruf von Beglaubigungsträgern OCSP verwendet, indem das Protokoll zu diesem Zweck um eine proprietäre Erweiterung ergänzt wird [vgl. AGTC-ISIS 1999, S. 116f.; BSI-SigI-A5 1999, S. 15].

Interoperabilitätsprobleme und Lösungsansätze

Die obigen Ausführungen zeigen, dass erhebliche Unterschiede hinsichtlich der existierenden Verfahren zum Bezug von Sperrinformationen und Beglaubigungsträgern über Auskunftsdienste existieren. Erschwerend kommt hinzu, dass auch die einzelnen Verfahren für sich genommen noch Freiheiten lassen, die zu Interoperabilitätsproblemen führen können. Durch das Anbieten eines Verifizierungs- oder Konvertierungsdiensts im Rahmen der Interoperabilitätsleistungen[193] können diese Schwierigkeiten jedoch gelöst werden. Abgesehen davon sollten in der ATSI die Teilnehmer mit Systemen ausgestattet werden, die sowohl Sperrlisten abrufen, als auch OCSP-Anfragen einholen können.

5.4.5 Erstellung von verschlüsselten Nachrichten

Bei dem in [IETF-RFC2630 1999, S. 12ff.] beschriebenen CMS-EnvelopedData-Format handelt es sich um eine Datenstruktur zur Erstellung von verschlüsselten Nachrichten. Wie signierte Nachrichten können auch diese in CMS-Objekte integriert und bspw. in Verbindung mit S/MIME per E-Mail versendet werden.

Eine verschlüsselte Nachricht im CMS-EnvelopedData-Format setzt sich zusammen aus allgemeinen Rahmenangaben, verschlüsselten Nutzdaten und einer Folge von Empfängerblöcken. Letztere enthalten jeweils einen verschlüsselten Nachrichtenschlüssel sowie zugehörige empfängerspezifische Rahmenangaben.

Im Hinblick auf die in Abschn. 5.3.2 genannten Normen ist für diesen Abschnitt, neben der generellen Definition des CMS-EnvelopedData-Formats der IETF, das bei TTT/MTTv2 verwendete Profil dieses Standards relevant.

Im Folgenden werden die Bestandteile bzw. Felder einer verschlüsselten Nachricht im CMS-EnvelopedData-Format systematisch zur Identifikation von Interoperabilitätsproblemen untersucht. An geeigneten Stellen werden Ansätze zur Vermeidung bzw. Auflösung der Probleme vorgeschlagen.

Für die Untersuchung sind die Inhalte einer verschlüsselten Nachricht im CMS-EnvelopedData-Format, wie in Tab. 5.37 dargestellt, strukturiert worden.

---

[193] Vgl. Abschn. 3.5.6.3.

Allgemeine Rahmenangaben (Abschn. 5.4.5.1)		
	Versionsnummer des CMS-EnvelopedData-Formats	
	Beglaubigungsträger des Nachrichtenerzeugers	
	Nicht verschlüsselte Attribute	
Nutzdaten (Abschn. 5.4.5.2)		
Empfängerblöcke (Abschn. 5.4.5.3)		
	Variante 1: Bezugnahme auf einen öffentlichen Schlüssel (Abschn. 5.4.5.3.1)	
		Versionsnummer der zugrundeliegenden Datenstruktur
		Angaben zur Identifikation des zu verwendenden öffentlichen Schlüssels
		Angaben zum verwendeten Verschlüsselungsalgorithmus
		Verschlüsselter Nachrichtenschlüssel
	Variante 2: Bezugnahme auf einen Schlüsselvereinbarungsmechanismus (Abschn. 5.4.5.3.2)	
		Versionsnummer der zugrundeliegenden Datenstruktur
		Angaben zum verwendeten Verschlüsselungsalgorithmus
		Angabe von Zusatzparametern
		Angaben zum vom Nachrichtenerzeuger verwendeten privaten Schlüssel
		Angaben zum vom Nachrichtenerzeuger verwendeten öffentlichen Schlüssel
		Verschlüsselter Nachrichtenschlüssel
	Variante 3: Bezugnahme auf symmetrischen Schlüssel (Abschn. 5.4.6.3.3)	
		Versionsnummer der zugrundeliegenden Datenstruktur
		Angaben zum verwendeten symmetrischen Schlüssel
		Angaben zum verwendeten Verschlüsselungsalgorithmus
		Verschlüsselter Nachrichtenschlüssel

Tab. 5.37: Für die systematische Interoperabilitätsuntersuchung durchgeführte Strukturierung der Inhalte einer verschlüsselten Nachricht im CMS-EnvelopedData-Format

5.4.5.1 Allgemeine Rahmenangaben

Versionsnummer des CMS-EnvelopedData-Formats

In dem „version"-Pflichtfeld wird angegeben, welche Versionsnummer des CMS-EnvelopedData-Formats benutzt wird. Möglich sind hier die Werte 0 und 2. Die zu wählende Version hängt von der Art der Verwendung der in den folgenden Ausführungen genannten Felder ab. Interoperabilitätsprobleme können hinsichtlich der akzeptierten Versionsnummern entstehen. Bei MTTv2 darf nur die Version 0 benutzt werden. Um eine möglichst weitreichende Interoperabilität zu erzielen, sollten in der ATSI verschlüsselte Nachrichten in beiden Versionen erstellt und verarbeitet werden können.

Beglaubigungsträger des Nachrichtenerzeugers

In dem optionalen „originatorInfo"-Feld können Beglaubigungsträger des Nachrichtenerzeugers abgelegt werden. Das ist insbesondere dann sinnvoll, wenn ein Schlüsselvereinbarungsalgorithmus verwendet wird (s.u.), für dessen Anwendung der Empfänger bestimmte Beglaubigungsträger benötigt. Die Verwendung des Felds ist nur unter Version 2 gestattet. Bei der Erstellung von Nachrichten für MTTv2-konforme TSI darf es daher nicht benutzt werden. In der ATSI sollte das Feld bei Bedarf verwendet werden können.

Nicht verschlüsselte Attribute

Im optionalen „unprotectedAttrs"-Feld werden nicht verschlüsselte Attribute zur Bekanntmachung weiterer Rahmenangaben aufgeführt. Hierbei wird für jedes Attribut eine Kennung und wenigstens ein Wert angegeben. Die Verwendung des Felds ist nur unter Version 2 gestattet. Bei der Erstellung von Nachrichten für MTTv2-konforme TSI darf es daher nicht benutzt werden. Interoperabilitätsprobleme können insbesondere dann entstehen, wenn von einer TSI die Existenz bestimmter Attribute gefordert wird. Grundsätzlich sollten in der ATSI möglichst viele Attribute interpretiert und erzeugt werden können. Sofern bei der Generierung einer verschlüsselten Nachricht auch Attribute angeführt werden sollen, die vom Empfänger u.U. nicht interpretiert werden können, so ist das Verfügbarmachen von die Attribute erläuternden Informationen über den Attribut-Auskunftsdienst anzuraten.

5.4.5.2 *Nutzdaten*

In dem „encryptedContentInfo"-Pflichtfeld werden in das „encryptedContent"-Unterfeld die mit dem Nachrichtenschlüssel verschlüsselten Nutzdaten eingetragen, sofern sie nicht gesondert geliefert werden sollen. Die hierfür zu benutzende Kodierung wird i.d.R. durch den verwendeten Algorithmus, dessen Kennung in dem „contentEncryptionAlgorithm"-Feld bereitgestellt wird, eindeutig vorgeschrieben. In der ATSI sollten möglichst viele Algorithmen und Kennungen benutzt werden können, wobei bei der Erzeugung von Nachrichten gängige[177] Verfahren zu bevorzugen sind. Durch eine Kennung im „contentType"-Unterfeld wird der Nutzdaten-Typ spezifiziert. Auch diesbezüglich sollten in der ATSI möglichst viele Kennungen interpretiert und erzeugt werden können.

5.4.5.3 *Empfängerblöcke*

In dem „recipientInfos"-Pflichtfeld werden Empfängerblöcke abgelegt, welche die von den Empfängern zu verwendenden verschlüsselten Nachrichtenschlüssel enthalten. Weiterhin werden Hinweise darauf gegeben, auf welchem Wege diese

Schlüssel erzeugt worden, bzw. zu entschlüsseln sind. Diesbezüglich existieren die im Folgenden genannten drei Möglichkeiten, die ggf. von der ATSI unterstützt werden sollten.

5.4.5.3.1 Bezugnahme auf einen öffentlichen Schlüssel

Bei der ersten Möglichkeit wird der Nachrichtenschlüssel für jeden Empfänger mit einem zu diesem gehörenden öffentlichen Schlüssel verschlüsselt. Von dieser Methode wird in MTTv2 Gebrauch gemacht. Unter Verwendung der „KeyTrans-RecipientInfo"-Datenstruktur werden für jeden Verschlüsselungsvorgang Empfängerblöcke mit den nachfolgend betrachteten Bestandteilen in der Nachricht abgelegt.

Versionsnummer der zugrundeliegenden Datenstruktur

Im „version"-Pflichtfeld wird die der „KeyTransRecipientInfo"-Datenstruktur zugrunde liegende Versionsnummer angegeben. Interoperabilitätsprobleme können aus Restriktionen einer TSI bzgl. der akzeptierten Versionsnummern entstehen. Die zu wählende Version hängt ausschließlich von der für die Angabe zur Identifikation des öffentlichen Schlüssels verwendeten Methode ab. Dieser Bereich wird im folgenden Unterpunkt behandelt.

Angaben zur Identifikation des zu verwendenden öffentlichen Schlüssels

In dem „rid"-Pflichtfeld werden Angaben zur Identifikation des zur Verschlüsselung des Nachrichtenschlüssels verwendeten öffentlichen Schlüssels bzw. Public-Key-Zertifikats gemacht. Dies kann entweder durch die direkte oder durch die indirekte Methode[194] geschehen. Diese Wahlmöglichkeit kann zu Interoperabilitätsproblemen führen. Bei MTTv2 wird ausschließlich die direkte Methode benutzt [vgl. TTT-MTT2-B 1999, S. 44]. Um eine möglichst weitreichende Interoperabilität zu erzielen, sollten in der ATSI ggf. beide Varianten verwendet werden können.

Angaben zum verwendeten Verschlüsselungsalgorithmus

In dem „keyEncryptionAlgorithm"-Feld wird eine Kennung für den verwendeten Verschlüsselungsalgorithmus sowie ggf. die verwendeten Parameter angegeben. Interoperabilitätsprobleme können hinsichtlich der unterstützten Algorithmen, der für sie verwendeten Kennungen und der Form der Parameterübergabe auftreten. In der ATSI sollten möglichst viele Verschlüsselungsalgorithmen und Kennungen verwendet werden können.

---

194 Vgl. Unterpunkt „Angaben zur Identifikation des öffentlichen Schlüssels des Trustcenters" in Abschn. 5.4.1.1.2.

Verschlüsselter Nachrichtenschlüssel

Im „encryptedKey“-Pflichtfeld ist der verschlüsselte Nachrichtenschlüssel enthalten. Hinsichtlich der Kodierung sind keine Interoperabilitätsprobleme zu erwarten.

5.4.5.3.2 Bezugnahme auf einen Schlüsselvereinbarungsmechanismus

Bei der zweiten Möglichkeit wird der Nachrichtenschlüssel für jeden Empfänger mit einem unter Verwendung eines Schlüsselvereinbarungsalgorithmus erzeugten Schlüssel verschlüsselt. Von dieser Methode darf nur bei Version 2 des CMS-EnvelopedData-Formats Gebrauch gemacht werden. Bei der Erstellung von Nachrichten für MTTv2-konforme TSI ist sie daher nicht zu benutzen. Unter Verwendung der „KeyAgreeRecipientInfo“-Datenstruktur werden für jeden der benutzten Schlüsselvereinbarungsalgorithmen Empfängerblöcke mit den nachfolgend betrachteten Bestandteilen in der Nachricht abgelegt.

Versionsnummer der zugrundeliegenden Datenstruktur

Im „version“-Pflichtfeld wird die der „KeyAgreeRecipientInfo“-Datenstruktur zugrunde liegende Versionsnummer genannt. Es ist immer Version 3 anzugeben. An dieser Stelle entstehen daher keine Interoperabilitätsprobleme.

Angaben zum verwendeten Verschlüsselungsalgorithmus

Die Ausführungen zu diesem Feld entsprechen den im vorherigen Abschnitt unter dem gleichnamigen Unterpunkt gemachten Angaben.

Angabe von Zusatzparametern

Im optionalen „ukm“-Feld werden, sofern es der verwendete Schlüsselvereinbarungsalgorithmus vorsieht, Zusatzparameter angegeben. Mit diesen kann sichergestellt werden, dass nicht jedes Mal der gleiche Nachrichtenschlüssel-Verschlüsselungsschlüssel erzeugt wird. Bzgl. der Verwendung des Felds sind keine Interoperabilitätsprobleme zu erwarten.

Angaben zum vom Nachrichtenerzeuger verwendeten privaten Schlüssel

Im „originator“-Pflichtfeld wird der öffentliche Schlüssel des Nachrichtenerzeugers spezifiziert, dessen zugehöriger privater Schlüssel zusammen mit dem öffentlichen Schlüssel des Empfängers zur Generierung des Nachrichtenschlüssel-Verschlüsselungsschlüssels verwendet worden ist. Hierfür werden drei verschiedene Möglichkeiten bereitgestellt:

- Verweis auf ein Public-Key-Zertifikat durch Angabe der Seriennummer und der technischen Identitätskennung des ausstellenden Trustcenters;

- Verweis auf ein Public-Key-Zertifikat durch Angabe des geforderten Werts für die „subjectKeyIdentifier"-Erweiterung[195];
- direkte Einbindung des öffentlichen Schlüssels.

Diese Wahlmöglichkeit kann zu Interoperabilitätsproblemen führen. In der ATSI sollten ggf. alle drei Möglichkeiten verwendet werden können.

Angaben zum vom Nachrichtenerzeuger verwendeten öffentlichen Schlüssel

Im „rid"-Unterfeld des „RecipientEncryptedKey"-Pflichtfelds wird der öffentliche Schlüssel des Empfängers spezifiziert, der zusammen mit dem privaten Schlüssel des Nachrichtenerzeugers zur Generierung eines Nachrichtenschlüssel-Verschlüsselungsschlüssels verwendet worden ist. Hierfür werden die zwei in dem vorhergehenden Punkt zuerst genannten Möglichkeiten bereitgestellt. Diese Wahlmöglichkeit kann zu Interoperabilitätsproblemen führen. In der ATSI sollten ggf. beide Möglichkeiten verwendet werden können. Die in diesem Unterpunkt beschriebene Information wird für jeden Empfänger gesondert erzeugt.

Verschlüsselter Nachrichtenschlüssel

Im „encryptedKey"-Unterfeld des „RecipientEncryptedKey"-Pflichtfelds wird der verschlüsselte Nachrichtenschlüssel eingefügt. Diese Information wird für jeden Empfänger gesondert erzeugt. Hinsichtlich der Kodierung sind keine Interoperabilitätsprobleme zu erwarten.

5.4.5.3.3 Bezugnahme auf symmetrischen Schlüssel

Bei der dritten Möglichkeit wird der Nachrichtenschlüssel mit bei den Empfängern bereits vorliegenden symmetrischen Schlüsseln verschlüsselt. Von dieser Methode darf nur bei Version 2 des CMS-EnvelopedData-Formats Gebrauch gemacht werden. Bei der Erstellung von Nachrichten für MTTv2-konforme TSI ist sie daher nicht zu benutzen. Unter Verwendung der „KEKRecipientInfo"-Datenstruktur werden für jeden verwendeten symmetrischen Schlüssel Empfängerblöcke mit den nachfolgend betrachteten Bestandteilen in der Nachricht abgelegt.

Versionsnummer der zugrundeliegenden Datenstruktur

Im „version"-Pflichtfeld wird die der „KEKRecipientInfo"-Datenstruktur zugrunde liegende Versionsnummer genannt. Es ist immer Version 4 anzugeben. An dieser Stelle entstehen daher keine Interoperabilitätsprobleme.

---

[195] Vgl. Unterpunkt „Kennung für den beglaubigten öffentlichen Schlüssel" in Abschn. 5.4.1.1.2.3.

Angaben zu dem verwendeten symmetrischen Schlüssel

Im „kekid"-Pflichtfeld wird eine Kennung für den verwendeten, beim Empfänger bereits vorliegenden symmetrischen Schlüssel angegeben. Interoperabilitätsprobleme können hinsichtlich des Verfahrens zur Ableitung der Kennung eines Schlüssels entstehen. Dieses muss daher bereits im Rahmen der Schlüsselverteilung bekannt gemacht werden.

Angaben zum verwendeten Verschlüsselungsalgorithmus

Die Ausführungen zu diesem Feld entsprechen den in Abschn. 5.4.5.3.1 unter dem gleichnamigen Unterpunkt gemachten Angaben.

Verschlüsselter Nachrichtenschlüssel

Im „encryptedKey"-Pflichtfeld ist der verschlüsselte Nachrichtenschlüssel enthalten. Hinsichtlich der Kodierung sind keine Interoperabilitätsprobleme zu erwarten.

5.5 Zusammenfassende Beurteilung

Die Untersuchung hat ergeben, dass die derzeit relevanten Normen für TSI Unterschiede vorweisen, die zu erheblichen Interoperabilitätsproblemen führen. Diesbezüglich ist jede der bei der Festlegung der für die Betrachtung anzuwendenden Systematik in Abschn. 5.2 identifizierten Stellen, an denen potenziell Schwierigkeiten auftreten können, betroffen.

Bei der Verarbeitung von Beglaubigungsträgern sind häufig Erweiterungsfelder die Ursache für Interoperabilitätsprobleme. Die Eigenschaften (Kritikalität, Präsenz- und Verarbeitungsforderung) der von der ITU-T vorgegebenen Felder unterscheiden sich bei den einzelnen Normen deutlich. Sehr häufig liegen die in Abschn. 5.4.1.1.1 identifizierten Interoperabilitätsprobleme induzierenden Konstellationen vor. Weiterhin werden in einigen Normen private Erweiterungsfelder definiert, deren Unterstützung in nicht auf Basis der jeweiligen Norm aufgebauten TSI unwahrscheinlich ist. Den bei Berechtigungen bzw. Verbote indizierenden Erweiterungen entstehenden Interoperabilitätsproblemen kann mit dem in Abschn. 5.4.1.1.3 vorgeschlagenen Lösungsansatz begegnet werden. Auch der Einsatz des in Abschn. 3.5.2.7 genannten Auskunftsdiensts für Erweiterungen kann, zumindest bei als „non-critical" markierten Feldern, einige Interoperabilitätsprobleme lösen.

Insbesondere im Hinblick auf Attributzertifikate können sich Probleme aus der uneingeschränkten Möglichkeit zur Definition privater Attribute ergeben. Hier ist der Einsatz der ebenfalls in Abschn. 3.5.2.7 vorgeschlagenen Attribut-Auskunft sinnvoll.

Das Auftreten von Schwierigkeiten ist jedoch nicht nur im Zusammenhang mit Erweiterungsfeldern und Attributen möglich, sondern auch in Bezug auf die Pflichtfelder bzw. optionalen Felder. Probleme ergeben sich hier aus den Divergenzen der Normen hinsichtlich der benutzten Kennungen und Kodierungen, der akzeptierten Verwendungszweck-Kombinationen für Schlüssel, der Formate für Zeitangaben etc. Einigen dieser Probleme kann mit der in Abschn. 3.5.2.8 beschriebenen TSI-Auskunft und der in Abschn. 3.5.2.6 vorgeschlagenen ID-Auskunft begegnet werden.

Viele der oben genannten Schwierigkeiten treten in ähnlicher Weise bei der Verarbeitung von signierten, bzw. der Erstellung von verschlüsselten Nachrichten auf. Auch hier wird nicht konkret vorgegeben, wie die einzelnen Felder zu verwenden sind und es dürfen ebenfalls beliebige neue Attribute definiert werden.

Bei Beachtung der bezogen auf die einzelnen Elemente der Beglaubigungsträger und signierten Nachrichten gegebenen Hinweise zur Gestaltung der ATSI für das Erzielen einer möglichst weitreichenden Interoperabilität, können eine Reihe von Schwierigkeiten vermieden bzw. überwunden werden. Jedoch bedeutet ein Mehr an Interoperabilität oft ein Weniger an Leistungsmerkmalen. Die Erzeugung mehrerer verschiedener Beglaubigungsträger für die gleiche Beglaubigungsaussage in der ATSI wird in der Praxis mit einer Reihe von Problemen verbunden sein. Neben den Schwierigkeiten, die sich aus der Implementierung der die unterschiedlichen Formate berücksichtigenden Systeme ergeben, können hier im Hinblick auf die Gültigkeitsprüfung leicht Inkonsistenzen entstehen. Die Verifikation der Gültigkeit der unterschiedlichen Beglaubigungsträger sollte stets das gleiche Ergebnis liefern. Wird die Beglaubigungsaussage ungültig, so sind daher alle für sie erzeugten Beglaubigungsträger zeitgleich zu sperren. Aus den o.g. Gründen ist stets genau zu eruieren, bei welchen TSI die Interoperabiltät zu der ATSI tatsächlich benötigt wird.

Weniger problematisch als bei den anderen Beglaubigungsträgerformaten sind die oben beschriebenen Unterschiede der Normen in Bezug auf Sperrlisten. Auch der Umgang mit den Divergenzen hinsichtlich der bei den Auskunftsdiensten zum Einsatz kommenden Protokolle bzw. Verfahren ist vergleichsweise einfach. Den dort vorhandenen Schwierigkeiten kann effektiv mit geeigneten, im Rahmen der speziellen Interoperabilitätsleistungen[196] zu erbringenden Konvertierungen begegnet werden. Oft ist jedoch die Voraussetzung hierfür, dass in der jeweiligen TSI indirekte Sperrlisten zugelassen werden, was von den Normen allerdings i.d.R. gefordert bzw. empfohlen wird[197]. Darüber hinaus ist auch der Einsatz des in Abschn. 3.5.1.7 beschriebenen Verifizierungsdiensts sinnvoll.

Als sehr kritisch zu beurteilen sind die im Bereich der Gültigkeitsprüfung bestehenden Interoperabilitätsprobleme. Hier kann es leicht vorkommen, dass die Verifikation der Gültigkeit eines Prüfgegenstands in einer TSI ein anderes Ergebnis liefert als in einer anderen. Problematisch sind insbesondere die von den verschie-

196 Vgl. Abschn. 3.5.6.3.

197 Vgl. Unterpunkt „Technische Identitätskennung des Trustcenters, das den gesperrten Beglaubigungsträger erstellt hat" in Abschn. 5.4.1.3.2.

denen Normen verwendeten unterschiedlichen Gültigkeitsmodelle[198]. Wegen der bei der Interpretation von Beglaubigungsträgern entstehenden Schwierigkeiten kann sich weiterhin die im Rahmen der Gültigkeitsverifikation durchzuführende Autorisierungsprüfung als problematisch erweisen. Auch in diesem Zusammenhang ist der Einsatz des Verifizierungsdiensts sinnvoll.

Zusammenfassend ist zur Kenntnis zu nehmen, dass mit der Entstehung einer Vielzahl von Interoperabilitätsproblemen zwischen TSI zu rechnen ist. Diese können oft nur mit Einschränkung gelöst werden.

---

198 Vgl. Abschn. 5.4.3.4.

Teil III:
Behandlung des Problems des Fehlens eines Vorgehensmodells für die systematische Auswahl und Erstellung von TSI-Anwendungen

6 Vorgehensmodell zur Auswahl und Erstellung komplexer TSI-Anwendungen

„Wenn Du ein Schiff bauen willst,
so trommle nicht Leute zusammen,
um Holz zu beschaffen, Werkzeuge vorzubereiten,
Aufgaben zu vergeben und die Arbeit einzuteilen,
sondern wecke in ihnen die Sehnsucht
nach dem endlosen, weiten Meer."
Antoine de Saint-Exupéry

Die Erstellung einer komplexen TSI-Anwendung[199] ist eine vielschichtige Aufgabe, bei der soziokulturelle, ökonomische, technische, rechtliche und politische Faktoren zu beachten sind. Insbesondere muss bei der Übertragung der in der realen Welt ablaufenden Prozesse in die elektronische Form eine akteursübergreifende Perspektive angewendet werden, d.h. dass die Eigenschaften einer Vielzahl von Beteiligten zu berücksichtigen sind. Zu letzteren zählen neben dem Trustcenter selbst insbesondere die Akteure der Anwendungen[200], also Privatpersonen in der Rolle als Bürger und Konsumenten, Unternehmen und staatliche Einrichtungen. Hinsichtlich des Findens eines Konsens ist problematisch, dass es sich bei den Beteiligten i.d.R. um rechtlich voneinander unabhängige Parteien handelt, die über jeweils unterschiedliche Eigenschaften verfügen und unterschiedliche Ziele verfolgen. Erschwerend kommt hinzu, dass nicht jeder der Akteure, für welche die Anwendung vorgesehen ist, an dem Erstellungsprozess partizipiert. Oft sind die Teilnehmer der Anwendung nicht direkt erreichbar bzw. namentlich bekannt.

Ein diese Aspekte berücksichtigendes Vorgehensmodell zur systematischen Auswahl und Erstellung komplexer TSI-Anwendungen existiert derzeit nicht. Ziel dieses Kapitels ist es, diesem Problem zu begegnen, indem ein derartiges Modell

---

199 Vgl. Unterpunkt „Auf TSI aufsetzende TSI-Anwendungen" in Abschn. 3.2.

200 In diesem Kapitel bezeichnet der Begriff „TSI-Anwendung" (bzw. „Anwendung") stets eine komplexe TSI-Anwendung.

entwickelt wird. Dabei soll auf den in der Literatur verfügbaren Ansätzen aufgebaut werden.

6.1 Bestimmung der Phasen des Vorgehensmodells

Als Ansatzpunkt zur Entwicklung der Phasen des Vorgehensmodells für die systematische Auswahl und Erstellung komplexer TSI-Anwendungen werden Vorgehensmodelle aus dem BPR[201] (Business Process Reengineering) herangezogen. Auch dort sollen Prozesse mit dem Ziel der Steigerung ihrer Effizienz und Effektivität umgestaltet werden. Hammer und Champy definieren BPR wie folgt:

> *„[BPR is] the fundamental rethinking and radical redesign of business processes to achieve dramatic improvements in critical, contemporary measures of performance, such as cost, quality, service, and speed." [Hammer/Champy 1993, S. 32]*

Ein Geschäftsprozess beschreibt eine Menge von Aktivitäten, die der Realisierung von Unternehmenszielen dienen, in einem logischen bzw. zeitlichen Zusammenhang zueinander stehen und inhaltlich abgeschlossen sind [vgl. Gausmeier/Fahrwinkel 1994]. Beim BPR ist der Initiator des Reengineering-Vorhabens ein einzelnes Unternehmen, und es wird bei der Betrachtung der Alternativprozesse maßgeblich auf die Optimierung des Kosten- und Nutzenverhältnisses für dieses eine Unternehmen geachtet [vgl. Hess/Brecht 1996]. Die sich durch die Veränderungen der Prozesse für andere Akteure wie z.B. Lieferanten oder Kunden ergebenden Auswirkungen sind nur dann zu beachten, wenn sie indirekt auch für das Unternehmen von Bedeutung sind[202]. Führt z.B. die Einführung eines neuen Prozesses dazu, dass ein Lieferant seine Vorleistungen schneller und besser zu erbringen vermag, so kann hierdurch die Qualität des eigenen Produkts gesteigert werden, was die Kundenzufriedenheit erhöht. Dadurch entstehen auch Vorteile für das Unternehmen. Zum einen bleibt ein zufriedener Kunde mit großer Wahrscheinlichkeit dem Unternehmen treu und bringt somit das Potenzial für weitere Umsätze. Zum anderen müssen bei höherer Produktqualität weniger Mittel für Garantiefälle aufgebracht werden.

Anders als beim BPR steht bei der Erstellung einer TSI-Anwendung der akteursübergreifende, ganzheitliche Ablauf eines Anwendungsprozesses im Betrachtungsfokus. Ein Anwendungsprozess wird hier definiert als eine Menge von Aktivitäten, die der Realisierung von anwendungsspezifischen Zielen bestimmter Akteure dienen und inhaltlich hinsichtlich der Befriedigung eines den Prozess auslö-

---

[201] Anstelle des Begriffs „Business Process Reengineering" werden in der Literatur auch Begriffe wie „Business Process Redesign", „Process Improvement", „Core Process Redesign" und „Process Innovation" verwendet [vgl. Brenner 1995, S. 57; Schnetzer 1999, S. 14f.].

[202] Die Beziehungen zu Lieferanten oder Kunden werden jedoch bei vielen BPR-Konzepten überhaupt nicht berücksichtigt [vgl. Hess/Brecht 1996].

senden Initial-Bedürfnisses abgeschlossen sind[203]. Entsprechend handelt es sich bei der Erstellung von TSI-Anwendungen nicht um ein intra- sondern vielmehr um ein interorganisatorisches Process-Reengineering. Daher muss für die Definition der einzelnen Phasen des in diesem Kapitel zu entwickelnden Vorgehensmodells eine entsprechende Modifikation bzw. Erweiterung der BPR-Konzepte erfolgen.

Nach Schnetzer [1999, S. 42f.] laufen etwa 80% aller BPR-Projekte nach dem gleichen grundsätzlichen Schema ab. Dieses beinhaltet die Phasen „Anstoß" (grundlegende Analyse der Unternehmenssituation), „Organisation" (Bereitstellung der Ressourcen), „Positionierung" (Festlegung grundsätzlicher Ziele und Identifikation des umzugestaltenden Prozesses), „Diagnose" (Analyse des Ist-Prozesses[204]), „Redesign" (Erstellung des Soll-Prozesses[204]), „Umsetzung" und „Einführung". Ähnlich definieren bspw. auch Morris und Brandon[205] [1994, S. 234ff.] sowie Davenport [1993, S. 25] die im Zuge eines BPR-Projekts zu durchlaufenden Arbeitsschritte[206]. In Anlehnung an diese BPR-Vorgehensmodelle wird im Folgenden ein Vorgehensmodell zur Auswahl und Erstellung von TSI-Anwendungen definiert. Die einzelnen Phasen dieses Vorgehensmodells sowie ihre Gegenüberstellung mit den Schritten der BPR-Vorgehensmodelle von Schnetzer, Morris/Brandon und Davenport werden in Tab. 6.1 dargestellt.

6.2 Vorbereitung

6.2.1 Durchführung einer Situationsanalyse

Zur Beurteilung des Nutzenpotenzials bestimmter TSI-Anwendungen und der Möglichkeiten zu deren Erstellung muss eine Situationsanalyse des TC-Umfelds vorgenommen werden. Neben den generellen Zielen, Erwartungen und Interessen möglicher Beteiligter sind die allgemeinen soziokulturellen, ökonomischen, technischen, rechtlichen und politischen Rahmenbedingungen zu eruieren. Dies ist in dieser Arbeit in Kapitel 2 geschehen.

203 Vgl. Abschn. 6.3.1.2.

204 Die Begriffe „Ist-Prozess" bzw. „Soll-Prozess" bezeichnen jeweils eine Menge von u.U. isoliert voneinander ablaufenden Prozessen, die in ihrer Gesamtheit eine bestimmte Aufgabe erfüllen.

205 Das Vorgehensmodell von Morris und Brandon ist auch unter der Bezeichnung „DUR" (Dynamische Unternehmensreorganisation) bekannt.

206 Eine umfangreiche Zusammenstellung von weiteren BPR-Vorgehensmodellen findet sich in [Hess/Brecht 1996].

<table>
<tr><th colspan="2">Vorgehensmodell zur Auswahl und Erstellung komplexer TSI-Anwendungen</th><th>Entsprechende Schritte im BPR-Vorgehensmodell nach Schnetzer</th><th>Entsprechende Schritte im BPR-Vorgehensmodell nach Morris/Brandon</th><th>Entsprechende Schritte im BPR-Vorgehensmodell nach Davenport</th></tr>
<tr><td rowspan="3">Vorbereitung (Abschn. 6.2)</td><td>1) Durchführung einer Situationsanalyse (Abschn. 6.2.1)</td><td>1) Anstoß</td><td>1) Ermittlung alternativer Projekte</td><td></td></tr>
<tr><td>2) Aufbau der für die Erstellung von TSI-Anwendungen notwendigen generellen Infrastruktur (Abschn. 6.2.2)</td><td>2) Organisation</td><td></td><td></td></tr>
<tr><td>3) Festlegen eines grundsätzlichen Zielsystems (Abschn. 6.2.3)</td><td rowspan="4">3) Positionierung</td><td rowspan="2">1) Ermittlung alternativer Projekte</td><td></td></tr>
<tr><td rowspan="3">Auswahl i.e.S. (Abschn. 6.3)</td><td>4) Ermittlung möglicher TSI-Anwendungen (Abschn. 6.3.1)</td><td rowspan="3">1) Identifying Processes for Innovation</td></tr>
<tr><td>5) Auswahl eines Anwendungssegments (Abschn. 6.3.2)</td><td>2) Durchführung erster Wirkungsanalysen</td></tr>
<tr><td>6) Auswahl der zu realisierenden Anwendung (Abschn. 6.3.3)</td><td>3) Projektauswahl und Bestimmung des Projektumfangs</td></tr>
<tr><td rowspan="3">Erstellung i.e.S. (Abschn. 6.4)</td><td>7) Zusammenstellung von Reengineering- und Aufgabenteams (Abschn. 6.4.1)</td><td>2) Organisation</td><td></td><td></td></tr>
<tr><td>8) Analyse des Ist-Prozesses (Abschn. 6.4.2)</td><td>4) Diagnose</td><td>4) Analyse grundlegender betrieblicher und prozessspezifischer Informationen</td><td>4) Understanding Existing Process</td></tr>
<tr><td>9) Ermittlung möglicher alternativer Prozessabläufe (Abschn. 6.4.3)</td><td>5) Redesign</td><td>5) Definition von Alternativen und Simulation neuer Arbeitsabläufe</td><td>2) Identifying Change Levers
3) Developing Process Visions</td></tr>
</table>

	10) Durchführung detaillierter Kosten-Nutzen-Analysen für alle Alternativen (Abschn. 6.4.4)		6) Durchführung von Kosten-Nutzen-Analysen für alle Alternativen	5) Designing and Prototyping the new process
	11) Auswahl des Soll-Prozesses (Abschn. 6.4.5)		7) Auswahl der besten Alternative	
	12) Festlegung eines Migrationspfads (Abschn. 6.4.6)	6) Umsetzung 7) Einführung	8) Umsetzung der ausgewählten Alternative	
	13) Umsetzung des Migrationspfads (Abschn. 6.4.7)			
Betrieb (Abschn. 6.5)	14) Aufrechterhaltung der Leistungsfähigkeit (Abschn. 6.5.1)			
	15) Kontinuierliche Weiterentwicklung (Abschn. 6.5.2)		9) Aktualisierung der grundlegenden Positionierungsmodelle und Informationen	

Tab. 6.1: Phasen des Vorgehensmodells zur Auswahl und Erstellung einer TSI-Anwendung und Gegenüberstellung mit den Arbeitsschritten ausgewählter BPR-Vorgehensmodelle

6.2.2 Aufbau der notwendigen Infrastruktur

Die zur Durchführung eines Reengineering-Vorhabens notwendigen Ressourcen wie Personal, finanzielle Mittel und IT-Systeme müssen zur Verfügung gestellt werden [vgl. Schnetzer 1999, S. 42]. Insbesondere ist die Fähigkeit zur Bereitstellung von Basis- und Zusatzleistungen aufzubauen, so dass anwendungsspezifische TSI-Bündel[207] verfügbar gemacht werden können. Es ist ein Führungsteam einzusetzen, welches das Vorgehensmodell detailliert kennt und nach Möglichkeit auch über Umsetzungserfahrungen verfügt. Aufgabe des Führungsteams ist die Begleitung und Steuerung des gesamten Projekts sowie die Zusammenstellung der untergeordneten Reengineering- und Aufgabenteams[208]. Es sollte nur aus wenigen Personen bestehen und sich aus Mitarbeitern des Trustcenters und ggf. zusätzlichen externen Beratern zusammensetzen.

---

207 Vgl. Unterpunkt „TC-Leistungen zum Aufbau und zur Modifikation von TSI" in Abschn. 3.2.

208 Vgl. Abschn. 6.4.1.

6.2.3 Festlegung eines grundsätzlichen Zielsystems

Zur Beurteilung der Attraktivität von Alternativprozessen ist ein Zielsystem zu definieren.

Die Menge aller möglichen zur Befriedigung eines bestimmten Initial-Bedürfnisses[209] bed verwendbaren Alternativprozesse sei $P(bed)$[210], wobei diese Menge auch den in der realen Welt zur Befriedigung des Bedürfnisses existierenden Ist-Prozess i_{bed} enthält. Die Menge der bei der Durchführung eines Alternativprozesses $p \in P(bed)$ partizipierenden Beteiligten sei $Bet(p)$. Zu den Beteiligten gehört neben den Akteuren auch das Trustcenter. Die Attraktivität der Verwendung eines Alternativprozesses $p \in P(bed)$ anstelle des Ist-Prozesses $i_{bed} \in P(bed)$ für einen Beteiligten $bet \in Bet(p) \cup Bet(i_{bed})$ ergibt sich aus der von diesem wahrgenommenen Vorteilhaftigkeit des resultierenden Nutzen- und Aufwandsunterschieds und wird bezeichnet als $att_{bet}(p)$. Wird der Ist-Prozess gegenüber dem Alternativprozess p bevorzugt, so ergibt sich eine negative Attraktivität. In diesem Modell wird davon ausgegangen, dass sich die Vorteilhaftigkeit eines Prozesses bzgl. eines einheitlichen Maßes (z.B. Geldeinheiten) quantifizieren lässt, was jedoch in der Praxis oft mit Schwierigkeiten verbunden ist.

Der von einem Beteiligten wahrgenommene Nutzen- und Aufwandsunterschied und somit die Attraktivität eines Alternativprozesses hängt von den Zielen ab, die der Beteiligte verfolgt. Die Ziele der einzelnen Beteiligten stehen in bestimmten Beziehungen zueinander. Möglich sind folgende Arten von Zielbeziehungen [vgl. Gäfgen 1974, S. 122; Heinen 1976, S. 119ff.]:

- Zielidentität (problemlos, da keine Mehrfachziele vorliegen);
- Zielkomplementarität (problemlos, da Ziele sich gegenseitig fördern);
- Zielindifferenz (problemlos, da Ziele unabhängig voneinander erreicht werden können);
- Zielkonflikt (problemhaltig, da Ziele miteinander konkurrieren).

Zielkonflikte können dazu führen, dass von unterschiedlichen Beteiligten unterschiedliche Alternativprozesse bevorzugt werden, so dass Interessenskonflikte entstehen. Mögliche Ursachen für Zielkonflikte sind [vgl. Staehle 1991, S. 364; Sydow/Windeler 1994, S. 6]:

- verschiedene Beteiligte benötigen die gleichen knappen Ressourcen;
- Ungleichgewicht zwischen den Beteiligten in Bezug auf die gegenseitige Abhängigkeit;
- unterschiedliche Grundhaltungen und Unternehmenskulturen bei den Beteiligten (z.B. Arbeitszeit);

---

209 Vgl. Abschn. 6.3.1.2.

210 Die Bezeichner für Variablen, Konstanten und Funktionen werden in dieser Arbeit groß geschrieben, wenn sie bzw. die durch sie gelieferten Werte Mengen darstellen.

- Unterschiede in der Wahrnehmung bzgl. Nutzen und Aufwand bei den Beteiligten;
- kollidierende Verantwortungsbereiche und Handlungsspielräume verschiedener Beteiligter;
- Unstimmigkeiten bzgl. der Domäne für die interorganisatorische Zusammenarbeit;
- Unstimmigkeiten bzgl. der Ziehung und Erhaltung der Grenzen zwischen intra- und interorganisatorischen Systemen, die infolge der Zusammenarbeit verwischen können.

Mit Interessenskonflikten kann auf unterschiedliche Weise umgegangen werden. Für die Beurteilung der Gesamtattraktivität $att_{ges}(p)$ eines Alternativprozesses $p \in P(bed)$ gegenüber dem Ist-Prozess $i_{bed} \in P(bed)$ sind bspw. die im Folgenden vorgeschlagenen Ansätze denkbar.

Ansatz zur Erzielung einer maximalen Attraktivitätssumme

Bei diesem Ansatz werden für jeden Alternativprozess die Attraktivitäten für alle Beteiligten aufsummiert.

Die Attraktivitätsfunktion lautet: $att_{ges}(p) = \sum_{bet \in Bet(p) \cup Bet(i_{bed})} att_{bet}(p)$

Fairer Ansatz zur Erzielung einer maximalen Attraktivitätssumme

Bei diesem Ansatz werden ebenfalls für jeden Alternativprozess die Attraktivitäten für alle Beteiligten aufsummiert, allerdings unter der Voraussetzung, dass für keinen Beteiligten eine negative Attraktivität erzielt wird. Andernfalls ist die Gesamtattraktivität $-\infty$. Somit wird vermieden, dass ein Beteiligter einen Nachteil durch die Einführung des Alternativprozesses erfährt.

Die Attraktivitätsfunktion lautet:

$$att_{ges}(p) = \begin{cases} \sum_{bet \in Bet(p) \cup Bet(i_{bed})} att_{bet}(p) & \text{für } \forall bet \in Bet(p) \cup Bet(i_{bed}): att_{bet}(p) \geq 0 \\ -\infty & \text{sonst} \end{cases}$$

Unternehmerischer Ansatz

Bei diesem Ansatz entspricht die Gesamtattraktivität des Alternativprozesses seiner Attraktivität für einen bestimmten Beteiligten $bet_{fix} \in Bet(p) \cup Bet(i_{bed})$.

Die Attraktivitätsfunktion lautet: $att_{ges}(p) = att_{bet_{fix}}(p)$

Fairer unternehmerischer Ansatz

Bei diesem Ansatz entspricht die Gesamtattraktivität des Alternativprozesses ebenfalls seiner Attraktivität für einen bestimmten Beteiligten $bet_{fix} \in Bet(p) \cup Bet(i_{bed})$, allerdings unter der Voraussetzung, dass für keinen Beteiligten eine negative Attraktivität erzielt wird. Andernfalls hat die Gesamtattraktivität den

Wert $-\infty$. Somit wird vermieden, dass ein Beteiligter einen Nachteil durch die Einführung des Alternativprozesses erfährt.

Die Attraktivitätsfunktion lautet:

$$att_{ges}(p)=\begin{cases} att_{bet_{fix}}(p) & \textit{für}\ \forall bet \in Bet(p)\cup Bet(i_{bed}): att_{bet}(p)\geq 0 \\ -\infty & \textit{sonst} \end{cases}$$

Fairer Ansatz

Bei diesem Ansatz entspricht die Gesamtattraktivität des Alternativprozesses seiner Attraktivität für den Beteiligten, für den die Attraktivität des Alternativprozesses am kleinsten ist.

Die Attraktivitätsfunktion lautet: $att_{ges}(p)=\min\limits_{bet\in Bet(p)\cup Bet(i_{bed})} att_{bet}(p)$

Ein unternehmerisch geführtes Trustcenter mit Gewinnstreben wird i.d.R. einen Kompromiss zwischen dem unternehmerischen und dem fairen unternehmerischen Ansatz wählen, während ein gemeinnütziges Trustcenter eher den fairen Ansatz oder den fairen Ansatz zur Erzielung einer maximalen Attraktivitätssumme verfolgen wird. Das grundsätzliche Zielsystem gibt lediglich die grobe Stoßrichtung für die Auswahl bzw. Gestaltung der Anwendungen vor. Es sind etliche Variationen des oben vorgeschlagenen Modells denkbar, z.B. hinsichtlich der zu berücksichtigenden Beteiligten. So könnten auch externe Beteiligte wie z.B. die Öffentlichkeit bei der Beurteilung der Attraktivität einbezogen werden. Möglich wäre auch, dass beim fairen unternehmerischen Ansatz anstelle der Attraktivitäten für die Beteiligten $Bet(p)\cup Bet(i_{bed})$ lediglich die Attraktivitäten für die Beteiligten des Alternativprozesses $Bet(p)$ berücksichtigt werden. Hier ist jedoch zu beachten, dass die ausgeschlossenen Beteiligten $Bet(i_{bed})\setminus Bet(p)$ evtl. versuchen, die Einführung des neuen Prozesses zu verhindern. Das im konkreten Fall tatsächlich anzuwendende Zielsystem hängt in entscheidendem Maße von den Machtpositionen der jeweiligen Beteiligten ab.

6.3 Auswahl geeigneter TSI-Anwendungen (im engeren Sinne)

6.3.1 Ermittlung möglicher TSI-Anwendungen

6.3.1.1 Bildung von Akteurs- und Anwendungssegmenten

Eine Einteilung der Akteure in zueinander heterogene Akteurssegmente[211] führt unmittelbar zu einer Einteilung der Anwendungen in zueinander heterogene An-

211 Akteurssegmente sind heterogen, wenn die durch sie repräsentierten Mengen von Akteuren paarweise disjunkt sind.

wendungssegmente[212]. Ist die Menge der zueinander heterogenen Akteurssegmente gegeben durch $Akteurssegment_{ges}$, so definiert sich die Menge der zueinander heterogenen Anwendungssegmente durch:

$$Anwendungssegment_{ges} = \wp(Akteurssegment_{ges}) \setminus \varnothing \ .$$

Ein Anwendungssegment $Anwendungssegment \in Anwendungssegment_{ges}$ enthält bzw. repräsentiert hierbei alle TSI-Anwendungen, für die gilt, dass

1) jedes Akteurssegment $akteurssegment \in Anwendungssegment$ an ihr beteiligt ist und
2) kein weiteres Akteurssegment an ihr beteiligt ist.

Der Zusammenhang zwischen der Bildung von Akteurs- und Anwendungssegmenten wird exemplarisch in Abb. 6.1 veranschaulicht.

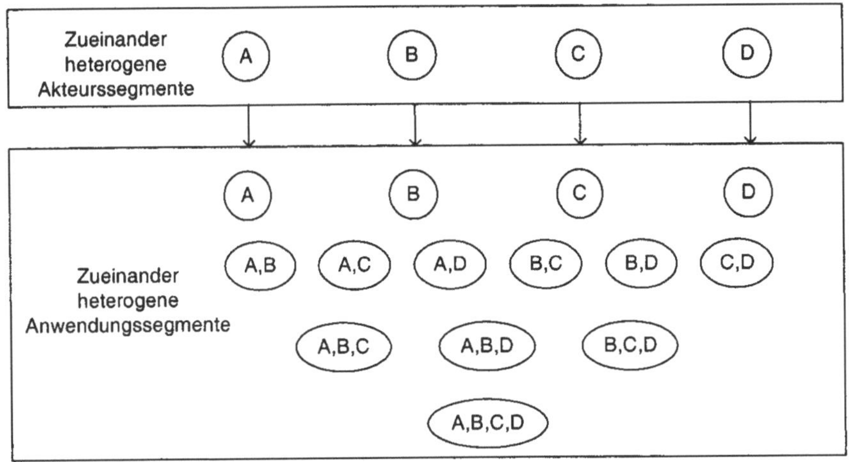

Abb. 6.1: Zusammenhang zwischen der Bildung von zueinander heterogenen Akteurssegmenten und zueinander heterogenen Anwendungssegmenten

Das für ein Akteurssegment relevante Anwendungsspektrum ergibt sich aus allen erstellbaren TSI-Anwendungen, an denen es beteiligt ist. Ein Akteurssegment kann jedoch oft nicht unabhängig von den anderen Akteurssegmenten mit diesen Anwendungen bedient werden, da an einer TSI-Anwendung i.d.R. weitere Akteurssegmente beteiligt sind, die gleichzeitig zu bedienen wären[213].

Die sich aus der klassischen Einteilung der Akteure in die zueinander heterogenen Akteurssegmente „Privatpersonen", „Unternehmen" und „staatliche Einrichtun-

212 Anwendungssegmente sind heterogen, wenn die durch sie repräsentierten Mengen von Anwendungen paarweise disjunkt sind.

213 Dies gilt für alle Anwendungssegmente, die mehr als ein Akteurssegment enthalten.

gen" bzw. „Consumer", „Business" und „Government" ergebenden Anwendungssegmente sind[214]:

- {*Consumer*} (i.d.R. bezeichnet als „Consumer-to-Consumer" bzw. „C2C");
- {*Business*} (i.d.R. bezeichnet als „Business-to-Business" bzw. „B2B");
- {*Government*} (i.d.R. bezeichnet als „Government-to-Government" bzw. „G2G");
- {*Business, Consumer*} (i.d.R. bezeichnet als „Business-to-Consumer" bzw. „B2C");
- {*Business, Government*} (i.d.R. bezeichnet als „Business-to-Government" bzw. „B2G");
- {*Consumer, Government*} (i.d.R. bezeichnet als „Consumer-to-Government" bzw. „C2G");
- die Vereinigung aller drei Akteurssegmente {*Business, Consumer, Government*}.

Hierbei handelt es sich um eine sehr grobe Einteilung. Die einzelnen Akteurssegmente und somit auch die Anwendungssegmente sollten noch wesentlich stärker differenziert werden. Bspw. ist eine weitere Unterteilung des Segments „Consumer" nach Lebenslagen, des Segments „Business" nach Branchen und des Segments „Government" nach Ämtern denkbar. Auch die Berücksichtigung räumlicher Aspekte ist im Hinblick auf die in verschiedenen Regionen gegebenen unterschiedlichen rechtlichen Grundlagen sinnvoll.

6.3.1.2 Ermittlung von TSI-Anwendungen innerhalb der Anwendungssegmente

Zur Ermittlung der in einem Anwendungssegment enthaltenen Anwendungen ist für die entsprechenden Akteurssegmente nach Bedürfnissen zu suchen, zu deren Befriedigung ein Prozess ausgelöst wird, an deren elektronischer Abwicklung genau die zum Anwendungssegment gehörenden Akteurssegmente benötigt werden. Solche Bedürfnisse werden in dieser Arbeit Initial-Bedürfnisse genannt. Der ausgelöste Prozess stellt die mögliche Anwendung dar. Der Kunde der Anwendung ist der Akteur, dessen Initial-Bedürfnis befriedigt wird.

Ausgangspunkte für die Suche nach Initial-Bedürfnissen eines Akteurs können bspw. Geschäftsvorfälle bilden. Möglich ist auch die Betrachtung von Situationen, in die der Akteur geraten kann.

Für den ersten Fall wird in Tab. 6.2 exemplarisch das Anwendungssegment „Consumer-to-Government" betrachtet. Ausgehend von den bei den einzelnen Ämtern der öffentlichen Verwaltung auftretenden Geschäftsvorfällen werden konkrete Initial-Bedürfnisse von Bürgern genannt.

---

214 Die ersten sechs aufgeführten Anwendungssegmente werden in dieser Arbeit auch als „klassische Anwendungssegmente" bezeichnet.

Amt	Beispiele für Initial-Bedürfnisse
Einwohneramt	Bürger möchte seinen alten Wohnsitz abmelden Bürger möchte seinen neuen Wohnsitz anmelden Bürger benötigt eine Lohnsteuerkarte Bürger benötigt vorläufigen Reisepass
Standesamt	Bürger benötigt Heiratsurkunde Bürger benötigt Geburtsurkunde Bürger möchte eine Namensänderung vornehmen lassen
Straßenverkehrsamt	Bürger möchte ein Wunschkennzeichen beantragen Bürger möchte sein Kraftfahrzeug ummelden Bürger möchte sein Kraftfahrzeug stilllegen
Bauaufsichtsamt	Bürger möchte eine Erlaubnis für bauliche Änderungen nach Denkmalschutzgesetz einholen
Liegenschaftsamt	Bürger möchte Schaustellerplatz genehmigen lassen

Tab. 6.2: Beispiele für Initial-Bedürfnisse im Anwendungssegment „Consumer-to-Government"

Soll bei der Suche nach Initial-Bedürfnissen von Situationen, in die ein Akteur geraten kann, ausgegangen werden, so eignet sich bei Privatpersonen die Betrachtung bestimmter Lebenslagen (z.B. Berufsstart) und -ereignisse (z.B. Urlaub) bzw. bei Unternehmen die Heranziehung bestimmter Unternehmenslagen (z.B. Gründung) und -ereignisse (z.B. Erneuerung des Fuhrparks). Aus diesen resultieren jeweils eine Reihe von Initial-Bedürfnissen. Die entsprechenden Anwendungen gehören häufig zu unterschiedlichen Anwendungssegmenten.

Bspw. könnten sich bei einer Privatperson für die Lebenslage „Abschluss des Studiums und Aufnahme eines Berufs in einer anderen Stadt" für das Anwendungssegment „Consumer-to-Government" u.a. folgende Initial-Bedürfnisse ergeben:

- Bürger möchte seinen alten Wohnsitz abmelden;
- Bürger möchte seinen neuen Wohnsitz anmelden;
- Bürger möchte sein Kraftfahrzeug ummelden;
- Bürger möchte seinen Hund ummelden;
- Bürger möchte seinem Finanzamt eine Änderungsmitteilung machen.

Für das Anwendungssegment „Business-to-Consumer" ist bei o.g. Lebenslage das Auftreten folgender Initial-Bedürfnisse denkbar:

- Bürger möchte bei der Post einen Nachsendeantrag stellen;
- Bürger möchte sein Telefon ummelden;

- Bürger möchte sich gegen Berufsunfähigkeit versichern;
- Bürger möchte einen Bausparvertrag abschließen.

Es ergeben sich also ganze Bündel von Initial-Bedürfnissen, die Grundlage einer Vielzahl von Anwendungen sein können. Es ist auch möglich, dass die erfolgreiche Bewältigung einer speziellen Situation selbst als Initial-Bedürfnis aufgefasst wird. Werden die o.g. Anwendungen bzw. Prozesse nicht isoliert voneinander abgearbeitet, sondern horizontal und vertikal integriert[215], so kann die Effizienz und Effektivität der Prozessabläufe erheblich gesteigert werden. Bei Einbeziehung der o.g. Bedürfnisse wäre die entsprechende Anwendung dem Anwendungssegment $\{Business, Consumer, Administration\}$ zuzuordnen.

Je breiter der Prozess gefasst wird, desto größer ist das sich durch die Prozessintegration ergebende Nutzenpotenzial. Andererseits wächst jedoch auch die Komplexität des Prozesses und das Risiko, dass das Reengineering-Vorhaben scheitert:

> *„If the objective is incremental improvement, it is sufficient to work with many narrowly defined processes, as the risk of failure is relatively low. [...] But when the objective is radical process change, a process must be defined as broadly as possible. A key source of process benefit is improving handoffs between functions, which can occur only when processes are broadly defined. Moreover, if a process output is minor, radically changing the way it is produced is likely to result in suboptimization or, at best, only minor gains." [Davenport 1993, S. 28]*

6.3.2 Auswahl eines Anwendungssegments

Zur Partizipation an TSI-Anwendungen müssen die Akteure an einer TSI teilnehmen, was derzeit bei den wenigsten Privatpersonen, Unternehmen und staatlichen Einrichtungen der Fall ist. Das Beitreten zu einer TSI kostet Zeit und Geld (z.B. Beantragen von Zertifikaten, Feststellung der Identität, Installationen von Soft- und Hardware). I.d.R. wird ein Akteur diesen Aufwand nur auf sich nehmen, wenn diesem ein hinreichend hoher Nutzen gegenübersteht. Um einen solchen zu erzielen, sollten für den Akteur nicht nur eine, sondern möglichst viele TSI-Anwendungen verfügbar sein. Daher ist zu empfehlen, dass zunächst nur ein Anwendungssegment bzw. nur wenige Anwendungssegmente ausgewählt werden, auf die sich die Aktivitäten zur Erstellung von TSI-Anwendungen anschließend konzentrieren.

6.3.2.1 Attraktivität von Anwendungssegmenten

Bei der Auswahl eines Anwendungssegments ist seine Attraktivität zu berücksichtigen. Hierbei handelt es sich um eine von den Eigenschaften eines spezifischen Trustcenters unabhängige Größe. Sie setzt sich zusammen aus der Reife des An-

[215] Vgl. Abschn. 1.1.2.2.

wendungssegments und dem in ihm gegebenen maximalen Nutzungspotenzial für TC-Leistungen.

Die Reife eines Anwendungssegments beschreibt, inwieweit in diesem die soziokulturellen, technischen, rechtlichen und politischen Voraussetzungen für die Erstellung von TSI-Anwendungen erfüllt werden. Relevante Fragestellungen sind z.B.:

- *in Bezug auf die soziokulturellen Voraussetzungen*: „Haben die Akteure des Anwendungssegments eine positive Einstellung zu technischen Innovationen?“, „Besteht bei ihnen die generelle Bereitschaft zur Adoption neuer Kulturtechniken und Handlungsformen?“, „Besitzen die Akteure des Anwendungssegments die Fähigkeit zum Erkennen der Anwendungsmöglichkeiten neuer Technologien?“, „Haben die Akteure des Anwendungssegments Erfahrungen im Umgang mit Rechnern und dem Internet?“
- *in Bezug auf die technischen Voraussetzungen*: „Verfügen die Akteure des Anwendungssegments über eine moderne Rechnerausstattung?“, „Haben sie Zugang zum Internet?“, „Sind sie bereits Teilnehmer bestimmter TSI?“, „Welche Basisanwendungen sind bei ihnen verfügbar?“, „Werden bei ihnen technische Standards verwendet, auf die zurückgegriffen werden kann?“
- *in Bezug auf die rechtlichen Voraussetzungen*: „Können die für das Anwendungssegment relevanten Prozesse im Hinblick auf die Rechtslage medienbruchfrei elektronisch abgewickelt werden?“, „Bestehen Möglichkeiten, vorhandene rechtliche Hindernisse durch schriftliche Zusatzvereinbarungen zu überwinden?“
- *in Bezug auf die politischen Voraussetzungen*: „Sind die Akteure des Anwendungssegments in Interessenverbänden (z.B. ‚Zentralverband Deutsches Kraftfahrzeuggewerbe' oder ‚Bund Deutscher Architekten') organisiert, die den Einsatz innovativer Technologien fördern?“, „Gibt es in dem Anwendungssegment Akteure mit einer starken Machtposition, die eine negative Einstellung zur Verwendung von TSI-Anwendungen haben und deren Einsatz verhindern könnten?“

Das maximale Nutzungspotenzial für TC-Leistungen in einem Anwendungssegment ergibt sich aus

- der Anzahl verschiedener TSI-Anwendungen, die in dem Anwendungssegment enthalten sind;
- den möglichen Anwendungshäufigkeiten der TSI-Anwendungen;
- der Anzahl der bei Durchführung der TSI-Anwendungen benötigten Basis- und Zusatzleistungen;
- dem relativen Mehrwert, der für die Akteure des Anwendungssegments durch den Einsatz der TSI-Anwendungen entstehen würde, wenn für das Anwendungssegment ideale soziokulturelle, technische, rechtliche und politische Voraussetzungen gegeben wären.

Das maximale Nutzungspotenzial eines Anwendungssegments ist ein bedeutender Indikator für sein ökonomisches Potenzial.

Im Rahmen der in Kapitel 7 zur Branchenstrukturanalyse durchgeführten Delphi-Expertenbefragung ist nach der Reife der klassischen Anwendungssegmente und den in ihnen gegebenen maximalen Nutzungspotenzialen für TC-Leistungen gefragt worden. Die Ergebnisse werden in Abb. 6.2 veranschaulicht. Für das Jahr 2001 wird die Reife der Anwendungssegmente insgesamt als niedrig beurteilt, d.h. es werden hohe soziokulturelle, technische, rechtliche und politische Hürden gesehen. Es ist jedoch zu erwarten, dass bis zum Jahr 2006 die Reife aller Anwendungssegmente drastisch steigt. Das maximale Nutzungspotenzial wird im Anwendungssegment „Consumer-to-Consumer" als relativ niedrig, im Anwendungssegment „Business-to-Consumer" als relativ mittelhoch und bei den anderen Anwendungssegmenten als relativ hoch eingestuft.

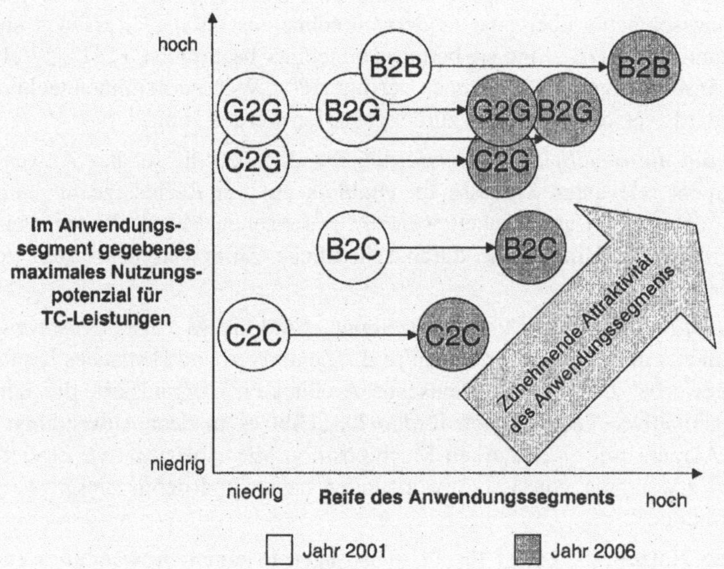

Abb. 6.2: Reife der klassischen Anwendungssegmente und das in ihnen gegebene maximale Nutzungspotenzial für TC-Leistungen

6.3.2.2 *Relative Eignung des Trustcenters*

Bei der Auswahl eines Anwendungssegments ist weiterhin die relative Eignung des Trustcenters zu berücksichtigen. Anders als bei der o.g. Attraktivität handelt es sich hierbei um eine von den Eigenschaften eines spezifischen Trustcenters abhängige Größe. Sie beschreibt, inwieweit ein bestimmtes Trustcenter im Vergleich zu anderen dazu geeignet ist, anwendungssegmentspezifische Anforderungen zu erfüllen bzw. anwendungssegmentspezifische Probleme zu beseitigen. Relevante Fragestellungen sind z.B.:

- *in Bezug auf soziokulturelle Anforderungen und Probleme*: „Wie vertrauenswürdig ist das Trustcenter aus Sicht der Akteure des Anwendungssegments?", „Besteht ein guter Zugang zu den beteiligten Akteuren?", „Existiert ein Call- bzw. Service-Center?", „Verfügt das Service-Personal über gute fachliche und didaktische Fähigkeiten?", „Sind genügend Kenntnisse bzgl. der anwendungssegmentspezifischen Fachgebiete vorhanden?"
- *in Bezug auf ökonomische Anforderungen und Probleme*: „Besteht die Möglichkeit zum ‚Cross-Selling' und zur Mischkalkulation?", „Besteht eine ausreichende Haftungsfähigkeit?", „Können die für die Anwendungen benötigten Ressourcen (z.B. Informationen) kostengünstig beschafft werden?", „Kann die anwendungssegmentspezifische organisatorische Infrastruktur (z.B. Registrierungsstellen) kostengünstig bereitgestellt werden?"
- *in Bezug auf technische Anforderungen und Probleme*: „Ist eine ausreichend hohe technische Kompetenz vorhanden?", „Kann die geforderte Verfügbarkeit der benötigten Basis und -Zusatzleistungen gewährleistet werden?"
- *in Bezug auf rechtliche Anforderungen und Probleme*: „Reicht das notwendige anwendungssegmentspezifische juristische Fachwissen?", „Kann auf bereits gemachte Erfahrungen bzgl. der Lösung rechtlicher Probleme zurückgegriffen werden?"
- *in Bezug auf politische Anforderungen und Probleme*: „Wie gut ist die Fähigkeit zum diplomatischen Vermitteln zwischen den Akteuren des Anwendungssegments zur Lösung von Interessenskonflikten?", „Wie stark ist die eigene Machtposition?", „Können die für die Anwendungen notwendigen Ressourcen (z.B. berufsgruppenspezifische Informationen) zugänglich gemacht werden?"

6.3.2.3 Zusammenfassende Darstellung zur Entscheidungsfindung

Die einzelnen Anwendungssegmente lassen sich auf Grundlage ihrer Attraktivität und der relativen Eignung des Trustcenters, wie exemplarisch in Abb. 6.3 gezeigt, in einer Matrix verorten. Bei der Darstellung handelt es sich um eine spezielle Form der in den 70er Jahren von McKinsey zur Ableitung strategischer Entscheidungen entwickelten Attraktivität-Stärke-Matrix [vgl. Hax/Majluf 1988, S. 180ff.]. Je nach Lage des Anwendungssegments in der Matrix ist für das weitere Vorgehen eine der drei generellen Stoßrichtungen zu empfehlen:

- *Investieren*: Die Anwendungssegmente, die in diesem Bereich der Matrix liegen, eignen sich in besonderem Maße für ein Engagement des Trustcenters.
- *Selektieren*: Die Anwendungssegmente, die in diesem Bereich der Matrix liegen, eignen sich nur bedingt für ein Engagement des Trustcenters. Hier sollten nur in Ausnahmefällen Aktivitäten durchgeführt werden.
- *Meiden*: Von einem Engagement in Anwendungssegmente, die in diesem Bereich der Matrix liegen, sollte abgesehen werden.

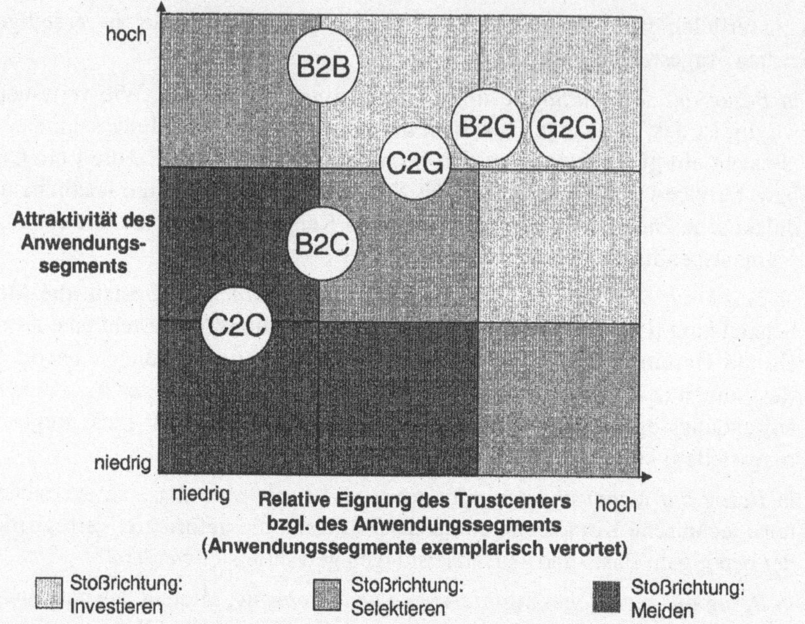

Abb. 6.3: Stoßrichtungen für Entscheidungen bzgl. der Auswahl von Anwendungssegmenten in Anlehnung an die Attraktivität-Stärke-Matrix von McKinsey

6.3.3 Auswahl der zu realisierenden TSI-Anwendung

Nach der Bestimmung des zu bearbeitenden Anwendungssegments ist aus diesem die nächste zu erstellende TSI-Anwendung auszuwählen. Hierfür muss für jede der in dem Anwendungssegment enthaltenen Anwendungen erneut die Attraktivität sowie die relative Eignung des Trustcenters evaluiert werden, nun jedoch in einer wesentlich detaillierteren Form als im vorhergehenden Schritt. Als generelle Entscheidungshilfe kann auch hier die Attraktivität-Stärke-Matrix herangezogen werden, wobei an dieser Stelle nicht die Anwendungssegmente, sondern die einzelnen potenziellen Anwendungen des ausgewählten Anwendungssegments in ihr zu verorten sind.

Im Hinblick auf das BPR stellt Davenport die Notwendigkeit fest, die umzugestaltenden Prozesse so zu wählen, dass bereits früh Erfolge vorzuweisen sind:

> *„Especially during the early phases of process innovation, it is important that an organization demonstrates some successes. It can do so only if it is selective in the processes it chooses to innovate." [Davenport 1993, S. 35]*

Die Notwendigkeit des Vorzeigens früher Erfolge gilt verstärkt bei der Erstellung von TSI-Anwendungen, da es sich sowohl bei den zugrundeliegenden TSI als auch bei den Anwendungen um Systemgüter handelt. Entscheidend ist hier das Erreichen der kritischen Masse:

> *Unter der kritischen Masse versteht man die Mindestanzahl der über eine Systemtechnologie zusammengebundenen Nutzerschaft, die überschritten werden muss, bevor ein nachhaltiger und ausreichender Nutzen zur Gewinnung weiterer Adopter aus dem System heraus selbst entwickelt werden kann. Dabei wird unterstellt, dass [...] der Nutzen und damit die Attraktivität von Systemgütern im wesentlichen mit der Anzahl der Teilnehmer [...] steigt." [Schoder 1995, S. 20]*

Das nicht zeitnahe Erreichen der kritischen Masse kann zu negativen Rückkopplungseffekten führen, die sich darin äußern, dass nur wenige Akteure das Systemgut nutzen und somit seine Attraktivität weder ausreicht, neue Teilnehmer zu gewinnen, noch die bestehenden Teilnehmer zu halten. Somit sind die Erwartungen der Anwender hinsichtlich der Verbreitung der Anwendung und der zugrundeliegenden TSI von hoher Bedeutung. Hierbei sind sowohl vergangene Erfolge relevant, als auch Erwartungen über die zukünftige Entwicklung [vgl. Schad 2000, S. 61].

Bei der Erstellung der ersten Anwendungen können noch keine früheren Erfolge vorgewiesen werden. Das Vertrauen der Akteure bzw. deren Bereitschaft zur Unterstützung der Erstellung und zum Einsatz der Anwendung kann dementsprechend schnell schwinden. Daher sind bei der Wahl der ersten Anwendungen neben der durch die Reife und das maximale Nutzungspotenzial bestimmten Attraktivität sowie der relativen Eignung des Trustcenters folgende Determinanten wichtig:

1) Attraktiver „Start-Up", d.h. kurzes „Time-to-Market" und hoher Nutzen für die Akteure bereits bei kleiner, weitgehend geschlossener Teilnehmergruppe[216];
2) Attraktive Ausbaumöglichkeiten, d.h. gute Übertragbarkeit der Lösung und hoher Quotient „Anzahl zusätzliche Anwendungsfälle / Anzahl zusätzliche Teilnehmer".

6.4 Erstellung einer TSI-Anwendung (im engeren Sinne)

6.4.1 Zusammenstellung von Reengineering- und Aufgabenteams

Nach der Auswahl der zu erstellenden Anwendung ist ein sich aus Vertretern der an der Anwendung beteiligten Akteure zusammengesetztes Reengineeringteam zu bilden. Geeignet sind nicht nur Repräsentanten einzelner Akteure, sondern insbesondere auch Vertreter ihrer Interessenverbände. Die Mitglieder des Reengineeringteams, die Unternehmen oder staatliche Einrichtungen vertreten, sollten über ihnen untergeordnete Aufgabenteams verfügen, die sich aus Mitarbeitern einzelner

---

216 Vgl. Abschn. 6.4.3.1.

Akteure zusammensetzen. Dabei sind die Teilnehmer der Aufgabenteams aus den vom Reengineering betroffenen Funktionsbereichen der Akteure auszuwählen (z.B. „Informatik, Organisation, Personal"). Die Zusammensetzung der Aufgabenteams kann sich durchaus im Verlauf der Anwendungserstellung ändern [vgl. Davenport 1993, S. 183].

Unter Einbeziehung des in Abschn. 6.2.2 erwähnten Führungsteams sind also die in Tab. 6.3 aufgeführten, drei verschiedenen Arten von Teams zu unterscheiden[217].

Team	Besetzung	Aufgabenbereich
Führungsteam	Mitarbeiter des Trustcenters sowie externe Berater	Koordination der gesamten Erstellung der Anwendung
Reengineeringteam	Einflussreiche Vertreter der involvierten Akteure (insbesondere auch Vertreter der Interessenverbände der Akteure)	Abstimmung der Ziele für den Soll-Prozess, Schnittstelle zu den einzelnen Akteuren, Zusammenstellung und Unterstützung der Aufgabenteams
Phasenspezifische Aufgabenteams	Vertreter der wichtigen vom Reengineering betroffenen Funktionsbereiche der Akteure (z.B. „Informatik, Organisation, Personal")	Phasenspezifische Aufgaben wie z.B. Analyse des Ist-Prozesses, Erstellung alternativer Prozessabläufe, Durchführung von Kosten-Nutzen-Analysen

Tab. 6.3: Arten von Teams für die Erstellung von TSI-Anwendungen

Bei der Zusammenstellung der Teams sind, abgesehen von der Herkunft der Vertreter (Akteur, Funktion beim Akteur), auch ihre Fähigkeiten zu berücksichtigen [vgl. Davenport 1993, S. 186]. Neben dem Fachwissen sind hier folgende Eigenschaften wünschenswert [vgl. Coulson-Thomas 1994, S. 113 f.]:

- Fähigkeit zum ganzheitlichen Denken;
- Offenheit hinsichtlich des Verlassens üblicher Wege, insbesondere Bereitschaft zum kreativen Überdenken ungewöhnlicher Argumente;
- Selbstsicherheit;
- Fähigkeit zum Lösen von Gruppenkonflikten.

Die ideale Größe der einzelnen Teams ist nicht leicht zu bestimmen:

> *„The size of the [...] team will depend on the context. There is often a trade-off between ensuring that important interests are represented and achieving a group that is manageable." [Coulson-Thomas 1994, S. 113]*

---

[217] Die Strukturierung der Teams orientiert sich an den in der Methode für intraorganisatorisches BPR der Boston Consulting Group definierten Rollen [vgl. Hess/Brecht 1996, S. 17].

Wie in Abschn. 6.2.2 erwähnt, sollte das Führungsteam nur sehr wenige Personen umfassen. Die Größe des Reengineeringteams ist im wesentlichen abhängig von der Anzahl der an der Anwendung beteiligten Akteure. Bei geringer Heterogenität der Akteure aus einem bestimmten Akteurssegment, sollte ein einflussreicher Vertreter des Segments ausreichend sein. Die Größe der Aufgabenteams ist abhängig von der jeweils durchzuführenden Arbeit. Üblicherweise sollte ein Vertreter pro betroffenem Funktionsbereich genügen.

Um bei den konkreten Akteuren und ihren Interessenverbänden die Bereitschaft zur Teilnahme am Reengineeringteam bzw. an den Aufgabenteams zu erzeugen, muss es dem Führungsteam vor allem gelingen, den Handlungsbedarf zu kommunizieren und Vertrauen zu schaffen [vgl. Servatius 1994, S. 56].

6.4.2 Analyse des Ist-Prozesses

Die Analyse des in der Realität ablaufenden Prozesses soll Aufschluss über die einzelnen Aktivitäten der Akteure geben, die bei der Erstellung der TSI-Anwendung zu berücksichtigen sind. Auf dieser Grundlage sind genauere Aussagen über Änderungsmöglichkeiten, die damit verbundenen Kosten und den damit verbundenen Nutzen für die einzelnen Akteure zu treffen. Die in diesem Schritt gewonnenen Erkenntnisse bilden die Basis für die Gestaltung von Alternativprozessen. Daher zahlt sich eine gründliche Recherche in diesem Schritt im weiteren Verlauf des Projekts aus.

6.4.2.1 Detaillierte Analyse der Akteure

In diesem Schritt sind die Ziele und Eigenschaften der Akteure in detaillierter Form, bezogen auf die ausgewählte Anwendung, zu ermitteln. Hierfür sind die im Rahmen der Situationsanalyse und der Beurteilung der Attraktivität der Anwendungssegmente bzw. Anwendungen[218] ermittelten Informationen zu verfeinern bzw. zu ergänzen.

Von besonderer Bedeutung ist die detaillierte Eruierung der politischen Eigenschaften der jeweiligen Akteure in Bezug auf die zu erstellende Anwendung. Im Betrachtungsfokus steht der Machtaspekt, da anders als beim intraorganisatorischen BPR beim interorganisatorischen Process-Reengineering keine hierarchisch strukturierten Machtverhältnisse existieren. Entsprechend kann sich das Durchsetzen von Änderungen im Rahmen der Einführung von TSI-Anwendungen als sehr schwierig erweisen. Machtstrukturen sind i.d.R. multilateral, d.h. es liegen Zustände gegenseitiger Abhängigkeit vor:

> *„Macht ist nicht das Attribut eines Akteurs, sondern eine Beziehung zwischen zwei oder mehreren Akteuren." [Friedberg 1992, S. 41]*

[218] Vgl. Kap. 2 bzw. Abschn. 6.3.2.1.

Die Möglichkeit eines Akteurs Macht auszuüben und damit seine Ziele durchzusetzen, hängt von diversen Dimensionen der Macht ab [vgl. Schad 2000, S. 223]:

- Machtgrundlagen bzw. Mittel, die von einem Akteur *A* eingesetzt werden können, um andere Akteure *N* zu beeinflussen. Dazu zählen bspw. Sanktionsmacht, Expertenmacht (*A* verfügt über Expertenwissen und spezifische, für *N* wichtige Informationen), Identifikationsmacht (*N* identifiziert sich mit *A*) und Legitimationsmacht (*A* ist durch Normen berechtigt, Macht über *N* auszuüben);
- Machtmittel, d.h. Aktivitäten, um Machtgrundlagen in konkreten Einfluss umzusetzen (z.B. Drohung);
- Machtbereiche, d.h. die Handlungsfelder, auf denen die beteiligten Akteure agieren;
- Machtstärke, die ausdrückt, mit welcher Intensität die Entscheidungsfindung herbeigeführt werden kann. Sichtbar wird dies bspw. in den Opportunitätskosten, die einem Akteur entstehen, um sich dem Einfluss eines anderen Akteurs zu entziehen;
- Machtausdehnung, d.h. die Menge der direkt beeinflussbaren Akteure im Netzwerk bei deren Entscheidungsfindung.

6.4.2.2 *Identifikation von Prozess-Erfolgsfaktoren und Messgrößen*

Wesentlicher Treiber für den Einsatz der TSI-Anwendung ist die Nachfrage durch den Kunden bzw. Akteur, bei dem das Initial-Bedürfnis vorliegt. Daher ist bei der Erstellung von TSI-Anwendungen die Kundenzufriedenheit, wie auch beim intraorganisatorischen BPR [vgl. Brenner/Hamm 1995, S. 22f.], von zentraler Bedeutung. Der Kunde möchte, dass sein Bedürfnis umgehend, effektiv und zu einem niedrigen Preis erfüllt wird, woraus folgende Prozess-Erfolgsfaktoren resultieren [vgl. Ferk 1996, S. 68; Österle 1995, S. 109]:

- *Zeit*: Die Prozessleistung muss schnell erbracht werden.
- *Qualität*: Die Eigenschaften der Leistung müssen die Kundenbedürfnisse effektiv erfüllen.
- *Kosten*: Die Leistung muss effizient erbracht werden.

Neben diesen allgemeingültigen Prozess-Erfolgsfaktoren sind anwendungsspezifische Prozess-Erfolgsfaktoren zu identifizieren, die insbesondere von den speziellen Zielen und Eigenschaften der Akteure sowie der anderen Stakeholder des Prozesses (z.B. Öffentlichkeit) abhängen [vgl. Österle 1995, S. 111f.]. Bei der Bestimmung dieser Prozess-Erfolgsfaktoren ist das zuvor festgelegte grundsätzliche Zielsystem zu berücksichtigen. Bei einer hohen Dynamik des die Anwendung betreffenden Umfelds kann auch die Flexibilität bzgl. der nachträglichen Änderung des Prozesses als Prozess-Erfolgsfaktor definiert werden [vgl. Osterloh/Frost 1998, S. 17; Österle 1995, S. 109].

Die ermittelten Prozess-Erfolgsfaktoren sind nur dann nutzbringend, wenn erhoben werden kann, inwieweit ein Prozess diese erfüllt bzw. wo Probleme liegen. Zu diesem Zweck sind Messgrößen festzulegen. Als Messgrößen können bspw. in Frage kommen [vgl. Österle 1995, S. 114]:

- durchschnittliche Durchlaufzeit eines Vorfalls;
- Termineinhaltungsquote (Anteil der termingerecht gelieferten Leistungen an der Gesamtzahl der Leistungen);
- Fehlerquote (Anteil der fehlerhaften Leistungen an der Gesamtzahl der Leistungen);
- Reklamationsquote (Anteil der vom Kunden beanstandeten Leistungen an der Gesamtzahl der Leistungen);
- Anteil bestimmter Kostenarten (z.B. Qualitätsprüfkosten, Personalkosten, Informatikkosten) an den Gesamtkosten;
- Mitarbeiterproduktivität (Deckungsbeitrag, den ein Mitarbeiter erwirtschaftet);
- Prozessvolumen (Anzahl der behandelten Vorfälle);
- Sortimentheterogenität (Anteil der verschiedenen Leistungsarten an der Gesamtzahl der Leistungen).

6.4.2.3 Analyse der akteursübergreifenden Prozesse

Zur Modellierung der Prozesse bietet sich die Verwendung von Prozessbeschreibungssprachen an. Für die übersichtliche und anschauliche Beschreibung sind z.B. ereignisgesteuerte Prozessketten geeignet[219]. Die Analyse der Prozesse kann auf unterschiedlich detaillierten Stufen erfolgen. Der beim intraorganisatorischen BPR häufig gemachte Fehler, durch unsystematisches Vorgehen einen falschen Detaillierungsgrad zu wählen [vgl. Coulson-Thomas 1994, S. 119f.], sollte vermieden werden. Insbesondere dürfen nicht zu viele Feinheiten betrachtet werden [vgl. Schnetzer 1999, S. 43].

Zunächst stehen die akteursübergreifenden Prozesse im Betrachtungsfokus, d.h. der kleinste betrachtete Aufgabenträger ist ein bestimmter Akteur. Von besonderer Relevanz sind die Aktionen bzw. Kommunikationen, die zwischen den einzelnen Akteuren durchgeführt werden. Es ist jeweils festzustellen:

- die Art der durchgeführten Aktion[220];
- die Akteure, die an der Aktion beteiligt sind;
- die Semantik und Rechtsanforderungen an den Gegenstand der Kommunikation;

---

219 Eine ausführliche Abhandlung zur Modellierung von Prozessen mit ereignisgesteuerten Prozessketten und eine Erläuterung weiterer Prozessbeschreibungssprachen findet sich in [Rump 1999].

220 Vgl. Unterpunkt „Einsatzzweck" in Abschn. 4.1.

- das Ist-Format des Gegenstands der Kommunikation;
- die Ist-Realisation der Kommunikation (einschließlich Angaben zu den Ausprägungen der Messgrößen);
- die derzeit realisierten Schutzziele[220];
- die gewünschten Schutzziele der Akteure.

Die von den Akteuren gewünschten Schutzziele können dabei durchaus zu Interessenskonflikten führen. Bspw. ist es möglich, dass ein Kommunikationspartner gerne die Identität des anderen Partners erfahren möchte, dieser jedoch lieber anonym bleiben würde.

Ein Beispiel für einen modellierten Ausschnitt eines akteursübergreifenden Prozesses und für die Analyse einer Kommunikationsbeziehung wird in Abb. 6.4 und Tab. 6.4 gegeben.

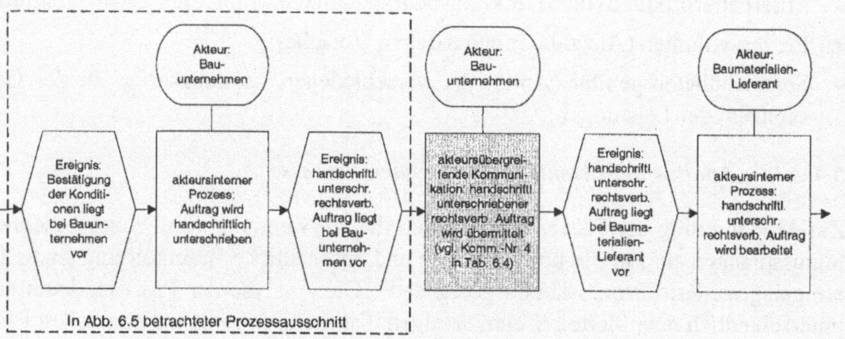

Abb. 6.4: Beispiel für einen modellierten Ausschnitt eines akteursübergreifenden Prozesses

6.4.2.4 *Analyse der akteursinternen Prozesse*

Auf der nächsten Detaillierungsebene stehen die akteursinternen Prozesse im Zentrum der Betrachtung. Hier ist zwischen Schnittstellenprozessen für die interorganisatorische Kommunikation und sonstigen akteursinternen Prozessen zu unterscheiden.

Die Schnittstellenprozesse für die interorganisatorische Kommunikation (z.B. Datenkonvertierungsprozesse) sind unmittelbar von dem im Rahmen der Erstellung der TSI-Anwendung durchgeführten Process-Reengineering betroffen. Aus ihnen ergeben sich direkt mit der Umstellung verbundene Nutzen- und Aufwandsänderungen. Dementsprechend muss die Analyse hier sehr detailliert erfolgen.

Die Untersuchung der sonstigen akteursinternen Prozesse ist zum einen notwendig, um die Vorteilhaftigkeit bestimmter Formate der Kommunikationsgegenstände an der Schnittstelle zur interorganisatorischen Kommunikation hinsichtlich der

K.-Nr.	Art der Aktion	Akteure / Richtung	Kommunikatiosgegenstand (Semantik, Recht)	Ist-Format	Ist-Realisation bzw. Werte der Messgrößen	Ist-Schutzziele	gewünschte Schutzziele der Akteure
...	...	...	...	...	...	...	...
4	Informationstransfer	Bauunternehmen zu Baumaterialien-Lieferant	rechtsverbindlich unterschriebener Auftrag, Schriftform nicht erforderlich	gedruckt auf Papier, handschriftliche Unterschrift	Einschreiben per Post Kosten: 7 DM, Bearbei-tungszeit: 5 Min., Laufzeit: 1 Tag	Integrität, Vertraulichkeit, Zurechen-barkeit zu Bauunternehmen und Baumaterialien-Lieferant	gewünscht vom Bauunternehmen: Integrität, Vertraulichkeit, Zurechenbarkeit zu Baumaterialien-Lieferant gewünscht vom Baumaterialien-Lieferant: Integrität, Vertraulichkeit, Zurechenbarkeit zu Bauunternehmen
...	...	...	...	...	...	...	...

Tab. 6.4: Beispiel für die Analyse einer Kommunikationsbeziehung

Erfüllung der Prozess-Erfolgsfaktoren beurteilen zu können. Zum anderen wird sie benötigt, um die Möglichkeit zur Änderung bestimmter Formate der Kommunikationsgegenstande festzustellen. Bei der Analyse sind insbesondere Vorgänge zu identifizieren, bei denen die Kommunikationsgegenstände der interorganisatorischen Kommunikation erstellt, verändert oder verarbeitet werden.

Für die Prozesse bzw. die einzelnen Prozessschritte sind die Werte der Messgrößen zu ermitteln.

Ein Beispiel für einen modellierten Ausschnitt eines akteursinternen Prozesses zeigt Abb. 6.5. Dort wird der in Abb. 6.4 umrandete Prozessausschnitt detaillierter analysiert.

6.4.3 Ermittlung möglicher alternativer Prozessabläufe

Aufbauend auf den zuvor gesammelten Informationen, sind in diesem Schritt mögliche alternative Prozessabläufe zu entwickeln. Bei diesen sollen die als Indikator für die Erfüllung der Prozess-Erfolgsfaktoren identifizierten Messgrößen günstigere Werte aufweisen als beim Ist-Prozess. Die Ermittlung alternativer Pro-

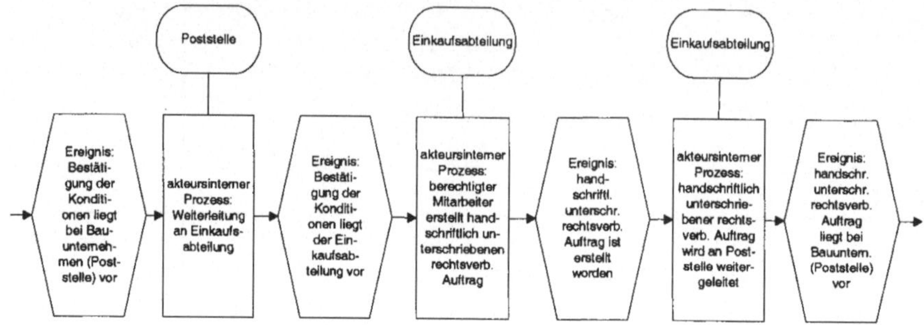

Abb. 6.5: Beispiel für einen modellierten Ausschnitt eines akteursinternen Prozesses

zessabläufe ist ein kreativer Vorgang, bei dem Methoden wie Brainstorming o.ä.[221] zum Einsatz kommen können.

6.4.3.1 *Ermittlung geeigneter Aufteilungen der Akteure zur Kern- oder Nebengruppe*

Ein an der Anwendung beteiligter Akteur kann der Kerngruppe oder der Nebengruppe zugeteilt werden. Anders als ein Anwendungsteilnehmer aus der Nebengruppe, muss ein Anwendungsteilnehmer aus der Kerngruppe vorbereitende und begleitende Maßnahmen bzgl. seiner Partizipation an der TSI-Anwendung zulassen. D.h. insbesondere, dass bei ihm Hard- bzw. Software-Installationen und Schulungen durchgeführt, sowie mit ihm zusätzliche vertragliche Vereinbarungen getroffen werden können. Im Gegensatz zu den Anwendungsteilnehmern der Nebengruppe sind die Anwendungsteilnehmer der Kerngruppe immer Teilnehmer der ATSI[222]. Anwendungsteilnehmer aus der Nebengruppe können anders als die der Kerngruppe nur indirekt über ihre Vertreter Einfluss auf die Gestaltung der TSI-Anwendung nehmen. Von Teilnehmern der Kerngruppe kann ein eigenes Team bereitgestellt werden, dass das interorganisatorische und intraorganisatorische Process-Reengineering miteinander abstimmt und somit die sich ergebenden Potenziale optimal erschließt.

Hinweise darauf, ob eine Akteur eher der Kerngruppe oder der Nebengruppe zuzuordnen ist, geben die in Tab. 6.5 genannten Kriterien. Es ist zu berücksichtigen, dass Akteure derart in einer Beziehung zueinander stehen können, dass es nur Sinn macht, den einen Akteur einer bestimmten Gruppe zuzuordnen, wenn auch ein bestimmter anderer Akteur dieser Gruppe zugeordnet wird. Für die Ermittlung der möglichen alternativen Prozessabläufe sollten alle als geeignet erscheinenden Einteilungen der Akteure berücksichtigt werden.

---

[221] Eine umfassende Zusammenstellung von Kreativitäts-Techniken findet sich in [Audehm 1995].

[222] Vgl. Abschn. 5.4.

Kriterium	Ausprägung, die für eine Zuordnung des Akteurs zur Kerngruppe spricht	Ausprägung, die für eine Zuordnung des Akteurs zur Nebengruppe spricht
soziokulturelle Voraussetzungen des Akteurs bezogen auf die TSI-Anwendung	ungünstige Voraussetzungen	günstige Voraussetzungen
technische Voraussetzungen des Akteurs bezogen auf die TSI-Anwendung	ungünstige Voraussetzungen	günstige Voraussetzungen
rechtliche Probleme hinsichtlich der vom Akteur bei der TSI-Anwendung durchzuführenden Schritte	große Probleme	geringe Probleme
politischer Einfluss des Akteurs bezogen auf die TSI-Anwendung	starker Einfluss (starke Machtposition des Akteurs)	schwacher Einfluss (schwache Machtposition des Akteurs)
Nutzungsfrequenz der TSI-Anwendung bei dem Akteur	häufige Nutzung	nur gelegentliche Nutzung
Beziehungen zu anderen an der TSI-Anwendung beteiligten Akteuren	langfristige Beziehungen	kurzfristige Beziehungen

Tab. 6.5: Kriterien hinsichtlich der Zuordnung eines Akteurs zur Kern- oder zur Nebengruppe

Abb. 6.6 zeigt ein Beispiel für eine Akteurseinteilung. Die Gesamtheit der Anwendungsteilnehmer aus der Kerngruppe wird als geschlossene Teilnehmergruppe, die Gesamtheit der Anwendungsteilnehmer aus der Nebengruppe als offene Teilnehmergruppe bezeichnet. Hierbei ist jede Instanz eines Akteurs der Nebengruppe, die an einer von der Anwendung unterstützten TSI teilnimmt, Teilnehmer der TSI-Anwendung. Eine TSI gilt als von der Anwendung unterstützt, wenn sie mit der ATSI interoperabel ist.

6.4.3.2 *Ermittlung der Gestaltungsoptionen für die der komplexen Anwendung zugrunde liegenden TSI und Basisanwendungen*

Unter Berücksichtigung der in den vorherigen Schritten eruierten Umweltbedingungen bzw. Eigenschaften der Akteure ist zu ermitteln, welche Schutzziele der Kommunikation zwischen welchen Akteuren realisiert werden können bzw. ob ein rechtlich gleichwertiger Ersatz der handschriftlichen Unterschrift verwirklicht werden kann.

Ausschlaggebend ist hier, an welchen TSI die Akteure teilnehmen und welche Basisanwendungen ihnen zur Verfügung stehen. Es ist festzustellen, welche Möglichkeiten zur Modifikation dieser Grundlage für die zu erstellende komplexe TSI-Anwendung existieren. Hierfür ist zu bestimmen, welche zusätzlichen Basis- und Zusatzleistungen bzw. Basisanwendungen mit welchen konkreten Merkmalen den

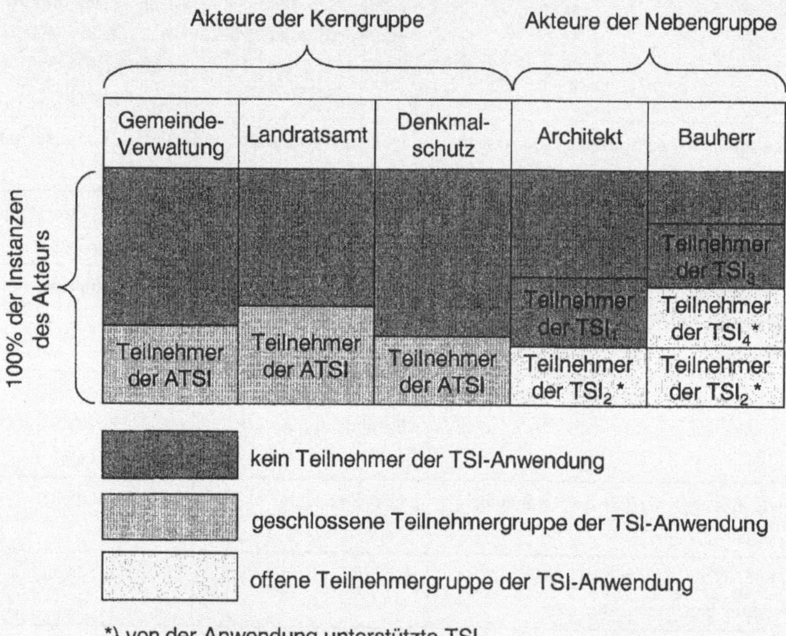

Abb. 6.6: Beispiel für eine Akteurseinteilung

Akteuren verfügbar gemacht werden können. Dabei ist zu berücksichtigen, dass bei einem der Kerngruppe zugeordneten Akteur Anpassungen wesentlich einfacher durchgeführt werden können als bei einem Akteur, welcher der Nebengruppe zugeordnet wurde. Ist bspw. aus rechtlichen Gründen eine zusätzliche Vereinbarung für den Ersatz der handschriftlichen Unterschrift notwendig, so kann diese von einem Akteur aus der Nebengruppe i.d.R. nur unter erheblichen Einschränkungen eingeholt werden.

6.4.3.3 *Umgestaltung des Ist-Prozesses*

Für die Umgestaltung des Ist-Prozesses sind Stoßrichtungen für das Process-Reengineering festzulegen, über die günstigere Werte für die Messgrößen erzielt werden sollen. In Betracht kommen bspw. [vgl. Ferk 1996, S. 68f.]:

- Reduzierung von Schnittstellen und involvierten Stellen;
- Reduzierung von Abstimmungszeiten;
- Reduzierung von Rückfragen;
- Reduzierung von Übermittlungsfehlern;
- Reduzierung von Doppelarbeiten;
- Reduzierung von Kontrollen;

- Reduzierung von Wegezeiten;
- Reduzierung von Verweil- und Liegedauern.

Für die Umgestaltung des Ist-Prozesses zur Erstellung möglicher Alternativprozesse für die TSI-Anwendung werden drei unterschiedliche Reengineering-Stufen festgelegt (vgl. Abb. 6.7).

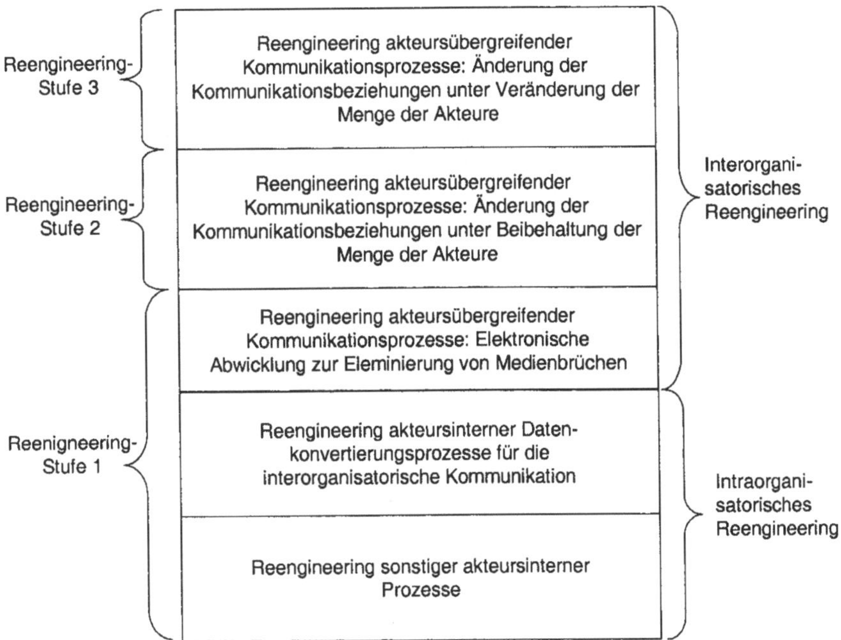

Abb. 6.7: Reengineering-Stufen bzgl. der Erstellung von Alternativprozessen für TSI-Anwendungen

Reengineering-Stufe 1: Eliminierung von Medienbrüchen

Ziel des Reengineerings in der ersten Stufe ist, die interorganisatorischen Kommunikationsprozesse elektronisch abzuwickeln, um Medienbrüche zu vermeiden. Hierdurch sollen insbesondere Zeit-, Qualitäts- und Kostenvorteile erzielt werden. Zu diesem Zweck ist i.d.R. eine Umgestaltung der akteursinternen Datenkonvertierungsprozesse für die interorganisatorische Kommunikation durchzuführen. Sind z.B. zuvor die in Papierform eingehenden Bestellungen in ein Computersystem eingegeben worden, so kann dieser Schritt nun entfallen. Hiermit erfolgt eine vertikale Integration des Ist-Prozesses.

Es ist zu beachten, dass durch die Abwicklung der Kommunikationsprozesse in elektronischer Form auch negative Effekte entstehen können. Die Möglichkeit besteht z.B., wenn eine Unternehmensabteilung zur Durchführung der hier als

„sonstige akteursinterne Prozesse“[223] bezeichneten Vorgänge verlangt, dass bestimmte Dokumente in Papierform vorgelegt werden. In diesem Fall müssen die nicht in Papierform eingehenden Daten ausgedruckt werden, was vor der Einführung der elektronischen Abwicklung interorganisatorischer Kommunikationsvorgänge nicht der Fall gewesen ist. Um diese Nachteile zu vermeiden, müssen auch die sonstigen akteursinternen Prozesse umgestaltet werden.

Als Grundlage für das Process-Reengineering zur Eliminierung von Medienbrüchen werden die Ergebnisse der Analyse des Ist-Prozesses verwendet. Die Übertragung der Kommunikationsprozesse in die elektronische Form umfasst folgende Schritte:

1) Eruierung der Möglichkeiten zur elektronischen Abwicklung der konkreten Kommunikationsprozesse auf Grundlage der ermittelten Gestaltungsoptionen für die TSI und Basisanwendungen;
2) Kompromissbildung bzgl. der von den jeweiligen Akteuren bei den einzelnen Kommunikationsvorgängen gewünschten Schutzzielkombinationen. Hierbei sind die tatsächlich realisierbaren Schutzzielkombinationen zu berücksichtigen;
3) Übertragung der akteursübergreifenden Kommunikationsprozesse in die elektronische Form durch den Einsatz von Basis- und Zusatzleistungen bzw. Basisanwendungen;
4) Reengineering der akteursinternen Konvertierungsprozesse für die akteursübergreifenden Kommunikationsprozesse;
5) Reengineering sonstiger akteursinterner Prozesse.

Reengineering-Stufe 2: Änderung der Kommunikationsbeziehungen unter Beibehaltung der Menge der Akteure

Bei der zweiten Stufe des Reengineerings werden die Kommunikationsbeziehungen geändert, ohne die Menge der an der Anwendung beteiligten Akteure zu modifizieren. Ziel ist sowohl die horizontale als auch die vertikale Integration des Ist-Prozesses ohne Disintermediation. Da sich aus dem Reengineering auf dieser Ebene neue Kommunikationsbeziehungen ergeben, sind die von den Akteuren jeweils gewünschten Schutzzielkombinationen erneut zu erheben. Anschließend müssen die bei der Reengineering-Stufe 1 genannten Schritte durchlaufen werden.

Reengineering-Stufe 3: Änderung der Kommunikationsbeziehungen unter Veränderung der Menge der Akteure

Bei der dritten Stufe des Reengineerings werden die Kommunikationsbeziehungen unter Modifikation der Menge der an der Anwendung beteiligten Akteure geändert. Somit verlässt die Anwendung hier ihr ursprüngliches Anwendungssegment. Ziel ist die horizontale und vertikale Integration des Ist-Prozesses unter Ausschluss bzw. Hinzunahme weiterer Akteure.

---

[223] Vgl. Abschn. 6.4.2.4.

Da hierdurch die Wertschöpfungskette einschneidend verändert wird, kann auf dieser Reengineering-Stufe ein regelrechter Paradigmenwechsel stattfinden[224]. Die Akteure organisieren sich vollständig neu, was auch erheblichen Einfluss auf die jeweiligen Unternehmenskulturen hat. Da das Konfliktpotenzial auf dieser Stufe des Reengineerings stark anwächst, gewinnen die unter den Akteuren bestehenden Machtbeziehungen an Bedeutung. Wegen der fehlenden eindeutigen Autoritätsstruktur ist die Fähigkeit zum Konfliktmanagement auf dieser Ebene der Erstellung von TSI-Anwendungen besonders wichtig.

In einer extremen Ausbauebene dieser Reengineering-Stufe kommen Fragestellungen aus dem Bereich sich rasch ändernder Unternehmensnetzwerke und virtueller Unternehmen [vgl. Winand/Nathusius 1998] auf. Es ist möglich, dass einige Akteure nur beschränkt Interesse an einer vollständigen Integration ihrer Prozesse haben, da diese von ihnen als Wettbewerbsvorteil angesehen werden [vgl. Osterloh/Frost 1998, S. 34]. Jedoch wird aufgrund des steigenden Wettbewerbsdrucks auch die Notwendigkeit zur Kooperation gesehen [vgl. Nalebuff/Brandenburger 1996]. Bei dynamischen Strukturen erfordert das Netzwerk der Akteure eine eigene Führungsinstanz. Die Legitimation einer solchen kann vertraglich oder faktisch erfolgen.

Gegenüberstellung der Reengineering-Stufen

In Tab. 6.6 werden die vorgestellten Reengineering-Stufen zur Erstellung von Alternativprozessen bzgl. bestimmter Kriterien gegenübergestellt.

6.4.4 Durchführung detaillierter Kosten-Nutzen-Analysen

Nachdem verschiedene Alternativprozesse ermittelt worden sind, müssen auf diese bezogen detaillierte Kosten-Nutzen-Analysen für die Beteiligten, d.h. für die Akteure und das Trustcenter erstellt werden. Die Kosten-Nutzen-Analysen bilden die Grundlage für die anschließende Auswahl des Soll-Prozesses. Bei der Durchführung der Kosten-Nutzen-Analysen ist es dringend erforderlich, dass alle Beteiligten aufgeschlossen und fair vorgehen [vgl. Morris/Brandon 1994, S. 267]. Nur dann kann gewährleistet werden, dass der wahrgenommene und tatsächliche Nutzen bzw. Aufwand eng beieinander liegen.

Kosten-Nutzen-Analysen für die Akteure

Zunächst werden alle Veränderungen, welche die Umsetzung eines Alternativprozesses bei den einzelnen Akteuren mit sich bringen würde, möglichst genau ermittelt. Dabei ist das Ausmaß und die Art jeder Umgestaltung von Arbeitsabläufen und Organisationsstrukturen zu erfassen, da bei jeder Neugestaltung zu berücksichtigende Kosten auftreten können. Durch den detaillierten Einblick in die vom

---

224 „Ein Paradigma ist eine Gesamtkonstellation von Überzeugungen, Werten und Verfahrensweisen, die von den Mitgliedern einer bestimmten Gemeinschaft geteilt werden." [Hinterhuber 1992, S. 191]

Kriterium	Stufe 1	Stufe 2	Stufe 3
Prozessintegration	vertikal (auf intraorgani-satorischer Ebene auch horizontal)	horizontal und vertikal	horizontal und vertikal
mögliche Auswirkungen auf die Unternehmensstrategien der Akteure	keine	gering	stark
organisatorische Auswirkungen	gering bis mittel	hoch	sehr hoch
Veränderung der Machtstrukturen der Akteure	keine	gering	mittel bis sehr hoch
erforderliche Kreativität und notwendiges Systemdenken hinsichtlich der Reorganisation der Abläufe	niedrig	mittel	hoch bis sehr hoch
Änderung des Anwendungssegments, in dem die Anwendung enthalten ist	nein	nein	ja

Tab. 6.6: Gegenüberstellung der verschiedenen Reengineering-Stufen

Alternativprozess hervorgerufenen Änderungen bei den Akteuren, können für die verschiedenen Alternativen relativ genaue Kosten-Nutzen-Analysen erstellt werden.

Bei der Bestimmung der Kosten für einen Alternativprozess müssen sowohl die Umsetzungs- als auch die Betriebskosten nach erfolgtem Reengineering einbezogen werden [vgl. Morris/Brandon 1994, S. 265].

Für ein Unternehmen oder eine staatliche Einrichtung sind bspw. zu berücksichtigen:

- Kosten für Computer- und Kommunikationssysteme;
- Kosten für die organisatorischen Umstrukturierungen;
- Kosten für Personalumschulung, -einstellung und -abbau (z.B. Abfindungen, Sozialpläne);
- Kosten für betriebliche Unterbrechungen oder Störungen.

Hierbei sind auch schwer quantifizierbare Kosten zu beachten. Führt bspw. die Einführung der TSI-Anwendung zu einem Personalabbau, so ist zu beachten, dass dies zu einer Demotivation der verbleibenden Mitarbeiter führen kann.

Auch bei der Ermittlung des Nutzens sind neben den leicht quantifizierbaren Vorteilen (z.B. Zeitersparnis) auch schwer quantifizierbare Vorteile einzubeziehen [vgl. Morris/Brandon 1994, S. 266]. Eine Verbesserung der Produktqualität führt bspw. dazu, dass die Zahl der Produktreklamationen zurückgeht und die Kundenzufriedenheit steigt. Der Nutzen, den das Unternehmen aus dem Rückgang der Reklamationen zieht, lässt sich dabei noch relativ leicht in Geldwerten ausdrücken. Der Vorteil einer Steigerung der Kundenzufriedenheit kann dagegen nicht ohne weiteres in konkreten Zahlen ausgedrückt werden, muss aber trotzdem berücksichtigt werden, da damit zu rechnen ist, dass ein zufriedener Kunde dem Unternehmen auch in Zukunft Umsätze bringt. Weitere Beispiele für schwer quantifizierbare Vorteile sind die Erhöhung der Reichweite oder der Gewinn an Sicherheit [vgl. Büllingen/Hillebrand/Stamm 2000, S. 12f.].

Zu Vergleichszwecken sollte jeder Kosten- und Nutzenfaktor mit einem Geldwert belegt werden, wobei alle Annahmen und Entscheidungen im Zusammenhang mit dieser Bewertung dokumentiert werden müssen, damit auch später die Kalkulationsbasis nachvollzogen werden kann [vgl. Morris/Brandon 1994, S. 266f.].

Kosten-Nutzen-Analysen für das Trustcenter

Bei der Ermittlung der Kosten für das Trustcenter sind alle im Zusammenhang mit der Installation und dem Betrieb der Anwendung entstehenden Aufwendungen zu berücksichtigen. Den Kosten steht der Nutzen durch Einnahmen aus Lizenzgebühren für die Anwendung sowie aus dem Absatz von Basis- und Zusatzleistungen gegenüber. Auch hier sind schwer quantifizierbare Kosten- und Nutzenfaktoren zu berücksichtigen. Hierzu gehört bspw. der mögliche Imageverlust beim Scheitern der Anwendung bzw. der Imagegewinn im Erfolgsfall.

6.4.5 Auswahl des Soll-Prozesses

Unter Verwendung des festgelegten grundsätzlichen Zielsystems, der detaillierten Analysen der Akteure und der Kosten-Nutzen-Analysen, kann bezogen auf die jeweiligen Alternativprozesse die Attraktivität für die einzelnen Akteure sowie die Gesamtattraktivität abgeleitet werden. Die daraus entstehende Ordnung bildet jedoch nur einen Ansatz für die Auswahl des Soll-Prozesses, da die Alternativprozesse noch vor dem Hintergrund der politischen Einflüsse der Akteure zu betrachten sind.

Für einen Alternativprozess können die einzelnen Akteure in der in Abb. 6.8 dargestellten Nutzen-Aufwand-Matrix platziert werden. Es sollten nur Alternativprozesse in die engere Wahl für den umzusetzenden Soll-Prozess kommen, bei denen die in der Abbildung dargestellte „Negative Gruppe“ keine Akteure mit hohem politischen Einfluss enthält. Liegen derartige Alternativprozesse nicht vor bzw. ist die Gesamtattraktivität der dieser Anforderung genügenden Alternativprozesse nicht hoch genug, so müssen entweder die Schritte zur Ermittlung geeigneter Alternativen wiederholt werden oder die Anwendung ist zu verwerfen.

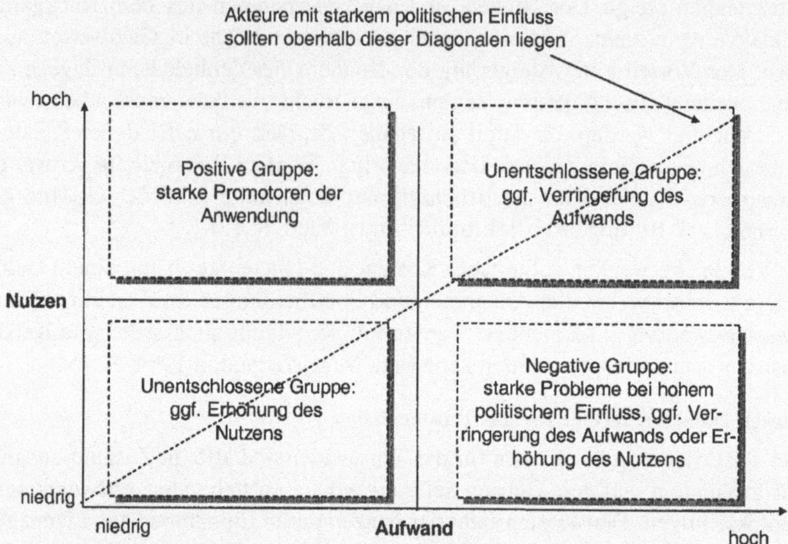

Abb. 6.8: Nutzen-Aufwand-Matrix bezogen auf die Akteure

6.4.6 Festlegung des Migrationspfads

Die Überführung des in der realen Welt ablaufenden Prozesses in den neuen Prozess stellt eine große Herausforderung dar, die sich bereits beim intraorganisatorischen BPR in einem Schritt nur schwer durchführen lässt:

> *„Having designed [...] a process, an organization faces the considerable challenge of migrating from the current process environment to the radically new design. A full ‚cutover' may be difficult or impossible." [Davenport 1993, S. 158]*

Auch wenn der Soll-Prozess revolutionär ist, sollte der Wandel grundsätzlich evolutionär erfolgen. Der revolutionäre Wandel ist radikal und erfolgt in einem Quantensprung. Bei ihm handelt es sich um einen diskontinuierlichen Prozess von begrenzter Zeitdauer. Die Gefahr des intensiven Widerstands einzelner Akteure bzw. deren Mitarbeiter ist hier besonders hoch. Der evolutionäre Wandel hingegen ist behutsamer, sozial verträglicher und erfolgt in Lernschritten. Er stellt einen Prozess über eine längere Zeitdauer dar. [vgl. Servatius 1994, S. 39f.]

Um einen evolutionären Wandel zum Soll-Prozess zu erzielen, sollte ein Migrationspfad festgelegt werden. Mögliche Ansatzpunkte hierfür sind die Definition von Migrationsprozessen und die Durchführung von Pilotprojekten [vgl. Davenport 1993, S. 158]. Bei der Definition von Migrationsprozessen werden nur einzelne Teilprozesse durch neue ersetzt. Bei Pilotprojekten wird zum Test eines Prozesses zunächst sowohl bei der geschlossenen als auch bei der offenen Gruppe lediglich eine begrenzte Zahl von Teilnehmern zugelassen. Aus der geschlossenen Gruppe sollten zunächst die Akteursinstanzen partizipieren, die sich aktiv an der Erstellung der Anwendung beteiligt haben, d.h. bei denen Mitarbeiter an dem Reengineeringteam oder an den Aufgabenteams partizipiert haben. Bei der offenen Gruppe ist die Begrenzung der zugelassenen Teilnehmer durch eine regionale Beschränkung denkbar. Generell ist zur Festlegung des Migrationspfads ein kombinierter Einsatz von Migrationsprozessen und Pilotprojekten sinnvoll. Ein Beispiel für einen Migrationspfad zeigt Abb. 6.9.

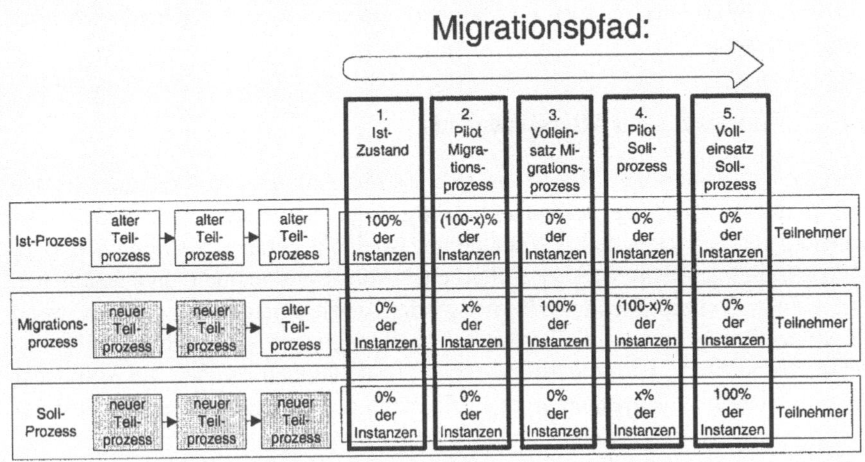

Abb. 6.9: Beispiel für einen Migrationspfad

Es ist eine hohe Adoptionsgeschwindigkeit der Migrationsprozesse wünschenswert. Sie hängt wesentlich davon ab, inwieweit der jeweilige Migrationsprozess als Innovation von den Akteuren wahrgenommen wird. Rogers [1995, S. 212ff.] nennt in diesem Zusammenhang folgende Wahrnehmungsdimensionen:

- *Relativer Vorteil*: Je größer der relative Vorteil einer Innovation im Vergleich zum Bestehenden ist, desto höher ist die Adoptionsgeschwindigkeit.
- *Kompatibilität*: Je größer die Kompatibilität einer Innovation zu Werten, Normen und Erfahrungen sowie zu technischen Normen und Standards ist, desto höher ist die Adoptionsgeschwindigkeit.
- *Komplexität*: Je einfacher eine Innovation zu verstehen ist, desto geringer ist der Informationsbedarf und desto höher ist die Adoptionsgeschwindigkeit.
- *Möglichkeit zur Erprobung*: Je geringer der notwendige Aufwand für ein Test der Innovation, je einfacher also die Möglichkeit ihrer Erprobung ist, desto eher kann die Ungewissheit des Adoptors bei der Adoptionsentscheidung reduziert werden, was sich positiv auf die Adoptionsgeschwindigkeit auswirkt.

- *Beobachtbarkeit*: Je einfacher es für einen potenziellen Adoptor ist, die Fortentwicklung einer Innovation zu beobachten, desto eher wird er Überlegungen hinsichtlich einer Adoption anstellen, was sich positiv auf die Adoptionsgeschwindigkeit auswirkt.

Bei der Erstellung des Migrationspfads bzw. der Migrationsprozesse sind diese Wahrnehmungsdimensionen zu berücksichtigen. Grundsätzlich gilt, dass je größer die sich aus dem Wechsel von einem Migrationsprozess zu einem anderen ergebenden soziokulturellen, ökonomischen, technischen, rechtlichen, politischen und organisatorischen Unsicherheiten sind, desto größer die Notwendigkeit des Einsatzes von Pilotprojekten oder zur Definition weiterer zwischengelagerter Migrationsprozesse ist.

6.4.7 Umsetzung des Migrationspfads

Bei der Umsetzung des Migrationspfads ist der Aufbau von Vertrauen in den Erfolg der Anwendung besonders wichtig [vgl. Servatius 1994, S. 52]. Der schwierigste Teil einer jeden Veränderung sind die beteiligten Menschen [vgl. Morris/Brandon 1994, S. 271]. Mitarbeiter von Unternehmen und staatlichen Einrichtungen akzeptieren neue Betriebs- oder Arbeitsabläufe viel schneller, wenn sie an der Entwicklung und Umsetzung des Reengineering-Vorhabens aktiv mitgearbeitet haben. Ein Vorteil bei den ersten Installationen ist, dass die Mitglieder der geschlossenen Teilnehmergruppe z.T. durch die Partizipation an den Reengineering- und Aufgabenteams bereits in die Anwendungserstellung involviert gewesen sind. Soll später die geschlossene Teilnehmergruppe um Akteursinstanzen erweitert werden, die nicht an der Anwendungserstellung partizipiert haben, so ist bei der Implementierung wesentlich mehr Aufklärungs- und Abstimmungsaufwand notwendig. Jedoch ist bei den ersten Installationen von Nachteil, dass noch nicht auf frühere Erfahrungen zurückgegriffen werden kann.

Im Rahmen der Umsetzung jedes einzelnen Migrationsprozesses muss für jeden Teilnehmer der geschlossenen Gruppe ein Streckenplan erarbeitet werden, der genau regelt, wer für die Durchführung von welchen Aufgaben zuständig ist. In dem Streckenplan müssen dabei alle Aktivitäten und Teilnehmer berücksichtigt werden, die an der Veränderung des bestehenden Ablaufs beteiligt sind. Auch für die Arbeiten, die nicht eindeutig einem einzelnen Teilnehmer zugeordnet werden können (z.B. Erstellung einer als generelle Schnittstelle dienenden Webseite zu den Akteuren der offenen Gruppe), müssen Aufgabenträger gefunden werden.

Grundlegende Aktionen, die viel Zeit in Anspruch nehmen, müssen an den Anfang des Streckenplans gestellt werden. In einem ersten Schritt sollte also bspw. an die Beschaffung der nötigen IT-Systeme und Räumlichkeiten gedacht werden. Der eigentliche Aufbau der für den Migrationsprozess benötigten Infrastruktur sollte an zweiter Stelle des Streckenplans stehen. Zum Ende des Plans sollte dann die Einführung bzw. Inbetriebnahme des Migrationsprozesses erfolgen.

Nach der Fertigstellung des Streckenplans muss dieser noch simuliert und getestet werden [vgl. Morris/Brandon 1994, S. 272], damit Fehler und Versäumnisse erkannt werden, die eine Umsetzung des Migrationsprozesses erschweren oder unmöglich machen.

Der Streckenplan sollte weiterhin eine Krisenplanung enthalten, da trotz sorgfältiger Planung und entsprechenden Tests Probleme auftreten können. Die Krisenpläne sollten den reibungslosen Übergang vom neuen zum alten Prozess ermöglichen und somit eine Weiterführung der Vorgänge im Krisenfall gestatten. [vgl. Morris/Brandon 1994, S. 273]

Liegt schließlich ein ausführbarer effektiver Streckenplan vor, so kann der Migrationsprozess umgesetzt werden.

6.5 Betrieb der TSI-Anwendung

6.5.1 Aufrechterhaltung der Leistungsfähigkeit

Zum Betrieb der Anwendung muss die dauerhafte Verfügbarkeit der im Rahmen der ATSI anzubietenden Basis- und Zusatzleistungen sichergestellt werden. Es sind auch die Veränderungen der Eigenschaften der TSI zu beobachten, an denen die Anwendungsteilnehmer der offenen Gruppe partizipieren. Ggf. muss durch die Bereitstellung eigener Angebote Einfluss auf die Entwicklung dieser TSI genommen werden bzw. die ATSI muss derart angepasst werden, dass die Interoperabilität zu den zu unterstützenden TSI nicht verloren geht. Weiterhin ist die Infrastruktur zum Erkennen und Beheben von Fehlern bei der TSI-Anwendung bzw. zum Durchführen von notwendigen Änderungen bereitzustellen.

6.5.2 Kontinuierliche Weiterentwicklung

Eine TSI-Anwendung ist weniger als ein statisches, sondern vielmehr als ein dynamisches Konstrukt zu begreifen. Die Ursache hierfür liegt darin, dass sich die Umweltsituation bzw. die Eigenschaften der Akteure permanent ändern. Daher muss kontinuierlich überprüft werden, ob die TSI-Anwendung hinsichtlich der aktuell gegebenen und in der Zukunft erwarteten Rahmenbedingungen optimal ist. Hierbei ist auch zu evaluieren, ob die Attraktivität der Anwendung durch Verzicht oder Hinzunahme bestimmter Akteure gesteigert werden kann. Die ständige Möglichkeit der Disintermediation bzw. des Aufkommens neuer Intermediäre führt dazu, dass der Konkurrent von heute der Verbündete von morgen sein kann, was ein ambivalentes Verhältnis zwischen den Partnern impliziert[225].

---

225 In diesem Zusammenhang wird auch von paradoxen Wettbewerbsstrukturen gesprochen [vgl. Schad 2000, S. 197].

Teil IV: Behandlung des Problems der sich durch ungeeignete Trustcenter bzw. durch die Wahl ungeeigneter Strategien ergebenden Gefahren bzgl. des langfristigen Erfolgs der TSI-Anwendung

7 Strategien und Erfolgsfaktoren für Trustcenter

„Die Grundlage des Erfolgs ist eine klare Linie mit hinreichend vielen Abzweigungen."

Helmar Nahr

Wie am Ende des vorherigen Kapitels dargelegt[226], handelt es sich bei TSI-Anwendungen nicht um Produkte, die einmal erzeugt und anschließend ohne weiteres Zutun des Trustcenters verwendet werden können. Zum einen muss für das Fortbestehen bestimmter TSI, auf welche die Anwendung aufsetzt, die Leistungsbereitschaft des Trustcenters aufrechterhalten werden. Das gilt insbesondere dann, wenn das Trustcenter alleiniger Anbieter bestimmter Leistungen ist, die von der Anwendung benötigt werden. Zum anderen müssen TSI-Anwendungen permanent an sich ändernde Umweltbedingungen, z.B. im rechtlichen Bereich, angepasst werden. Somit sind nicht nur die Akteure bedeutende Beteiligte der TSI-Anwendung, sondern auch das Trustcenter selbst. Die Sicherstellung seiner Existenz ist zwingend notwendig, um einen dauerhaften Betrieb der Anwendung zu erzielen. Dementsprechend ist der Erfolg des Trustcenters Voraussetzung für den Erfolg der TSI-Anwendung. Wegen fehlender Erfahrungen in der noch jungen TC-Branche im Hinblick auf die Eignung bestimmter Unternehmen als Anbieter von TC-Leistungen und bzgl. der Eignung bestimmter TC-Strategien ist die Erfüllung dieser Voraussetzung jedoch sehr unsicher.

Ziel dieses Kapitels ist es, diesem Problem zu begegnen, indem verschiedene Strategieoptionen hinsichtlich ihrer grundsätzlichen Eignung für das TC-Geschäft untersucht werden. Weiterhin sollen wesentliche Erfolgsfaktoren genannt werden, welche von Trustcentern zu erfüllen sind, die TSI-Anwendungen erstellen möchten. Zu diesem Zweck soll die aus den Erkenntnissen der vorherigen Kapitel gebildete Datenbasis durch eine mittels einer Delphi-Expertenbefragung durchgeführte Branchenstrukturanalyse ergänzt werden.

[226] Vgl. Abschn. 6.5.

7.1 Erfolgsrelevante Einflussfaktoren

In der klassischen Betriebswirtschaft bestimmt sich der Erfolg eines Unternehmens durch die Differenz von Produktions- und Marktwert seiner erzeugten Leistungen [vgl. Ulrich 1970, S. 274]. Diese Definition orientiert sich an kurzfristigen, operativen Zeiträumen [Pümpin 1986, S. 29f.]. Bei der in dieser Arbeit verwendeten langfristigen, strategischen Betrachtungsweise hingegen, definiert sich der Erfolg eines Unternehmens durch seine langfristige Überlebensfähigkeit unter sich ständig verändernden Bedingungen des Umfelds [vgl. Seibert 1987, S. 56].

Für den Erfolg sind eine große Zahl von Einflussfaktoren relevant. Diese reichen „von der breiten Palette der Leistungskomponenten bis zu den Merkmalen der spezifischen Position der Unternehmung und der Branche“ [Adamer/Kaindl 1994, S. 1]. Nach Gutenberg [1942, S. 150] kann grundsätzlich zwischen internen und externen Einflussfaktoren differenziert werden. Bei den externen Einflussfaktoren handelt es sich um die Begebenheiten und Entwicklungen der Umwelt, welche in die globale und die lokale Umwelt weiter unterteilt werden kann. Während die globale Umwelt die grundsätzlichen soziokulturellen, ökonomischen, technischen, rechtlichen und politischen Begebenheiten und Entwicklungen betrifft, steht bei der lokalen Umwelt das unmittelbare Branchenumfeld im Betrachtungsfokus [vgl. Schreyögg 1984, S. 101]. Die internen Einflussfaktoren umfassen die unternehmensspezifischen Eigenschaften (z.B. Kapitalausstattung) und die gewählte Strategie[227], die wegen ihrer hohen Relevanz häufig gesondert aufgeführt wird [vgl. Adrian 1989, S. 18; Bamberger 1981, S. 98; Grimm 1983, S. 20; Werner 2000, S. 51ff.]. Abb. 7.1 zeigt das entsprechende Modell der erfolgsrelevanten Einflussfaktoren.

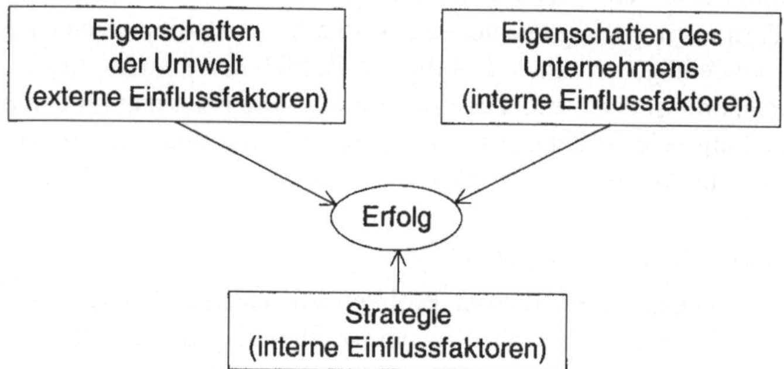

Abb. 7.1: Modell der erfolgsrelevanten Einflussfaktoren
[vgl. Grimm 1983, S. 20] (eigene Darstellung)

227 Unter einer Strategie wird ein Gesamtkonzept verstanden, nach dem ein Unternehmen in Auseinandersetzung mit seinem Umfeld eine bestimmte Zielposition zu erreichen versucht [vgl. Hinterhuber 1996, S. 195f.].

7.2 Einsatz der strategischen Planung

Aus den Eigenschaften des Unternehmens ergibt sich lediglich ein gewisses Potenzial, den durch die Eigenschaften der Umwelt gegebenen Rahmenbedingungen so zu begegnen, dass Erfolg erzielt wird. Ob dieses Potenzial jedoch tatsächlich ausgeschöpft wird, hängt in besonderem Maße von der gewählten Strategie ab. Daher ist das Vorhandensein einer systematischen strategischen Planung zur Sicherstellung des Erfolgs von wesentlicher Bedeutung. Die strategische Planung umfasst folgende Hauptschritte [vgl. Bea/Haas 1995, S. 49f.]:

1) Festlegung des zu erreichenden Ziels;
2) Analyse der strategischen Ausgangsposition; dieser Schritt umfasst die Umwelt- und die Unternehmensanalyse;
3) Formulierung geeigneter Strategiealternativen;
4) Auswahl und Implementierung einer Strategie.

Welche Strategie ein konkretes Unternehmen verwenden sollte, hängt immer von seinen spezifischen Begebenheiten ab, die im Rahmen der Unternehmensanalyse festgestellt worden sind. Somit handelt es sich bei der strategischen Planung nicht um einen allgemeingültigen, sondern um einen singulären Prozess [Bea/Haas 1995, S. 151]. Die Erstellung einer vollständigen, von einem speziellen Unternehmen unverändert adoptierbaren Strategie kann daher nicht Gegenstand dieser Arbeit sein. Vielmehr werden hier die nicht auf ein spezielles Unternehmen bezogenen Teilbereiche der strategischen Planung behandelt. Es werden Aussagen erarbeitet, die als generelle Basis für die Entscheidung dienen, ob und wie ein Unternehmen als Trustcenter tätig werden sollte. Hierbei wird als das im ersten Schritt der strategischen Planung zu definierende oberste Ziel das Erreichen des Erfolgs im Sinne der in Abschn. 7.1 gegebenen Definition festgelegt, d.h. die Sicherstellung der langfristigen Überlebensfähigkeit des Trustcenters unter sich ständig verändernden Bedingungen des Umfelds. Im Einzelnen

- soll die in Kap. 2 durchgeführte, sowohl die lokale als auch die globale Umwelt betreffende Situationsanalyse durch eine die lokale Umwelt betreffende Branchenstrukturanalyse ergänzt werden;
- sollen auf Grundlage der Umweltanalyse generell erfolgversprechende Basisstrategien für Trustcenter identifiziert werden;
- sollen konkrete Erfolgsfaktoren für Adoptoren ausgewählter erfolgversprechender Basisstrategien ermittelt werden.

7.3 Durchführung einer Branchenstrukturanalyse

7.3.1 Ziel der Erhebung

Die Branchenstrukturanalyse nach Porter dient der Untersuchung der lokalen Umwelt einer Branche. Das Hauptgerüst der Analyse bildet das in Abb. 7.2 dargestellte sogenannte „Fünf-Kräfte-Modell“ [vgl. Porter 1999, S. 34]. Dort werden fünf Hauptkräfte aufgeführt, die entscheidend für den Wettbewerbscharakter und die Attraktivität einer Branche sind. Im Einzelnen handelt es sich um Eintrittsbarrieren für neue Wettbewerber, die Verhandlungsstärke der Lieferanten, die Verhandlungsstärke der Abnehmer, die Gefahr durch Substitutionsprodukte[228] und die Rivalität unter den bestehenden Wettbewerbern.

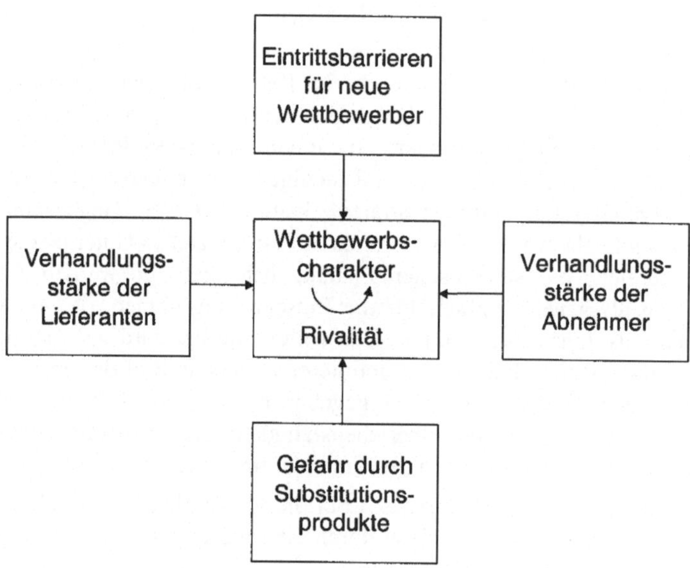

Abb. 7.2: Das „Fünf-Kräfte-Modell“ von Porter [1999, S. 34]

Ziel der durchzuführenden Erhebung ist die Ermittlung der Ausprägungen dieser Kräfte bzw. der sie bestimmenden Faktoren bezogen auf die TC-Branche.

[228] Porter verwendet den Begriff „Produkt“ abkürzend für „Produkte oder Dienstleistungen“ [vgl. Porter 1999, S. 35]. Da sich die hier durchgeführte Branchenstrukturanalyse an Porter orientiert, wird in Abschn. 7.3 diese Konvention übernommen.

7.3.2 Erläuterungen zur Delphi-Expertenbefragung

Die Dephi-Expertenbefragung, die den sogenannten konjekturalen Erhebungsmethoden zuzuordnen ist [vgl. Weber 1990, S. 120], stellt ein Verfahren zur systematischen Strukturierung und Durchführung einer Expertendiskussion dar, um auf effiziente und effektive Weise Lösungen für eine komplexe Problemstellung zu erhalten [vgl. Linstone/Turoff 1975, S. 3]. Delphi-Expertenbefragungen sind zur Ermittlung sowohl quantitativer als auch qualitativer Aussagen geeignet [vgl. Geschka 1977, S. 36ff.].

Im Folgenden werden die wesentlichen Phasen der Delphi-Expertenbefragung erläutert[229].

Der **erste Schritt** bei der Durchführung einer Delphi-Expertenbefragung ist die Festlegung der Befragungsziele.

Auf dieser Grundlage wird im **zweiten Schritt** eine Expertengruppe gebildet. Als Mitglieder dieser Gruppe sind Personen geeignet, die sich aus beruflichem oder wissenschaftlichem Interesse mit der zu untersuchenden Thematik befassen [vgl. Kreuzer 1998, S. 40]. Die Angaben in der Literatur über die notwendige Größe der Expertengruppe unterliegen einer hohen Schwankungsbreite. In der Praxis erweist sich eine Gruppengröße von 15 Teilnehmern als ausreichend [vgl. Kreuzer 1998, S. 41]. Zunehmende Gruppengrößen haben, wie statistisch bewiesen wurde, eine Abnahme des Gruppenirrtums und eine Zunahme der Zuverlässigkeit des Gruppenurteils zur Folge [vgl. Becker 1974, S. 10]. Aus diesem Grund ist eine große Teilnehmerzahl wünschenswert. Es ist jedoch darauf zu achten, dass die Expertengruppe untereinander anonym ist, d.h. kein Teilnehmer soll feststellen können, wer welche Frage wie beantwortet hat.

Im **dritten Schritt** wird der Fragebogen entworfen. Dieser sollte den Befragungsteilnehmer motivieren, seine Auskunftsbereitschaft optimieren und Störeffekte[230] ausschalten. Es ist auf die Vergleichbarkeit sowie Einheitlichkeit zur Gewährleistung der späteren statistischen Bearbeitungsmöglichkeit des erhobenen Datenmaterials zu achten. [vgl. Noelle-Neumann 1974, S. 243]

Die eigentliche Befragung wird im **vierten Schritt** durchgeführt, d.h. die Fragebögen werden an die Experten geschickt, von diesen bearbeitet und zurückgesendet.

---

229 Vgl. dazu soweit nicht anders zitiert: [Geschka 1977, S. 27ff.; Götze 1993, S. 243ff.; Pepels 1994, S. 91ff.; Weber 1990, S. 126 ff.].

230 Störeffekte können bspw. daraus entstehen, dass vorangegangene Fragen die Gedanken des Teilnehmers in eine bestimmte thematische Richtung gelenkt haben, die bei den folgenden Fragen beibehalten wird. Als problematisch kann sich auch das Bemühen der Befragten, ihre Antworten logisch mit vorher gegebenen Antworten abzustimmen, erweisen.

Anschließend werden im **fünften Schritt** die eingegangenen Fragebögen ausgewertet und aus den Antworten statistische Kennzahlen gebildet. Von besonderer Relevanz sind die Maßgrößen Median, oberes Quartil und unteres Quartil. Der Median ist der mittlere Wert einer geordneten statistischen Reihe, d.h. er weist genauso viele Werte unter sich wie über sich auf. Er ist als Prognosewert zu interpretieren. Das untere Quartil (25%-Quantil) weist dreiviertel aller Werte über sich auf, das obere Quartil (75%-Quantil) weist dreiviertel aller Werte unter sich auf. Die sich aus der Differenz zwischen dem oberen und unteren Quartilen ergebende Quartilsspanne ist ein Maß für die Einigkeit der Experten und damit für die Aussagekraft der Prognose.

Es ist zu entscheiden, ob ein weiterer Durchgang ausgeführt werden soll. In diesem Fall werden die Experten schriftlich mit zusätzlichen Informationen zur Problemstellung versorgt und um Stellungnahme und/oder Korrektur der eigenen Meinung gebeten. Der Umfang der den Befragten bereitgestellten Informationen variiert. Er kann das Gesamtergebnis des vorhergehenden Durchgangs umfassen, beschränkt sich zumeist aber auf die Mitteilung der statistischen Maßgrößen Median, oberes und unteres Quartil. Die Verteilung der Informationen an die Befragungsteilnehmer dient dem Abbau von Abweichungen der Einzelurteile vom Gruppenurteil, die ihre Ursachen im unterschiedlichen Informationsstand der befragten Personen haben. Mit zunehmender Anzahl der Durchgänge soll sich eine Konvergenz und Verengung des Bereichs der durch die Experten abgegebenen Schätzwerte ergeben, da die überzeugendsten Argumente langfristig diffundieren sollten. Oft konvergieren die Meinungen auch zu polarisierenden Standpunkten.

Die Befragung innerhalb des sogenannten Delphi-Prozesses kann in beliebig vielen Durchgängen vonstatten gehen. Erfahrungen zeigen jedoch, dass es zu der angestrebten Konvergenzbildung bereits in der zweiten Runde kommt. Mit jedem weiteren Durchgang sinkt die Bereitschaft der Fachleute, zusätzliche Zeit in die Teilnahme der Befragung zu investieren, d.h. es erhöht sich die Gefahr willkürlicher Antworten und des Ausscheidens von Experten. [vgl. BMFT 1993, S. 17; Kreuzer 1998, S. 41]

Die Delphi-Expertenbefragung weist gegenüber anderen Verfahren eine Reihe von Vor- und Nachteilen auf[231]. Für die Branchenstrukturanalyse ist von der Sekundärforschung aufgrund der damit verbundenen Unvollständigkeit und mangelnden Aktualität der Daten abgesehen worden. Die Komplexität und fachliche Tiefe der Branchenstrukturanalyse hat die qualitativen Erhebungsmethoden der Primärforschung in die engere Wahl kommen lassen. Schließlich wurde aus folgenden Gründen die Delphi-Expertenbefragung ausgewählt:

- Die Teilnehmer müssen sich zum Zeitpunkt der Befragung nicht am gleichen Ort befinden. Dies ist günstig, da es bei den meist überfüllten Terminkalendern

[231] Für die ausführliche Betrachtung der Vor- und Nachteile verschiedener Prognosemethoden wird verwiesen auf [Pepels 1994].

ausgewiesener Experten schwierig, wenn nicht gar unmöglich ist, Fachleute zu einem bestimmten Zeitpunkt an einem bestimmten Ort zusammenzubringen [vgl. Kreuzer 1998, S. 41].

- Keiner der Experten hat zu irgendeinem Zeitpunkt Kenntnis über die Antworten eines bestimmten anderen Teilnehmers. Über diese Anonymität und Isolation der Befragten kann vermieden werden, dass einzelne Experten während der Bearbeitung der Fragen Druck sozialer oder fachlicher Art auf die anderen Teilnehmer ausüben und dadurch das Befragungsergebnis verfälschen [vgl. Becker 1974, S. 12ff.; Kreuzer 1998, S. 40; Pepels 1994, S. 93].
- Trotz dieser Anonymität besteht durch die Mitteilung der Gruppenmeinung bei dem Übergang von einer Befragungsrunde zur nächsten für den einzelnen Experten die Möglichkeit, seine Antwort zu der Meinung der anderen Fachleute in Beziehung zu setzen und zu überdenken.
- Obgleich zumeist die Gruppe als Ganzes zu einer Prognose hinsichtlich der untersuchten Problemstellung gelangt, ist es aufgrund zusätzlicher Begründungen der Experten möglich, Argumente für abweichende Sichtweisen herauszufiltern [vgl. Pepels 1994, S. 93].

7.3.3 Durchführung der Erhebung

7.3.3.1 Ablauf und Teilnehmer

Die Befragung ist in zwei Hauptrunden durchgeführt worden, wobei die erste Hauptrunde durch eine Zusatzrunde ergänzt worden ist. Die erste Hauptrunde erfolgte im September und Oktober 2000. Aufgrund von Anmerkungen ist eine bestehende Frage geändert und eine neue in den Bogen aufgenommen worden. Die für die Beantwortung dieser Fragen durchzuführende Ergänzungsrunde erfolgte im November 2000. Es haben 27 Experten bei der ersten Hauptrunde und der zugehörigen Ergänzungsrunde teilgenommen. Der Zeitraum der Durchführung der zweiten Hauptrunde erstreckte sich von Dezember 2000 bis Januar 2001. An ihr haben sich 25 Experten beteiligt. Voraussetzung für die Teilnahme an der zweiten Hauptrunde war die Beteiligung an der ersten Hauptrunde einschließlich der zugehörigen Ergänzungsrunde. Unter den Teilnehmern befanden sich überwiegend Mitarbeiter von IT-Beratungen, IT-Lieferanten, Trustcentern, Forschungseinrichtungen und Banken (vgl. Abb. 7.3).

7.3.3.2 Im Rahmen der Fragebogenerstellung durchgeführte Begriffsdifferenzierung bzgl. der Zusatzleistungen

Bei einigen im Rahmen der Branchenstrukturanalyse nach Porter zu beurteilenden Bereichen ist es von hoher Relevanz, mit welchem Personaleinsatz eine bestimmte Leistung erbracht wird (z.B. bei Betriebsgrößenersparnis-Potenzialen). Daher ist

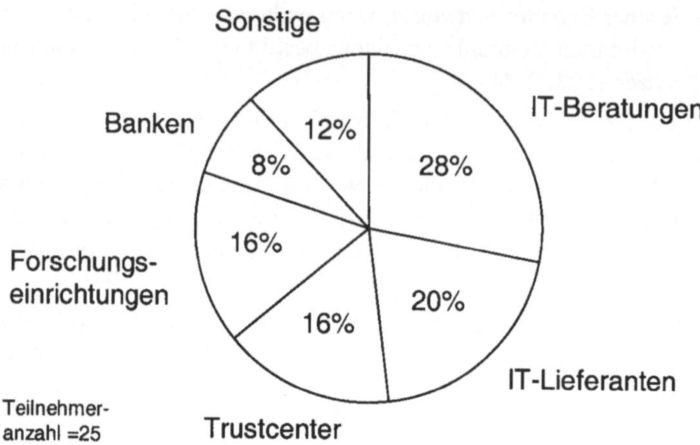

Abb. 7.3: Teilnehmer der Delphi-Expertenbefragung (2. Runde)

im Rahmen der Erstellung des Fragebogens eine Begriffsdifferenzierung bzgl. der Zusatzleistungen vorgenommen worden. Zu unterscheiden sind:

- *maschinell erbringbare Zusatzleistungen mit geringem Wartungsaufwand*: Zusatzleistungen aus dieser Gruppe werden überwiegend durch den Einsatz von Technik erbracht und müssen nur selten aufgrund sich verändernder Umweltbedingungen umdefiniert werden. Beispiele für Leistungen aus dieser Gruppe sind die automatische Beglaubigungsträgerverlängerung und die automatische Beglaubigung von Aktienkursen im Rahmen eines Zeitdatendiensts;
- *maschinell erbringbare Zusatzleistungen mit hohem Wartungsaufwand*: Zusatzleistungen aus dieser Gruppe werden ebenfalls überwiegend durch den Einsatz von Technik erbracht. Sie müssen jedoch relativ häufig aufgrund sich verändernder Umweltbedingungen umdefiniert werden. Ein Beispiel für eine Leistung aus dieser Gruppe ist ein TSI-Auskunftsdienst, über den Daten bzgl. der rechtlichen Eigenschaften von weltweit allen bedeutenden TSI bereitgestellt werden;
- *nicht maschinell erbringbare Zusatzleistungen*: Zusatzleistungen aus dieser Gruppe zeichnen sich dadurch aus, dass die Ausbringungsmenge hohe Auswirkungen auf den Personalbedarf hat. Ein Beispiel für eine Leistung aus dieser Gruppe ist die Erstellung von speziellen Identitätsattribut-Beglaubigungen, bei denen die Überprüfung der jeweils zu beglaubigenden Ausprägung des Attributs personalaufwendig ist. Weitere Beispiele sind die Beratung von Unternehmen bzgl. der Ausstattung von Mitarbeitern mit Public-Key-Zertifikaten und die Schulung von Personen im Umgang mit TC-Technologien.

7.3.4 Ergebnisse der Erhebung

Im Folgenden werden die Ergebnisse der Erhebung hinsichtlich der Ausprägungen der fünf Wettbewerbskräfte „Eintrittsbarrieren für neue Wettbewerber“, „Verhandlungsstärke der Lieferanten“, „Verhandlungsstärke der Abnehmer“, „Gefahr durch Substitutionsprodukte“ und „Rivalität“ aufgezeigt.

7.3.4.1 Eintrittsbarrieren für neue Wettbewerber

Eintrittsbarrieren beschreiben die Hindernisse, die sich einem Unternehmen auftun, das neu in einen bestehenden Markt eintreten möchte. Der Markteintritt neuer Unternehmen ist negativ für die Branchenattraktivität, da hierdurch neue Kapazitäten und niedrigere Preise erwartet werden und damit die Rentabilität der gesamten Branche sinken kann. Niedrigere Eintrittsbarrieren führen daher zu einer niedrigeren Branchenattraktivität. Als wesentliche Determinanten der Höhe der Eintrittsbarrieren sind „Betriebesgrößenersparnisse“, „Produktdifferenzierung“, „Kapitalbedarf“, „Umstellungskosten“, „Zugang zu Vertriebskanälen“, „staatliche Politik“ und „erwartete Vergeltungsmaßnahmen“ zu nennen [vgl. Porter 1999, S. 37ff.].

7.3.4.1.1 Betriebsgrößenersparnisse

Ein Betriebsgrößenersparnis-Potenzial liegt vor, wenn durch Steigerung der absolut produzierten Menge pro Zeiteinheit die Stückkosten gesenkt werden können. Wenn ein hohes Betriebsgrößenersparnis-Potenzial gegeben ist und dieses von den am Markt agierenden Unternehmen ausgeschöpft wird, so stellt dies eine erhebliche Barriere für potenzielle Neuanbieter dar. [vgl. Porter 1999, S. 37f.]

Abb. 7.4 und Abb. 7.5 zeigen die Ergebnisse der Befragung[232]. Im Jahr 2001 werden in allen Leistungsgruppen die Betriebsgrößenersparnis-Potenziale nur schwach ausgeschöpft. Die aus Betriebsgrößenersparnissen resultierenden Eintrittsbarrieren sind daher zunächst gering. Bis zum Jahr 2006 steigt jedoch der Grad der Ausschöpfung der Potenziale bei allen Leistungsgruppen erheblich, wodurch die Eintrittsbarrieren grundsätzlich zunehmen. Hohe aus Betriebsgrößenersparnissen resultierende Eintrittsbarrieren werden im Jahr 2006 bei den Basisleistungen und den maschinell erbringbaren Zusatzleistungen mit geringem Wartungsaufwand vorliegen, da bei diesen Leistungsgruppen sowohl ein hohes Betriebsgrößenersparnis-Potenzial als auch ein starker Ausschöpfungsgrad erwartet werden. Die Betriebsgrößenersparnisse, die aus den nicht maschinell erbringbaren Zusatzleistungen resultieren, sind auch für das Jahr 2006 als niedrig zu beurteilen,

232 Die Ergebnisse der ersten Hauptrunde werden durch hellgraue, die der zweiten Hauptrunde durch dunkelgraue Dreiecke abgebildet. Dabei stellt jeweils die linke Ecke das untere Quartil, die Spitze den Median und die rechte Ecke das obere Quartil dar. Sind alle drei Werte identisch, so wird dies durch einen senkrechten Strich dargestellt.

da dort nur ein geringes Betriebsgrößenersparnis-Potenzial vorliegt. Als mittelhoch sind die aus Betriebsgrößenersparnissen resultierenden Eintrittsbarrieren bei den maschinell erbringbaren Zusatzleistungen mit hohem Wartungsaufwand und den komplexen Anwendungen einzustufen.

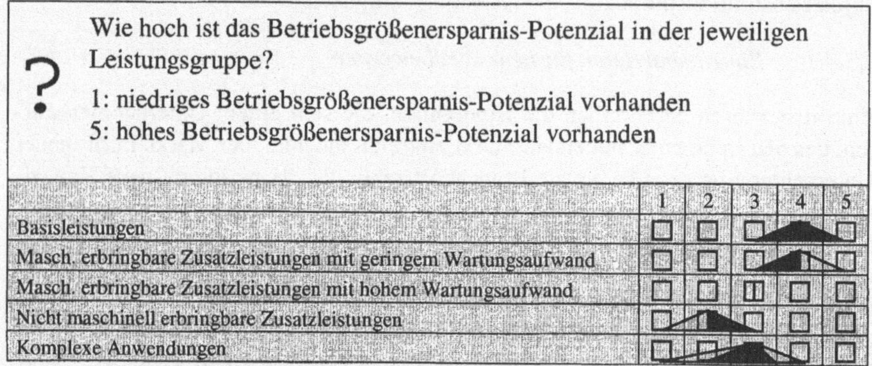

Abb. 7.4: Vorhandene Betriebsgrößenersparnis-Potenziale bezogen auf die einzelnen Leistungsgruppen

?

In welchem Umfang werden die führenden Trustcenter das von Ihnen in der jeweiligen Leistungsgruppe erwartete Betriebsgrößenersparnis-Potenzial ausschöpfen?

1: schwache Ausschöpfung des Betriebsgrößenersparnis-Potenzials, d.h. ein großes Potenzial bleibt ungenutzt

5: starke Ausschöpfung des Betriebsgrößenersparnis-Potenzials, d.h. nahezu das gesamte Potenzial wird ausgenutzt

	im Jahr 2001					im Jahr 2006				
	1	2	3	4	5	1	2	3	4	5
Basisleistungen										
Masch. erbringb. ZL mit geringem Wartungsaufw.										
Masch. erbringb. ZL mit hohem Wartungsaufw.										
Nicht maschinell erbringbare Zusatzleistungen										
Komplexe Anwendungen										

Abb. 7.5: Ausschöpfung der Betriebsgrößenersparnis-Potenziale bezogen auf die einzelnen Leistungsgruppen

Einige Experten, die abweichend vom Gesamtergebnis meinen, dass das Betriebsgrößenersparnis-Potenzial bei den Basisleistungen gering sei, begründen ihre Position damit, dass bei jedem Neukunden hohe Registrierungskosten entstehen würden. Fachleute, die abweichend vom Gesamtergebnis hohe Betriebsgrößenersparnis-Potenziale bei den komplexen Anwendungen sehen, begründen dies mit der Aussage, dass es auch dort viele Elemente bzw. Bereiche gäbe, die sich mit steigender Anzahl der Projekte wiederholten. Daraus würden Lerneffekte bzw. Möglichkeiten der Rationalisierung resultieren. Eine Reihe von Experten, die auch im Jahr 2006 bei allen Leistungsgruppen nur eine geringe Ausschöpfung der Potenziale vermuten, nennen als Grund, dass auch zu diesem Zeitpunkt noch erhebliche soziokulturelle Probleme bestehen würden.

7.3.4.1.2 Produktdifferenzierung

Ein Produktdifferenzierungs-Potenzial liegt vor, wenn viele Möglichkeiten bestehen, ein Produkt andersartig zu gestalten (z.B. durch unterschiedliche Ausstattung, unterschiedliche Qualität). Wenn das vorhandene Produktdifferenzierungs-Potenzial bereits von den am Markt agierenden Unternehmen ausgeschöpft wird, stellt dies eine erhebliche Barriere für potenzielle Neuanbieter dar. [vgl. Porter 1999, S. 40]

Abb. 7.6 und Abb. 7.7 zeigen die Ergebnisse der Befragung. Im Jahr 2001 werden in allen Leistungsgruppen die Produktdifferenzierungs-Potenziale nur schwach ausgeschöpft. Die aus der Produktdifferenzierung resultierenden Eintrittsbarrieren sind daher zunächst gering. Bis zum Jahr 2006 wird der Grad der Ausschöpfung der Produktdifferenzierungs-Potenziale bei allen Leistungsgruppen zunehmen, wodurch die Eintrittsbarrieren grundsätzlich steigen. Da bei den Basisleistungen und den maschinell erbringbaren Zusatzleistungen mit geringem Wartungsaufwand insgesamt nur ein geringes Produktdifferenzierungs-Potenzial gesehen wird, entstehen dort vergleichsweise hohe aus der Produktdifferenzierung resultierende Eintrittsbarrieren.

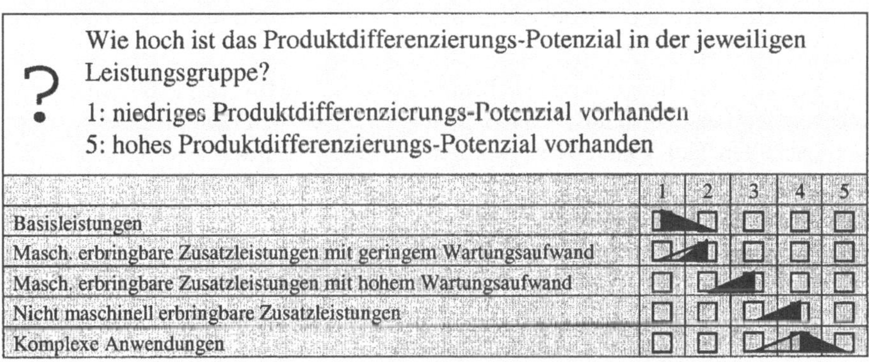

Abb. 7.6: Vorhandene Produktdifferenzierungs-Potenziale bezogen auf die einzelnen Leistungsgruppen

? In welchem Umfang werden die führenden Trustcenter das von Ihnen in der jeweiligen Leistungsgruppe erwartete Produktdifferenzierungs-Potenzial ausschöpfen?

1: schwache Ausschöpfung des Produktdifferenzierungs-Potenzials, d.h. ein großes Potenzial bleibt ungenutzt
5: starke Ausschöpfung des Produktdifferenzierungs-Potenzials, d.h. nahezu das gesamte Potenzial wird ausgenutzt

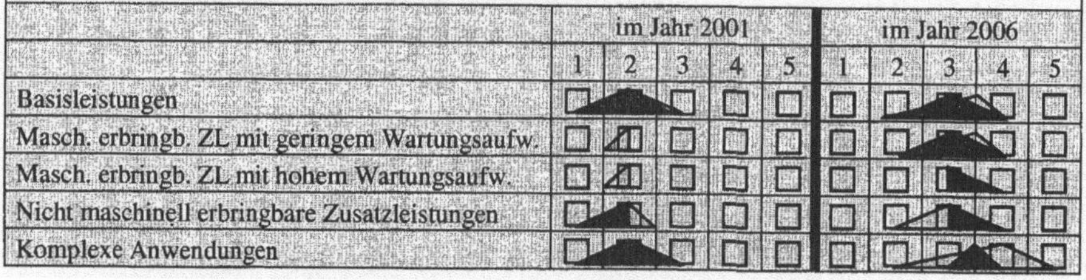

	im Jahr 2001					im Jahr 2006				
	1	2	3	4	5	1	2	3	4	5
Basisleistungen										
Masch. erbringb. ZL mit geringem Wartungsaufw.										
Masch. erbringb. ZL mit hohem Wartungsaufw.										
Nicht maschinell erbringbare Zusatzleistungen										
Komplexe Anwendungen										

Abb. 7.7: Ausschöpfung der Produktdifferenzierungs-Potenziale bezogen auf die einzelnen Leistungsgruppen

7.3.4.1.3 Kapitalbedarf

Der Kapitalbedarf zum Markteintritt umfasst die monetären Mittel, die notwendig sind, um in der Branche Fuß zu fassen. Hierzu gehören z.B. Aufwendungen zur Beschaffung technischer Anlagen, zur Bezahlung des notwendigen Personals und zur Deckung von Einstiegsverlusten. Je höher der Kapitalbedarf zum Markteintritt ist, desto eher werden potenzielle Neuanbieter von einem Markteintritt abgehalten. [vgl. Porter 1999, S. 40f.]

Der Kapitalbedarf hängt in erheblichem Maße von Art, Umfang und Qualität der angebotenen Leistungen ab. In der Erhebung ist daher die Frage für einen wichtigen speziellen Fall konkretisiert worden[233]. Gefragt wurde nach der Höhe des Kapitelbedarfs für den Aufbau eines Trustcenters zur Erstellung von Basisleistungen nach der EU-Richtlinie (qualifizierte Zertifikate). Abb. 7.8 zeigt das Ergebnis der Befragung. Es besteht eine relativ hohe Uneinigkeit zwischen den Experten. Der Median liegt bei 10 bis 15 Mio. Euro. Dies dürfte für kleinere und mittlere Unternehmen eine deutliche Eintrittsbarriere darstellen.

7.3.4.1.4 Umstellungskosten

Die Umstellungskosten umfassen den einmaligen Aufwand, der beim Kunden anfällt, wenn er vom Produkt eines Unternehmens zum Produkt eines anderen

---

233 Die Auswahl des Spezialfalls erfolgte auf Grundlage von mit den Experten geführten Gesprächen.

?

Wie hoch wird der Kapitalbedarf für den Aufbau eines Trustcenters zur Erstellung von Basisleitungen nach der EU-Richtlinie (qualifizierte Zertifikate) sein?

Gehen Sie bei Ihrer Beurteilung davon aus, dass keinerlei Vorleistungen (z. B. bereits vorhandene IT oder kompetentes Fachpersonal) bestehen!

1: Kapitalbedarf weniger als 5 Mio. Euro
2: Kapitalbedarf mindestens 5 Mio. Euro und weniger als 10 Mio. Euro
3: Kapitalbedarf mindestens 10 Mio. Euro und weniger als 15 Mio. Euro
4: Kapitalbedarf mindestens 15 Mio. Euro und weniger als 20 Mio. Euro
5: Kapitalbedarf mindestens 20 Mio. Euro

	im Jahr 2001				
	1	2	3	4	5
Basisleistungen	□	□		□	□

Abb. 7.8: Kapitalbedarf für den Aufbau eines Trustcenters zur Erstellung von Basisleistungen nach der EU-Richtlinie (qualifizierte Zertifikate)

Unternehmens wechselt. Hierzu gehören z.B. Umschulungskosten für Mitarbeiter, Kosten für neue Implementierungen und Zeitaufwand für das Erlernen neuer Vorgehensweisen. Je höher die Umstellungskosten sind, desto größer muss der dem Kunden gebotene Mehrwert sein, um ihn zum Wechsel zu bewegen. Entsprechend führen hohe Umstellungskosten zu hohen Eintrittsbarrieren. [vgl. Porter 1999, S. 41]

Abb. 7.9 zeigt das Ergebnis der Befragung. Hohe aus Umstellungskosten resultierende Eintrittsbarrieren liegen bei den nicht maschinell erbringbaren Zusatzleistungen und bei den komplexen Anwendungen vor. Die aus Umstellungskosten resultierenden Eintrittsbarrieren sind bei den maschinell erbringbaren Zusatzleistungen als mittelhoch, bei den Basisleistungen als niedrig zu beurteilen.

Einige Experten, die abweichend vom Gesamtergebnis die Meinung vertreten haben, dass die Umstellungskosten auch bei den Basisleistungen und den maschinell erbringbaren Zusatzleistungen hoch wären, haben dies mit der schlechten Kompatibilität der Angebote verschiedener Trustcenter begründet.

7.3.4.1.5 Zugang zu Vertriebskanälen

Damit ein Unternehmen seine Leistungen absetzen kann, muss es Zugang zu geeigneten Vertriebskanälen besitzen. Besteht nur eine begrenzte Anzahl an geeigneten Vertriebskanälen und können diese nicht von beliebig vielen Unternehmen genutzt werden, so kann der Zugang zu den Vertriebskanälen zu einem Engpass werden. Schließt z.B. ein Trustcenter einen Kooperationsvertrag mit einer Bank zur exklusiven Nutzung ihres Filialnetzes ab, so steht den Wettbewerbern dieser

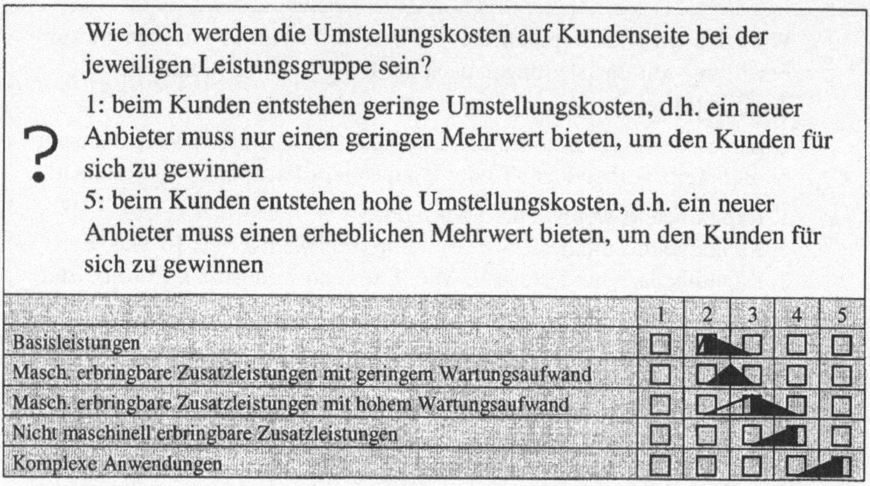

?

Wie hoch werden die Umstellungskosten auf Kundenseite bei der jeweiligen Leistungsgruppe sein?

1: beim Kunden entstehen geringe Umstellungskosten, d.h. ein neuer Anbieter muss nur einen geringen Mehrwert bieten, um den Kunden für sich zu gewinnen

5: beim Kunden entstehen hohe Umstellungskosten, d.h. ein neuer Anbieter muss einen erheblichen Mehrwert bieten, um den Kunden für sich zu gewinnen

	1	2	3	4	5
Basisleistungen					
Masch. erbringbare Zusatzleistungen mit geringem Wartungsaufwand					
Masch. erbringbare Zusatzleistungen mit hohem Wartungsaufwand					
Nicht maschinell erbringbare Zusatzleistungen					
Komplexe Anwendungen					

Abb. 7.9: Umstellungskosten bezogen auf die einzelnen Leistungsgruppen

Vertriebskanal nicht mehr zur Verfügung. Je stärker der Engpass bei den Vertriebskanälen ist, desto eher werden potenzielle Neuanbieter von einem Markteintritt abgehalten. [vgl. Porter1999, S. 41f.]

Abb. 7.10 zeigt das Ergebnis der Befragung. Die Experten erwarten, dass der Zugang zu den Vertriebskanälen insgesamt zu einem als mittelhoch zu beurteilenden Engpass wird. Somit sind die hieraus resultierenden Eintrittsbarrieren durchaus zu berücksichtigen.

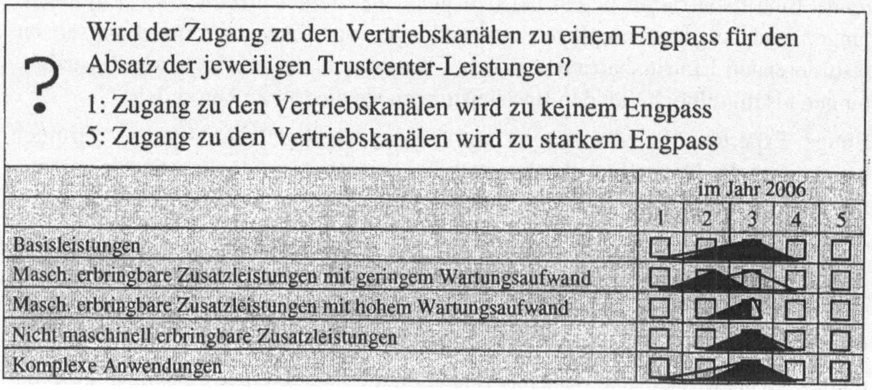

?

Wird der Zugang zu den Vertriebskanälen zu einem Engpass für den Absatz der jeweiligen Trustcenter-Leistungen?

1: Zugang zu den Vertriebskanälen wird zu keinem Engpass
5: Zugang zu den Vertriebskanälen wird zu starkem Engpass

	im Jahr 2006				
	1	2	3	4	5
Basisleistungen					
Masch. erbringbare Zusatzleistungen mit geringem Wartungsaufwand					
Masch. erbringbare Zusatzleistungen mit hohem Wartungsaufwand					
Nicht maschinell erbringbare Zusatzleistungen					
Komplexe Anwendungen					

Abb. 7.10: Engpass beim Zugang zu den Vertriebskanälen bezogen auf die einzelnen Leistungsgruppen

Es ist anzumerken, dass insbesondere bzgl. der Basisleistungen eine sehr hohe Uneinigkeit bei den Fachleuten besteht. Die Experten, welche die Auffassung vertreten, dass der Zugang zu den Vertriebskanälen bei Basisleistungen zu keinem

Engpass führt, begründen diese Meinung damit, dass die Feststellung der Identität einer Person gegen eine Gebühr auch von Postfilialen vorgenommen werden kann.

7.3.4.1.6 Staatliche Politik

Die staatliche Politik kann die Zugangsmöglichkeiten zu bestimmten Märkten beeinflussen. Bspw. kann der Staat Auflagen bzgl. Gebäudesicherheit, Personal und Haftungskapital eines Trustcenters festsetzen. Je schwieriger diese Auflagen zu erfüllen sind, desto eher werden potenzielle Neuanbieter von einem Markteintritt abgehalten. [vgl. Porter 1999, S. 45]

Die durch die staatliche Politik gegebenen Auflagen beziehen sich stets auf sehr spezielle Leistungen. Daher sind in der Erhebung die Fragen für zwei wichtige Spezialfälle konkretisiert worden[234] (vgl. Abb. 7.11 und Abb. 7.12).

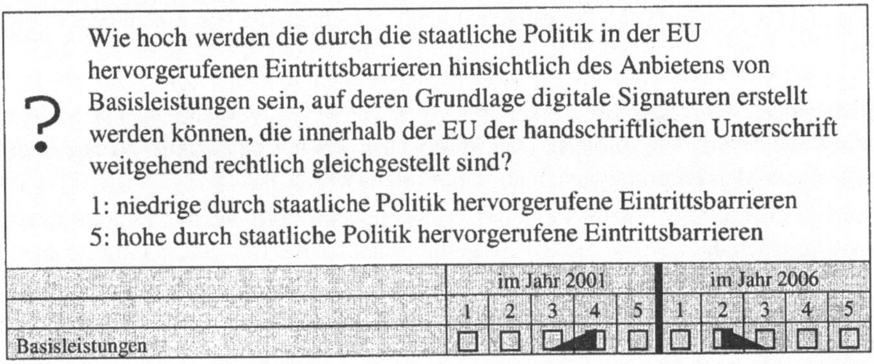

?

Wie hoch werden die durch die staatliche Politik in der EU hervorgerufenen Eintrittsbarrieren hinsichtlich des Anbietens von Basisleistungen sein, auf deren Grundlage digitale Signaturen erstellt werden können, die innerhalb der EU der handschriftlichen Unterschrift weitgehend rechtlich gleichgestellt sind?

1: niedrige durch staatliche Politik hervorgerufene Eintrittsbarrieren
5: hohe durch staatliche Politik hervorgerufene Eintrittsbarrieren

	im Jahr 2001					im Jahr 2006				
	1	2	3	4	5	1	2	3	4	5
Basisleistungen	□	□	□	□	□	□	□	□	□	□

Abb. 7.11: Durch staatliche Politik in der EU hervorgerufene Eintrittsbarrieren

?

Wie hoch werden die durch die staatliche Politik in den USA hervorgerufenen Eintrittsbarrieren hinsichtlich des Anbietens von Basisleistungen sein, auf deren Grundlage digitale Signaturen erstellt werden können, die innerhalb der USA der handschriftlichen Unterschrift weitgehend rechtlich gleichgestellt sind?

1: niedrige durch staatliche Politik hervorgerufene Eintrittsbarrieren
5: hohe durch staatliche Politik hervorgerufene Eintrittsbarrieren

	im Jahr 2001					im Jahr 2006				
	1	2	3	4	5	1	2	3	4	5
Basisleistungen	□	□	□	□	□	□	□	□	□	□

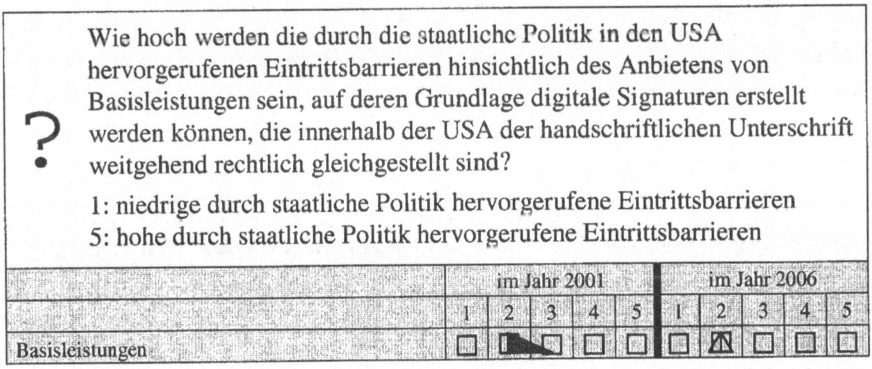

Abb. 7.12: Durch staatliche Politik in den USA hervorgerufene Eintrittsbarrieren

234 Die Auswahl dieser Spezialfälle erfolgte auf Grundlage von mit den Experten geführten Gesprächen.

Für das Jahr 2001 werden die durch die staatliche Politik in der EU hervorgerufenen Eintrittsbarrieren hinsichtlich des Anbietens von Basisleistungen, auf deren Grundlage digitale Signaturen erstellt werden können, die innerhalb der EU der handschriftlichen Unterschrift weitgehend rechtlich gleichgestellt sind, als hoch eingeschätzt. Bis zum Jahr 2006 werden sich die Eintrittsbarrieren jedoch deutlich verringern.

Die durch die staatliche Politik in den USA hervorgerufenen Eintrittsbarrieren hinsichtlich des Anbietens von Basisleistungen, auf deren Grundlage digitale Signaturen erstellt werden können, die innerhalb der USA der handschriftlichen Unterschrift weitgehend gleichgestellt sind, werden sowohl für das Jahr 2001 als auch für das Jahr 2006 als niedrig eingeschätzt.

7.3.4.1.7 Erwartete Vergeltungsmaßnahmen

Die zu erwartenden Vergeltungsmaßnahmen bezeichnen die von einem potenziellen Neuanbieter vermuteten Reaktionen der etablierten Unternehmen auf seinen Markteintritt. Diese könnten z.B. massive Preissenkungen oder verstärkte Werbemaßnahmen umfassen. Je stärker die zu erwartenden Vergeltungsmaßnahmen durch die etablierten Anbieter sind, desto eher werden potenzielle Neuanbieter von einem Markteintritt abgehalten. [vgl. Porter 1999, S. 45]

Abb. 7.13 zeigt das Ergebnis der Befragung. Im Jahr 2001 werden in allen Leistungsgruppen die zu erwartenden Vergeltungsmaßnahmen als gering eingeschätzt. Die aus zu erwartenden Vergeltungsmaßnahmen resultierenden Eintrittsbarrieren sind daher zunächst niedrig. Bis zum Jahr 2006 werden sie jedoch deutlich zunehmen und sind dann als mittelhoch bis hoch einzuschätzen.

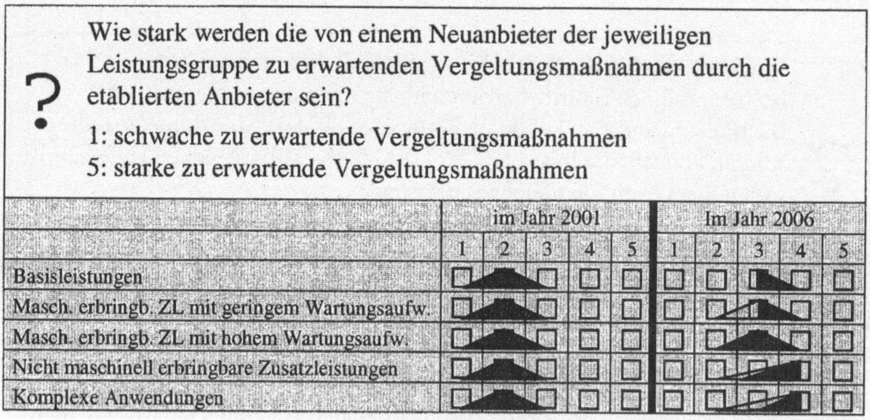

? Wie stark werden die von einem Neuanbieter der jeweiligen Leistungsgruppe zu erwartenden Vergeltungsmaßnahmen durch die etablierten Anbieter sein?

1: schwache zu erwartende Vergeltungsmaßnahmen
5: starke zu erwartende Vergeltungsmaßnahmen

	im Jahr 2001					Im Jahr 2006				
	1	2	3	4	5	1	2	3	4	5
Basisleistungen										
Masch. erbringb. ZL mit geringem Wartungsaufw.										
Masch. erbringb. ZL mit hohem Wartungsaufw.										
Nicht maschinell erbringbare Zusatzleistungen										
Komplexe Anwendungen										

Abb. 7.13: Stärke der von Neuanbietern zu erwartenden Vergeltungsmaßnahmen bezogen auf die einzelnen Leistungsgruppen

7.3.4.1.8 Fazit: Die Eintrittsbarrieren sind zunächst gering, werden jedoch in Zukunft deutlich steigen

Einen Überblick bzgl. der aus den einzelnen Faktoren resultierenden Eintrittsbarrieren in Bezug auf die einzelnen Leistungsgruppen gibt Tab. 7.1.

	Betriebsgrößenersparnisse		Produktdifferenzierung		Kapitalbedarf	Umstellungskosten	Zugang zu Vertriebskanälen		Staatliche Politik (EU)		Staatliche Politik (USA)		Erwartete Vergeltungsmaßnahmen	
	2001	2006	2001	2006	2001 - 2006	2001 - 2006	2001	2006	2001	2006	2001	2006	2001	2006
Basisleistungen	-	+	-	+	+	-	n.v.	0	+	-	-	-	-	0
Maschinell erbringbare ZL mit geringem Wartungsaufwand	-	+	-	+	n.v.	0	n.v.	0	n.v.	n.v.	n.v.	n.v.	-	0
Maschinell erbringbare ZL mit hohem Wartungsaufwand	-	0	-	0	n.v.	0	n.v.	0	n.v.	n.v.	n.v.	n.v.	-	0
Nicht maschinell erbringbare ZL	-	-	-	0	n.v.	+	n.v.	0	n.v.	n.v.	n.v.	n.v.	-	+
Komplexe Anwendungen	-	0	-	0	n.v.	+	n.v.	0	n.v.	n.v.	n.v.	n.v.	-	+

(„-“ = niedrige Eintrittsbarrieren, „0“ = mittelhohe Eintrittsbarrieren, „+“ = hohe Eintrittsbarrieren)

Tab. 7.1: Höhe der aus bestimmten Faktoren resultierenden Eintrittsbarrieren bezogen auf die einzelnen Leistungsgruppen

Abgesehen von der staatlichen Politik der EU und dem Kapitalbedarf indizieren die oben genannten Faktoren insgesamt niedrige Einstiegsbarrieren für die TC-Branche im Jahr 2001. Sie werden jedoch bis zum Jahr 2006 deutlich anwachsen.

Die Ursachen hierfür liegen insbesondere in zunehmend realisierten Betriebsgrößenersparnis-Potenzialen, zunehmender Ausschöpfung des Produktdifferenzierungspotenzials, möglichen Engpässen bzgl. des Zugangs zu Vertriebskanälen und einer zunehmenden Gefahr von Vergeltungsmaßnahmen gegenüber neuen Marktteilnehmern.

7.3.4.2 *Rivalität*

Die Rivalität innerhalb der Branche gibt an, wie hart dort um bestimmte Marktpositionen gekämpft wird. Sie beeinflusst die Attraktivität einer Branche, da sich durch eine verstärkte Rivalität die Rentabilität der Branche verschlechtert. Als wesentliche Determinanten der Höhe der Rivalität sind „Fragmentierungsgrad", „Branchenwachstum", „Laufende Fixkosten", „Über- und Unterkapazitäten", „Heterogene Anbieter" und „Austrittsbarrieren" zu nennen. [vgl. Porter 1999, S. 50]

7.3.4.2.1 Fragmentierungsgrad

Der Fragmentierungsgrad einer Branche gibt Auskunft über die Gleichmäßigkeit der Verteilung der Marktanteile. Bei einem geringen Fragmentierungsgrad decken relativ wenige Unternehmen einen Großteil des Marktes ab. Bei einem hohen Fragmentierungsgrad haben fast alle Unternehmen einen ähnlich hohen Marktanteil. Liegt ein hoher Fragmentierungsgrad vor, so existiert die Gefahr, dass einige Unternehmen annehmen, ihre Position durch Wettbewerbsmaßnahmen (z.B. Preissenkung) verbessern zu können, ohne mit heftigen Gegenmaßnahmen rechnen zu müssen. Somit führt ein höherer Fragmentierungsgrad zu einer höheren Rivalität. [vgl. Porter 1999, S. 50f.]

Abb. 7.14 zeigt das Ergebnis der Befragung. Die aus dem Fragmentierungsgrad resultierende Rivalität ist im Jahr 2001 gering. Während bei den maschinell erbringbaren Zusatzleistungen mit hohem Wartungsaufwand, den nicht maschinell erbringbaren Zusatzleistungen und den komplexen Anwendungen der Fragmentierungsgrad auch im Jahr 2006 niedrig sein wird, nimmt er bezogen auf Basisleistungen und maschinell erbringbare Zusatzleistungen mit geringem Wartungsaufwand etwas zu. Hinsichtlich der beiden letztgenannten Leistungsgruppen wird entsprechend die aus dem Fragmentierungsgrad resultierende Rivalität auf ein mittelhohes Maß steigen.

7.3.4.2.2 Branchenwachstum

Bei geringem Branchenwachstum kann ein Unternehmen in der Branche nur dann wachsen, wenn es Marktanteile anderer Unternehmen für sich gewinnt. Die hierfür notwendigen Wettbewerbsmaßnahmen, wie z.B. Preissenkungen, führen zu einer hohen Rivalität. Bei hohem Branchenwachstum kann ein Unternehmen in der Branche auch ohne Kampf um bestehende Marktanteile wachsen. Die Unterneh-

?

Wie hoch wird der Fragmentierungsgrad auf dem internationalen Trustcenter-Markt bezogen auf die jeweilige Leistungsgruppe sein?

1: geringer Fragmentierungsgrad, d.h. sehr wenige Trustcenter decken einen erheblichen Teil des Marktes ab

5: hoher Fragmentierungsgrad, d.h. fast alle Trustcenter haben einen ähnlich hohen Marktanteil

	im Jahr 2001					im Jahr 2006				
	1	2	3	4	5	1	2	3	4	5
Basisleistungen										
Masch. erbringb. ZL mit geringem Wartungsaufw.										
Masch. erbringb. ZL mit hohem Wartungsaufw.										
Nicht maschinell erbringbare Zusatzleistungen										
Komplexe Anwendungen										

Abb. 7.14: Fragmentierungsgrad bezogen auf die einzelnen Leistungsgruppen

men setzen in diesem Fall ihre Mittel nicht für Wettbewerbsmaßnahmen ein, sondern investieren diese, um mit der Branchenexpansion Schritt halten zu können. Dies führt zu einer geringeren Rivalität. [vgl. Porter 1999, S. 51]

Abb. 7.15 zeigt das Ergebnis der Befragung. Die aus dem Branchenwachstum resultierende Rivalität wird in den Jahren 2001 bis 2006 gering sein, da für alle Leistungsgruppen in diesem Zeitraum ein beträchtliches Wachstum von durchschnittlich 150% bis 250% gegeben sein wird.

Viele Experten merken jedoch an, dass bei bestehen bleiben der Interoperabilitätsprobleme dieses Branchenwachstum erheblich niedriger ausfallen würde[235].

7.3.4.2.3 Laufende Fixkosten

Laufende Fixkosten entstehen z.B. durch Gebäudemieten, fest angestelltes Verwaltungspersonal und regelmäßige Lizenzgebühren. Hohe laufende Fixkosten üben auf Unternehmen den Druck aus, ihre Kapazitäten möglichst stark auszulasten, wodurch die Rivalität innerhalb der Branche steigt. [vgl. Porter 1999, S. 51]

Abb. 7.16 zeigt das Ergebnis der Befragung. Die durch laufende Fixkosten resultierende Rivalität ist im Jahr 2001 bei den Basisleistungen als hoch einzuschätzen. Sie wird sich jedoch bis zum Jahr 2006 auf ein normales Maß reduzieren. Umgekehrt verläuft die Entwicklung bei den komplexen Anwendungen. Dort ist die durch laufende Fixkosten verursachte Rivalität im Jahr 2001 gering und wird bis zum Jahr 2006 auf ein normales Maß zunehmen. Bei den anderen Leistungsgruppen besteht sowohl im Jahr 2001 als auch im Jahr 2006 eine mittelhohe aus laufenden Fixkosten resultierende Rivalität.

[235] Vgl. Abschn. 5.1.

?

Wie hoch wird in den Jahren 2001 bis 2006 das durchschnittliche Wachstum in der jeweiligen Leistungsgruppe sein?

1: durchschnittlich weniger als 50%
2: durchschnittlich mindestens 50% und weniger als 150%
3: durchschnittlich mindestens 150% und weniger als 250%
4: durchschnittlich mindestens 250% und weniger als 350%
5: durchschnittlich mindestens 350%

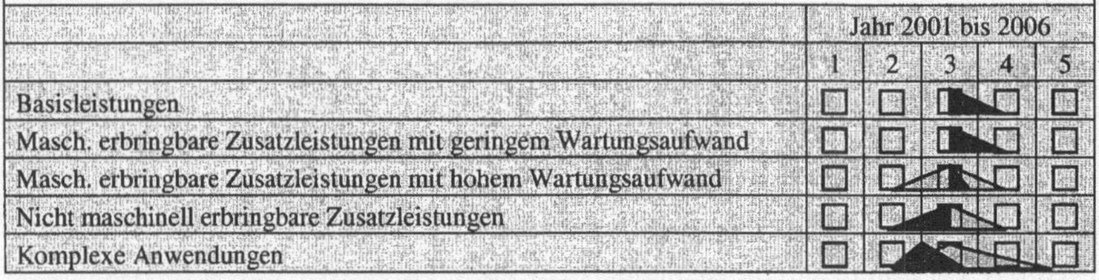

	Jahr 2001 bis 2006				
	1	2	3	4	5
Basisleistungen					
Masch. erbringbare Zusatzleistungen mit geringem Wartungsaufwand					
Masch. erbringbare Zusatzleistungen mit hohem Wartungsaufwand					
Nicht maschinell erbringbare Zusatzleistungen					
Komplexe Anwendungen					

Abb. 7.15: Durchschnittliches Wachstum bezogen auf die einzelnen Leistungsgruppen

?

Wie hoch wird der durch laufende Fixkosten auf die Trustcenter ausgeübte Druck zur Auslastung ihrer Kapazitäten in der jeweiligen Leistungsgruppe sein?

1: geringer Druck durch laufende Fixkosten, d.h. Überkapazitäten führen nicht zwingend zu Wettbewerbsmaßnahmen
5: hoher Druck durch laufende Fixkosten, d.h. Überkapazitäten führen zwangsläufig zu Wettbewerbsmaßnahmen

	im Jahr 2001					im Jahr 2006				
	1	2	3	4	5	1	2	3	4	5
Basisleistungen										
Masch. erbringb. ZL mit geringem Wartungsaufw.										
Masch. erbringb. ZL mit hohem Wartungsaufw.										
Nicht maschinell erbringbare Zusatzleistungen										
Komplexe Anwendungen										

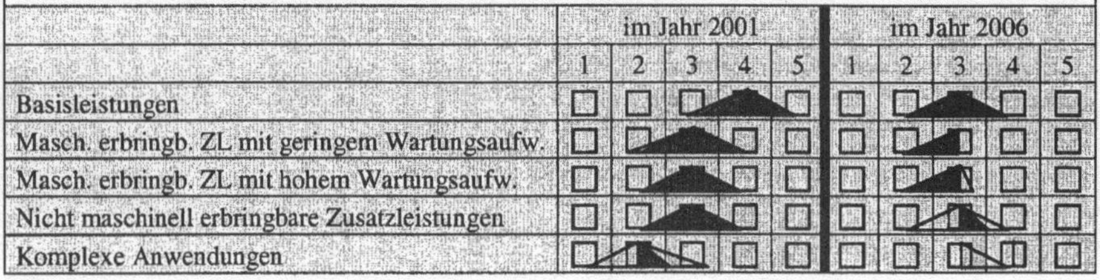

Abb. 7.16: Durch laufende Fixkosten ausgeübter Druck bezogen auf die einzelnen Leistungsgruppen

7.3.4.2.4 Über- und Unterkapazitäten

Über einen längeren Zeitraum anhaltende Über- oder Unterkapazitäten stören das Gleichgewicht von Angebot und Nachfrage. Überkapazitäten führen i.d.R. zu Preissenkungen. Unterkapazitäten machen einen Kapazitätsausbau erforderlich, wobei es sein kann, dass Kapazitätserweiterungen nur in großem Umfang durchgeführt werden können, was wiederum zu Überkapazitäten führt. Generell besteht durch Über- und Unterkapazitäten die Gefahr der Instabilität innerhalb einer Branche. [vgl. Porter 1999, S. 52]

Abb. 7.17 zeigt das Ergebnis der Befragung. Die aus Über- und Unterkapazitäten resultierende Gefahr der Brancheninstabilität ist im Jahr 2001 insgesamt als mittelhoch bis hoch zu beurteilen. Während bei den maschinell erbringbaren Zusatzleistungen im Jahr 2001 ein ausgeglichenes Verhältnis zwischen Angebot und Nachfrage vorliegt, bestehen bei den Basisleistungen Überkapazitäten und bei den nicht maschinell erbringbaren Zusatzleistungen sowie den komplexen Anwendungen deutliche Unterkapazitäten. Für das Jahr 2006 wird für alle Leistungsgruppen ein ausgeglichenes Verhältnis zwischen Angebot und Nachfrage erwartet. Die aus Über- und Unterkapazitäten resultierende Gefahr der Brancheninstabilität ist somit im Jahr 2006 als niedrig einzuschätzen.

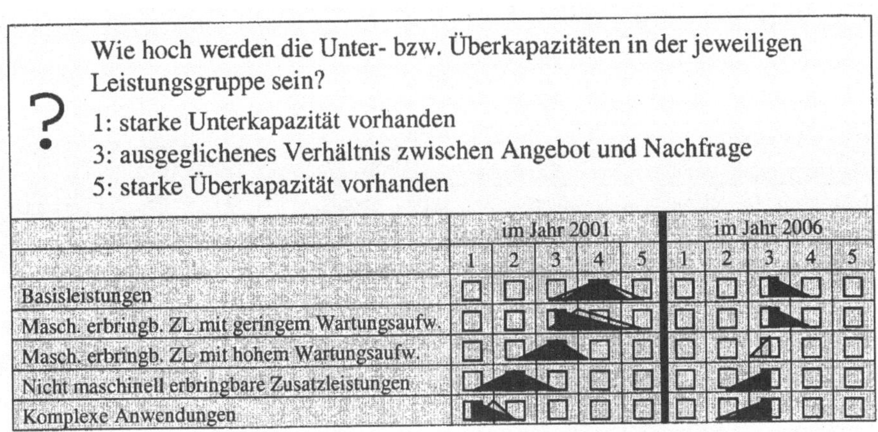

Abb. 7.17: Unter- und Überkapazitäten bezogen auf die einzelnen Leistungsgruppen

7.3.4.2.5 Heterogene Anbieter

Anbieter werden als heterogen bezeichnet, wenn sie sich in Kriterien unterscheiden, die für die Strategiewahl relevant sind. Hierzu gehören z.B. ihre Herkunft, ihr Management, ihre Beziehungen zu anderen Unternehmen und ihre Betätigungsfelder außerhalb der betrachteten Branche. Sind die Anbieter stark heterogen, so steigt die Gefahr, dass einzelne Anbieter eine Strategie verfolgen, welche die Rentabilität der Branche massiv senkt. So ist es bspw. möglich, dass ein Anbieter, der in der betrachteten Branche nicht sein Hauptbetätigungsfeld hat, sich mit geringeren Ertragsraten zufrieden gibt und mit Dumpingangeboten der Rentabilität der gesamten Branche schadet. [vgl. Porter 1999, S. 52f.]

Abb. 7.18 zeigt das Ergebnis der Befragung. Die durch die Heterogenität der Anbieter resultierende Rivalität ist im Jahr 2001 bei den Basisleistungen und maschinell erbringbaren Zusatzleistungen als gering zu bewerten. Ein normales Maß erreicht sie bei den nicht maschinell erbringbaren Zusatzleistungen und den komplexen Anwendungen. Im Jahr 2006 zeigt sich bei den meisten Leistungsgruppen im Vergleich zum Jahr 2001 ein unverändertes Bild. Lediglich bei den komplexen Anwendungen wird die Heterogenität der Anbieter und somit die aus ihr resultierende Rivalität zunehmen.

?

Wie hoch wird die Heterogenität der Trustcenter sein, welche die jeweilige Leistungsgruppe anbieten?

1: niedrige Heterogenität der Anbieter, d.h. extrem ausfallende Strategien sind nicht zu erwarten

5: hohe Heterogenität der Anbieter, d.h. die Gefahr extrem ausfallender Strategien ist sehr groß

	im Jahr 2001					im Jahr 2006				
	1	2	3	4	5	1	2	3	4	5
Basisleistungen										
Masch. erbringb. ZL mit geringem Wartungsaufw.										
Masch. erbringb. ZL mit hohem Wartungsaufw.										
Nicht maschinell erbringbare Zusatzleistungen										
Komplexe Anwendungen										

Abb. 7.18: Heterogenität der Anbieter bezogen auf die einzelnen Leistungsgruppen

7.3.4.2.6 Austrittsbarrieren

Austrittsbarrieren sind ökonomische, strategische und emotionale Faktoren, die Unternehmen zum Verbleib in der betrachteten Branche veranlassen, selbst wenn sie niedrige oder sogar negative Ertragsraten erwirtschaften. Dies ist bspw. der Fall, wenn speziell benötigte Aktiva (z.B. Spezialmaschinen) vorhanden sind, die bei einem Austritt nur schwer liquidiert werden können, oder wenn sich das Management aufgrund emotionaler Bindung oder positiver Erwartungen für die Zukunft von der Branche nicht lösen möchte. Je höher die Austrittsbarrieren sind, desto höher ist die Wahrscheinlichkeit, dass fast gescheiterte Unternehmen mit aggressiven Strategien um ihren Verbleib am Markt kämpfen und damit der Rentabilität der Branche schaden. [vgl. Porter 1999, S. 53f.]

Abb. 7.19 zeigt das Ergebnis der Befragung. Die durch Austrittsbarrieren verursachte Rivalität erreicht im Jahr 2001 insgesamt ein neutrales Maß. Bis zum Jahr 2006 nimmt sie tendenziell leicht ab.

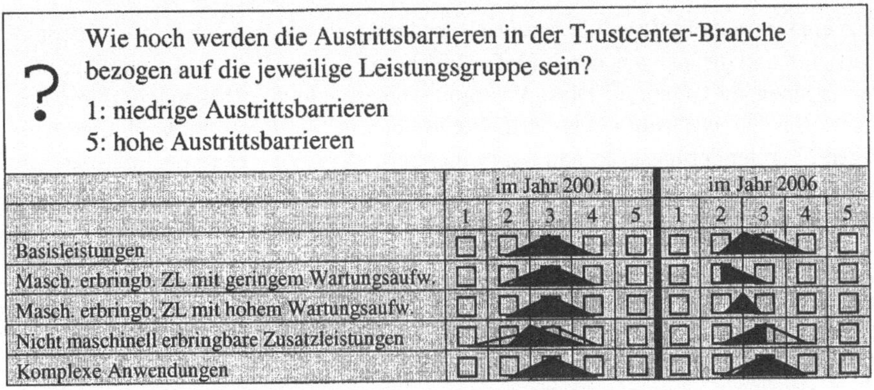

?

Wie hoch werden die Austrittsbarrieren in der Trustcenter-Branche bezogen auf die jeweilige Leistungsgruppe sein?
1: niedrige Austrittsbarrieren
5: hohe Austrittsbarrieren

	im Jahr 2001					im Jahr 2006				
	1	2	3	4	5	1	2	3	4	5
Basisleistungen										
Masch. erbringb. ZL mit geringem Wartungsaufw.										
Masch. erbringb. ZL mit hohem Wartungsaufw.										
Nicht maschinell erbringbare Zusatzleistungen										
Komplexe Anwendungen										

Abb. 7.19: Austrittsbarrieren bezogen auf die einzelnen Leistungsgruppen

7.3.4.2.7 Fazit: Die Rivalität ist insgesamt als gering bis mittelhoch zu beurteilen

Einen Überblick bzgl. der aus den einzelnen Faktoren resultierenden Eintrittsbarrieren in Bezug auf die einzelnen Leistungsgruppen gibt Tab. 7.2.

	Fragmentierungsgrad		Branchenwachstum	Laufende Fixkosten		Über- und Unterkapazitäten		Heterogene Anbieter		Austrittsbarrieren	
	2001	2006	2001 – 2006	2001	2006	2001	2006	2001	2006	2001	2006
Basisleistungen	-	0	-	+	0	0	-	-	-	0	0
Maschinell erbringbare ZL mit geringem Wartungsaufwand	-	0	-	0	0	-	-	-	-	0	-
Maschinell erbringbare ZL mit hohem Wartungsaufwand	-	-	-	0	0	-	-	-	-	0	0
Nicht maschinell erbringbare ZL	-	-	-	0	0	0	-	0	0	0	0
Komplexe Anwendungen	-	-	-	-	0	+	-	0	+	0	0

(„-“ = niedrige Rivalität, „0“ = mittelhohe Rivalität, „+“ = hohe Rivalität)

Tab. 7.2: Höhe der aus bestimmten Faktoren resultierenden Rivalität bezogen auf die einzelnen Leistungsgruppen

Für eine mittelhohe Rivalität sprechen der Druck durch Fixkosten, die Austrittsbarrieren und die sich aus den im Jahr 2001 bestehenden Über- und Unterkapazitäten ergebenden Gefahren. Diese Faktoren werden jedoch insbesondere durch das hohe Branchenwachstum entschärft. Weiterhin wird die Rivalität durch den niedrigen Fragmentierungsgrad und durch die nicht allzu hohe Heterogenität der Anbieter gesenkt. Für das Jahr 2006 werden keine drastischen Über- und Unterkapazitäten mehr erwartet, was ebenfalls die Rivalität senkt.

7.3.4.3 Verhandlungsstärke der Lieferanten

Die Verhandlungsstärke der Lieferanten beschreibt ihre Erfolgsaussichten beim Versuch, die Preise ihrer Vorleistungen bei gleichbleibender Qualität zu erhöhen bzw. die Qualität ihrer Vorleistungen bei gleichbleibenden Preisen zu senken.

Die Verhandlungsstärke der Lieferanten steigt, wenn

- keine Ersatzleistungen für ihre Vorleistungen vorhanden sind;
- die Abnehmerbranche für die Lieferanten relativ unwichtig ist;
- die Umstellungskosten auf Seiten der Abnehmer, um von der Leistung eines Lieferanten auf eine gleichwertige Leistung eines anderen Lieferanten zu wechseln, hoch sind;
- die Lieferanten über Mittel verfügen, die die Drohung, den Abnehmer aufzukaufen, glaubwürdig erscheinen lassen. [vgl. Porter 1999, S. 61ff.]

Abb. 7.20 zeigt das Ergebnis der Befragung. Die Verhandlungsstärke der Lieferanten ist im Jahr 2001 bei allen Leistungsgruppen als neutral einzuschätzen. Sie wird bis zum Jahr 2006 leicht sinken. Bei den Basisleistungen und maschinell erbringbaren Zusatzleistungen ist sie dann als gering zu bewerten.

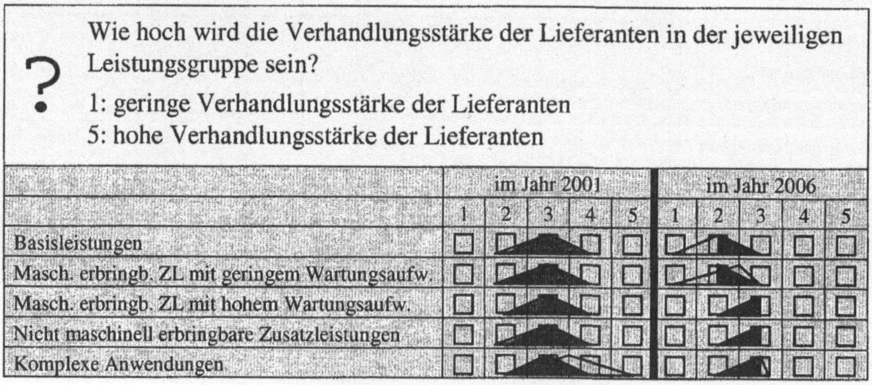

? Wie hoch wird die Verhandlungsstärke der Lieferanten in der jeweiligen Leistungsgruppe sein?

1: geringe Verhandlungsstärke der Lieferanten
5: hohe Verhandlungsstärke der Lieferanten

	im Jahr 2001					im Jahr 2006				
	1	2	3	4	5	1	2	3	4	5
Basisleistungen										
Masch. erbringb. ZL mit geringem Wartungsaufw.										
Masch. erbringb. ZL mit hohem Wartungsaufw.										
Nicht maschinell erbringbare Zusatzleistungen										
Komplexe Anwendungen										

Abb. 7.20: Verhandlungsstärke der Lieferanten bezogen auf die einzelnen Leistungsgruppen

7.3.4.4 *Verhandlungsstärke der Abnehmer*

Die Verhandlungsstärke der Abnehmer beschreibt ihre Erfolgsaussichten beim Versuch, die Preise zu senken, bessere Qualität der Leistung zu fordern oder Wettbewerber gegeneinander auszuspielen.

Die Verhandlungsstärke der Abnehmer steigt mit

- wachsender Konzentration der Abnehmergruppe (Großteil des Umsatzes entfällt auf wenige Abnehmer);
- steigendem Standardisierungsgrad der angebotenen Leistungen;
- geringer werdender Höhe der Umstellungskosten;
- niedriger werdender Gewinnspanne der Abnehmer;
- zunehmenden Möglichkeiten der Abnehmer, die benötigten und bisher bezogenen Leistungen selbst zu beschaffen bzw. herzustellen;
- steigendem Informationsstand der Abnehmer. [vgl. Porter 1999, S. 58ff.]

Abb. 7.21 zeigt das Ergebnis der Befragung. Die Verhandlungsstärke der Abnehmer ist im Jahr 2001 bei den Basisleistungen und maschinell erbringbaren Zusatzleistungen mit niedrigem oder hohem Wartungsaufwand als neutral, bei den anderen Leistungsgruppen als gering einzuschätzen. Sie wird bis zum Jahr 2006 generell steigen. Bei den Basisleistungen ist sie dann sogar als hoch zu beurteilen.

? Wie hoch wird die Verhandlungsstärke der Abnehmer in der jeweiligen Leistungsgruppe sein?

1: geringe Verhandlungsstärke der Abnehmer

5: hohe Verhandlungsstärke der Abnehmer

	im Jahr 2001					im Jahr 2006				
	1	2	3	4	5	1	2	3	4	5
Basisleistungen										
Masch. erbringb. ZL mit geringem Wartungsaufw.										
Masch. erbringb. ZL mit hohem Wartungsaufw.										
Nicht maschinell erbringbare Zusatzleistungen										
Komplexe Anwendungen										

Abb. 7.21: Verhandlungsstärke der Abnehmer bezogen auf die einzelnen Leistungsgruppen

7.3.4.5 *Gefahr durch Substitutionsprodukte*

Unter Substitutionsprodukten werden Produkte verstanden, die das in einer Branche angebotene Produkt gleichwertig ersetzen können. Je attraktiver die von den

Substitutionsprodukten angebotenen Preis-/Leistungsalternativen sind, desto stärker begrenzen sie das Gewinnpotenzial einer Branche. [vgl. Porter 1999, S. 56f.]

Abb. 7.22 zeigt das Ergebnis der Befragung. Die Gefahr durch Substitutionsprodukte wird für das Jahr 2001 und 2006 als gering eingeschätzt.

?

Wie hoch schätzen Sie die Gefahr ein, dass Substitutionsprodukte für Basisleistungen entstehen (die handschriftliche Unterschrift ist dabei nicht als Substitutionsprodukt zu betrachten)?

1: geringe Gefahr durch Substitutionsprodukte

5: hohe Gefahr durch Substitutionsprodukte

	im Jahr 2001					im Jahr 2006				
	1	2	3	4	5	1	2	3	4	5
Basisleistungen										

Abb. 7.22: Gefahr durch Substitutionsprodukte für Basisleistungen

7.4 Ermittlung geeigneter Strategieoptionen

Die Strategieformulierung verlangt eine Unterscheidung hinsichtlich des organisatorischen Geltungsbereichs. Es sind grundsätzlich folgende Ebenen zu nennen [vgl. Staehle 1991, S. 610]:

- Ebene des gesamten Unternehmens;
- Ebene der SGF (strategischen Geschäftsfelder);
- Ebene der Funktionsbereiche.

Ein SGF repräsentiert eine oder mehrere zusammengefasste spezifische Produkt-Markt-Kombinationen, die sich möglichst eindeutig von anderen Produkt-Markt-Kombinationen abgrenzen [vgl. Hinterhuber 1984, S. 266].

Auf der Ebene des gesamten Unternehmens wird entschieden, welche SGF expandieren, welche gehalten und welche schrumpfen sollen, d.h. es wird festgelegt, wie die vorhandenen Ressourcen auf die einzelnen SGF zu verteilen sind [vgl. Berndt 1995, S. 13f.]. Die Unternehmensstrategie ist dementsprechend als integrierte Gesamtstrategie zu begreifen [vgl. Staehle 1991, S. 610].

Auf der Ebene der SGF wird entschieden, wie Wettbewerbsvorteile in dem jeweiligen Geschäftsfeld vergrößert oder erhalten werden können. In diesem Kontext wird häufig von Wettbewerbsstrategien gesprochen. [vgl. Corsten 1998, S. 9]

Auf der Ebene der Funktionsbereiche wird festgelegt, welche Beschaffungs-, Produktions-, Marketing-, Finanzierungs-, Personal- und Technologiestrategien verfolgt werden sollen [vgl. Bea/Haas 1995, S. 154].

Es ist offensichtlich, dass die betrachteten SGF vor der Strategieformulierung klar definiert worden sein müssen. Diese Aufgabe wird daher übereinstimmend als fundamentaler Arbeitsschritt angesehen, der wesentlich über die Qualität und Effizienz der strategischen Planung entscheidet [vgl. Bea/Haas 1995, S. 148; Berndt 1995, S. 15].

7.4.1 Definition des strategischen Geschäftsfelds „TC-Leistungen“

Wie oben erwähnt, repräsentiert ein SGF eine oder mehrere zusammengefasste spezifische Produkt-Markt-Kombinationen, die sich möglichst eindeutig von anderen Produkt-Markt-Kombinationen abgrenzen. SGF sind insbesondere so zu wählen, dass [vgl. Hinterhuber 1984, S. 271, Rumelt 1974, S. 13f.]

- sie über eine eigene Marktaufgabe verfügen, d.h. die Leistungen sollten auf einem homogenen externen Markt abgesetzt werden und nicht lediglich Vorprodukte darstellen (Kriterium des homogenen externen Marktes);
- in ihnen voneinander unabhängig strategisch agiert werden kann, d.h. insbesondere, dass Entscheidungen bzgl. eines SGF hinsichtlich seiner Aufgabe oder seines weiteren Ausbaus sowie hinsichtlich signifikanter Veränderungen des Preis- oder Qualitätsniveaus andere SGF nicht tangieren sollten (Kriterium der Unabhängigkeit).

Wegen der häufig zwischen den Leistungen bestehenden mannigfaltigen Abhängigkeiten bereitet die Abgrenzung der SGF oft große Schwierigkeiten [vgl. Schreyögg 1984, S. 92]. Bei zu klein gewählten SGF sind Interdependenzen zwischen diesen unvermeidlich [Bea/Haas 1995, S. 148].

Diese Problematik besteht auch im Bereich der TC-Leistungen. Soll bspw. zur Bildung von SGF die Leistungspalette in Basisleistungen, Zusatzleistungen und TSI-Anwendungen unterteilt werden, so kann in den entsprechenden SGF nicht voneinander unabhängig strategisch agiert werden. Dies liegt speziell an den zwischen den Leistungsgruppen bestehenden Wechselbeziehungen hinsichtlich ihres Absatzes. Werden bspw. mehr Basisleistungen verwendet, so steigt auch die Nachfrage nach bestimmten Zusatzleistungen. Die Nachfrage nach Basis- und Zusatzleistungen ist wiederum abhängig von Art und Umfang der installierten TSI-Anwendungen.

Ebenso ist die Unterteilung nach einzelnen Kundengruppen problematisch. Die Ursache hierfür liegt darin, dass TSI-Anwendungen häufig für eine Kombination von Kundengruppen erstellt werden und sich die Gruppen demnach nicht voneinander unabhängig bedienen lassen. Würden bspw. die SGF „TC-Leistungen für die Kundengruppe ‚Business'“ und „TC-Leistungen für die Kundengruppe ‚Government'“ definiert, so wären diese nicht voneinander unabhängig, da das Anbieten einer TSI-Anwendung des Bereichs „Business-to-Government“ immer beide SGF betrifft.

Auch eine Unterteilung des Geschäftsfelds nach einzelnen Kundengruppen-Kombinationen löst die Aufgabe nicht. Gegen diese Option spricht, dass sich die einzelnen Kundengruppen-Kombinationen überschneiden. Würden bspw. die SGF „TC-Leistungen für die Kundengruppen-Kombination ‚Business-to-Consumer'" und „TC-Leistungen für die Kundengruppen-Kombination ‚Business-to-Government'" definiert, so wären diese nicht voneinander unabhängig, weil eine Versorgung des „Business-to-Government"-Bereichs mit Basisleistungen auch den „Business-to-Consumer-Bereich" beeinflusst.

Die Forderung der Unabhängigkeit der SGF führt bei einer theoriegetreuen Segmentierung zu der Definition von nur einem SGF „TC-Leistungen". Dieses schließt alle Kundengruppen ein und umfasst sowohl die zur Bildung von TSI notwendigen Basis- und Zusatzleistungen als auch die darauf aufsetzenden Anwendungen.

7.4.2 Wettbewerbsstrategien zum Aufbau von Wettbewerbsvorteilen

Auf Ebene der Geschäftsfeldstrategien ist zu entscheiden, wie in einem SGF Wettbewerbsvorteile gegenüber Mitbewerbern erzielt werden sollen. Porter [1999, S. 70f.] sieht diesbezüglich drei mögliche Strategieoptionen:

- Strategie der Kostenführerschaft;
- Strategie der Differenzierung;
- Strategie der Konzentration auf Schwerpunkte.

Primäres Ziel der Kostenführerschaftsstrategie ist es, einen dauerhaften Kostenvorsprung gegenüber anderen Anbietern aufzubauen [vgl. Porter 1999, S. 71ff.]. Demgegenüber zielt die Differenzierungsstrategie primär darauf ab, sich durch qualitative Leistungsvorteile von den Mitbewerbern abzusetzen [vgl. Porter 1999, S. 73f.].

Porter geht davon aus, dass es notwendig ist, sich dauerhaft auf eine dieser Strategien festzulegen, da Mischformen die finanziellen und organisatorischen Kapazitäten einer Unternehmung überfordern und somit „Mittelmäßigkeit" implizieren [vgl. Porter 1999, S. 78f.].

Die gesonderte Aufführung der Strategieoption „Konzentration auf Schwerpunkte" ist umstritten [vgl. Murray 1988, S. 391]. Bei der Konzentrationsstrategie fokussiert ein Unternehmen seine Aktivitäten auf eine Marktnische, also auf eine bestimmte Abnehmergruppe oder einen bestimmten Teil des Produktprogramms [vgl. Porter 1999, S. 75]. Da die Realisierung der Konzentrationsstrategie durch die Implementierung der Kostenführerschafts- bzw. Differenzierungsstrategie in einer Marktnische erfolgt, handelt es sich lediglich um Spezialfälle dieser beiden Strategieoptionen.

Porter [1999, S. 71ff.] und Trummer [1990, S. 175ff.] nennen eine Reihe von generellen Voraussetzungen für die Eignung unterschiedlicher Wettbewerbsstrategien. In Anlehnung daran werden in Tab. 7.3 Voraussetzungen für die Eignung der Strategie der Kostenführerschaft bzw. der Strategie der Differenzierung für das SGF „TC-Leistungen" aufgeführt, wobei in dieser Arbeit eine Unterteilung zwischen von der Umwelt zu erfüllenden externen und vom Unternehmen zu erfüllenden internen Voraussetzungen vorgenommen wird.

Strategie der Kostenführerschaft	Strategie der Differenzierung
Externe Voraussetzungen: • Bestehen bei TC-Leistungen Kostensenkungspotenziale? • Existiert eine ausreichende und langfristig stabile Nachfrage nach TC-Leistungen? • Gibt es nur wenige Aspiranten für die Position des Kostenführers?	**Externe Voraussetzungen:** • Bestehen gute Möglichkeiten zur Differenzierung von TC-Leistungen? • Befinden sich TC-Leistungen in einem frühen Stadium des Lebenszyklus? • Besteht nur eine geringe Gefahr, dass mehrere Unternehmen die gleiche Differenzierungsstrategie verfolgen?
Interne Voraussetzungen: • Besteht eine günstige Kostenposition in allen Gliedern der Wertkette im Vergleich zu den Konkurrenten? • Werden qualitativ gute Produkte mit hohen Akzeptanzwerten bei den Abnehmern angeboten? • Ist die Kostenführerschaftsstrategie kompatibel mit dem Gesamtimage des Unternehmens? • Besteht bereits ein effizientes Vertriebssystem, mit welchem der anvisierte Markt abgedeckt wird? • Ist ein großer Liquiditätsspielraum vorhanden, um massiv Investitionen durchführen zu können? • Besteht ein hohes Kostenbewusstsein auf allen personellen Hierarchiestufen?	**Interne Voraussetzungen:** • Bestehen gute Marketingfähigkeiten? • Bestehen gute Fähigkeiten zum Produktengineering? • Besteht ein gutes Image hinsichtlich der Qualität der Produkte? • Besteht ein gutes Image, über das hochqualifizierte Arbeitskräfte angeworben werden können?

Tab. 7.3: Externe und interne Voraussetzungen für die Kostenführerschafts- und die Differenzierungsstrategie

7.4.2.1 Eignung der Kostenführerschaftsstrategie hinsichtlich der externen Voraussetzungen

Ausgehend von den identifizierten externen Voraussetzungen für die Kostenführerschaftsstrategie wird nachfolgend ihre grundsätzliche Eignung in Bezug auf das SGF „TC-Leistungen" erörtert.

7.4.2.1.1 Überprüfung der Erfüllung der externen Voraussetzungen

Bestehen bei TC-Leistungen Kostensenkungspotenziale?

Ein bedeutender Ansatzpunkt zur Senkung der Kosten sind Betriebsgrößenersparnisse [vgl. Porter 1999, S. 72]. Die Branchenstrukturanalyse hat ergeben, dass bei den Basisleistungen und maschinell erbringbaren Zusatzleistungen mit geringem Wartungsaufwand erhebliche Betriebsgrößenersparnis-Potenziale vorhanden sind[236]. Diese werden derzeit nur in geringem Maß ausgeschöpft, was mit der niedrigen Nachfrage zu begründen ist[237]. Bei steigender Nachfrage könnten sich jedoch für ein Trustcenter erhebliche Kostensenkungspotenziale ergeben, wenn es ihm gelingt, für die oben genannten Leistungsgruppen die Position des Marktführers einzunehmen.

Die Verhandlungsstärke der Lieferanten ist für das Jahr 2001 bei allen Leistungsgruppen als neutral eingestuft worden[238]. Bis zum Jahr 2006 wird sie insgesamt abnehmen. Am stärksten fällt sie bei den Basisleistungen und den maschinell erbringbaren Zusatzleistungen mit geringem Wartungsaufwand. Dort wird sie im Jahr 2006 nur noch ein geringes Maß erreichen. Auch hier eröffnen sich Kostensenkungspotenziale.

Ein weiterer Ansatzpunkt zur Senkung der Kosten ergibt sich aus der konsequenten Beschränkung des Sortiments auf gängige Produkte und der Kostenminimierung in den Bereichen Forschung und Entwicklung [vgl. Porter 1999, S. 71]. Hier besteht die Möglichkeit, lediglich Standard-TSI-Bündel anzubieten, die ausschließlich Basisleistungen und maschinell erbringbare Zusatzleistungen mit geringem Wartungsaufwand für verhältnismäßig große und etablierte TSI umfassen. Denkbar ist auch die Eingrenzung des Sortiments auf eine oder wenige maschinell erbringbare Zusatzleistungen (z.B. Verifizierungsdienst). Im Bereich der TSI-Anwendungen wäre eine Beschränkung des Produktprogramms auf Basisanwendungen möglich.

Existiert eine ausreichende und langfristig stabile Nachfrage nach TC-Leistungen?

Momentan besteht nur eine geringe Nachfrage nach TC-Leistungen[237]. Es lässt sich jedoch bei Privatpersonen, Unternehmen und staatlichen Einrichtungen ein

---

236 Vgl. Abschn. 7.3.4.1.1.

237 Vgl. Abschn. 2.1.

238 Vgl. Abschn. 7.3.4.3.

grundsätzlich hohes Interesse an TSI-Anwendungen feststellen[239]. Für die Jahre 2001 bis 2006 wird von Experten für alle Leistungsgruppen ein durchschnittliches jährliches Umsatzwachstum von 150 bis 250 Prozent erwartet[240]. Dementsprechend ist eine deutliche Verbesserung der Nachfragesituation in den kommenden Jahren sehr wahrscheinlich.

Gibt es nur wenige Aspiranten für die Position des Kostenführers?

Wie viele Aspiranten es für die Position des Kostenführers geben wird, lässt sich nur schwer vorherbestimmen. Festzustellen ist, dass derzeit eine Reihe von Trustcentern Basisleistungen zu sehr günstigen Konditionen anbieten[241]. Die Ursache hierfür muss jedoch nicht zwingend eine dauerhafte Verfolgung der Kostenführerschaftsstrategie sein. Die niedrigen Preise sind auch Resultat der derzeit im Bereich der Basisleistungen bestehenden Überkapazitäten[242] in Verbindung mit dem hohen Druck durch laufende Fixkosten[243]. Da die insbesondere bei den maschinell erbringbaren Zusatzleistungen mit hohem Wartungsaufwand, den nicht maschinell erbringbaren Zusatzleistungen und den komplexen Anwendungen vorhandenen Produktdifferenzierungs-Potenziale weder im Jahr 2001 noch im Jahr 2006 ausgeschöpft werden[244], sind die Trustcenter nicht dazu gezwungen, die Kostenführerschaftsstrategie zu verfolgen.

7.4.2.1.2 Zusammenfassende Beurteilung und mögliche konkrete Kostenführerschaftsstrategien

Im Hinblick auf die externen Voraussetzungen ist die Verfolgung der Kostenführerschaftsstrategie grundsätzlich geeignet. Diese sollte im Rahmen einer Konzentrationsstrategie verfolgt werden. Hier wäre das Anbieten von Standard-TSI-Bündeln evtl. in Verbindung mit gängigen Basisanwendungen eine geeignete Option. Denkbar ist auch die Beschränkung auf die Erbringung von nur wenigen maschinell erbringbaren Zusatzleistungen (z.B. im Bereich der Auskunftsdienste). Bei dieser radikalen Konzentrationsstrategie könnte das Trustcenter sich als Spezialist am Markt etablieren und versuchen, über die massive Sortimentsbeschränkung Kostenvorteile zu erzielen.

239 Vgl. Abschn. 2.2.

240 Vgl. Abschn. 7.3.4.2.2.

241 Vgl. Abschn. 2.4.2.

242 Vgl. Abschn. 7.3.4.2.4.

243 Vgl. Abschn. 7.3.4.2.3.

244 Vgl. Abschn. 7.3.4.1.2.

7.4.2.2 *Eignung der Differenzierungsstrategie hinsichtlich der externen Voraussetzungen*

Ausgehend von den identifizierten externen Voraussetzungen für die Differenzierungsstrategie wird nachfolgend ihre grundsätzliche Eignung in Bezug auf das SGF „TC-Leistungen" erörtert.

7.4.2.2.1 Überprüfung der Erfüllung der externen Voraussetzungen

Bestehen gute Möglichkeiten zur Differenzierung von TC-Leistungen?

Die Branchenstrukturanalyse hat ergeben, dass bei den nicht maschinell erbringbaren Zusatzleistungen und den komplexen Anwendungen ein hohes Produktdifferenzierungspotenzial besteht[244]. Dieses ergibt sich vor allem aus der hohen Komplexität der Anwendungen[245] und der Heterogenität der einzelnen Akteure[246]. Für unterschiedliche Kundensegmente werden unterschiedliche Anwendungen benötigt, die an die jeweils vorliegenden Bedürfnisse anzupassen sind. Dies spiegelt sich auch in der vergleichsweise niedrigen Verhandlungsstärke der Kunden[247] bzw. den hohen Umstellungskosten[248] hinsichtlich der nicht maschinell erbringbaren Zusatzleistungen und der komplexen Anwendungen wider. Auch bzgl. der Qualität bestehen Differenzierungspotenziale. Vom Trustcenter nicht korrekt verifizierte Beglaubigungsaussagen, nicht verfügbare Verzeichnisdienste und fehlerhafte TSI-Anwendungen können in kurzer Zeit erhebliche Schäden verursachen. Daher ist der Aufbau eines exklusiven Rufs hinsichtlich der Güte der Leistungen durchaus denkbar. Dies kann bspw. über ein gutes Unternehmensimage oder über externe Qualitätsakkreditierungen[249] geschehen.

Befinden sich TC-Leistungen in einem frühen Stadium des Lebenszyklus?

Die TC-Branche steht derzeit am Anfang ihres Lebenszyklus. Dies gilt insbesondere für den Bereich der Zusatzleistungen und den der komplexen TSI-Anwendungen[250].

Besteht nur eine geringe Gefahr, dass mehrere Unternehmen die gleiche Differenzierungsstrategie verfolgen?

Es besteht nur ein geringes Produktdifferenzierungspotenzial bei den Basisleistungen und maschinell erbringbaren Zusatzleistungen mit geringem Wartungsaufwand[244]. Dieses beschränkt sich in erster Linie auf die Qualität der Leistungen.

---

245 Vgl. Kap. 6.

246 Vgl. Abschn. 2.2.

247 Vgl. Abschn. 7.3.4.4.

248 Vgl. Abschn. 7.3.4.1.4.

249 Vgl. Abschn. 4.4.

250 Vgl. Abschn. 2.1, Abschn. 7.3.4.2.2 sowie Abb. 6.2 in Abschn. 6.3.2.1.

Daher besteht die Gefahr, dass in diesem Segment mehrere Trustcenter die gleiche Differenzierungsstrategie verfolgen.

Das bei den nicht maschinell erbringbaren Zusatzleitungen und den komplexen Anwendungen bestehende große Produktdifferenzierungspotenzial wird im Jahr 2001 nur in geringem Maß erschlossen[244]. Für das Jahr 2006 wird zwar eine höhere Ausschöpfung erwartet, aber auch dann werden noch erhebliche Spielräume bleiben. Im Hinblick auf diese Leistungen besteht nur eine geringe Gefahr der Verfolgung gleicher Differenzierungsstrategien.

7.4.2.2.2 Zusammenfassende Beurteilung und mögliche konkrete Differenzierungsstrategien

Im Hinblick auf die externen Voraussetzungen ist die Verfolgung der Differenzierungsstrategie grundsätzlich geeignet. Zu empfehlen ist hier das Anbieten von komplexen Anwendungen in Verbindung mit individuell auf diese zugeschnittenen TSI-Bündeln. Diese sollten insbesondere auch maschinell erbringbare Zusatzleistungen mit hohem Wartungsaufwand und nicht maschinell erbringbare Zusatzleistungen umfassen. Als weitere sinnvolle Differenzierungsalternative kann die Beschränkung des Sortiments auf nicht maschinell erbringbare Zusatzleistungen (z.B. Beratung) genannt werden. Es ist auch möglich, dass sich das Trustcenter auf sehr hochwertige TSI-Bündel spezialisiert. Diese könnten bspw. Basis- und Zusatzleistungen enthalten, die wegen einer in regelmäßigen Abständen durchgeführten externen Akkreditierung hinsichtlich ihrer Sicherheit über einen exklusiven Ruf verfügen. Wie oben angemerkt, besteht jedoch die Gefahr, dass diese Differenzierungsvariante evtl. von mehreren Trustcentern gewählt wird.

7.4.2.3 Fazit

Zusammenfassend werden in Tab. 7.4 geeignete Wettbewerbsstrategien für das SGF „TC-Leistungen" aufgeführt.

Kostenführerschaft als Quelle für Wettbewerbsvorteile	**Differenzierung als Quelle für Wettbewerbsvorteile**
• Konzentration auf Standard-TSI-Bündel evtl in Verbindung mit Basisanwendungen • Konzentration auf einzelne maschinell erbringbare Zusatzleistungen	• Konzentration auf komplexe Anwendungen mit individuell auf diese zugeschnittenen TSI-Bündeln • Konzentration auf TSI-Bündel mit überdurchschnittlich hoher Qualität (insbesondere Sicherheit) • Konzentration auf nicht maschinell erbringbare Zusatzleistungen

Tab. 7.4: Geeignete Wettbewerbsstrategien für das SGF „TC-Leistungen"

7.4.3 Marktfeldstrategien zur systematischen Markterschließung

Da diese Arbeit auf die Erstellung komplexer TSI-Anwendungen abzielt, wird im Folgenden die Wettbewerbsstrategie „Konzentration auf komplexe Anwendungen mit individuell auf diese zugeschnittenen TSI-Bündeln" herausgegriffen, bei der die Differenzierung als Quelle für Wettbewerbsvorteile im SGF „TC-Leistungen" dient. Auf diese Wettbewerbsstrategie abgestimmt, sollen im Folgenden Marktfeldstrategien zur systematischen Markterschließung vorgeschlagen werden.

7.4.3.1 Grundlagen zu Marktfeldstrategien

Marktfeldstrategien können als Basisstrategien des strategischen Marketing aufgefasst werden [vgl. Becker 1993, S. 122; Nieschlag/Dichtl/Hörschgen 1988, S. 835ff.]. Sie beruhen auf der in Abb. 7.23 dargestellten Produkt-Markt-Matrix von Ansoff [1966, S. 132], die ursprünglich für Wachstumsstrategien auf der Ebene des Gesamtunternehmens erstellt worden ist [vgl. Becker 1993, S. 123ff.; Weis 1997, S. 68f.].

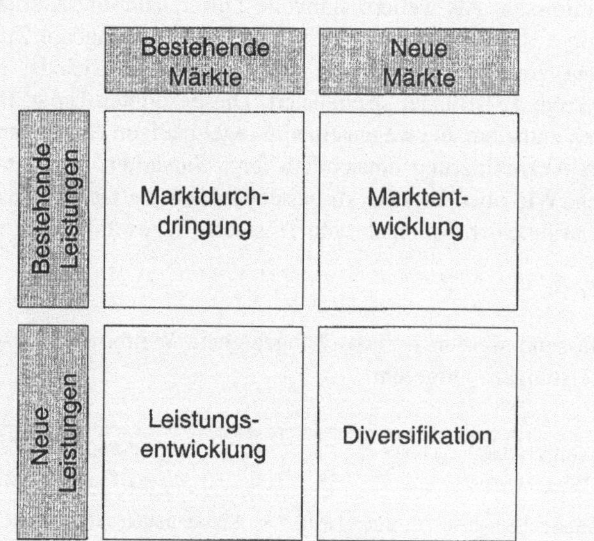

Abb. 7.23: Produkt-Markt-Matrix [vgl. Ansoff 1966, S. 132] (eigene Darstellung)

Es sind vier grundsätzliche Marktfeldstrategien zu unterscheiden:

1) Bei der Marktdurchdringungsstrategie soll Wachstum mit bestehenden Leistungen in bestehenden Marktsegmenten erzielt werden.
2) Bei der Marktentwicklungsstrategie soll Wachstum mit bestehenden Leistungen in neuen Marktsegmenten erzielt werden.
3) Bei der Leistungsentwicklungsstrategie soll Wachstum mit neuen Leistungen in bestehenden Marktsegmenten erzielt werden.

4) Bei der Diversifikationsstrategie soll Wachstum mit neuen Leistungen in neuen Marktsegmenten erzielt werden.

Es können durchaus auch mehrere Marktfeldstrategien parallel verfolgt werden [vgl. Becker 1993, S. 123].

Tab. 7.5 gibt Hinweise auf die Erfolgswahrscheinlichkeit und den zu erwartenden relativen Realisierungsaufwand der verschiedenen Marktfeldstrategien.

	Erfolgswahrscheinlichkeit	**Relativer Realisierungsaufwand**
Marktdurchdringungsstrategie	50%	100%
Marktentwicklungsstrategie	20%	400%
Leistungsentwicklungsstrategie	33%	800%
Diversifikationsstrategie	5%	1200% - 1600%

Tab. 7.5: Erfolgswahrscheinlichkeit und relativer Realisierungsaufwand unterschiedlicher Marktfeldstrategien [vgl. Weis 1997, S. 70 unter Bezugnahme auf H.H. Hinterhuber und N. Thom]

7.4.3.2 *Notwendigkeit der Marktsegmentierung*

Die Verwendung der Produkt-Markt-Matrix zur Definition von Marktfeldstrategien macht eine Marktsegmentierung erforderlich, die ebenfalls als Basisstrategie des Marketing aufgefasst werden kann [vgl. Auer/Horrion/Kalweit 1989, S. 98f.]. Der relevante Markt eines SGF ist die Summe aller aktuellen und potenziellen Nachfrager für das Angebotsprogramm des SGF [vgl. Kleinaltenkamp 2000, S. 72]. Entsprechend umfasst der relevante Markt für das SGF „TC-Leistungen" weltweit alle Personen und Organisationen, die sich grundsätzlich einen Zugang zu Informations- und Kommunikationstechnologien verschaffen können. Als Marktsegmentierung wird die Aufteilung des Gesamtmarktes in einzelne abgrenzbare, möglichst homogene Teilmärkte verstanden [vgl. Weis 1997, S. 63]. Eine der entscheidenden Fragen in jungen Branchen – also insbesondere in der TC-Branche – ist, welche Teilmärkte sich für die neuen Leistungen früh öffnen werden und welche spät [vgl. Porter 1999, S. 291]. Die sich früh öffnenden Teilmärkte sollen dann gezielt zuerst bearbeitet werden.

Auch bei der für das Marketing durchzuführenden Marktsegmentierung tritt das bei der Definition des SGF „TC-Leistungen" identifizierte Problem der Interdependenzen auf, da sich eine einzelne Kundengruppe nicht isoliert mit allen für sie in Frage kommenden Anwendungen bearbeiten lässt. Die sich ergebenden Überschneidungen sind jedoch nicht unbedingt von Nachteil, sondern können sich als

Katalysator zur Erschließung weiterer Kunden- bzw. Marktsegmente im Rahmen bestimmter Marktfeldstrategien erweisen[251].

Die Unterteilung des Marktes ist auf Grundlage des in Abschn. 6.3.1.1 vorgestellten Schemas möglich. Wie dort beschrieben, führt eine Segmentierung der Akteure direkt zu einer Segmentierung der Anwendungen, wobei unterschiedliche Detailstufen verwendet werden können. Die sich ergebenden Anwendungssegmente bzw. die ihnen zugeordneten Kundengruppen-Kombinationen werden hier als Marktsegmente aufgefasst.

7.4.3.3 Systematisierung von TC-Leistungsinnovationen und -variationen

Da es sich bei der gewählten Wettbewerbsstrategie um eine Differenzierungsstrategie handelt, spielen im Zusammenhang mit Marktfeldstrategien die Leistungsinnovationen eine entscheidende Rolle. Unter dem Begriff „Innovation" versteht man „das Entwickeln von Neuem inklusive dessen Markteinführung" [Bullinger 1994, S. 35].

Von der Leistungsinnovation ist die Leistungsvariation zu unterscheiden, bei der es sich nicht um echte Neuerungen handelt, sondern lediglich um die leichte Veränderung von bereits bestehenden Angeboten [vgl. Weis 1997, S. 190; Becker 1993, S. 130]. Eine eindeutige Abgrenzung zwischen Leistungsinnovation und -variation ist jedoch oft problematisch [vgl. Meffert/Bruhn 1995, S. 255; Böcker 1991, S. 196].

Das Trustcenter ist in der Lage, bestimmte Basis- und Zusatzleistungen zu erzeugen. Auf dieser Basis bietet es TSI-Bündel zum Aufbau oder zur Modifikation bestimmter TSI an. Letztere wiederum bilden die Grundlage für TSI-Anwendungen. Entsprechend dieser Struktur[252] wird in der vorliegenden Arbeit eine Unterteilung der TC-Leistungsinnovationen bzw. -variationen in drei Ebenen vorgenommen (vgl. Abb. 7.24):

1) Ebene der Basisleistung- und Zusatzleistung-Innovation bzw. -Variation
   - *Basis- und Zusatzleistung-Innovation*: Erstellung einer neuen Basis- oder Zusatzleistung, die deutlich heterogen zu den bestehenden Leistungen ist, z.B. erstmaliges Anbieten von Haftungsübernahmen;
   - *Basis- und Zusatzleistung-Variation*: Modifikation einer bestehenden Basis- oder Zusatzleistung, z.B. Verwendung eines neuen Signaturalgorithmus, der eine ähnliche Sicherheit bietet wie der bisherige.

---

[251] Vgl. Abschn. 7.4.3.4.

[252] Vgl. Abschn. 3.2.

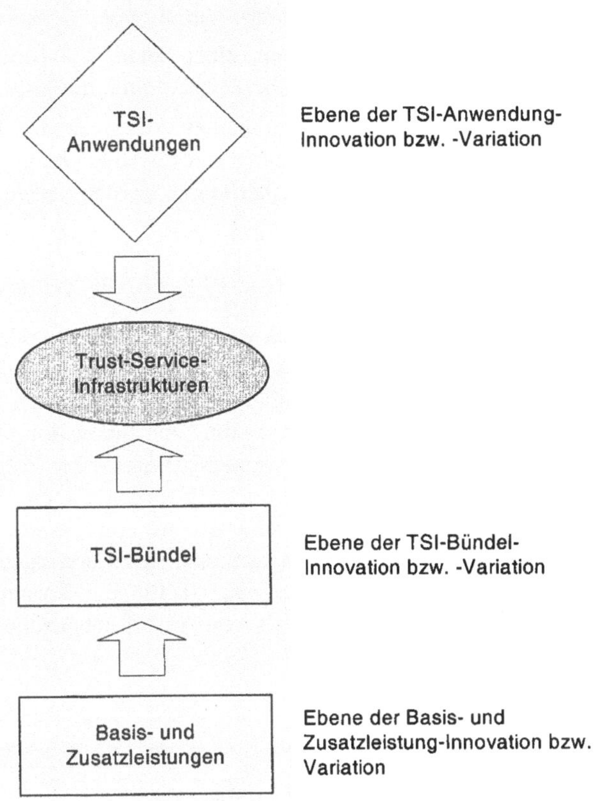

Abb. 7.24: Ebenen der TC-Leistungsinnovationen und -variationen

2) Ebene der TSI-Bündel-Innovation bzw. -Variation

- *TSI-Bündel-Innovation*: Erstellung eines neuen TSI-Bündels für eine TSI mit einem neuen Einsatzzweck[253] durch Packaging[254] bzw. Re-Packaging von Basis und Zusatzleistungen ggf. in Verbindung mit Basis- und Zusatzleistung-Innovationen oder -Variationen;
- *TSI-Bündel-Variation*: Modifikation eines bestehenden TSI-Bündels ohne Veränderung des Einsatzzwecks der bedienten TSI durch Packaging bzw. Re-Packaging von Basis und Zusatzleistungen ggf. in Verbindung mit Basis- und Zusatzleistung-Innovationen oder -Variationen.

253 Vgl. Unterpunkt „Einsatzzweck" in Abschn. 4.1.

254 Unter Packaging wird die Leistungsbündelung im Sinne einer problemlösenden Systemleistung verstanden [vgl. Priewasser 1992, S. 381].

3) Ebene der TSI-Anwendung-Innovation bzw. -Variation
   - *TSI-Anwendung-Innovation*: Erstellung einer neuen TSI-Anwendung zur Befriedigung eines bisher noch nicht berücksichtigten Initial-Bedürfnisses;
   - *TSI-Anwendung-Variation*: Modifikationen einer bestehenden TSI-Anwendung, z.B. zur zusätzlichen Vermeidung eines Medienbruchs. Das Initial-Bedürfnis, das mit der Anwendung befriedigt werden soll, bleibt jedoch das gleiche.

7.4.3.4 Vorschlag für kurz-, mittel- und langfristige Marktfeldstrategien

Auf Grundlage der bisherigen Ausführungen werden im Folgenden kurz-, mittel- und langfristige Marktfeldstrategien vorgeschlagen. Im Hinblick auf die ausgewählte Wettbewerbsstrategie sind sowohl Leistungsinnovationen bzgl. TSI-Anwendungen als auch bzgl. TSI-Bündel relevant. Eine Innovation in einem Bereich hat nicht zwingend eine Innovation im anderen Bereich zur Folge. Aus diesem Grund sollte diesbezüglich eine Differenzierung vorgenommen werden. Dennoch stehen TSI-Bündel und TSI-Anwendungen in einer engen Beziehung zueinander, da sie nur gemeinsam einen Kundennutzen zu erbringen vermögen. Um diesem Sachverhalt Rechnung zu tragen, ist für die Formulierung der Marktfeldstrategien die Produkt-Markt-Matrix von Ansoff entsprechend erweitert worden (vgl. Abb. 7.25).

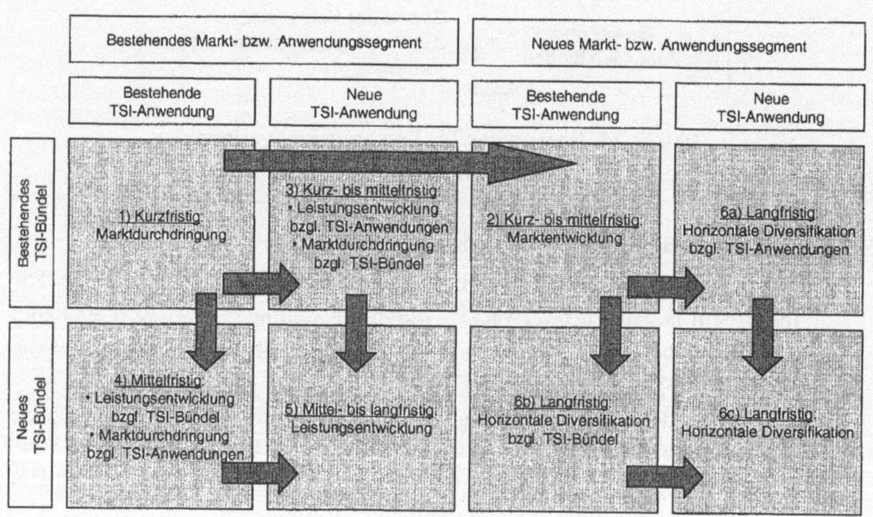

Abb. 7.25: Auf die Wettbewerbsstrategie „Konzentration auf komplexe Anwendungen mit individuell auf diese zugeschnittenen TSI-Bündeln" abgestimmte Marktfeldstrategien

1) Kurzfristig: Marktdurchdringung bzgl. TSI-Anwendungen und TSI-Bündel

Bei der Marktdurchdringung soll Wachstum mit schon zuvor angebotenen TC-Leistungen in bereits bedienten Markt- bzw. Anwendungssegmenten erzielt werden. Dieses Wachstum kann durch eine Steigerung der Produktverwendung bei den bestehenden Kunden oder durch die Gewinnung neuer Kunden innerhalb des Marktsegments erreicht werden [vgl. Staehle 1991, S. 612]. Als Beispiele für mögliche Maßnahmen lassen sich nennen:

- Leistungsvariation auf der Ebene der TSI-Bündel oder TSI-Anwendungen zur gezielten Beseitigung von z.B. technischen oder soziokulturellen Problemen bei bestehenden oder potenziellen Kunden;
- Preissenkungen, z.B. durch Ausschöpfen der Kostensenkungspotenziale[255];
- Reduzierung der Umstellungskosten bei den Kunden[256] durch geeignete Leistungsvariationen;
- Verkaufsförderung durch Eingehen von Kooperationen zur Erschließung neuer Absatzkanäle[257] bzw. zum Verfolgen von „Cross-Selling"-Strategien.

Da an TSI-Anwendungen stets mehrere Akteure beteiligt sind, resultiert aus der Gewinnung von neuen Kunden i.d.R. unmittelbar die Steigerung der Produktverwendung bei bestehenden Kunden.

2) Kurz- bis mittelfristig: Marktentwicklung bzgl. TSI-Anwendungen und TSI-Bündel

Bei der Marktentwicklung soll Wachstum mit bestehenden TC-Leistungen in neuen Markt- bzw. Anwendungssegmenten erzielt werden. Das neue Marktsegment sollte sich dadurch auszeichnen, dass die dort vorhandenen Bedürfnisse mit bestehenden bzw. aus Leistungsvariationen hervorgehenden TC-Leistungen befriedigt werden können. Bspw. könnte eine für Akteure aus dem Raum Nürnberg erstellte TSI-Anwendung „Elektronischer Bauantrag" nach einigen Leistungsvariationen auch für Akteure aus dem Raum Regensburg angeboten werden[258].

3) Kurz- bis mittelfristig: Leistungsentwicklung bzgl. TSI-Anwendung-Innovationen mit resultierender Marktdurchdringung bzgl. TSI-Bündel

Bei der in diesem Schritt verwendeten Variante der Leistungsentwicklung sollen neue TSI-Anwendungen für bereits bediente, dem Trustcenter vertraute Markt-

255 Vgl. Unterpunkt „Bestehen bei TC-Leistungen Kostensenkungspotenziale?" in Abschn. 7.4.2.1.1.

256 Vgl. Abschn. 7.3.4.1.4.

257 Derartige Möglichkeiten zum Eingehen von Kooperationen sind nur beschränkt vorhanden. Der Zugang zu Vertriebskanälen kann durchaus zu einem Engpass werden (vgl. Abschn. 7.3.4.1.5).

258 Für dieses Beispiel wird angenommen, dass bei der Segmentierung der Akteure auch räumliche Aspekte berücksichtigt worden sind. Andernfalls würden die Akteure des Raums Regensburg kein neues Marktsegment bilden.

segmente auf Grundlage bestehender TSI-Bündel erstellt werden. Wachstum ergibt sich nicht nur durch die Lizenzgebühren für die neuen Anwendungen, sondern auch durch die mit ihrem Einsatz verbundene verstärkte Nutzung der TSI-Bündel.

Durch die Erweiterung des Angebots an TSI-Anwendungen für bestehende Zielgruppen wächst das „Cross-Selling"-Potenzial für das Trustcenter. Einem neuen Kunden können gleich mehrere Anwendungen im Paket angeboten werden, wodurch dem ihm entstehenden Aufwand für die Teilnahme an einer TSI ein höherer Nutzen gegenübersteht. In diesem Zusammenhang ist auch zu erwähnen, dass für das Trustcenter durch die Bereitstellung von Anwendungspaketen die Möglichkeit zur Mischkalkulation entsteht. Attraktiv sind die in diesem Schritt erstellten Anwendungen auch für bereits vorhandene Kunden, da für ihren Einsatz nicht die Notwendigkeit der Teilnahme an einer neuen TSI gegeben ist.

Es ist günstig, wenn sich die Akteure der Kerngruppe[259] der neu zu erstellenden Anwendung bereits in den Kerngruppen der bestehenden Anwendungen befinden. Für die geschlossene Gruppe könnten dann relativ einfach Teilnehmer angeworben werden, wodurch ein kürzeres „Time-to-market" und ein schnelleres Erreichen der kritischen Masse[260] wahrscheinlich wäre.

4) Mittelfristig: Leistungsentwicklung bzgl. TSI-Bündel mit resultierender Marktdurchdringung bzgl. TSI-Anwendungen

Bei der in diesem Schritt verwendeten Variante der Leistungsentwicklung sollen neue TSI-Bündel für bereits bestehende, dem Trustcenter vertraute Marktsegmente erstellt werden, um eine Marktdurchdringung bzgl. der bereitgestellten TSI-Anwendungen bzw. deren Variationen zu erzielen. Hierfür ist in besonderem Maß auf die Wünsche von Akteuren einzugehen, welche die bereits angebotenen TSI-Anwendungen nicht benutzen, weil die diesen zugrundeliegenden TSI nicht ihre Anforderungen erfüllen. Es ist bspw. denkbar, dass bestimmte Akteure die Berücksichtigung eines bisher nicht abgedeckten Schutzzieles fordern.

5) Mittel- bis langfristig: Leistungsentwicklung bzgl. TSI-Bündel und TSI-Anwendungen

Bei der in diesem Schritt verwendeten Variante der Leistungsentwicklung sollen sowohl neue TSI-Bündel als auch neue TSI-Anwendungen für bereits bediente, dem Trustcenter vertraute Marktsegmente erstellt werden. Hier wird auf die Ausschöpfung der bei den Anwendungen vorhandenen Produktdifferenzierungs-Potenziale[261] abgezielt, die in den bedienten Marktsegmenten nur mit neuen TSI-Bündeln erschlossen werden können.

---

259 Vgl. Abschn. 6.4.3.1.

260 Vgl. Abschn. 6.3.3.

261 Vgl. Abschn. 7.3.4.1.2.

Für die Verwendung der neu erstellten Anwendungen müssen die Kunden stets auch an einer neuen TSI teilnehmen bzw. das neue TSI-Bündel beziehen. Der Aufwand für die Akteure ist daher verhältnismäßig groß.

Wie in Schritt 3) erfolgt hier eine Erweiterung des Angebots an TSI-Anwendungen für bestehende Zielgruppen. Hierdurch nehmen die Möglichkeiten zur Mischkalkulation bzw. das „Cross-Selling"-Potenzial zu. Weiterhin ist es auch an dieser Stelle günstig, wenn sich die Akteure der Kerngruppe der neu zu erstellenden Anwendung bereits in den Kerngruppen der bestehenden Anwendungen befinden. Für die geschlossene Gruppe könnten dann relativ einfach Teilnehmer angeworben werden, wodurch ein kürzeres „Time-to-market" und ein schnelleres Erreichen der kritischen Masse wahrscheinlich wäre.

6) Langfristig: horizontale Diversifikation bzgl. TSI-Bündel und/oder TSI-Anwendungen

Bei der horizontalen Diversifikation soll Wachstum mit TSI-Bündel- und/oder TSI-Anwendung-Innovationen in neuen Markt- bzw. Anwendungssegmenten erzielt werden. Hier wird auf die Ausschöpfung der bei den Anwendungen vorhandenen Produktdifferenzierungs-Potenziale[261] abgezielt, die in den bereits bedienten Marktsegmenten nicht erschlossen werden können.

Es ist vorteilhaft, wenn sich die neuen und alten Marktsegmente hinsichtlich der einbezogenen Kunden bzw. Akteure überschneiden. Auch hier ist die Überdeckung insbesondere in Bezug auf die Kerngruppen der Anwendungen wünschenswert, damit relativ einfach Teilnehmer für die geschlossene Gruppe angeworben werden können und somit ein kürzeres „Time-to-market" erzielt bzw. die kritische Masse der Anwendung schneller erreicht werden kann.

Im Idealfall ist es möglich, durch TSI-Bündel- und TSI-Anwendung-Variationen bestehende Leistungen auch in neuen Anwendungssegmenten zu verwenden. Ist dieser Fall gegeben, so kann die Diversifikation über den Zwischenschritt der Marktentwicklung (Schritt 2) erzielt werden.

7.4.4 Markteintritt-Strategien

In dem im vorherigen Abschnitt entwickelten Vorschlag für kurz-, mittel- und langfristige Marktfeldstrategien kommt den Leistungsinnovationen und -variationen eine entscheidende Bedeutung zu. Je nachdem, zu welchem Zeitpunkt das Trustcenter diese erstellt bzw. sie auf den Markt bringt, handelt es sich dabei lediglich um Neuheiten im Leistungsprogramm des Trustcenters oder auch um Neuheiten in Bezug auf die von anderen Trustcentern am Markt angebotenen Leistungen. Entsprechend wird entweder von unternehmensneuen oder von marktneuen Leistungen gesprochen [vgl. Böcker 1991, S. 196].

Bzgl. des Markteintrittszeitpunkts stehen einem Trustcenter in Anlehnung an Ansoff und Stewart [1967, S. 82ff.] vier verschiedene Strategieoptionen zur Verfügung:

- *First-to-market-Strategie*: Ein Trustcenter tritt als erstes Unternehmen mit einer neuen Leistung auf den Markt. Hierdurch hält es zumindest für kurze Zeit die Monopolstellung und hat die Chance, Pioniergewinne zu erwirtschaften. Die Nachteile dieser Strategieoption liegen in den hohen Investitionskosten für Forschung und Entwicklung sowie in dem hohen Risiko der Nicht-Akzeptanz durch die Nutzer.
- *Follow-the-leader-Strategie*: Bei dieser Strategie bietet ein Trustcenter seine Innovation erst als „Zweiter" am Markt an. Auf diese Weise profitiert das Trustcenter aus den Fehlern des Innovators, indem es diese zu vermeiden versucht. Des Weiteren muss es sich weniger um die Bekanntmachung der Innovation bei den Abnehmern kümmern. Als Nachteil sind die entgangenen Pioniergewinne zu nennen.
- *Application-engineering-Strategie*: Ein Trustcenter verändert bei dieser Strategie bereits am Markt verfügbare Leistungen entsprechend segmentspezifischer Anforderungen. Dieser Ansatz zielt darauf ab, bestimmte Kundenbedürfnisse besser zu befriedigen als die Konkurrenz. Ein Trustcenter etabliert sich somit als Spezialist in einem Marktsegment.
- *Me-too-Strategie*: In diesem Fall verfolgt ein Trustcenter die Strategie der Imitation. Durch das „Kopieren" bewährter TC-Leistungen konkurrierender Unternehmen können die Entwicklungskosten auf ein Minimum reduziert werden. Wettbewerbsvorteile kann ein Trustcenter bei dieser Strategie in erster Linie über die Kostenführerschaft erzielen. Da es sich bei der betrachteten Wettbewerbsstrategie „Konzentration auf komplexe Anwendungen mit individuell auf diese zugeschnittenen TSI-Bündeln" um eine Differenzierungsstrategie handelt, ist die „Mee-too"-Strategie hier nur bedingt geeignet.

Kann bei einem Anwendungssegment kein Trustcenter aufgrund seiner Eigenschaften gegenüber den anderen relative Wettbewerbsvorteile erzielen und ist das Anwendungssegment sehr attraktiv, so kann es sehr wichtig sein, in diesem Segment die „First-to-market"-Positionen zu besetzen. Dies gilt insbesondere bei vielen Anwendungen des „Electronic Government". Ein Trustcenter, dem es gelingt, eine TSI-Anwendung zu erstellen, die konform zu den Vorgaben auf einer rechtlichen Ebene ist, wird das Feld der niedrigeren rechtlichen Ebenen anschließend „von hinten aufräumen" (vgl. Abb. 7.26). Das Zurückgewinnen verlorener Positionen ist wegen der extrem hohen Umstellungskosten im Bereich der TSI-Anwendungen[262] schwierig und kann nur bei Vorhandensein hoher relativer Wettbewerbsvorteile gelingen.

262 Vgl. Abschn. 7.3.4.1.4.

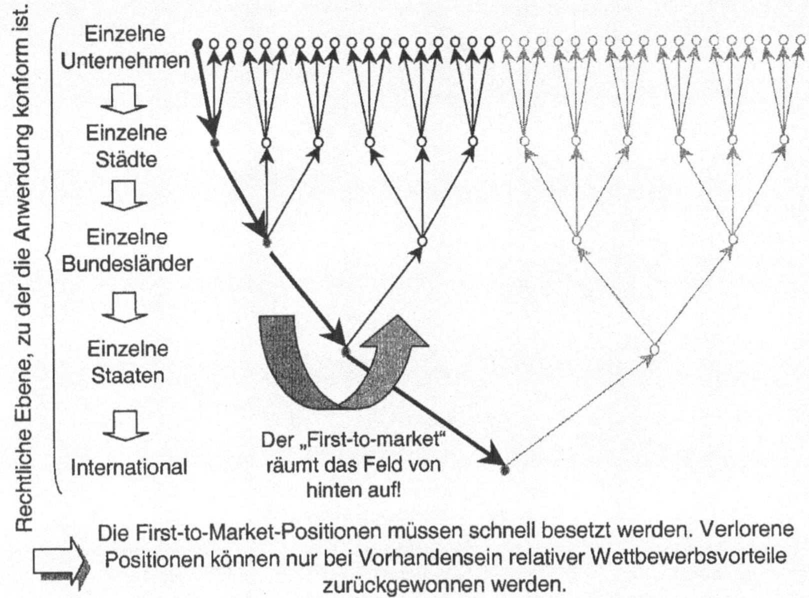

Abb. 7.26: Anbieten von Lösungen im Bereich „Electronic Government": Der „First-to-market" wird das Feld „von hinten aufräumen"

Die in Abschn. 6.3.2.3 in Abb. 6.3 verwendete Attraktivitäts-Stärke-Matrix zur Beurteilung, ob ein Engagement in einem bestimmten Anwendungssegment stattfinden sollte, berücksichtigt nicht die Dringlichkeit der Investition. Vor dem Hintergrund der Bedeutung der Besetzung von „First-to-market"-Positionen wird daher die in Abb. 7.27 dargestellte Entscheidungshilfe vorgeschlagen. Nachdem festgelegt wurde, in welche Anwendungssegmente grundsätzlich investiert werden soll, kann diese Matrix zur Bestimmung der Reihenfolge der Investitionen verwendet werden.

7.4.5 Strategien zum Verhalten gegenüber Mitbewerbern

Das Trustcenter muss sich entscheiden, ob es gegenüber Mitbewerbern eine eher offensiv-aggressive oder kooperativ-defensive Strategie verfolgen möchte.

Wie die Branchenstrukturanalyse zeigt, ist die Rivalität in der TC-Branche für die nächsten Jahre als gering bis mittelhoch zu beurteilen[263]. Es ist also zu erwarten, dass die meisten Trustcenter eine kooperativ-defensive Strategie wählen. Dies ist bei Betrachtung der derzeitigen Rahmenbedingungen[264] des TC-Umfelds auch

263 Vgl. Abschn. 7.3.4.2.7.

264 Vgl. Kap. 2.

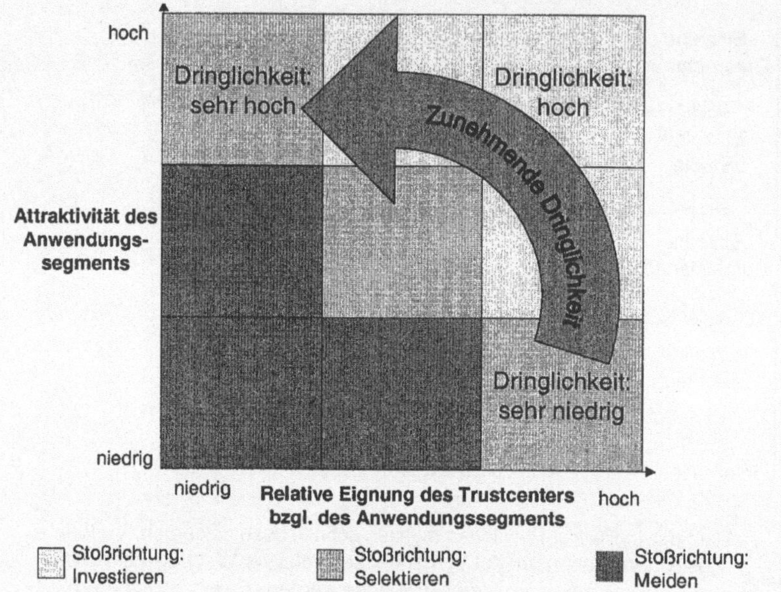

Abb. 7.27: Matrix zur Beurteilung der Dringlichkeit des Engagements in einem Anwendungssegment (sofern es durchgeführt werden soll)

dringend geboten. Zu nennen sind insbesondere die soziokulturellen Hindernisse und die Interoperabilitätsprobleme, die eine erhebliche Gefahr für das Branchenwachstum darstellen[265]. Bei Fortbestehen dieses ungünstigen Umfelds wird kein Trustcenter gewinnbringend arbeiten können. Die Verringerung der Probleme muss also ein wesentliches Ziel sein. Das Verfolgen einer aggressiven Strategie würde die Schwierigkeiten tendenziell verstärken. Versucht bspw. ein Trustcenter eine Produktstandardisierung zu verhindern, weil es seine Singularität beibehalten möchte oder seine eigene Variante zum Branchenstandard durchsetzen möchte, so wird dadurch die ohnehin schon starke Unsicherheit bei den Kunden verstärkt, so dass es noch schwieriger sein wird, Erstkäufer zu finden. Erfolgsversprechender sind daher defensiv-kooperative Strategien. Es ist eine starke Lobby zu bilden, um gegenüber Kunden, Staat und Geldgebern geschlossen auftreten zu können. Auf dieser Grundlage muss versucht werden, die derzeit bestehenden Umweltprobleme effektiv abzubauen.

Zur Beseitigung von technischen Unsicherheiten sollten weitgehend gemeinsame Standards festgelegt werden. Dem Staat ist die Dringlichkeit zum Abbau rechtlicher Hürden und die Notwendigkeit zur Aufklärung der Bürger hinsichtlich der neuen Technologien darzulegen. Ökonomische Probleme können durch die Zusammenlegung von finanziellen Ressourcen, z.B. für gemeinsame Marketingprogramme oder gemeinsame Forschung und Entwicklung, gemindert werden.

265 Vgl. Kap. 5, insbesondere Abschn. 5.1.

Verringern sich im Zeitverlauf die aus der Umwelt resultierenden Probleme, so muss das Trustcenter jedoch zunehmend auch offensiv-aggressive Strategieoptionen erwägen:

> *„Unternehmen, die sich als Branchensprecher hervorgetan und damit dem eigenen Interesse wie dem der Branche gedient haben, übersehen manchmal, dass sie sich umorientieren müssen. Im Zuge des Reifungsprozesses der Branche kann es daher passieren, dass sie zurückbleiben." [Porter 1999, S. 297]*

7.5 Bestimmung von Erfolgsfaktoren für Anbieter komplexer TSI-Anwendungen

Im Folgenden wird zunächst das Konzept der Erfolgsfaktoren erläutert und der Zusammenhang zwischen Einflussfaktoren, Erfolgsfaktoren und Erfolg anhand eines Modells dargestellt. Anschließend werden konkrete Erfolgsfaktoren für Trustcenter genannt, welche die Wettbewerbsstrategie „Konzentration auf komplexe Anwendungen mit individuell auf diese zugeschnittenen TSI-Bündeln" verfolgen.

7.5.1 Modell der Einfluss- und Erfolgsfaktoren

Die Zusammenhänge zwischen erfolgsrelevanten Einflussfaktoren und dem tatsächlichen Erfolg werden mit zunehmender Größe bzw. Komplexität des Unternehmens und der Umwelt immer schwerer zu durchschauen. An dieser Stelle setzt die Erfolgsfaktorenforschung an:

> *„Hinter dieser betriebswirtschaftlichen Forschungsrichtung steht die Annahme, dass trotz der Mehrdimensionalität und Multikausalität des Unternehmenserfolgs das Ausmaß der Erfüllung einiger weniger umfeldspezifischer Faktoren über den Erfolg bzw. Misserfolg des Unternehmens entscheiden." [Göttgens 1996; S. 29]*

Es wird das Ziel verfolgt, eine Kausalität im Sinne von Ursache-Wirkungsbeziehungen zu ermitteln. Hypothesen werden aus betriebswirtschaftlichen Theorien, Plausibilitätsüberlegungen und Erfahrung von Entscheidungsträgern abgeleitet [vgl. Lange 1982, S. 31]. Eine Überprüfung kann durch empirische Erhebungen erfolgen, wobei jedoch insbesondere die Messung des Unternehmenserfolgs[266] ein erhebliches Problem darstellt [vgl. Werner 2000, S. 54ff.].

---

266 Zur Erfolgsbestimmung können bspw. die Entwicklungen quantitativ messbarer Größen (z.B. Unternehmenskennzahlen) oder subjektive Beurteilungen (z.B. von den an der Unternehmensentwicklung maßgeblich beteiligten Personen) herangezogen werden.

Die Diskussion der Erfolgsfaktoren nimmt in der Theorie und Praxis der Unternehmungsführung einen breiten Raum ein. Auslöser war die von Peters und Waterman [1982] veröffentlichte Arbeit „In Search of Excellence", in der generalisierbare Erkenntnisse aus den bestgeführten US-Unternehmen abgeleitet werden. Erfolgsfaktoren beinhalten stets eine strategische Dimension, d.h. sie sind langfristig wirksam und begründen einen kompetitiven Vor- oder Nachteil gegenüber den Wettbewerbern [vgl. Hildebrandt 1986, S. 39]. Aus diesem Grund spielen Erfolgsfaktoren eine wesentliche Rolle in der strategischen Planung [vgl. Leidecker/Bruno 1984, S. 23ff.].

Es kann zwischen internen, vom Unternehmen beeinflussbaren und externen, vom Unternehmen nicht beeinflussbaren Erfolgsfaktoren unterschieden werden[267]. Die internen, für die Wettbewerbsposition eines Unternehmens ausschlaggebenden Erfolgsfaktoren werden in der Literatur auch als „kritische Erfolgsfaktoren" bezeichnet [vgl. Hinterhuber 1984, S. 49].

Die Identifikation der Erfolgsfaktoren stellt kein triviales Unterfangen dar. Eine universell gültige Liste existiert nicht; es gibt lediglich generelle, unverbindliche Vorschläge [Bea/Haas 1995, S. 149]. Die tatsächlich zu verwendenden Erfolgsfaktoren sind abhängig von dem jeweiligen Umfeld [vgl. Bircher 1976, S. 141; Bamberger 1981, S. 98]. Daher können generelle Vorschläge nicht unverändert für Trustcenter verwendet werden, d.h. die Erfolgsfaktoren sind auf Grundlage der in der Umweltanalyse ermittelten Begebenheiten individuell zu formulieren.

Erfolgsfaktoren können prinzipiell auf unterschiedlichen Bezugs- und Analyseebenen bestimmt werden. Denkbar sind bspw. [vgl. Seibert 1987, S. 10]:

- branchenübergreifende generelle Erfolgsfaktoren;
- branchenspezifische generelle Erfolgsfaktoren;
- geschäftsfeldspezifische Erfolgsfaktoren;
- Erfolgsfaktoren spezifischer strategischer Gruppen[268];
- unternehmensspezifische Erfolgsfaktoren.

Der Grad der Konkretisierung der Erfolgsfaktoren hängt entscheidend von der gewählten Bezugsebene ab. Bei einer übergreifenden generellen Betrachtungsweise kann bspw. das Vorhandensein einer strategischen Planung selbst als Erfolgsfaktor angesehen werden [vgl. Seibert 1987, S. 10].

Im Folgenden sollen Erfolgsfaktoren für Trustcenter definiert werden, die eine Differenzierungsstrategie verfolgen und komplexe Anwendungen mit speziell auf diese zugeschnittenen TSI-Bündeln erstellen wollen. Hinsichtlich der o.g. Bezugsebenen handelt es sich also um Erfolgsfaktoren spezifischer strategischer Grup-

---

[267] Das Ziehen einer solchen Grenze ist nicht immer einfach, da u.U. ein Unternehmen bei langfristiger Sicht in gewissen Grenzen auch auf seine externen Bedingungen Einfluss nehmen kann.

[268] Eine strategische Gruppe umfasst die Unternehmen, die dieselbe oder eine ähnliche Strategie verfolgen [vgl. Porter 1999, S. 183f.].

pen. Vor dem Hintergrund der Ausführungen dieses Abschnitts kann das in Abb. 7.1 gezeigte Modell der erfolgsrelevanten Einflussfaktoren in das in Abb. 7.28 dargestellte Modell der Einfluss- und Erfolgsfaktoren hinsichtlich spezifischer strategischer Gruppen überführt werden. Aus den Eigenschaften der Umwelt lassen sich für eine spezifische strategische Gruppe externe und interne Erfolgsfaktoren ableiten. Der Erfüllungsgrad der externen Erfolgsfaktoren hängt von den externen, der Erfüllungsgrad der internen Erfolgsfaktoren von den internen Einflussfaktoren ab. Dieser Erfüllungsgrad ist wiederum ausschlaggebend für den Erfolg des Unternehmens.

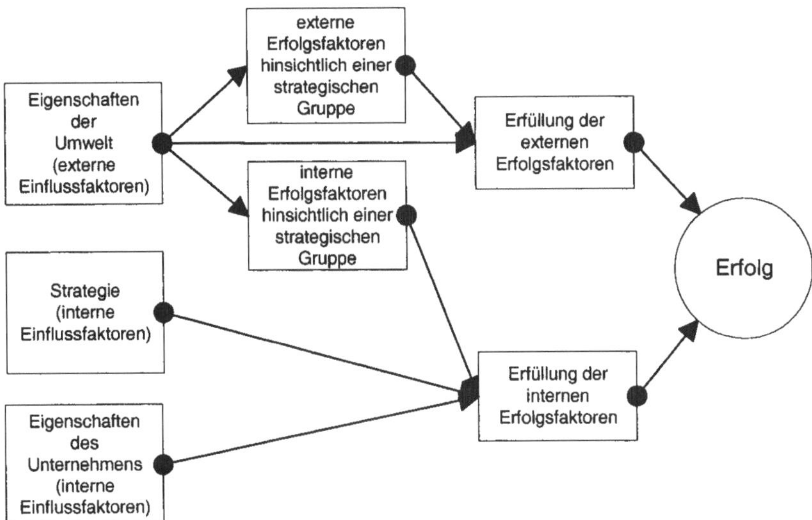

Abb. 7.28: Modell der Einfluss- und Erfolgsfaktoren hinsichtlich spezifischer strategischer Gruppen

7.5.2 Externe Erfolgsfaktoren

Auf Grundlage der Erkenntnisse dieser Arbeit werden im Folgenden externe Erfolgsfaktoren bzgl. der strategischen Gruppe genannt, welche die Wettbewerbsstrategie „Konzentration auf komplexe Anwendungen mit individuell auf diese zugeschnittenen TSI-Bündeln" verfolgt. Es wird die Annahme gemacht, dass diese Erfolgsfaktoren gültig sind. Die Überprüfung dieser Hypothese (z.B. mit empirischen Untersuchungen) ist nicht Gegenstand dieser Arbeit.

Technischer Erfolgsfaktor: Verabschiedung und Verwendung einheitlicher Standards

Von wesentlicher Relevanz für das weltweite Wachstum der TC-Branche ist die technische Interoperabilität zwischen TSI[269]. Ist diese nicht gegeben, so gestaltet sich insbesondere in Bezug auf länder- und branchenübergreifende TSI-Anwendungen die Einbeziehung von Akteuren der Nebengruppe als sehr schwierig. Die in den derzeit existierenden Normen bestehenden Divergenzen führen zu massiven Schwierigkeiten[270]. Zur Herstellung der technischen Interoperabilität muss zum einen eine Angleichung der von nationalen und internationalen Normungsgruppen herausgegebenen Spezifikationen und Standards erfolgen. Zum anderen müssen diese von den Trustcentern übernommen werden.

Rechtlich-politischer Erfolgsfaktor: International hohe Rechtswirksamkeit digitaler Signaturen

Für die Realisierung der Potenziale zur Steigerung der Effizienz von Prozessabläufen durch die Vermeidung von Medienbrüchen, muss auf internationaler Ebene eine rechtliche Gleichstellung der digitalen Signatur und der handschriftlichen Unterschrift bzw. mit der in dem jeweiligen Land verwendeten traditionellen Form der Willensbekundung (z.B. in Japan das holzgeschnitzte Unterschriften-Siegel) erfolgen. Jüngste Entwicklungen zeigen, dass sowohl auf nationaler als auch auf internationaler Ebene die Gesetzestexte in diese Richtung geändert werden[271]. Bis zur kontinentübergreifenden gegenseitigen Anerkennung digitaler Signaturen ist es jedoch noch ein weiter Weg. Im Idealfall werden international einheitliche Voraussetzungen festgelegt, unter welchen Bedingungen die rechtliche Gleichstellung erfolgt.

Rechtlich-politischer Erfolgsfaktor: Erlaubnis zum ungehinderten Einsatz der Kryptographie zur Sicherstellung der Vertraulichkeit

Ein wesentlicher Aspekt der Sicherheit ist die Vertraulichkeit der übertragenen Informationen. Damit diese über offene Netze gewährleistet werden kann, muss der ungehinderte Einsatz der Kryptographie zu diesem Zweck rechtlich zugelassen sein. Das heißt insbesondere, dass die jeweiligen Staaten nicht für sich selbst die Möglichkeit zur Entschlüsselung der Daten fordern. Dies ist jedoch nur mit Einschränkung der Fall, wie die Kryptodebatte zeigt[272].

Soziokultureller Erfolgsfaktor: Habitualisierung der digitalen Signatur

Zur breiten Verwendung von TSI-Anwendungen ist die Habitualisierung der digitalen Signatur eine wesentliche Voraussetzung. Dieses Ziel liegt noch in weiter Ferne, wie die Situationsanalyse gezeigt hat[273]. Die Komplexität der digitalen

---

269 Vgl. Abschn. 5.1.

270 Vgl. Abschn. 5.5.

271 Vgl. Abschn. 2.6.2.

272 Vgl. Abschn. 2.6.3.

273 Vgl. Abschn. 2.3.

Signatur macht sie zu einem schwer verständlichen Produkt, dem nur wenig Vertrauen entgegengebracht wird. Grundsätzlich bestehen sowohl im privaten als auch im beruflichen Umfeld Probleme im Umgang mit komplexen Technologien. Aus diesen Gründen wird der handschriftlichen Unterschrift derzeit der Vorzug gegeben. Zur Überwindung dieses Hindernisses ist insbesondere auch der Staat gefordert, der durch geeignete Ausbildungs- und Aufklärungsmaßnahmen hier einen wesentlichen Beitrag leisten kann[274].

7.5.3 Interne Erfolgsfaktoren

Auf Grundlage der Erkenntnisse dieser Arbeit werden im Folgenden interne Erfolgsfaktoren bzgl. der strategischen Gruppe genannt, welche die Wettbewerbsstrategie „Konzentration auf komplexe Anwendungen mit individuell auf diese zugeschnittenen TSI-Bündeln" verfolgt. Es wird die Annahme gemacht, dass diese Erfolgsfaktoren gültig sind. Die Überprüfung dieser Hypothese (z.B. mit empirischen Untersuchungen) ist nicht Gegenstand dieser Arbeit.

Gute Marketingfähigkeiten

Gute Marketingfähigkeiten sind zum einen notwendig, um das bei nicht maschinell erbringbaren Zusatzleistungen und komplexen Anwendungen gegebene Produktdifferenzierungs-Potenzial[275] zielgruppenorientiert zu nutzen. Dadurch können die Umstellungskosten hoch gehalten und somit eine starke Kundenbindung erzielt werden. Dies ist insbesondere vor dem Hintergrund der steigenden Verhandlungsstärke der Abnehmer[276] wichtig. Zum anderen dienen gute Marketingfähigkeiten der Ausschöpfung der vorhandenen Betriebsgrößenersparnis-Potenziale[277] bzw. führen zu einem schnellen Erreichen der bei einer Anwendung zu erzielenden kritischen Masse[278]. In einem wenig fragmentierten Markt[279] ermöglichen es gute Marketingfähigkeiten einem Marktführer, seine Position zu verteidigen bzw. einem kleineren Anbieter, eine ertragreiche Nische zu besetzen.

Zu den Marketingfähigkeiten gehört nicht nur das Erkennen der Kundenbedürfnisse, sondern speziell auch der gute Zugang zu den potenziellen Kunden. Der Großteil der Unternehmen und der Privatkunden in der Rolle als Bürger oder Konsument sind sich der durch TC-Technologien gegebenen Potenziale nicht bewusst. Weiterhin bestehen soziokulturelle Hürden, die zur Nichtbeachtung der neuen Möglichkeiten führen. Daher ist es von wesentlicher Bedeutung, über einen guten Zugang zu den Akteuren zu verfügen, um diese aufklären zu können. Insbesonde-

---

274 Vgl. Abschn. 2.6.1.

275 Vgl. Abschn. 7.3.4.1.2.

276 Vgl. Abschn. 7.3.4.4.

277 Vgl. Abschn. 7.3.4.1.1.

278 Vgl. Abschn. 6.3.3.

279 Vgl. Abschn. 7.3.4.2.1.

re wäre hier die Möglichkeit des Zugriffs auf einen bestehenden Kundenstamm und zum „Cross-Selling" von Vorteil. Im Idealfall bestünde die Möglichkeit, die durch TC-Technologien gegebenen Potenziale im Rahmen von ohnehin stattfindenden Kundengesprächen zu erwähnen, wobei in besonderem Maße auf die soziokulturellen Eigenschaften des Kunden Rücksicht genommen werden sollte. Als günstig sind auch bestehende Möglichkeiten zu Vertriebskooperationen zu beurteilen. Dies gilt insbesondere vor dem Hintergrund der Erwartung, dass der Zugang zu Vertriebskanälen durchaus zu einem als mittelstark zu beurteilenden Engpass wird[280].

Hohe Vertrauenswürdigkeit aus Sicht der Akteure

Im Zusammenhang mit TC-Leistungen werden Technologien eingesetzt, welche die meisten Kunden nicht oder nur im Ansatz verstehen[281]. Aus Sicht der Akteure kann die Teilnahme an einer TSI bzw. an einer TSI-Anwendung sehr riskant sein. Bei der Schlüsselgenerierung im Trustcenter muss der Akteur sicher sein, dass dieser keinem Unbefugten zugänglich gemacht wird. Die für die Erstellung von Identitätsattribut-Beglaubigungen einzuholenden Daten sind häufig vertraulich (z.B. Bonität) und sollen nur bei Bedarf von dem Akteur selber weitergegeben werden. Bei einer mangelhaften Funktionalität bzw. Verfügbarkeit der Anwendung können schnell hohe Schäden entstehen. Weiterhin müssen u.U. von der geschlossenen Gruppe akteursinterne Prozesse offengelegt werden[282]. Daher ist die Vertrauenswürdigkeit des Trustcenters eine wesentliche Voraussetzung für seinen Erfolg.

Verfügbarkeit oder Fähigkeit zum Anwerben von hochqualifizierten Mitarbeitern für das interorganisatorische Process-Reengineering

Das im Rahmen der Erstellung von TSI-Anwendungen durchzuführende interorganisatorische Process-Reengineering ist eine komplexe Aufgabe[283]. Notwendig ist die Fähigkeit zum Erkennen von Verbesserungspotenzialen bei bestehenden Prozessen unter Berücksichtigung der soziokulturellen, technischen, ökonomischen, rechtlichen und politischen Rahmenbedingungen. Insbesondere ist die Befähigung zum Lösen von Konflikten zwischen einzelnen Akteuren erforderlich. Dementsprechend werden hochqualifizierte Mitarbeiter benötigt, die speziell über eine stark ausgeprägte Kreativität, ein hohes technisches und rechtliches Know-how sowie über eine gute Sozialkompetenz verfügen.

---

[280] Vgl. Abschn. 7.3.4.1.5.

[281] Vgl. Abschn. 2.3.

[282] Vgl. Abschn. 6.4.2.4.

[283] Vgl. Kap. 6.

Hohe Kapitaldecke

Der Aufbau eines Trustcenters sowie die Bereitstellung des hochqualifizierten Mitarbeiterstamms erfordern einen beträchtlichen Kapitaleinsatz[284]. Weiterhin sollte das Trustcenter über eine geeignet hohe Haftungsfähigkeit verfügen[285]. Wegen der Vielzahl derzeit noch bestehendender Schwierigkeiten, wie z.B. soziokulturelle Hürden und Interoperabilitätsprobleme, kann nur schwer vorausgesagt werden, wann der Absatz von TC-Leistungen deutlich steigen wird. Es muss also damit gerechnet werden, dass es einige Zeit dauern wird, bis sich ein „Return on Investment“ einstellt. Daher sollte das Trustcenter über eine hohe Kapitaldecke verfügen.

---

284 Vgl. Abschn. 7.3.4.1.3.

285 Vgl. Abschn. 3.5.4.1.

8 Zusammenfassung und Ausblick

„Es ist nicht genug zu wissen,
man muss es auch anwenden.
Es ist nicht genug zu wollen,
man muss es auch tun."

Johann Wolfgang von Goethe

Ziel der Arbeit war das Aufzeigen von Lösungsansätzen für Probleme, die im Zusammenhang mit der Auswahl und Erstellung von TSI-Anwendungen entstehen. Grundlegend hierfür wurde in Kapitel 2 eine Situationsanalyse des generellen TC-Umfelds durchgeführt. Hierbei erfolgte die Betrachtung der am Markt tätigen Trustcenter, der Ziele, Erwartungen und Bedenken der Akteure, sowie der relevanten soziokulturellen, ökonomischen, technischen, rechtlichen und politischen Rahmenbedingungen.

Zunächst wurde das Problem der Komplexität und Heterogenität von TSI und der damit verbundenen Schwierigkeiten behandelt. In Kapitel 3 erfolgte eine Systematisierung von TC-Funktionen und -Leistungen anhand von Referenz- und Metamodellen. Zum einen fanden die im Rahmen umfassender Literaturrecherchen identifizierten und durch eigene Ideen ergänzten TC-Funktionen und -Leistungen in der Systematisierung Berücksichtigung. Zum anderen wurden neue Leistungen vorgeschlagen und in die Modelle integriert. So z.B. der flexible Beglaubigungsdienst, der Zeitdatendienst für übertragene Webseiten, das Status-Monitoring oder die Algorithmen-, ID-, Attribut-, Erweiterungsfeld- und TSI-Auskunft. Auf Basis des in der Systematisierung enthaltenen Repertoires an TC-Angeboten können leistungsfähige TSI aufgebaut werden. Da letztere die Grundlage für die zu erstellenden Anwendungen bilden, ist die Fähigkeit zur Beurteilung ihrer Eigenschaften von hoher Relevanz. Aus diesem Grund wurden in Kapitel 4 Kriterien zur Bestimmung des Charakters einer TSI definiert. Insbesondere wurde ein Modell zur Strukturierung der Einsatzzwecke vorgeschlagen. Darüber hinaus erfolgte die Betrachtung einer Reihe weiterer Aspekte, die mit den Eigenschaften von TSI in

Zusammenhang stehen und es wurde die These aufgestellt, dass auch in Zukunft eine Vielzahl divergenter TSI mit jeweils andersartigen Eigenschaften nebeneinander existieren werden. Für diese Behauptung wurden folgende Gründe angeführt:

- Die unterschiedlichen Rechtssysteme und politischen Interessen einzelner Länder sind nur schwer miteinander vereinbar. Wenn eine Einigung überhaupt erfolgt, dann nur über das Zulassen von etlichen Ausnahme- und Sonderregelungen.
- Länderübergreifende technische Normungsprozesse sind sehr langwierig. Entsprechend sind internationale Standards bei ihrer Verabschiedung oft schon wieder überholungsbedürftig, was dazu führt, dass viele Unternehmen auf aktuellere, nationale Normen zurückgreifen.
- Der Erfolg einer Anwendung hängt entscheidend davon ab, inwieweit sich die bereitgestellten Basis- und Zusatzleistungen in diese integrieren lassen. Diesbezüglich stellen unterschiedlichen Anwendungen jeweils andersartige Anforderungen.
- Es werden TSI mit unterschiedlichen Sicherheitsstufen benötigt. Nur so kann eine Anpassung an das tatsächliche Gefährdungspotenzial erfolgen und eine praktikable Lösung gefunden werden, die ein günstiges Verhältnis bzgl. „Bedienbarkeit", „Sicherheitsniveau" und „Kosten" herstellt.
- Die Modifikation des Leistungsangebots eines Trustcenters kann sich als diffizil erweisen, da eine solche oft zu sicherheitsrelevanten Änderungen führt. Hieraus resultiert eine gewisse Trägheit der Trustcenter, die einer Vereinheitlichung von TSI im Wege steht.

Gegenstand von Kapitel 5 waren die aus der technischen Heterogenität von TSI resultierenden Interoperabilitätsprobleme. Zunächst wurden ihre generellen Entstehungsursachen identifiziert und grundsätzliche Lösungsansätze aufgezeigt. Schwierigkeiten können insbesondere bei der Interpretation von Beglaubigungsträgern und signierten Nachrichten, der Gültigkeitsverifikation, der Verwendung von Auskunftsdiensten sowie der Erstellung von verschlüsselten Nachrichten entstehen. Diese Bereiche sind unter Berücksichtigung sowohl nationaler als auch internationaler Normen systematisch und detailliert untersucht worden. Zur Überwindung der dabei identifizierten Interoperabilitätsprobleme wurden Lösungsansätze aufgezeigt und Gestaltungsempfehlungen für die ATSI genannt. Dabei zeigte sich, dass ein Mehr an Interoperabilität oft ein Weniger an Leistungsmerkmalen zur Folge hat. Entsprechend ist im konkreten Fall stets genau zu eruieren, welche TSI von der ATSI unterstützt werden sollten. Eine ausführliche Zusammenfassung der Untersuchungsergebnisse erfolgte in Abschn. 5.5.

In Kapitel 6 wurde das Problem des Fehlens eines Vorgehensmodells für die systematische Auswahl und Erstellung von TSI-Anwendungen behandelt und ein entsprechendes Modell entwickelt. Als Ausgangsbasis dienten Methoden des BPR, die im Hinblick auf die sich speziell bei dem Aufbau von TSI-Anwendungen ergebenden Probleme angepasst und erweitert wurden. Insbesondere fand die Tatsache Beachtung, dass es sich bei der Erstellung von TSI-Anwendungen – anders als beim BPR – um eine Neugestaltung interorganisatorischer Prozesse handelt, bei denen die Interessen rechtlich voneinander unabhängiger Parteien mit jeweils divergenten Zielen zu berücksichtigen sind.

Das erstellte Vorgehensmodell deckt u.a. folgende Bereiche ab:

- Vorbereitende Aktivitäten, z.B. Festlegung eines grundsätzlichen Zielsystems für das interorganisatorische Process-Reengineering;
- Bildung von Akteurs- und Anwendungssegmenten;
- Ermittlung, Beurteilung und Auswahl von Anwendungen;
- Analyse des Ist-Prozesses;
- Einteilung der an der Anwendung beteiligten Akteure in eine Kern- und Nebengruppe bzw. eine geschlossene und offene Gruppe;
- Ermittlung möglicher Alternativprozesse auf unterschiedlichen Reengineering-Stufen;
- Festlegung und Umsetzung eines Migrationspfads zur Umsetzung des Soll-Prozesses;
- Betrieb der Anwendung.

In Kapitel 7 erfolgte die Behandlung des Problems der sich durch ungeeignete Trustcenter bzw. durch die Wahl ungeeigneter Strategien ergebenden Gefahren bzgl. des langfristigen Erfolgs der TSI-Anwendung. Hierzu wurden die nicht auf ein spezielles Unternehmen bezogenen Teilbereiche der strategischen Planung betrachtet. Dabei wurde als Ziel die Sicherstellung der langfristigen Überlebensfähigkeit des Trustcenters unter sich ständig verändernden Bedingungen des Umfelds definiert. Es erfolgte die Erarbeitung von Aussagen, die als generelle Basis für die Entscheidung dienen können, ob und wie ein Unternehmen als Trustcenter tätig werden sollte. Die hierfür verwendete Datenbasis bestand zum einen aus den zuvor gewonnenen Erkenntnissen. Zum anderen wurde sie ergänzt durch eine mittels einer Delphi-Expertenbefragung durchgeführten Branchenstrukturanalyse nach Porter.

Der vorhandenen Literatur wurden generelle Voraussetzungen für die Eignung unterschiedlicher Wettbewerbsstrategien entnommen. Diese wurden unterteilt in interne, vom Unternehmen zu erfüllende und externe, von der Umwelt zu erfüllende Anforderungen. Anhand letzterer erfolgte die Beurteilung der grundsätzlichen Eignung der Kostenführerschafts- und der Differenzierungsstrategie. Als wichtige Ergebnisse lassen sich festhalten:

- Im Hinblick auf die externen Anforderungen ist die Verfolgung der Kostenführerschaftsstrategie grundsätzlich geeignet. Diese sollte im Rahmen einer Konzentrationsstrategie angestrebt werden. Hier wäre das Anbieten von Standard-TSI-Bündeln evtl. in Verbindung mit gängigen Basisanwendungen eine geeignete Option. Denkbar ist auch die Restriktion auf nur wenige maschinell erbringbare Zusatzleistungen (z.B. im Bereich der Auskunftsdienste). Mit einer solchen radikalen Konzentrationsstrategie könnte das Trustcenter sich als Spezialist am Markt etablieren und über die massive Sortimentsbeschränkung Kostenvorteile erzielen.

- Auch die Verfolgung der Differenzierungsstrategie ist im Hinblick auf die externen Anforderungen grundsätzlich geeignet. Denkbar ist hier das Anbieten von komplexen Anwendungen in Verbindung mit individuell auf diese zugeschnittenen TSI-Bündeln. Letztere sollten auch maschinell erbringbare Zusatzleistungen mit hohem Wartungsaufwand und nicht maschinell erbringbare Zusatzleistungen enthalten. Eine weitere sinnvolle Differenzierungsvariante wäre die Beschränkung des Sortiments auf nicht maschinell erbringbare Zusatzleistungen (z.B. Beratung). Es ist auch möglich, dass sich das Trustcenter auf sehr hochwertige TSI-Bündel spezialisiert. Diese könnten bspw. Basis- und Zusatzleistungen enthalten, die wegen einer in regelmäßigen Abständen durchgeführten externen Akkreditierung hinsichtlich ihrer Sicherheit über einen exklusiven Ruf verfügen. Es besteht jedoch die Gefahr, dass diese Differenzierungsalternative von mehreren Trustcentern gewählt wird.

Aus dieser Zusammenstellung geeigneter Wettbewerbsstrategien ist die „Konzentration auf komplexe Anwendungen mit individuell auf diese zugeschnittenen TSI-Bündeln" herausgegriffen worden. Auf diese abgestimmt wurden anschließend grundsätzlich geeignete Marktfeld-, Markteintritts- und Verhaltensstrategien vorgeschlagen. Zu diesem Zweck wurden diverse Ansätze aus der Literatur aufgegriffen und erweitert, und es wurde eine Klassifizierung von TC-Leistungsinnovationen und -variationen erstellt.

Abschließend erfolgte auf Grundlage der Erkenntnisse der Arbeit eine Zusammenstellung der Erfolgsfaktoren bzgl. der strategischen Gruppe, welche die oben genannte Wettbewerbsstrategie verfolgt.

Als interne, vom Unternehmen zu erfüllende Erfolgsfaktoren wurden genannt:

- Gute Marketingfähigkeiten;
- Hohe Vertrauenswürdigkeit aus Sicht der Akteure;
- Verfügbarkeit oder Fähigkeit zum Anwerben von hochqualifizierten Mitarbeitern für das interorganisatorische Process-Reengineering;
- Hohe Kapitaldecke.

Als externe, durch die Umwelt zu erfüllende Erfolgsfaktoren wurden genannt:

- Verabschiedung und Übernahme einheitlicher technischer Standards;
- Schaffung einer hohen Rechtswirksamkeit digitaler Signaturen auf internationaler Ebene;
- Gewährleistung des ungehinderten Einsatzes der Kryptographie zur Sicherstellung der Vertraulichkeit;
- Habitualisierung der digitalen Signatur im soziokulturellen Umfeld.

Es wurde die Annahme getroffen, dass diese Erfolgsfaktoren gültig sind. Die Überprüfung dieser Hypothese (z.B. mit empirischen Untersuchungen) war nicht Gegenstand der Arbeit.

In Anbetracht des Umstands, dass die Erfüllung der internen Erfolgsfaktoren zwar notwendig, nicht jedoch hinreichend für die Erschließung der durch TC-Leistungen gegebenen Potenziale ist, muss die aktuelle Situation als wenig positiv beurteilt werden:

- Das Erzielen einer weitreichenden Interoperabilität ist auch im Hinblick auf TSI mit gleichem Einsatzzweck auf absehbare Zeit nicht zu erwarten. Zu klein ist der gemeinsame Nenner der verschiedenen nationalen und internationalen Normungsgruppen. Daher wird sich die Unterstützung mehrerer TSI durch die ATSI als schwierig erweisen. Dies führt zu Problemen bzgl. des Erreichens der kritischen Masse an Teilnehmern für die zu erstellenden Anwendungen.
- Auch die Überwindung der soziokulturellen Probleme wird sich als schwierig erweisen. Die handschriftliche Unterschrift hat als kulturelle Handlungsform eine feste Verankerung in der Gesellschaft. Mit dieser traditionellen Art der Willensbekundung hat die digitale Signatur wenig gemeinsam. Ihre Erprobung ist mit größerem Aufwand verbunden, sie ist komplex und erklärungsbedürftig. Gerade bei Privatpersonen ist daher nur mit einer geringen Adoptionsgeschwindigkeit zu rechnen.
- Im Hinblick auf die rechtliche Gleichstellung von digitaler und handschriftlicher Unterschrift zeigen die jüngeren Entwicklungen zwar, dass wesentliche Schritte in diese Richtung unternommen werden, bis zur kontinentübergreifenden gegenseitigen Anerkennung digitaler Signaturen ist es jedoch noch ein weiter Weg. Darüber hinaus sind die Forderungen der Staaten in Bezug auf die Kontrolle des Einsatzes von Kryptographie zur Sicherstellung der Vertraulichkeit in offenen Netzen ein nicht zu vernachlässigender Aspekt. Auch wenn diesbezüglich die staatlichen Ansprüche in letzter Zeit zunehmend zurückgenommen wurden, geht auch von dieser Stelle eine Gefahr für die weitreichende Akzeptanz von TSI-Anwendungen aus.

Angesichts dieser Umstände kommt den einzelnen Staaten eine Schlüsselrolle bei der Erfüllung der externen Erfolgsfaktoren zu. Zum einen sind Maßnahmen zur Forcierung der Ausbildung und Aufklärung der Akteure hinsichtlich des Einsatzes von TC-Leistungen gefragt. Zum anderen sind Aktivitäten notwendig, welche der Erstellung konkreter technischer Standards zur Vermeidung von Interoperabilitätsproblemen sowie der Schaffung geeigneter rechtlich-politischer Rahmenbedingungen dienen. Bei letztgenannten Punkten muss der Fokus auf das Finden eines länder- bzw. kontinentübergreifenden Konsens gelegt werden. Nationale Alleingänge können in einem international ausgerichteten, auf Systemgütern basierenden Handlungsfeld die Probleme nur suboptimal lösen.

Abkürzungsverzeichnis

a.M.	am Main
ABA	American Bankers Association
Abb.	Abbildung
Abk.	Abkürzung
Abs.	Absatz
Abschn.	Abschnitt
ACM	Association for Computing Machinery
ACTS	Advanced Communications, Technologies & Services
AG	Aktiengesellschaft
AGB	Allgemeine Geschäftsbedingungen
AGTC	Arbeitsgemeinschaft Trustcenter für digitale Signaturen
ARD	Arbeitsgemeinschaft der öffentlich-rechtlichen Rundfunkanstalten der Bundesrepublik Deutschland
ARPA	Advanced Research Projects Agency
Art.	Artikel
ASN.1	Abstract Syntax Notation One
ATSI	Anwendung-Trust-Service-Infrastruktur
Aufl.	Auflage
AZ	Attributzertifikat
B2B	Business-to-Business
BAFA	Bundesamt für Ausfuhren
BAT	British American Tobacco
BdB	Bundesverband deutscher Banken
Bit	Binary Digit
BMFT	Bundesminesterium für Forschung und Technologie

BMI	Bundesministerium des Innern
BMWi	Bundesministerium für Wirtschaft und Technologie
BPR	Business Process Reengineering
BSI	Bundesamt für Sicherheit in der Informationstechnik
Bsp.	Beispiel
bspw.	beispielsweise
BT	Beglaubigungsträger
BWS	Buchungszentrale der westfälisch-lippischen Sparkassen
bzgl.	bezüglich
bzw.	beziehungsweise
C	country
C2C	Consumer-to-Consumer
C2G	Consumer-to-Government
CAST	C. Adams S. Tavares
CC	Common Criteria
CCI	Competence Center Informatik
CCITT	Comité Consultatif International de Télégraphique et Téléphonique
CD	Compact Disc
CDP	Certificate Distribution Point
CEN	Comité Européen de Normalisation
CIM	Computer Integrated Manufacturing
CMS	Cryptographic Message Syntax
CN	common name
CRL	Certificate Revocation List
CTCPEC	Canadian Trusted Computer Product Evaluation Criteria
CW	Computerwoche
CZ	Computer Zeitung
d.h.	das heißt
DARPA	Defense Advanced Research Projects Agency
DE	Deutschland
DENIC	Deutsches Network Information Center
DES	Data Encryption Standard
DFN	Deutsches Forschungsnetz
DIHT	Deutscher Industrie- und Handelstag

DIN	Deutsches Institut für Normung
Diss.	Dissertation
DM	Deutsche Mark
DSA	Digital Signature Algorithm
DuD	Datenschutz und Datensicherheit
DUNS	Data Universal Numbering System
DUR	Dynamische Unternehmensreorganisation
DUV	Deutscher Universitäts-Verlag
DVD	Digital Versatile Disc
e.g.	exempli gratia
EAL	Evaluation Assurance Level
E-Banking	Electronic Banking
E-Commerce	Electronic Commerce
Ecu	European Currency Unit
EDC	European Digital Cities
EEPROM	Electrically Eraseable Programmable Read Only Memory
EESSI	European Electronic Signature Standardization Initiative
EG	Europäische Gemeinschaft
E-Government	Electronic Government
EITO	European Information Technology Observatory
E-Learning	Electronic Learning
E-Mail	Electronic Mail
ES	Electronic Signature
ESF	Electronic Signature Formats
et al.	et alii
etc.	et cetera
ETS	European Trusted Services
ETSI	European Telecommunications Standards Institute
EU	Europäische Union
f.	folgende
FAX	Faksimile
ff.	fortfolgende
FfH	Forschungsstelle für den Handel
FTP	File Transfer Protocol
G2G	Government-to-Government

GfK	Gesellschaft für Konsumforschung
ggf.	gegebenenfalls
GMD	Gesellschaft für Mathematik und Datenverarbeitung
GUIDEC	General Usage in International Digitally Ensured Commerce
GVU	Graphics, Visualization & Usability Center
Hrsg.	Herausgeber
HTTP	Hypertext Transfer Protocol
i.A.	im Allgemeinen
i.d.R.	in der Regel
ibi	Institut für Bankinformatik und Bankstrategie
ICC	International Chamber of Commerce
ICE-CAR	Interworking Public Key Certification for Commerce, Administration and Research
ID	technische Identitätskennung
IDC	International Data Corporation
IDEA	International Data Encryption Algorithm
IEC	International Electrotechnical Commission
IETF	Internet Engineering Task Force
IKS	Information – Kommunikation – Systeme
IP	Internet Protocol
IPSec	Secure Internet Protocol
ISAC	Information Society Activity Centre
ISIS	Industrial Signature Interoperability Specification
ISO	International Organization for Standardization
ISSS	Information Society Standardization System
IT	Information Technology
ITSEC	Information Technology Security Evaluation Criteria
ITU	International Telecommunication Union
ITU-T	Telecommunication Standardization Sector of the International Telecommunication Union
IuKDG	Informations- und Kommunikationsdienstegesetz
Jg.	Jahrgang
JTC	Joint Technical Committee
K	Kilobit
Kap.	Kapitel
KES	Zeitschrift für Kommunikations- und EDV-Sicherheit

KMU	kleine und mittlere Unternehmen
LDAP	Lightwight Directory Access Protocol
MHz	Megahertz
Mio.	Millionen
MISPC	Minimum Interoperability Specificaton for PKI Components
MIT	Massachusetts Institute of Technology
MTT	MailTrusT
NBS	National Bureau of Standards
NIC	Network Information Center
NIK	Nürnberger Initiative für die Kommunikationswirtschaft
NIST	National Institute of Standards and Technology
Nr.	Nummer
NSA	National Security Agency
O	organization
o.ä.	oder ähnlich
o.g.	oben genannt
OCSP	Online Certificate Status Protocol
OECD	Organisation for Economic Co-operation and Development
OpenCDP	Open CRL Distribution Process
OSI	Open System Interconnection
PC	Personal Computer
PCA	Policy Certification Authority
PCMCIA	Personal Computer Memory Card International Association Standard
PDA	Personal Digital Assistant
PGP	Pretty Good Privacy
PIN	Personal Identification Number
PKCS	Public Key Cryptography Standards
PKI	Public-Key-Infrastruktur
PKIX	Public Key Infrastructure X.509
PKZ	Public-Key-Zertifikat
PSE	Personal Security Environment
PWC	PricewaterhouseCoopers
RACE	Research and Development in Advances Communication Technologies
RAM	Random Access Memory

RC4	Ron's Code Number 4
RC5	Ron's Code Number 5
RegTP	Regulierungsbehörde für Post und Telekommunikation
RFC	Request for Comments
RIPE-MD-160	RACE Integrity Primitives Evaluation-Message Digest-160
ROM	Read Only Memory
RSA	Rivest, Shamir, Adleman
S.	Seite
s.u.	siehe unten
S/MIME	Secure/Multipurpose Internet Mail Extensions
SC	Sub Committee
SEMPER	Secure Electronic Marketplace for Europe
SEP	Strategische Erfolgsposition
SET	Secure Electronic Transaction
SGF	Strategisches Geschäftsfeld
SHA-1	Secure Hash Algorithm-1
SHTTP	Secure Hypertext Transfer Protocol
SigG	Signaturgesetz
SigI	Spezifikation zur Entwicklung interoperabler Verfahren und Komponenten nach SigG/SigV
SigV	Signaturverordnung
SKIP	Simple Key-Management for Internet Protocols
SSL	Secure Socket Layer
St.	Sankt
STD	Standard
Tab.	Tabelle
TAN	Transaktionsnummer
TC	Trustcenter
TCSEC	Trusted Computer Security Evaluation Criteria
TSI	Trust-Service-Infrastruktur
TSP	Time Stamp Protocol
TTP	Trusted Third Party
TTT	TeleTrusT
u.a.	und andere
u.U.	unter Umständen

UNCITRAL	United Nations Commissions on International Trade Law
Univ.	Universität
URI	Universal Resource Identifier
URL	Uniform Resource Locator
US	United States
USA	United States of America
UTCTime	Coordinated Universal Time
v	Version
v.	von
VA	Validation Authority
vgl.	vergleiche
W3C	World Wide Web Consortium
WIK	Wissenschaftliches Institut für Kommunikationsforschung
WTO	World Trade Organization
WWW	World Wide Web
XML	eXtensible Markup Language
z.B.	zum Beispiel
z.T.	zum Teil
ZDF	Zweites Deutsches Fernsehen
ZFP	Zeitschrift für Forschung und Praxis
ZL	Zusatzleistung
zugl.	zugleich

Abbildungsverzeichnis

Abb. 1.1: Trends hinsichtlich Beweiswert und Sicherheit der handschriftlichen Unterschrift und der digitalen Signatur 6

Abb. 1.2: Beispiel für horizontale Prozessintegration 11

Abb. 1.3: Beispiel für vertikale Prozessintegration 11

Abb. 1.4: Aufbau der Arbeit 16

Abb. 2.1: Erwartungen an den Telematikeinsatz auf der Kommunalebene 26

Abb. 2.2: Gründe staatlicher Einrichtungen für die Bereitstellung einer Internetseite 26

Abb. 2.3: Preisübersicht: Benutzerzertifikate für Privatkunden 31

Abb. 2.4: Preisübersicht: Benutzerzertifikate für Geschäftskunden 32

Abb. 2.5: Preisübersicht: Serverzertifikate 33

Abb. 2.6: Interesse an IT-Anwendungen und Bereitschaft, dafür zu zahlen 34

Abb. 2.7: Technologieausstattung und Webangebot europäischer KMU 41

Abb. 3.1: Metamodell für TC-Funktionen und -Leistungen 53

Abb. 3.2: Referenzmodell für Basisfunktionen 55

Abb. 3.3: Zusammenhang zwischen einer Identität, ihren Eigenschaften, ihren Prüfmerkmalen und ihrer technischen Identitätskennung 60

Abb. 3.4: Referenzmodell für Basisleistungen 63

Abb. 3.5: Verknüpfung unterschiedlicher Zertifizierungshierarchien über Cross-Zertifikate 65

Abb. 3.6: Referenzmodell für Zusatzleistungen 76

Abb. 3.7: Ablauf der Erbringung einer Leistung im Rahmen des Zeitdatendiensts für übertragene Webseiten 82

Abb. 4.1: Modell zur Strukturierung der Einsatzzwecke von TSI 100

Abb. 5.1 Bedeutung der Interoperabilität für das Wachstum der TC-Branche 116

Abb. 5.2: Bsp. für die auf Grundlage einer Einteilung der Erweiterungen zu erzeugenden Beglaubigungsträger zur Überwindung von Interoperabilitätsproblemen ... 152

Abb. 5.3: Gültigkeit des Zertifizierungspfads in Abhängigkeit vom verwendeten Gültigkeitsmodell ... 179

Abb. 5.4: Implikationen bzgl. der Gültigkeit von Zertifizierungspfaden nach verschiedenen Gültigkeitsmodellen ... 180

Abb. 6.1: Zusammenhang zwischen der Bildung von zueinander heterogenen Akteurssegmenten und zueinander heterogenen Anwendungssegmenten ... 203

Abb. 6.2: Reife der klassischen Anwendungssegmente und das in ihnen gegebene maximale Nutzungspotenzial für TC-Leistungen ... 208

Abb. 6.3: Stoßrichtungen für Entscheidungen bzgl. der Auswahl von Anwendungssegmenten in Anlehnung an die Attraktivität-Stärke-Matrix von McKinsey ... 210

Abb. 6.4: Beispiel für einen modellierten Ausschnitt eines akteursübergreifenden Prozesses ... 216

Abb. 6.5: Beispiel für einen modellierten Ausschnitt eines akteursinternen Prozesses ... 218

Abb. 6.6: Beispiel für eine Akteurseinteilung ... 220

Abb. 6.7: Reengineering-Stufen bzgl. der Erstellung von Alternativprozessen für TSI-Anwendungen ... 221

Abb. 6.8: Nutzen-Aufwand-Matrix bezogen auf die Akteure ... 226

Abb. 6.9: Beispiel für einen Migrationspfad ... 227

Abb. 7.1: Modell der erfolgsrelevanten Einflussfaktoren ... 234

Abb. 7.2: Das „Fünf-Kräfte-Modell“ von Porter ... 236

Abb. 7.3: Teilnehmer der Delphi-Expertenbefragung ... 240

Abb. 7.4: Vorhandene Betriebsgrößenersparnis-Potenziale bezogen auf die einzelnen Leistungsgruppen ... 242

Abb. 7.5: Ausschöpfung der Betriebsgrößenersparnis-Potenziale bezogen auf die einzelnen Leistungsgruppen ... 242

Abb. 7.6: Vorhandene Produktdifferenzierungs-Potenziale bezogen auf die einzelnen Leistungsgruppen ... 243

Abb. 7.7: Ausschöpfung der Produktdifferenzierungs-Potenziale bezogen auf die einzelnen Leistungsgruppen ... 244

Abb. 7.8: Kapitalbedarf für den Aufbau eines Trustcenters zur Erstellung von Basisleistungen nach der EU-Richtlinie ... 245

Abb. 7.9: Umstellungskosten bezogen auf die einzelnen Leistungsgruppen ... 246

Abb. 7.10: Engpass beim Zugang zu den Vertriebskanälen bezogen auf die einzelnen Leistungsgruppen 246
Abb. 7.11: Durch staatliche Politik in der EU hervorgerufene Eintrittsbarrieren 247
Abb. 7.12: Durch staatliche Politik in den USA hervorgerufene Eintrittsbarrieren 247
Abb. 7.13: Stärke der von Neuanbietern zu erwartenden Vergeltungsmaßnahmen bezogen auf die einzelnen Leistungsgruppen 248
Abb. 7.14: Fragmentierungsgrad bezogen auf die einzelnen Leistungsgruppen 251
Abb. 7.15: Durchschnittliches Wachstum bezogen auf die einzelnen Leistungsgruppen 252
Abb. 7.16: Durch laufende Fixkosten ausgeübter Druck bezogen auf die einzelnen Leistungsgruppen 252
Abb. 7.17: Unter- und Überkapazitäten bezogen auf die einzelnen Leistungsgruppen 253
Abb. 7.18: Heterogenität der Anbieter bezogen auf die einzelnen Leistungsgruppen 254
Abb. 7.19: Austrittsbarrieren bezogen auf die einzelnen Leistungsgruppen 255
Abb. 7.20: Verhandlungsstärke der Lieferanten bezogen auf die einzelnen Leistungsgruppen 256
Abb. 7.21: Verhandlungsstärke der Abnehmer bezogen auf die einzelnen Leistungsgruppen 257
Abb. 7.22: Gefahr durch Substitutionsprodukte für Basisleistungen 258
Abb. 7.23: Produkt-Markt-Matrix 266
Abb. 7.24: Ebenen der TC-Leistungsinnovationen und -variationen 269
Abb. 7.25: Auf die Wettbewerbsstrategie „Konzentration auf komplexe Anwendungen mit individuell auf diese zugeschnittenen TSI-Bündeln“ abgestimmte Marktfeldstrategien 270
Abb. 7.26: Anbieten von Lösungen im Bereich „Electronic Government“: Der „First-to-market“ wird das Feld „von hinten aufräumen“ 275
Abb. 7.27: Matrix zur Beurteilung der Dringlichkeit des Engagements in einem Anwendungssegment (sofern es durchgeführt werden soll) ... 276
Abb. 7.28: Modell der Einfluss- und Erfolgsfaktoren hinsichtlich spezifischer strategischer Gruppen 279

Tabellenverzeichnis

Tab. 1.1: Einschätzung der Chancen unterschiedlicher Institutionen, sich erfolgreich im TC-Markt zu etablieren ... 13

Tab. 2.1: An augewählten Trustcentern beteiligte Branchen ... 20

Tab. 2.2: Durchschnittlich benötigte Zeit zum Brechen der Verschlüsselung auf Grundlage von 1997er Technologie ... 37

Tab. 2.3: Rechenleistung der Angreifergruppen auf Grundlage von 1997er Technologie ... 38

Tab. 3.1: Gegenüberstellung der Eigenschaften eines Zeitstempels und seines Erstellungsvorgangs in Abhängigkeit von der Verknüpfungsart ... 66

Tab. 3.2: Gegenüberstellung der Eigenschaften von Sperr- bzw. Positivlisten und einem Online-Statusabfragedienst ... 74

Tab. 3.3: Wiederverwendbarkeit von früher für den Zeitpunkt eingeholten Auskünften zum aktuellen Zeitpunkt bei erlaubter und nicht erlaubter rückwirkender Sperrung ... 75

Tab. 3.4: Risiken für den Schlüsselinhaber und Signaturempfänger, die sich aus bestimmten Regelungen ergeben ... 84

Tab. 4.1: Schutzziele für die Kommunikation ... 101

Tab. 4.2: Klassifizierung von Aktionen ... 102

Tab. 5.1: Überblick bzgl. des Aufbaus von Abschn. 5.4 ... 126

Tab. 5.2: Überblick bzgl. des Aufbaus von Abschn. 5.4.1 ... 126

Tab. 5.3: Starke Interoperabilitätsprobleme induzierende Konstellationen (1) 128

Tab. 5.4: Starke Interoperabilitätsprobleme induzierende Konstellationen (2) 128

Tab. 5.5: Starke Interoperabilitätsprobleme induzierende Konstellationen (3) 128

Tab. 5.6: Starke Interoperabilitätsprobleme induzierende Konstellationen (4) 129

Tab. 5.7: Mittelstarke Interoperabilitätsprobleme induzierende Konstellationen (1) ... 129

Tab. 5.8: Mittelstarke Interoperabilitätsprobleme induzierende Konstellationen (2) ... 129

Tab. 5.9: Mittelstarke Interoperabilitätsprobleme induzierende Konstellationen (3) ... 130

Tab. 5.10: Mittelstarke Interoperabilitätsprobleme induzierende Konstellationen (4) ... 130

Tab. 5.11: Schwache Interoperabilitätsprobleme induzierende Konstellationen ... 130

Tab. 5.12: Für die systematische Interoperabilitätsuntersuchung durchgeführte Strukturierung der Inhalte eines Beglaubigungsträgers im X.509-PKZ-Format ... 131

Tab. 5.13: Eigenschaften des Standard-Erweiterungsfelds "certificatePolicies" bei den betrachteten Normen ... 136

Tab. 5.14: Eigenschaften des Standard-Erweiterungsfelds „cRLDistributionPoints" bei den betrachteten Normen ... 137

Tab. 5.15: Eigenschaften des Standard-Erweiterungsfelds „authorityKeyIdentifier" bei den betrachteten Normen ... 138

Tab. 5.16: Eigenschaften des privaten Erweiterungsfelds „authorityInfoAccess" bei den betrachteten Normen ... 139

Tab. 5.17: Eigenschaften des Standard-Erweiterungsfelds „keyUsage" bei den betrachteten Normen ... 142

Tab. 5.18: Eigenschaften des Standard-Erweiterungsfelds „extKeyUsage" bei den betrachteten Normen ... 143

Tab. 5.19: Eigenschaften des Standard-Erweiterungsfelds „basicConstraints" bei den betrachteten Normen ... 144

Tab. 5.20: Eigenschaften des Standard-Erweiterungsfelds „nameConstraints" bei den betrachteten Normen ... 144

Tab. 5.21: Eigenschaften des Standard-Erweiterungsfelds „policyConstraints" bei den betrachteten Normen ... 145

Tab. 5.22: Eigenschaften des Standard-Erweiterungsfelds „privateKeyUsagePeriod" bei den betrachteten Normen ... 146

Tab. 5.23: Eigenschaften des Standard-Erweiterungsfelds „subjectKeyIdentifier" bei den betrachteten Normen ... 147

Tab. 5.24: Eigenschaften des Standard-Erweiterungsfelds „policyMappings" bei den betrachteten Normen ... 149

Tab. 5.25: Für die systematische Interoperabilitätsuntersuchung durchgeführte Strukturierung der Inhalte eines Beglaubigungsträgers im X.509-AZ-Format ... 154

Tab. 5.26: Für die systematische Interoperabilitätsuntersuchung durchgeführte Strukturierung der Inhalte eines Beglaubigungsträgers im X.509-CRL-Format 157

Tab. 5.27: Eigenschaften des Erweiterungsfelds „cRLNumber" bei den betrachteten Normen 158

Tab. 5.28: Eigenschaften des Erweiterungsfelds „issuingDistributionPoint" bei den betrachteten Normen 160

Tab. 5.29: Eigenschaften des Erweiterungsfelds „deltaCRLIndicator" bei den betrachteten Normen 161

Tab. 5.30: Eigenschaften des Erweiterungsfelds „reasonCode" bei den betrachteten Normen 162

Tab. 5.31: Eigenschaften des Erweiterungsfelds „invalidityDate" bei den betrachteten Normen 163

Tab. 5.32: Eigenschaften des Erweiterungsfelds „certificateIssuer" bei den betrachteten Normen 165

Tab. 5.33: Für die systematische Interoperabilitätsuntersuchung durchgeführte Strukturierung der Inhalte eines Beglaubigungsträgers im PKIX-Zeitstempel-Format 166

Tab. 5.34: Für die systematische Interoperabilitätsuntersuchung durchgeführte Strukturierung der Inhalte einer signierten Nachricht im CMS-SignedData-Format 170

Tab. 5.35: Von den jeweiligen Normen geforderte Attribute und deren Generierung 173

Tab. 5.36: Von Normen gestellte Mindestforderungen hinsichtlich der zu akzeptierenden Algorithmenkombinationen 182

Tab. 5.37: Für die systematische Interoperabilitätsuntersuchung durchgeführte Strukturierung der Inhalte einer verschlüsselten Nachricht im CMS-EnvelopedData-Format 185

Tab. 6.1: Phasen des Vorgehensmodells zur Auswahl und Erstellung einer TSI-Anwendung und Gegenüberstellung mit den Arbeitsschritten ausgewählter BPR-Vorgehensmodelle 198

Tab. 6.2: Beispiele für Initial-Bedürfnisse im Anwendungssegment „Consumer-to-Government" 205

Tab. 6.3: Arten von Teams für die Erstellung von TSI-Anwendungen 212

Tab. 6.4: Beispiel für die Analyse einer Kommunikationsbeziehung 217

Tab. 6.5: Kriterien hinsichtlich der Zuordnung eines Akteurs zur Kern- oder zur Nebengruppe 219

Tab. 6.6: Gegenüberstellung der verschiedenen Reengineering-Stufen 224

Tab. 7.1: Höhe der aus bestimmten Faktoren resultierenden Eintrittsbarrieren bezogen auf die einzelnen Leistungsgruppen 249

Tab. 7.2: Höhe der aus bestimmten Faktoren resultierenden Rivalität bezogen auf die einzelnen Leistungsgruppen ... 255

Tab. 7.3: Externe und interne Voraussetzungen für die Kostenführerschafts- und die Differenzierungsstrategie ... 261

Tab. 7.4: Geeignete Wettbewerbsstrategien für das SGF „TC-Leistungen“ ... 265

Tab. 7.5: Erfolgswahrscheinlichkeit und relativer Realisierungsaufwand unterschiedlicher Marktfeldstrategien ... 267

Literaturverzeichnis

[ABA 1996]
ABA: Digital Signature Guidelines; 1996, http://www.abanet.org/ftp/pub/scitech/ds-ms.doc (18.04.2000).

[Achter 1997]
Achter, S.: PKI - Public Key Infrastructure; in: BSI (Hrsg.): Mit Sicherheit in die Informationsgesellschaft : Tagungsband 5. Deutscher IT-Sicherheitskongress des BSI; Ingelheim : SecuMedia 1997, S. 45ff.

[Adamer/Kaindl 1994]
Adamer, M.M.; Kaindl, G.: Erfolgsgeheimnis von Markt- und Weltmarktführern : Eine Analyse der Erfolgsfaktoren von erfolgreichen Unternehmen des deutschsprachigen Raumes; München/Mering : Hampp 1994.

[Adrian 1989]
Adrian, W.: Strategische Unternehmensführung und Informationssystemgestaltung auf der Grundlage kritischer Erfolgsfaktoren : Ein anwendungsorientiertes Konzept für mittelständische Unternehmen; zugl. Diss. an der Univ. Bern, Bergisch Gladbach/Köln : Eul 1989.

[AG ARD-Multimedia 1997]
AG ARD-Multimedia: ARD-Online-Studie 1997 : Onlinenutzung in Deutschland; 1997, http://www.br-online.de/br-intern/medienforschung/md_mm/onlinestudie.pdf (19.07.2000).

[AGTC-ISIS 1999]
AGTC: Industrial Signature Interoperability Specification (ISIS); Version 1.2, 1999.

[Albrecht 1999]
Albrecht, A.: Biometrie, Digitale Signatur und Elektronische Bankgeschäfte zum Nutzen für Verbraucher; Studie im Auftrag der Arbeitsgemeinschaft der Verbraucherverbände, Bonn 1999.

[Anderson et al. 1999]
Anderson, R.J.; Crispo, B.; Lee, J.-H.; Manifavas, C.; Matyas, V.; Petitcolas, F.A.P.: The Global Internet Trust Register : 1999 Edition; Cambridge u.a. : MIT 1999.

[AnpassungsG 2000]
AnpassungsG: Entwurf eines Gesetzes zur Anpassung der Formvorschriften des Privatrechts und anderer Vorschriften an den modernen Rechtsgeschäftsverkehr; Bundeskabinett, 06.09.2000, http://www.bmj.bund.de/ggv/bgbregel.pdf (04.04.2001).

[Ansoff 1966]
Ansoff, H.I.: Management-Strategie; München : Moderne Industrie 1966.

[Ansoff/Stewart 1967]
Ansoff, H.I.; Stewart, J.M.: Strategies for a Technology-based Business; in: Harvard Business Review, Nr. 6, Band 45, 1967, S. 71ff.

[Audehm 1995]
Audehm, D.: Systematische Ideenfindung : Kreativitäts-Techniken bei der Entwicklung und Verbesserung von Produkten und Dienstleistungen sowie bei der Lösung betrieblicher Probleme; Renningen-Malmsheim : Expert 1995.

[Auer/Horrion/Kalweit 1989]
Auer, M.; Horrion, W.; Kalweit, U.: Marketing für neue Zielgruppen : Yuppies, Flyers, Dinks, Woopies; Landsberg/Lech : Moderne Industrie 1989.

[Bahnke 1999]
Bahnke, T.: Begrüßung und Eröffnung; in: [DIN 1999], S. 1f.

[Bamberger 1981]
Bamberger, I.: Theoretische Grundlagen strategischer Entscheidungen; in: Wirtschaftswissenschaftliches Studium, Nr. 3, 10. Jg., 1981, S. 97ff.

[Baum-Waidner 1999]
Baum-Waidner, B.: Ein Service zur Haftungsverteilung für kompromittierte digitale Signaturen; in: Baumgart, R.; Rannenberg, K.; Wähner, D.; Weck, G. (Hrsg.): Verlässliche Informationssysteme : IT-Sicherheit an der Schwelle des neuen Jahrtausends; Braunschweig/Wiesbaden : Vieweg 1999, S. 203ff.

[BdB 2000]
BdB: E-Commerce als Bankdienstleistung; Berlin 2000, http://www.bdb.de/download/broschueren/bdb_dfa_ecommerce.pfd (28.04.2000).

[Bea/Haas 1995]
Bea, F.X.; Haas, J.: Strategisches Management; Stuttgart/Jena : Fischer 1995.

[Becker 1974]
Becker, D.: Analyse der Delphi-Methode und Ansätze zu ihrer optimalen Gestaltung; zugl. Diss. an der Univ. Mannheim; Frankfurt a.M. u.a. : Deutsch 1974.

[Becker 1993]
Becker, J.: Marketing-Konzeption : Grundlagen des strategischen Marketing-Managements; 5. Aufl., München : Vahlen 1993.

[Beer/Hohl/Sabitzer 2000]
Beer, D.; Hohl, P.; Sabitzer, W. (Hrsg.): Sicherheits-Jahrbuch 2001/2002 für Deutschland, Österreich und die Schweiz; Ingelheim : SecuMedia 2000.

[Behrens/Roth 2000]
Behrens, M.; Roth, R.: Sind wir zu vermessen, die PIN zu vergessen? : Erfahrungen aus einem Feldversuch; in: DuD, Nr. 6, 2000, S. 327ff.

[Belke 2000]
Belke, M.: Die digitale Signatur kurz vor dem Start; in: DuD, Nr. 2, 2000, S. 74ff.

[Berger et al. 1999]
Berger, A.; Giessler, A.; Glöckner, P.; Schneider, W.: Spezifikation zur Interoperabilität digitaler Signaturen - SigI; in: [DIN 1999], S. (1.3-1)ff.

[Berger/Giessler/Glöckner 1999]
Berger, A.; Giessler, A.; Glöckner, P.: Konfigurationsoptionen und Effizienzüberlegungen zu Sperrabfragen nach dem Signaturgesetz; in: [Horster 1999], S. 51ff.

[Berndt 1995]
Berndt, R.: Marketing 3 : Marketing Management; 2. Aufl., Berlin u.a. : Springer 1995.

[Bertsch/Rannenberg/Bunz 1999]
Bertsch, A.; Rannenberg, K.; Bunz, H.: Nachhaltige Überprüfbarkeit digitaler Signaturen; in: [Horster 1999], S. 39ff.

[Beutelspacher/Kersten 1995]
Beutelspacher, A.; Kersten, A.G.: Verteiltes Vertrauen durch geteilte Geheimnisse; in: [Horster 1995], S. 101ff.

[Bielfeldt/Brisch 1998]
Bielfeldt, M.; Brisch, B.: Digitale Signatur; DIHT, Bonn 1998.

[Bircher 1976]
Bircher, B.: Langfristige Unternehmensplanung : Konzepte, Erkenntnisse und Modelle auf systemtheoretischer Grundlage; Bern/Stuttgart : Haupt 1976.

[Bird/Honeywood/Mantz 1997]
Bird, P.; Honeywood, A.; Mantz, R.: Government Use of the Internet; International Council for IT in Government Administration, G7 Government On-Line Project, 1997, http://www.open.gov.uk/govoline/isw2.doc (18.07.2000).

[Bitzer/Brisch 1999]
Bitzer, F.; Brisch, K.M.: Digitale Signatur : Grundlagen, Funktion und Einsatz; Berlin u.a. : Springer 1999.

[Bizer 1992]
Bizer, J.: Das Schriftformprinzip im Rahmen rechtsverbindlicher Telekooperation; in: DuD, Nr. 4, 1992, S. 169ff.

[Bizer 1998]
Bizer, J.: Das deutsche Signaturgesetz; in: Digitale Signaturen : Ihre Rolle im Rechts- und Geschäftsverkehr; Tagungsband Deutsch-Japanischer Workshop vom 10.-11.09.1998 in Darmstadt, Deutsch-Japanischer Kooperationsrat für Hochtechnologie und Umwelttechnik, 1998, S. 100ff.

[Bleicher 1989]
Bleicher, K.: Zum Management zwischenbetrieblicher Kooperation : Vom Joint Venture zur strategischen Allianz; in: Bühner, R. (Hrsg.): Führungsorganisation und Technologiemanagement : Festschrift für Friedrich Hoffmann zum 65. Geburtstag; Berlin : Duncker u. Humblot 1989, S. 77ff.

[BMFT 1993]
BMFT: Deutscher Delphi-Bericht zur Entwicklung von Wissenschaft und Technik; Bonn 1993.

[BMI-Sphinx 1999]
BMI: SPHINX Pilotversuch Ende-zu-Ende-Sicherheit : PKI Organisationshandbuch; Version 3.8, 1999.

[BMWi/BAFA 1999]
BMWi; BAFA: Änderung und Neubekanntmachung der Allgemeinen Genehmigung Nr. 16 (Telekommunikation und Informationssicherheit); 1999.

[BMWi/BMI 1999]
BMWi; BMI: Eckpunkte der deutschen Kryptopolitik; Pressemitteilung, Bonn 02.06.1999.

[Böcker 1991]
Böcker, F.: Marketing; 4. Aufl., Stuttgart : Fischer 1991.

[Brenner 1995]
Brenner, C.: Techniken und Metamodell des Business Engineering; Diss. an der Univ. St. Gallen, Bamberg : Difo-Druck 1995.

[Brenner/Hamm 1995]
Brenner, W.; Hamm, V.: Prinzipien des Business Reengineering; in: Brenner, W.; Keller, G. (Hrsg.): Business Reengineering mit Standardsoftware; Frankfurt a.M./New York : Campus 1995, S. 17ff.

[Brockhaus 1968]
Brockhaus Enzyklopädie; 17. Aufl., Wiesbaden 1968.

[BSI 1999]
BSI (Hrsg.): IT-Sicherheit ohne Grenzen : Tagungsband 6. Deutscher IT-Sicherheitskongress des BSI; Ingelheim : SecuMedia 1999.

[BSI 2000]
BSI (Hrsg.): Der Weg zur sicheren Informationstechnik : Aktuelle Beispiele; 2000.

[BSI-SigI-A1 1999]
BSI: Spezifikation für die Entwicklung interoperabler Verfahren und Komponenten nach SigG/SigV : Abschnitt A1 Zertifikate; Version 4.0, Bonn 1999.

[BSI-SigI-A1b 1999]
BSI: Spezifikation für die Entwicklung interoperabler Verfahren und Komponenten nach SigG/SigV : Abschnitt A1 Zertifikate Anhang; Bonn 1999.

[BSI-SigI-A2 1999]
BSI: Spezifikation für die Entwicklung interoperabler Verfahren und Komponenten nach SigG/SigV : Abschnitt A2 Signatur; Version 6.1, Bonn 1999.

[BSI-SigI-A4 1999]
BSI: Spezifikation für die Entwicklung interoperabler Verfahren und Komponenten nach SigG/SigV : Abschnitt A4 Zeitstempel; Version 3.0, Bonn 1999.

[BSI-SigI-A5 1999]
BSI: Spezifikation für die Entwicklung interoperabler Verfahren und Komponenten nach SigG/SigV : Abschnitt A5 Verzeichnisdienst; Version 3.0, Bonn 1999.

[BSI-SigI-A6 1999]
BSI: Spezifikation für die Entwicklung interoperabler Verfahren und Komponenten nach SigG/SigV : Abschnitt A6 Gültigkeitsmodell; Version 1.1, Bonn 1999.

[Büllingen/Hillebrand 1999]
Büllingen, F.; Hillebrand, A.: Durch Sicherungsinfrastrukturen zur Vertrauenskultur : Erfolgsfaktoren der breiten Anwendung digitaler Signaturen; in: [BSI 1999], S. 201ff.

[Büllingen/Hillebrand/Stamm 2000]
Büllingen, F.; Hillebrand, A.; Stamm, P.: Position und Chancen der deutschen IT-Sicherheitsindustrie im globalen Wettbewerb; WIK, Bad Honnef 2000.

[Bullinger 1994]
Bullinger, H.-J.: Einführung in das Technologiemanagement : Modelle, Methoden, Praxisbeispiele; Stuttgart : Teubner 1994.

[Bundesanzeiger 1998]
Bundesanzeiger: Bekanntmachung zur digitalen Signatur nach Signaturgesetz und Signaturverordnung; in: Bundesanzeiger, Nr. 31, 1998, S. 1787f.

[Bundesregierung 1999]
Bundesregierung: Bericht der Bundesregierung über die Erfahrungen und Entwicklungen bei den neuen Informations- und Kommunikationsdiensten im Zusammenhang mit der Umsetzung des IukDG; Deutscher Bundestag, Drucksache 14/1191, 1999.

[Burton/Kaliski 1993]
Burton, S.; Kaliski J.: An Overview of the PKCS Standards; RSA, 1993.

[Camphausen et al. 2000]
Camphausen, I.; Kelm, S.; Liedtke, B.; Weber, L.: Aufbau und Betrieb einer Zertifizierungsinstanz : DFN-PCA Handbuch; DFN, Bericht Nr. 89, Berlin 2000.

[CCITT-X.208 1988]
CCITT: Specification of Abstract Syntax Notation One (ASN.1); X.208, 1988.

[Chaum 1981]
Chaum, D.: Untraceable Electronic Mail, Return Addresses and Digital Pseudonyms; in: Communications of the ACM, Nr. 2, Band 24, 1981, S. 84ff.

[Colleran 1997]
Colleran, A.: Standardisation Issues for the European Trusted Services - ETS; Report des EU-Projekts „ETS", 1997, http://www.cordis.lu/infosec/src/study4.htm (11.02.2000).

[Corsten 1998]
Corsten, H.: Grundlagen der Wettbewerbsstrategie; Stuttgart/Leipzig : Teubner 1998.

[Coulson-Thomas 1994]
Coulson-Thomas, C.: Implementing Reengineering; in: Coulson-Thomas, C. (Hrsg.): Business Process Re-Engineering : Myth & Reality; London : Kogan Page 1994.

[CW 1998]
CW: Gesetzgeber errichtet hohe Hürden für Anbieter von Trust-Centern; in: Computerwoche, Nr. 25, 1998, S. 26.

[CZ 1998]
CZ: Firmen klagen über E-Mail-Piraterie : Jede zehnte Nachricht wird mitgelesen; in: Computer Zeitung, Nr. 25, 1998, S. 20.

[Davenport 1993]
Davenport, T.H.: Process Innovation : Reengineering Work through Information Technology; Boston (Massachusetts) : Harvard 1993.

[Dembeck 2000]
Dembeck, M.: „kLykotten*mUmpel" und die Sicherheit; in: KES, Nr. 3, 2000, S. 33f.

[Deutscher Städtetag 1999]
Deutscher Städtetag: Digitale Signatur auf der Basis multifunktionaler Chipkarten : Ein Leitfaden; Köln 1999.

[Diesterer/Fels/Hausotter 2000]
Diesterer, G.; Fels, F.; Hausotter, A.: Taschenbuch der Wirtschaftsinformatik; München/Wien : Hanser 2000.

[DIN 1999]
DIN (Hrsg.): Beiträge des DIN-Workshops „Branchenübergreifende digitale Identität"; Tagungsband zum Workshop vom 04.-05.05.1999 in Berlin, http://www.din.de/pub/ni/ws.zip (10.05.2000).

[Duden 1997]
Duden Fremdwörterbuch; 6. Aufl., Mannheim : Dudenverlag 1997.

[Ebeling 1998]
Ebeling, A.: US-Geheimdienst fängt europaweit E-Mails ab; in: Heise Online News, 09.01.1998, http://www.heise.de/newsticker/data/ae-09.01.98-000 (15.02.2001).

[EITO 1999]
EITO: European Information Technology Observatory 1999; Frankfurt a.M. 1999.

[EITO 2000]
EITO: European Information Technology Observatory 2000; Frankfurt a.M. 2000.

[ETSI 1998]
ETSI: Telecommunications Security : Electronic Signature Standardization Report; Draft TR 101 X, Version 0.4.2, 1998, http://www.etsi.org/sec/ESRep042.pdf (04.10.2000).

[ETSI-ESF 2000]
ETSI: Electronic Signature Formats; Standard ES 201 733, Version 1.1.3, 2000, http://webapp.etsi.org/exchangefolder/es_201733v010103p.pdf (04.10.2000).

[EU 1999]
EU: Richtlinie 1999/93/EG des Europäischen Parlaments und des Rates vom 13.12.1999 über gemeinschaftliche Rahmenbedingungen für elektronische Signaturen; 1999, http://www.dud.de/dud/documents/eurl1299.zip (14.02.2001).

[EU 2000]
EU: Verordnung (EG) Nr. 1334/2000 des Rates vom 22. Juni 2000 über eine Gemeinschaftsregelung für die Kontrolle der Ausfuhr von Gütern und Technologien mit doppeltem Verwendungszweck; 2000, http://www.dud.de/dud/documents/egdualusevo00.pdf (15.02.2001).

[Europäische Kommission 1997]
Europäische Kommission: Sicherheit und Vertrauen in elektronische Kommunikation : Ein Europäischer Rahmen für digitale Signaturen und Verschlüsselung; Dokument KOM (97) 503, 1997.

[Europäische Kommission 1999]
Europäische Kommission: Eurobarometer - Bericht Nr. 51; 1999, http://europa.eu.int/comm/dg10/epo/eb/eb51/eb51_de.pdf (19.07.2000).

[Faltin/Schneider/Viebeg 1999]
Faltin, U.; Schneider, W.; Viebeg, U.: SPHINX Pilotversuch Ende-zu-Ende-Sicherheit : Abschlußbericht Phase 2; GMD - Forschungszentrum Informationstechnik, Darmstadt 1999.

[Federrath et al. 1995]
Federrath, H.; Jerichow, A., Pfitzmann, A.; Pfitzmann, B.: Mehrseitig sichere Schlüsselerzeugung; in: [Horster 1995], S. 117ff.

[Federrath/Pfitzmann 2000]
Federrath, H.; Pfitzmann, A.: Gliederung und Systematisierung von Schutzzielen in IT-Systemen; in: DuD, Nr. 12, 2000, S. 704ff.

[Feghhi/Feghhi/Williams 1997]
Feghhi, Jalal; Feghhi, Jalil; Williams, P.: Digital Certificates : Applied Internet Security; Reading (Massachusetts) u.a. : Addison Wesley 1997.

[Ferk 1996]
Ferk, H.: Geschäfts-Prozessmanagement : Ganzheitliche Prozessoptimierung durch die Cost Driver-Analyse; München : Vahlen 1996.

[Fox 1999]
Fox, D.: Zum Problem der Gültigkeitsprüfung von Schlüsselzertifikaten; in: [BSI 1999], S. 215ff.

[Fox 2000]
Fox, D.: Interoperabilität; in: DuD, Nr. 2, 2000, S. 105.

[Fox/Horster/Kraaibeek 1995]
Fox, D.; Horster, P.; Kraaibeek, P.: Grundüberlegungen zu Trust Centern; in: [Horster 1995], S. 1ff.

[Freier/Karlton/Kocher 1996]
Freier, A.; Karlton, P.; Kocher, P.C.: The SSL Protocol Version 3.0; Internet-Draft (work in progress), 1996, http://home.netscape.com/eng/ssl3/ssl-toc.html (07.03.2001).

[Friedberg 1992]
Friedberg, E.: Zur Politologie von Organisationen; in: Küpper, W.; Ortmann, G. (Hrsg.): Mikropolitik : Rationalität, Macht und Spiele in Organisationen; 2. Aufl., Opladen : Westdeutscher Verlag 1992.

[Fumy 1999]
Fumy, W.: Von elliptischen Kurven bis zu Common Criteria : JTC 1/SC 27 Normen für die vertrauenswürdige Kommunikation; in: [DIN 1999], S. (2.3-1)ff.

[Gäfgen 1974]
Gäfgen, G.: Theorie der wirtschaftlichen Entscheidung : Untersuchungen zur Logik und Bedeutung des rationalen Handelns; 3. Aufl., Tübingen : Mohr 1974.

[Gausmeier/Fahrwinkel 1994]
Gausmeier, J.; Fahrwinkel, U.: Strategiekonforme Geschäftsprozesse und CIM-Maßnahmen; in: CIM-Management, Nr. 2, 10. Jg., 1994.

[Geschka 1977]
Geschka, H.: Delphi; in: Bruckmann, G. (Hrsg.): Langfristige Prognosen : Möglichkeiten und Methoden der Langfristprognostik komplexer Systeme; Würzburg/Wien : Physica 1977, S. 27ff.

[GfK 2000]
GfK: GfK Online-Monitor; Vortragsfolien zur Pressekonferenz zu den Ergebnisse der 5. Untersuchungswelle, Hannover 2000, http://194.175.173.244/gfk/gfk_studien/eigen/online5.pdf (19.07.2000).

[Göttgens 1996]
Göttgens, O.: Erfolgsfaktoren in stagnierenden und schrumpfenden Märkten : Instrumente einer erfolgreichen Unternehmenspolitik; zugl. Diss. an der Univ. Saarbrücken, Wiesbaden : Gabler 1996.

[Götze 1993]
Götze, U.: Szenario-Technik in der strategischen Unternehmensplanung; 2. Aufl., zugl. Diss. an der Univ. Göttingen, Wiesbaden : DUV 1993.

[Grimm 1983]
Grimm, U.: Analyse strategischer Faktoren : Ein Beitrag zur Theorie der strategischen Unternehmensplanung; Wiesbaden : Gabler 1983.

[Grimm 1997]
Grimm, R.: Rechts- und Zahlungssicherheit im Internet; in: Kubicek, H.; Klumpp, D.; Müller, G.; Neu, W.; Raubold, E.; Roßnagel, A. (Hrsg.): Jahrbuch Telekommunikation und Gesellschaft 1997; v. Decker : Heidelberg 1997, S. 211ff.

[Grizalis/Lekkas/Moulinos 1998]
Grizalis, S.; Lekkas, D.; Moulinos, K.: Keystone : European Cross Domain PKI Architecture; Report des EU-Projekts „ETS II", 1998.

[Gutenberg 1942]
Gutenberg, E.: Zur Frage des Wachstums und der Entwicklung von Unternehmungen; in: Henzel, F.: Leistungswirtschaft : Festschrift für Fritz Schmidt zum 60. Geburtstag; Berlin/Wien : Spaeth u. Linde 1942, S. 148ff.

[GVU 1998]
GVU: GVU's 10th WWW User Survey; 1998, http://www.gvu.gatech.edu/user_surveys/survey-1998-10/ (24.07.2000).

[Hammer 2000]
Hammer, V.: Signaturprüfungen nach SigI; in: DuD, Nr. 2, 2000, S. 96ff.

[Hammer/Champy 1993]
Hammer, M.; Champy, J.: Reengineering the Corporation : A Manifesto for Business Revolution; New York : Harper Business 1993.

[Hammer/Champy 1994]
Hammer, M.; Champy, J.: Business Reengineering : Die Radikalkur für das Unternehmen; 2. Aufl., Frankfurt a.M./New York : Campus 1994.

[Hars 1994]
Hars, A.: Referenzdatenmodelle : Grundlagen effizienter Datenmodellierung; zugl. Diss. an der Univ. Saarbrücken, Wiesbaden : Gabler 1994.

[Hax/Majluf 1988]
Hax, A.C.; Majluf, N.S.: Strategisches Management : Ein integratives Konzept aus dem MIT; Frankfurt a.M./New York : Campus 1988.

[Heinen 1976]
Heinen, E.: Grundfragen der entscheidungsorientierten Betriebswirtschaftslehre; München : Wilhelm Goldmann 1976.

[Heinrich/Roithmayr 1998]
Heinrich, L.J.; Roithmayr, F.: Wirtschaftsinformatik-Lexikon; 6. Aufl., München u.a. : Oldenbourg 1998.

[Heister/Schmitz 1999]
Heister, U.; Schmitz, R.: TTP - Standardisierungs- und Harmonisierungsaktivitäten bei ETSI und EU; in: [Horster 1999], S. 308ff.

[Herda 1995]
Herda, S.: Nichtabstreitbarkeit (Non-repudiation) : Stand der Standardisierung; in: [Horster 1995], S. 271.

[Hess/Brecht 1996]
Hess, T.; Brecht, L.: State of the Art des Business Process Redesign : Darstellung und Vergleich bestehender Methoden; 2. Aufl., Wiesbaden : Gabler 1996.

[Hildebrand 1992]
Hildebrand, K.: Ein Referenzmodell für Informationssystemarchitekturen; in: Information Management, Nr. 3, 1992, S. 6ff.

[Hildebrandt 1986]
Hildebrandt, L.: Erfolgsfaktorenforschung im Handel; in: FfH (Hrsg.): Handelsforschung : Jahrbuch der Forschungsstelle für den Handel; Wiesbaden : Gabler 1986, S. 37ff.

[Hillebrand/Büllingen 2000]
Hillebrand, A.; Büllingen, F.: Erfolgsfaktoren digitaler Signaturen : Eine Analyse aus sozio-ökonomischer Sicht; in: DuD, Nr. 2, 2000, S. 80ff.

[Hinterhuber 1984]
Hinterhuber, H.H.: Strategische Unternehmensführung; 3. Aufl., Berlin/New York : de Gruyter 1984.

[Hinterhuber 1992]
Hinterhuber, H.H.: Strategische Unternehmensführung : Band 1 - Strategisches Denken; 5. Aufl., Berlin/New York : de Gruyter 1992.

[Hinterhuber 1996]
Hinterhuber, H.H.: Strategische Unternehmensführung : Band 1 - Strategisches Denken; 6. Aufl., Berlin/New York : de Gruyter 1996.

[Horster 1995]
Horster, P. (Hrsg.): Trust Center : Grundlagen, rechtliche Aspekte, Standardisierung, Realisierung; Braunschweig/Wiesbaden : Vieweg 1995.

[Horster 1999]
Horster, P. (Hrsg.): Sicherheitsinfrastrukturen : Grundlagen, Realisierungen, rechtliche Aspekte, Anwendungen; Braunschweig/Wiesbaden : Vieweg 1999.

[Hunnius 2000]
Hunnius, G.: Hacker und Viren: Die Welt in der Internet-Falle? : KES-UTIMACO-Sicherheitsstudie 2000; in: KES, Nr. 3, 2000, S. 22f.

[ICC-GUIDEC 1997]
ICC: General Usage in International Digitally Ensured Commerce (GUIDEC); 1997, http://www.iccwbo.org/home/guidec/guidec.asp (18.04.2000).

[IETF-CMS 1998]
IETF: Cryptographic Message Syntax; Internet-Draft (work in progress), Oktober 1998.

[IETF-OCDP 1998]
IETF: Open CRL Distribution Process (OpenCDP); Internet-Draft (work in progress), April 1998.

[IETF-RFC1035 1987]
IETF: Domain Names : Implementation and Specification; RFC 1035, 1987.

[IETF-RFC2396 1998]
IETF: Uniform Resource Identifiers (URI) : General Syntax; RFC 2396, 1998.

[IETF-RFC2459 1999]
IETF: Certificate and CRL Profile; RFC 2459, 1999.

[IETF-RFC2560 1999]
IETF: Online Certificate Status Protocol (OCSP); RFC 2560, 1999.

[IETF-RFC2630 1999]
IETF: Cryptographic Message Syntax; RFC 2630, 1999.

[IETF-RFC2633 1999]
IETF: S/MIME Version 3 Message Specification; RFC 2633, 1999.

[IETF-RFC791 1981]
IETF: Internet Protocol : DARPA Internet Program Protocol Specification; RFC 791, 1981.

[IETF-RFC822 1982]
IETF: Standard for the Format of ARPA Internet Text Messages; RFC 822, 1982.

[IETF-SHTTP 1998]
IETF: The Secure Hypertext Transfer Protocol (SHTTP); Internet-Draft (work in progress), Juni 1998.

[IETF-SKIP 1996]
IETF: Simple Key-Management for Internet Protocols (SKIP); Internet-Draft (work in progress), August 1996.

[IETF-TSP 1998]
IETF: Time Stamp Protocol (TSP); Internet-Draft (work in progress), September 1998.

[IETF-TSP 2000]
IETF: Time Stamp Protocol (TSP); Internet-Draft (work in progress), Juni 2000.

[ISAC 1997]
ISAC: Measuring Information Society 1997; Sonderuntersuchung im Rahmen des Eurobarometer Nr. 47 der Europäischen Kommission, 1997, http://www.ispo.cec.be/infosoc/promo/pubs/poll97/ (19.07.2000).

[ITU-T-X.411 1995]
ITU-T: Information Technology - Message Handling Systems (MHS) - Message Transfer System : Abstract Service Definition and Procedures; X.411, 1995.

[ITU-T-X.501 1997]
ITU-T: Information Technology - Open Systems Interconnection - The Directory : Models; X.501, 1997.

[ITU-T-X.509 1997]
ITU-T: Information Technology - Open Systems Interconnection - The Directory : Authentication Framework; X.509, 1997.

[ITU-T-X.509 2000]
ITU-T: Information Technology - Open Systems Interconnection - The Directory : Public-Key and Attribute Certificate Frameworks; X.509, 2000.

[ITU-T-X.520 1995]
ITU-T: Information Technology - Open Systems Interconnection - The Directory : Selected Attribute Types; X. 520, 1995.

[Katz/Shapiro 1985]
Katz, M.L.; Shapiro, C.: Network Externalities, Competition, and Compatibility; in: The American Economic Review, Nr. 3, Band 75, 1985, S. 424ff.

[Kesdogan/Büschkes 1999]
Kesdogan, D.; Büschkes, R.: Klassifizierung von Anonymisierungstechniken; in: [Horster 1999], S. 321ff.

[Keus 2000]
Keus, K.: Maßanwendungen für elektronische Unterschriften im Kontext nationaler und europäischer Anforderungen; in: [BSI 2000], S. 77ff.

[Kleinaltenkamp 2000]
Kleinaltenkamp, M.: Wettbewerbsstrategie; in: Kleinaltenkamp, M.; Plinke, W.: Strategisches Business-to-Business Marketing; Berlin u.a. : Springer 2000.

[Kluge 1989]
Kluge, F.: Etymologisches Wörterbuch der deutschen Sprache; 22. Aufl., Berlin/New York : de Gruyter 1989.

[Koppmann/Tauschek 1999]
Koppmann, M.; Tauschek, P.: Marktüberblick bzgl. Trustcenter-Leistungen; Institut für Bankinformatik und Bankstrategie, Regensburg 1999.

[Kreikebaum 1997]
Kreikebaum, H.: Strategische Unternehmensplanung; 6. Aufl., Stuttgart u.a. : Kohlhammer 1997.

[Kreuzer 1998]
Kreuzer, M.: Elektronische Bankvertriebswege : Die zukünftige Entwicklung und Bedeutung elektronischer Kommunikationskanäle und ihre Eignung zum Absatz von Bankleistungen im Privatkundengeschäft; zugl. Diss. an der Univ. Regensburg, Heidelberg : Physica 1998.

[Krieger 2000]
Krieger, U.: Elliptische Kurven - schlank und stark; in: KES, Nr. 4, 2000, S. 26ff.

[Kubicek 1998]
Kubicek, H.: Ideenskizze Media@Komm-Bewerbung Bremen; Universität Bremen, 1998, http://www.bia-bremen.de/start/projekte/media-komm/kurz.html (11.01.1999).

[Kubicek et al. 1998]
Kubicek, H.; Hagen, M.; Abdelhalem, S.; Al-Rashed, H.; Gildehaus, C.; Hermansen, K.; Neuke, L.; Schaper, J.; Schicktanz, I.; Schilling, T.; Schulz, S.; Winkel, S.: Interaktive Rathäuser in Deutschland : Eine Evaluation kommunaler Verwaltungsangebote im World Wide Web; Bericht Nr. X/98, Universität Bremen, 1998, http://www.informatik.uni-bremen.de/grp/interact/pdf/files/ Gesamtbericht_22.06.98.pdf (20.07.2000).

[Kubicek et al. 1999]
Kubicek, H.; Braczyk, H.-J.; Klumpp, D.; Müller, G.; Neu, W.; Raubold, E.; Roßnagel, A. (Hrsg.): Multimedia@Verwaltung : Jahrbuch Telekommunikation und Gesellschaft 1999; Heidelberg : Hüthig 1999.

[Kubicek/Reimers 1996]
Kubicek, H.; Reimers, K.: Hauptdeterminanten der Nachfrage nach Datenkommunikationsdiensten; in: Marketing ZFP, Nr. 1, 18. Jg., 1996, S. 55ff.

[Kügler/Maurer/Paulus 1999]
Kügler, D.; Maurer, M.; Paulus, S.: Identitätsbasierte Kryptosysteme als Alternative zu Public-Key-Infrastrukturen; in: [Horster 1999], S. 201ff.

[Kumbruck 1997]
Kumbruck, C.: Welche Kultur braucht die digitale Signatur? : Erster Erfahrungsbericht aus der Zukunft; in: BSI (Hrsg.): Kulturelle Beherrschbarkeit digitaler Signaturen : Interdisziplinärer Diskurs zu querschnittlichen Fragen der IT-Sicherheit; Ingelheim : SecuMedia 1997, S. 37ff.

[Lacoste/Weber 1999]
Lacoste, G.; Weber, A.: Gestaltung und Nutzen einer Sicherheitsinfrastruktur für globalen elektronischen Handel; in: [Horster 1999], S. 145ff.

[Lange 1982]
Lange, B: Bestimmung strategischer Erfolgsfaktoren und Grenzen ihrer empirischen Fundierung : Dargestellt am Beispiel der PIMS-Studie; in: Die Unternehmung, Nr. 2, 36. Jg., 1982, S. 27ff.

[Leidecker/Bruno 1984]
Leidecker, J.K.; Bruno, A.V.: Identifying and Using Critical Success Factors; in: Long Range Planning, Nr. 1, Band 17, 1984, S. 23ff.

[Linstone/Turoff 1975]
Linstone, H.A.; Turoff, M. (Hrsg.): The Delphi Method : Techniques and Applications; London u.a. : Addison-Wesley 1975.

[Meffert/Bruhn 1995]
Meffert, H.; Bruhn, M.: Dienstleistungsmarketing : Grundlagen, Konzepte, Methoden; Wiesbaden : Gabler 1995.

[Meinhold/Luckhardt 1998]
Meinhold, M.M.; Luckhardt, N.: Echtheits-Zertifikat : Digitale Signaturen mit beweiskräftigem Zeitstempel; in: c't, Nr. 8, 1998, S. 112ff.

[Meister 1998]
Meister, G.: Personalisierung von Chipkarten nach Signaturgesetz und Signaturverordnung; in: Horster, P. (Hrsg.): Chipkarten : Grundlagen, Realisierungen, Sicherheitsaspekte, Anwendungen; Braunschweig/Wiesbaden 1998, S. 171ff.

[Mertens et al. 1997]
Mertens, P.; Back, A.; Becker, J.; König, W.; Krallmann, H.; Rieger, B.; Scheer, A.-W.; Seibt, D.; Stahlknecht, P.; Strunz, H.; Thome, R.; Wedekind, H. (Hrsg.): Lexikon der Wirtschaftsinformatik; Berlin u.a. : Springer 1997.

[Microsoft 1996]
Microsoft: Grundlagen des Netzwerkbetriebs : Praktisches Selbststudium zur Unterstützung von lokalen Netzwerken und WANs; Unterschleißheim : Microsoft Press 1996.

[Moormann 1999]
Moormann, J.: Umbruch in der Bankinformatik - Status Quo und Perspektiven für eine Neugestaltung; in: Moormann, J.; Fischer, T. (Hrsg.): Handbuch Informationstechnologie in Banken; Wiesbaden : Gabler 1999, S. 4ff.

[Morris/Brandon 1994]
Morris, D.; Brandon, J.: Revolution im Unternehmen : Reengineering für die Zukunft; Landsberg/Lech : Moderne Industrie 1994.

[Müller/Schoder 1999]
Müller, G.; Schoder, D.: Electronic Commerce - Hürden, Entwicklungspotenzial, Konsequenzen : Ergebnisse aus der Electronic Commerce Enquête; Akademie für Technikfolgenabschätzung Baden-Württemberg, Stuttgart 1999.

[Mummert+Partner 2000]
Mummert+Partner: Wenn der Kunde ins Internet abgeschoben wird : Entfremdung dämpft den E-Business-Boom; Pressemitteilung, 21.6.2000, http://www.mup.de/deutsch/press/a_press_info/002106b.html (28.06.2000).

[Murray 1988]
Murray, A.: A Contingency View of Porter's Generic Strategies; in: Academy of Management Review, Nr. 3, Band 13, 1988, S. 390ff.

[Nalebuff/Brandenburger 1996]
Nalebuff, B.; Brandenburger, A.M.: Coopetition - kooperativ konkurrieren : Mit der Spieltheorie zum Unternehmenserfolg; Frankfurt a.M./New York : Campus 1996.

[Nehl 1995]
Nehl, R.: Standardisierungsbemühungen von Trusted Third Party Dienstleistungen; in: [Horster 1995], S. 261ff.

[Nieschlag/Dichtl/Hörschgen 1988]
Nieschlag, R.; Dichtl, E.; Hörschgen, H.: Marketing; 15. Aufl., Berlin : Duncker u. Humblot 1988.

[NIK 1999]
NIK: Konzeption zum Projekt „RegioSignCard“ : Wettbewerbsbeitrag der Nürnberger Initiative für die Kommunikationswirtschaft für den Städteverbund Nürnberg-Fürth-Erlangen-Schwabach-Bayreuth im Rahmen des bundesweiten Städtewettbewerbs MEDIA@Komm; 1999.

[NIST-MISPC 1997]
NIST: MISPC : Minimum Interoperability Specification for PKI Components; Version 1, 1997.

[Noelle-Neumann 1974]
Noelle-Neumann, E.: Probleme des Fragebogenaufbaus; in: Behrens, K.C. (Hrsg.): Handbuch der Marktforschung; Wiesbaden : Betriebswirtschaftlicher Verlag 1974, S. 243ff.

[Nonnenmacher 1994]
Nonnenmacher, M.G.: Informationsmodellierung unter Nutzung von Referenzmodellen : Die Nutzung von Referenzmodellen zur Implementierung industriebetrieblicher Informationssysteme; zugl. Diss. an der Univ. Hohenheim, Frankfurt a.M. u.a. : Lang 1994.

[OECD 1997]
OECD: Guidelines for cryptography policy; 1997, http://www.oecd.org/dsti/sti/it/secur/prod/crypto2.htm (15.02.2001).

[Ohlendorf 1998]
Ohlendorf, T.: Architektur betrieblicher Referenzmodellsysteme : Konzept und Spezifikation zur Gestaltung wiederverwendbarer Norm-Software-Bausteine für die Entwicklung betrieblicher Anwendungssysteme; zugl. Diss. an der Univ. Hildesheim, Aachen : Shaker 1998.

[Olbrich 2000]
Olbrich, N.: Der RSA Algorithmus bewährte Qualität; in: KES, Nr. 4, 2000, S. 30ff.

[Opaschowski 1999]
Opaschowski, H.W.: Generation @ : Die Medienrevolution entlässt ihre Kinder - Leben im Informationszeitalter; Hamburg : Rasch 1999.

[Österle 1995]
Österle, H.: Business Engineering : Prozess- und Systementwicklung - Band 1: Entwurfstechniken; Berlin u.a. : Springer 1995.

[Osterloh/Frost 1998]
Osterloh, M.; Frost, J.: Prozessmanagement als Kernkompetenz : Wie Sie Business Reengineering strategisch nutzen können; 2. Aufl., Wiesbaden : Gabler 1998.

[Pepels 1994]
Pepels, W.: Marketingforschung und Absatzprognose; Wiesbaden : Gabler 1994.

[Peters/Waterman 1982]
Peters, T.J.; Waterman, R.H.: In Search of Excellence : Lessons from America's Best-Run Companies; Cambridge u.a. : Harper & Row 1982.

[Pohl 1997]
Pohl, H.: Guidelines for the Use of Names and Keys in a Global TTP Infrastructure; Institute for Information Security, Essen 1997.

[Porter 1999]
Porter, M.E.: Wettbewerbsstrategie : Methoden zur Analyse von Branchen und Konkurrenten; 10. Aufl., Frankfurt a.M./New York : Campus 1999.

[Priewasser 1992]
Priewasser, E.: Bankbetriebslehre; 3. Aufl., München/Wien : Oldenbourg 1992.

[Pümpin 1986]
Pümpin, C.: Management strategischer Erfolgspositionen : Das SEP-Konzept als Grundlage wirkungsvoller Unternehmungsführung; 3. Aufl., Bern/Stuttgart : Haupt 1986.

[PWC 1999]
PWC: BESTS : Business Environment Study of Trusted Services; Luxemburg 1999.

[Rankl/Effing 1996]
Rankl, W.; Effing, W.: Handbuch der Chipkarten : Aufbau, Funktionsweise, Einsatz von Smart-Cards; 2. Aufl., München/Wien : Hanser 1996.

[Ratnasingham 1998]
Ratnasingham, P.: Trust in Web-based Electronic Commerce Security; in: Information Management & Computer Security, Nr. 4, Band 6, 1998, S. 162ff.

[Reimer 2000]
Reimer, H.: Update fürs Signaturgesetz; in: KES, Nr. 4, 2000, S. 32ff.

[Reinermann 1999]
Reinermann, H.: Verwaltungsreform und technische Innovation - ein schwieriges Dauerverhältnis; in: [Kubicek et al. 1999], S. 11ff.

[Rivest 1998]
Rivest, R.L.: Can We Eliminate Certificate Revocation Lists?; in: Hirschfeld, R. (Hrsg.): Financial Cryptography : Second International Conference; Berlin u.a. : Springer 1998, S. 178ff.

[Rogers 1995]
Rogers, E.M.: Diffusion of Innovations; 4. Aufl., New York : Free Press 1995.

[RSA 1998]
RSA: RSA's secret-key challenge solved by distributed team in record time; Pressemitteilung, 26.02.1998, http://www.rsasecurity.com/news/pr/980226.html (21.02.2001).

[RSA-PKCS1 1998]
RSA: PKCS#1 Version 2.0 : RSA Cryptography Standard; 1998.

[Rueppel/Wildhaber 1995]
Rueppel, R.A.; Wildhaber, B.: Public Key Infrastructure - Survey and Issues; in: [Horster 1995], S. 197ff.

[Rumelt 1974]
Rumelt, R.P.: Strategy, Structure and Economic Performance; Cambridge (Massachusetts) : Harvard 1974.

[Rump 1999]
Rump, F.: Geschäftsprozessmanagement auf der Basis ereignisgesteuerter Prozessketten; Stuttgart/Leipzig : Teubner 1999.

[Rupprecht 1998]
Rupprecht, S.: Results of the EDC-survey : Part 1 - Status and Priorities of General Telematics Deployment in European Cities and Regions (Cross-sector Survey); Rupprecht Consult, 1998, http://www.edc.eu.int/in-action/download/cross-sector.zip (18.07.2000).

[Schad 2000]
Schad, H.: Interorganisatorisches Business Process Redesign vor dem Hintergrund der Entwicklungen im Bereich Electronic Commerce; Diss. an der Univ. St. Gallen, Bamberg : Difo-Druck 2000.

[Schäfer 1995]
Schäfer, W.: Zertifikate und Trustcenterfunktionen; in: [Horster 1995], S. 132ff.

[Schindler 2000]
Schindler, W.: Was zeichnet gute Pseudozufallszahlen aus?; in: KES, Nr. 3, 2000, S. 57ff.

[Schmeh 1998]
Schmeh, K.: Safer Net : Kryptographie im Internet und Intranet; Heidelberg : dpunkt 1998.

[Schneier 1996]
Schneier, B.: Angewandte Kryptographie : Protokolle, Algorithmen und Sourcecode in C; Bonn u.a. : Addison-Wesley 1996.

[Schnell/Brinz 1999]
Schnell, J.; Brinz, C.: Hacker - die unsichtbare Bedrohung; in: KES, Nr. 4, 1999, S. 6ff.

[Schnetzer 1999]
Schnetzer, R.: Business Process Reengineering kompakt und verständlich; Braunschweig/Wiesbaden : Vieweg 1999.

[Schoder 1995]
Schoder, D.: Diffusion von Netzeffektgütern; in: Marketing ZFP, Nr. 1, Band 17, 1995, S. 18ff.

[Schreyögg 1984]
Schreyögg, G.: Unternehmensstrategie : Grundfragen einer Theorie strategischer Unternehmensführung; Berlin/New York : de Gruyter 1984.

[Schulzki-Haddouti 2000]
Schulzki-Haddouti, C.: Karten neu gemischt : Neue Chancen für die Chipkarte; in: c't, Nr. 25, 2000, S. 274ff.

[Schwabe 1997]
Schwabe, G.: Germany; in: Steele, J. (Hrsg.): Information for Citizenship in Europe; London : York 1997.

[Schwemmer 2000]
Schwemmer, J.: Frontbericht 1.0; in: DuD, Nr. 2, 2000, S. 70ff.

[Seibert 1987]
Seibert, S.: Strategische Erfolgsfaktoren in mittleren Unternehmen untersucht am Beispiel der Fördertechnikindustrie; Frankfurt a.M. u.a. : Lang 1987.

[Servatius 1994]
Servatius, H.G.: Reengineering-Programme umsetzen : Von erstarrten Strukturen zu fließenden Prozessen; Stuttgart : Schäffer-Poeschel 1994.

[Servida 1998]
Servida, A.: Digital Signature : Inventory of International Regulatory, Standardisation and Commercial Activities; Europäische Kommission, 1998.

[SETCO 1999]
SETCO: The SET Standard Technical Specifications; 1999, http://www.setco.org/download.html/#spec (07.03.2001).

[SigG 1997]
SigG: Gesetz zur digitalen Signatur; Art. 3 des IuKDG, Bundesregierung, 1997, http://www.iid.de/iukdg/iukdg.htm (29.09.1998).

[SigG 2001]
SigG: Gesetz über Rahmenbedingungen für elektronische Signaturen und zur Änderung weiterer Vorschriften; Bundesregierung, 2001, http://www.dud.de/dud/documents/sigg010214.pdf (04.04.2001).

[SigV 1997]
SigV: Verordnung zur digitalen Signatur; Bundesregierung, 1997, http://www.regtp.de/imperia/md/content/tech_reg_t/digisign/5.pdf (14.03.2001).

[Staehle 1991]
Staehle, W.H.: Management : Eine verhaltenswissenschaftliche Perspektive; 6. Aufl, München : Vahlen 1991.

[Sydow/Windeler 1994]
Sydow, J.; Windeler, A.: Über Netzwerke, virtuelle Integration und Interorganisationsbeziehungen; in: Sydow, J.; Windeler, A. (Hrsg.): Management interorganisationaler Beziehungen : Vertrauen, Kontrolle und Informationstechnik; Opladen : Westdeutscher Verlag 1994, S. 1ff.

[Tanenbaum 1997]
Tanenbaum, A.S.: Computernetzwerke; 3. Aufl., München u.a. : Prentice Hall 1997.

[TeleSec 1998]
TeleSec: Zertifikatsformate im Zertifizierungsbereich Signaturgesetz; Draft (work in progress), Mai 1998.

[Thiel 2000]
Thiel, C.: Marktentwicklung im Umfeld digitaler Signaturen; in: DuD, Nr. 2, 2000, S. 77ff.

[Trummer 1990]
Trummer, A.: Strategien für strategische Geschäftseinheiten in stagnierenden und schrumpfenden Märkten; zugl. Diss. an der Univ. Würzburg, Frankfurt a.M./Thun : Deutsch 1990.

[TTT 2000]
TTT: MailTrusT (AG 8) : Pilotprojekt Digitale Signatur für den Dokumentenaustausch; 2000, http://www.darmstadt.gmd.de/mailtrust/ (16.10.2000).

[TTT-MTT1 1996]
TTT: MailTrusT Spezifikation; Version 1.1, 1996.

[TTT-MTT2-A 1999]
TTT: MailTrusT Version 2 : Profile für Zertifikate und Sperrlisten; 1999, http://www.darmstadt.gmd.de/mailtrust/MTTv2/mttv2-2.pdf (05.10.2000).

[TTT-MTT2-B 1999]
TTT: MailTrusT Version 2 : Austauschformat; 1999, http://www.darmstadt.gmd.de/mailtrust/MTTv2/mttv2-4.pdf (05.10.2000).

[TTT-MTT2-C 1999]
TTT: MailTrusT Version 2 : Algorithmen; 1999, http://www.darmstadt.gmd.de/mailtrust/MTTv2/mttv2-6.pdf (05.10.2000).

[Ulrich 1970]
Ulrich, H.: Die Unternehmung als produktives soziales System; 2. Aufl., Bern/Stuttgart : Haupt 1970.

[UNICTRAL 1996]
UNCITRAL: Model Law on Electronic Commerce with Guide to Enactment; 1996, http://www.uncitral.org/english/texts/electcom/ml-ecomm.htm (04.04.2001).

[ValiCert 1999]
ValiCert: ValiCert Global VA Service, 1999; http://www.valicert.com/pdf/GVAS_15.qxp.pdf (06.04.2001).

[van Eimeren et al. 1999]
van Eimeren, B.; Gerhard, H.; Oehmichen, E.; Mende, A.; Grajczyk, A.; Schröter, C.; Thoma, S.: ARD/ZDF-Online-Studie 1999 : Wird Online Alltagsmedium?; in: Media Perspektiven, Nr. 8, 1999, S. 401ff.

[van Essen 1998]
van Essen, U.: Common Criteria - Gemeinsame Kriterien für die Prüfung und Bewertung der Sicherheit von Informationstechnik; in: BSI: Neues aus dem BSI; 1998, S. 41ff.

[van Essen/Ruhrmann 2000]
van Essen, U.; Ruhrmann, I.: IT-Sicherheitszertifizierung auf der Grundlage der Common Criteria : Internationaler Standard ISO/IEC 15408; in: [BSI 2000], S. 5ff.

[Verisign 1997]
Verisign: Verisign Certification Practice Statement in Support of Verisign's Public Certification Services Class 1-3 Digital IDs / Certificates; Version 1.2, 1997, http://www.verisign.com/repository/CPS1.2/CPS1.2.pdf (31.10.2000).

[von Faber 1999]
von Faber, E.: Public-Key Infrastruktur : Einführung in die Problematik; in: [DIN 1999], S. (2.1-1)ff.

[W3C 2000]
W3C: Extensible Markup Language (XML) 1.0 (Second Edition); 2000, http://www.w3.org/TR/2000/REC-xml-20001006 (04.03.2001).

[Walch 1999]
Walch, M.: Global Trust Organization - Ein globaler Ansatz zur Ausgabe digitaler Zertifikate; in: [Kubicek et al. 1999], S. 144ff.

[Weber 1990]
Weber, K.: Wirtschaftsprognostik; München : Vahlen 1990.

[Weis 1997]
Weis, H.C.: Marketing; 10 Aufl., Ludwigshafen : Kiehl 1997.

[Welsch 1999]
Welsch, G.: Stufenweise skalierbare Sicherheit für digitale Signaturen; in: [DIN 1999], S. (3.2-1)ff.

[Welsch/Bremer 2000]
Welsch, G.; Bremer, K.: Die europäische Signaturrichtlinie in der Praxis; in: DuD, Nr. 2, 2000, S. 85ff.

[Werner 2000]
Werner, H.: Junge Technologieunternehmen : Entwicklungsverläufe und Erfolgsfaktoren; zugl. Diss. an der TU Freiberg (Sachsen), Wiesbaden : Gabler 2000.

[Winand/Nathusius 1998]
Winand, U.; Nathusius, K. (Hrsg.): Unternehmungsnetzwerke und virtuelle Organisationen; Stuttgart : Schäffer-Poeschel 1998.

[Wings 1999]
Wings, H.: Digital Business in Banken : Informationstechnologie - Erfolgsfaktor für die strategische Positionierung; zugl. Diss. an der Univ. Regensburg, Wiesbaden : Gabler 1999.

[Wobst 1998]
Wobst, R.: Abenteuer Kryptologie : Methoden, Risiken und Nutzen der Datenverschlüsselung; Bonn u.a. : Addison-Wesley 1998.

[Wolf 1999]
Wolf, G.: Generische, attributierte Aktionsklassen für mehrseitig sichere, verteilte Anwendungen; in: Röhm, A.; Fox, D.; Grimm, R.; Schoder, D. (Hrsg.): Sicherheit und Electronic Commerce : Konzepte, Modelle, technische Möglichkeiten; Braunschweig/Wiesbaden : Vieweg 1999, S. 31ff.